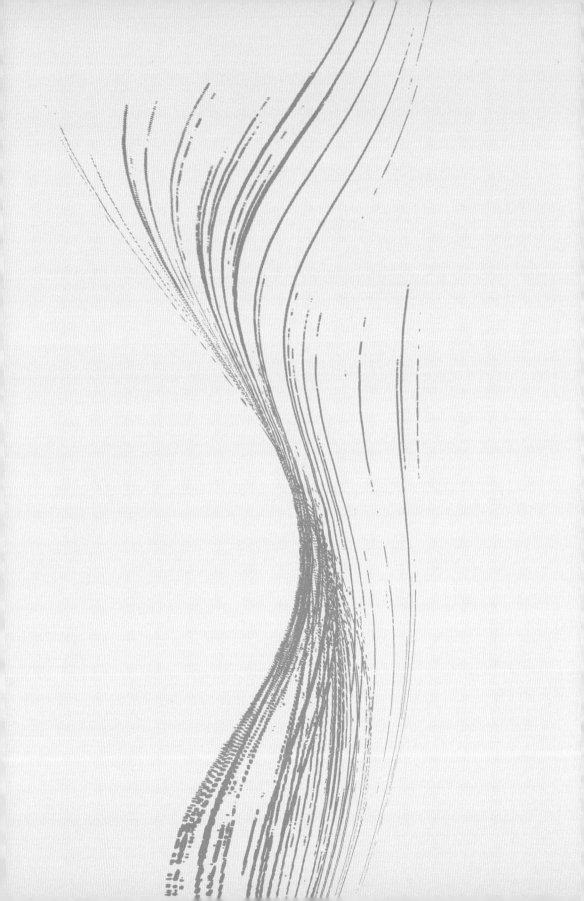

理解中国公共政策丛书

政策过程理论与实践研究

第二卷

徐增阳 蔡长昆 等 著

Research on Theory
and Practice of Policy Process

社会科学文献出版社
SOCIAL SCIENCES ACADEMIC PRESS (CHINA)

# 目　录

# 导论　政策过程理论在中国

　　在第一卷中，通过对当下中国政策过程研究的评估，我们发现，中国政策过程研究积累了丰富的成果：几乎所有的政策过程都已经得到了关注；大量的政策理论被使用到政策过程之中。随着理论研究的深入，西方国家开始着力发展政策过程理论，以超越传统的阶段启发理论。同样，中国也追随了这一过程；西方的政策过程理论被广泛地应用到了对中国的政策过程研究之中。但是，面对这些"舶来品"，这些政策过程理论在中国到底是如何使用的，这一问题并不清晰；这种不足，也揭示了进一步深入研究的必要性。毕竟，中国也需要自己的政策过程理论。每个国家的政治、经济、社会和文化背景不同，政策过程也必然具有其独特性。只有基于中国经验的理论，才能更好地解释和指导中国的政策实践。为了实现自主的政策知识生产，必须对当下的政策过程理论在中国使用的具体情况进行深入评估。通过对现有理论在中国应用情况的深入剖析，可以发现其适应性和局限性，进而为构建中国自主的政策过程理论提供坚实的基础和明确的方向。

　　第二卷聚焦于"对当下的政策过程理论在中国使用的具体情况进行深入的评估"这一研究主题，不仅回应了前文提出的问题，也对后续研究任务进行了梳理和指引。通过第二卷的系统梳理，有望填补当前政策过程理论在中国应用情况研究方面的空白，推动中国政策过程理论的自主构建和发展，为政策实践提供更加精准、有效的理论指导。同时，鉴于政策过程理论研究在研究设计和方法论使用上的规范性存在的缺陷，本卷也将常见的政策过程理论中的研究方法纳入整体评估的范畴。本卷希望通过对政策过程理论以及政策过程研究方法的系统评估，实现从理论使用者到理论生产者，甚至是理论重构者的跨越。

## 一 从政策过程到政策过程理论

### （一）当下中国政策过程研究的进展

如第一卷所言，自公共政策过程研究成为中国公共管理研究的重要议题以来，中国的政策过程研究取得了很大的进展，包括研究内容的深化、研究设计的规范性以及理论本土化的尝试。

1. 研究内容的深化

如第一卷的研究内容所言，中国的政策过程研究已不再囿于传统的政策制定、执行与评估的线性框架之内，而是深刻地向政策过程的复杂性与动态性维度拓展。特别是，大量具有中国特色的政策过程研究均有所进展。一方面，类似于议程设置、政策工具、政策执行、政策扩散、政策评估以及政策变迁等传统的政策过程议题已经在中国的情境下进行了非常深入的讨论。另一方面，具有中国特色的政策过程研究，特别是政策实验、中国的决策过程等议题也得到了非常明确和具体的关切。在经典的政策过程理论基础上，沿着中国特色的政策过程经验的深化，既体现了我国政策过程理论研究的延续性，也体现了中国政策过程研究本土化的经验自觉。只有有效地整合二者，才能持续地推动中国政策过程研究的深化。

2. 研究设计的规范性

虽然中国政策过程相关研究的整体研究设计质量仍然需要进一步提升，但从方法论的发展来看，中国政策过程研究的科学性和规范性得到了显著提升。从研究问题的提出来看，越来越多的科学的研究问题被提出，越来越多的根植于中国本土政策过程的经验问题被提炼出来，并逐渐成为建构中国政策过程理论研究的基础。从理论框架的建构来看，虽然中国的政策过程研究的理论基础具有"舶来性"，但是大量的研究开始拥有更强的理论自觉，开始更为明确地，尝试着从更多元的理论脉络中借鉴更多的理论资源。从研究方法来看，虽然大量的研究都只能采用传统的研究方法，但是，一方面，研究方法的选择和研究问题以及理论的适配度已经得到了显著的优化提升，方法论自觉性也有所提高。另一方面，一些新的方法，特别是基于量化和质性方法的混合研究，以及基于大数据、大文本和机器学习等方法，也开始被应用到中国的政策过程研究中。

3. 政策过程理论的本土化

从学术的深度与广度出发，中国政策过程研究在近年来取得了显著进展，尽管相较于西方而言尚处于初步成形阶段，但其本土化探索的努力与成果不容忽视。这一进程深刻体现了学术研究的适应性与创新性，具体体现在以下两个方面。一方面，基于中国情境的深度剖析。中国政策过程理论研究根植于中国独特的政治、经济、文化土壤之中，致力于挖掘并阐释这些本土因素如何影响政策制定、执行与评估的全过程。这一研究路径强调"情境化"理解，即认识到中国政策过程所具有的特殊性并非偶然形成的，而是由长期历史积淀、社会结构变迁及政治体制特征共同塑造的。因此，通过深入分析中国情境下的政策实践案例，研究者能够提炼出具有中国特色的政策过程模式与规律，为理论创新提供坚实的经验基础。

另一方面，本土化理论框架的构建。在借鉴西方政策过程理论要素的同时，中国学者积极寻求理论创新的本土化路径。他们认识到，简单移植西方理论难以全面解释中国复杂的政策现象，因此，构建符合中国国情的政策过程理论框架成为当务之急。这一框架的构建过程，既是对西方理论的批判性吸收与本土化改造，也是对中国政策实践经验的深刻总结与理论升华。通过这一努力，中国政策过程理论研究不仅能够更好地解释本土政策现象，还能为全球政策科学的发展贡献独特的中国视角与中国智慧。中国政策过程理论研究的本土化探索，不仅是学术研究的内在需求，也是应对全球化挑战、推动国家治理体系和治理能力现代化的重要举措。未来，随着研究的不断深入与拓展，中国政策过程理论将更加成熟与完善，为国内外学者提供更为丰富的研究资源与理论工具。

**（二）超越启发性的政策阶段：政策过程理论**

随着政策科学的发展，早期以政策过程为基础的研究受到了越来越多的批评。人们开始寻求超越传统政策阶段的新方法，而政策过程理论逐渐成为理解政策的新途径。政策过程理论的发展是一个复杂且持续的过程，它逐步演化并形成了对"政策过程理论"这一概念的共识。政策过程理论的早期发展可以追溯到 20 世纪中期有关政策过程阶段的研究。随着政策过程理论的发展，萨巴蒂尔在政策过程理论的整合中发挥了关键作用。他对传统阶段启发理论进行了批判，认为这些理论忽视了阶段之间的互动，并

"集合"了多源流理论、间断均衡理论、倡导联盟框架等更具解释力的理论框架。这些理论强调政策过程中的动态性、复杂性和多元性，为政策过程理论的发展注入了新的活力。特别值得注意的是，萨巴蒂尔编写的《政策过程理论》一书成为政策过程理论研究的"蓝本"。该书通过明确"好理论"的标准，为鉴别现有政策过程理论提供了参照系，并汇集了符合评价标准的理论，推动了不同政策过程理论之间的相互学习和借鉴。

在萨巴蒂尔努力的基础上，政策过程理论组合的共识逐渐形成。随着政策过程理论的不断发展，不同理论之间开始出现融合与交叉。学者们逐渐认识到，单一的理论框架难以全面解释复杂的政策过程，因此需要综合多种理论来构建更为完善的分析框架。在这一过程中，政策网络框架、多源流理论、间断均衡理论、倡导联盟框架等逐渐成为政策过程理论的重要组成部分。这些理论在相互借鉴与融合中形成了交叠共识，为政策过程研究提供了更为全面和深入的分析工具。因此，政策过程理论的发展是一个不断演进的过程，学术界通过共同努力，逐步构建了对"政策过程理论"这一领域的共识。通过学术讨论与交流、实证研究验证以及政策实践反馈等多种途径，不同理论之间进一步形成了交叠共识，为政策过程研究提供了更为全面和深入的分析框架。

### （三）政策过程理论的中国化？

与政策过程的研究相伴随，为了系统地回答中国政策过程研究中的理论问题，一系列的研究也开始被引入中国。中国学者在推动政策过程理论发展方面的首要贡献在于积极的理论引进与本土化融合工作。他们不仅积极参与国际学术交流，紧密关注西方政策过程理论的前沿动态，还翻译并出版了一系列西方经典著作，如萨巴蒂尔的《政策过程理论》等，为学术界搭建了直接学习国际先进理论的桥梁。这些努力不仅丰富了国内政策科学研究的理论资源，也为后续的理论创新与应用奠定了坚实的基础。

此外，值得注意的是，中国学者并未止步于简单的理论引进，而是致力于将这些理论与中国特定的政治、经济、社会背景相结合，进行本土化改造与融合。这种努力体现在对西方理论框架的批判性审视、调整与补充上，旨在构建更加符合中国国情的政策过程理论模型，并在此基础上尝试对政策过程理论进行拓展与深化。他们结合中国政策实践中的独特现象与问题，提出了一系列具有创新性的理论观点与分析框架。例如，针对中国政策制定过程中的多层级、多部门协调问题，学者们探讨了政策网络、政策联盟等理论在中国情境下的应用与演变；针对政策执行中的偏差与变通现象，研究了政策执行机制、政策工具选择等议题。这些研究不仅丰富了政策过程理论的内容，也提升了其对中国政策实践的解释力与指导力。豪利特等人所著的《公共政策研究：政策循环与政策子系统》同样为中国学者提供了宝贵的理论资源。该书深入剖析了政策系统的构成、运行机制及子系统间的互动关系，为理解复杂政策过程提供了新的视角。中国学者在借鉴该书理论框架的同时，也结合中国实际进行了深入的探讨与实证分析，进一步推动了政策系统与子系统理论在中国情境下的应用与发展。

进一步的问题在于：①源于西方的政策过程理论在中国政策过程的应用中，其基本的使用状况怎么样？哪些理论被更多地应用到了中国的政策过程之中？②对于这些理论，中国是通过何种逻辑使用的？面对潜在的"水土不服"问题时，中国研究者是否对这些理论进行了相应的调适？③中国政策过程的经验在多大程度上成为政策过程理论的知识供给者？或者说，在借鉴、吸收和发展政策过程理论的过程中，中国在多大程度上基于自身政策过程经验，建立了具有更强解释力的政策过程理论？

## 二　评估什么？

虽然对政策过程理论进行评估具有一定的紧迫性，但是，我们究竟要对什么理论进行评估呢？本书认为，对政策过程理论的评估是一项复杂而多维度的任务，它涉及对不同理论框架的解释力、适用性以及其在特定情境下的表现等方面的考察。在探讨为何选择特定政策过程理论进行评估时，我们需要基于一系列理由与依据。

第一，政策过程理论本身的经典性与发展性。总体上而言，萨巴蒂尔各个版本的《政策过程理论》所总结的理论提供了基本的指引。一方面，萨巴蒂尔是按照比较严谨的标准挑选政策过程理论的；另一方面，这些理论往往经过时间的检验，具有较高的学术认可度和深厚的理论基础。它们不仅代表了政策科学领域内的经典成果，也反映了该学科的发展脉络与前沿动态。因此，将这些理论纳入评估范围，是满足学术研究基础需求的重要步骤，有助于我们把握政策过程理论的核心要义与演变趋势。

第二，这些理论在中国的使用情况。一方面，本书认为，需要关注国内主流政策过程著作，特别是教材的指导作用。国内主流政策过程教材所介绍的理论也是我们评估的重要依据之一。这些教材往往汇聚了国内外政策科学领域的最新研究成果与教学理念，为培养政策分析与制定人才提供了重要的教材资源。因此，关注这些教材中重点介绍的政策过程理论，不仅可以了解当前学术界对政策过程理论的主流看法与发展方向，也可以为我们的评估工作提供重要的参考框架与相应标准。

伴随着萨巴蒂尔的作品被翻译进入中国，国内的学者在引介政策过程理论的同时，进一步推动政策过程理论在中国的应用与本土化。那些有效地进入了国内学者研究视野的政策过程理论，也是本书进行评估的重要考量。首先，本书选择了两部著作作为理论引介和发展考量的基础：朱亚鹏于 2013 年出版的《公共政策过程研究：理论与实践》以及李文钊于 2024 年出版的《政策过程理论》。其他作品，例如杨宏山于 2024 年出版的《公共政策学》没有作为政策过程理论的考量，核心原因在于，这些作品主要聚焦于政策过程的阶段分析，而不是基于政策过程理论。除了上述两部代表性著作外，还有许多中国学者在政策过程理论领域进行了深入研究，并出版了相关著作。这些作品可能从不同角度、不同层面探讨政策过程的理论与实践问题，共同构成了中国政策过程理论研究的丰富图景。

此外，中国学术界在政策过程理论领域还涌现了大量的文献综述与理论介绍文章。这些文章全面梳理了国内外相关研究成果，对理论框架、核心观点、研究方法等进行了深入剖析与比较。这不仅为研究者提供了清晰的学术脉络与研究方向，也促进了理论知识的传播与共享。例如，有关政策工具的综述性文献非常丰富，这说明，政策工具理论在中国的使用度较高；同样，近年来，有关社会建构与政策设计（李文钊，2019），以及政策反馈（张友浪、王培杰，2024）的相关理论评介性的高质量文章非常丰富，这也在一定程度上说明，这些政策过程理论对于中国的实践具有较强的吸引力与影响力。

第三，理论框架在政策过程中的应用情况。这种应用主要通过两种维度考量：理论本身与中国的适配度和其解释力以及特定政策过程理论对中国的政策实践的潜在指引作用。从理论本身来看，政策过程理论框架在中国政策的制定、评估与调整全链条中扮演着至关重要的角色，其应用广泛且深入，不仅彰显了理论的生命力，也促进了中国政策体系的科学化与精细化发展。特别是，多源流理论、倡导联盟框架、间断均衡理论等经典理论被创造性地应用于分析政策议程的设置逻辑与政策变迁的动力机制，为政策制定提供了多维度的视角与深刻的洞见。通过运用这些理论框架对多项重大政策进行评估与调整，中国学者不仅推动了政策的不断完善与优化，也为政策过程理论的发展贡献了中国智慧与中国方案。这些实践探索与理论贡献不仅丰富了政策过程理论的研究内容与方法体系，也为中国乃至全球的政策制定与治理提供了宝贵的经验借鉴与启示。从实践层面来看，随着中国经济的快速发展和社会结构的深刻变革，政策制定与执行面临着前所未有的挑战与机遇。因此，选择那些能够深刻反映中国政策过程特点、解决中国实际问题并在中国政策研究中得到广泛应用的政策过程理论进行评估，具有重要的现实意义。通过评估这些理论在中国政策实践中的适用性与有效性，我们可以为进一步优化政策制定与执行提供理论支持与实践指导。

基于以上考量，本书重点选择了如下六个理论进行系统评估：多源流理论（第一章）、政策工具理论（第二章）、政策设计-反馈理论（第三章）、倡导联盟框架（第四章）、政策扩散理论（第五章）、间断均衡理论（第六章）。某些经典的政策过程理论一直被萨巴蒂尔各个版本的《政策过程理论》收入，如制度分析与发展（IAD）框架，以及被某些版本收入的分析框架，如政策网络理论，本书没有进行评估。一个重要的原因在于，这些理论在中国的政策过程研究中的使用相对松散，没有非常系统的针对中国政策过程理论的研究；这些理论似乎更多地应用到中国的公共治理研究的过程中——特别是制度分析与发展框架，而不是中国的政策过程的研究中。

同时，需要进一步考虑的点在于，理论的任何进展都是与中国的政策实践高度相关的；中国的政策实践要有效地实现与政策过程理论之间的互动，科学、规范和恰当的研究设计是基础。但是，这恰恰是当下中国政策过程理论进展的重大掣肘因素。基于此，本书也将深入探讨中国政策过程研究常用的研究方法，包括案例研究（第七章）、量化研究（第八章）以及文本分析（第九章）三种方法。我们希望通过理论和方法的互动，能够为中国未来的政策过程理论的研究奠定更好的基础。

## 三 如何评估？理论跨越的基础逻辑

### （一）西方理论与中国经验的交织

中国学者的核心目标是构建符合中国国情的政策过程理论。这需要在中国政策实践的基础上，总结提炼出具有普遍意义和政策指导价值的理论成果。但是，政策过程理论在中国面临着经验情境多样、理论抽象度与现实解释力存在矛盾等使用困境。如何突破这些困境是当下中国政策过程理论研究面临的重大挑战。

尽管政策过程理论在中国学术界和政策实践中得到了广泛应用，但其使用情况却相对模糊不清。从乐观的角度来看，中国对政策过程理论的态度是积极而开放的，既注重引进和借鉴西方的先进理论成果，又注重结合中国的实际情况进行本土化改造和创新发展。从悲观的角度来看，中国政策过程的复杂性和多样性导致理论应用的难度增加。同时，学术界和政策实践界之间存在一定的脱节现象，影响了理论成果的转化和应用效果。

这样的挑战，主要源于西方理论在解释中国政策过程研究时可能面临的双刃剑效应。一方面，中国政策过程理论的发展不可避免地要借鉴西方的理论基础，包括将政策过程视为阶段启发模型所设定的研究路径。因为，只有在一定程度上按照特定的理论视角形成基础的概念、对象和维度，后续的理论研究才是可能的。但是，另一方面，面对理论与中国制度情境的不适配，以及基础概念的含糊不清，西方国家的理论并没有为理解中国的政策过程提供清晰的视角，反而使其显得模糊。理论透镜最终演变为理论阉割和理论想象，这会极大地限制中国政策过程理论的发展。

于是，在这样的悖论下，中国的政策过程研究面临着尴尬的局面：大量基于中国政策过程经验所总结的、基础的政策过程的理论发展还处于基本概念的梳清和一些模型的构建方面。一旦这些概念不能形成基本的共识，后续的可累积性研究就变得不可能了。然而，那些完全沿着西方过程理论进行的研究又面临着内生的困境：在经验被选择性切割以及生硬地在经验中寻找理论要素的过程中，大量极具中国特色的政策过程中的要素却被忽视了。

这样的悖论和张力还被当下中国政策过程的经验以及建构中国学术系

统的紧迫性进一步凸显。在审视西方国家政策过程理论的发展历程时，不难发现其深厚的历史积淀。这一长期演进不仅为政策分析、理论框架的构建以及实践操作的实施奠定了坚实基础，还提供了丰富的经验积累与科学验证。反观中国，面对现代化建设的加速推进与经济社会发展的迫切需求，政策过程理论的引入与本土化构建面临着时间上的紧迫性挑战。中国学者与政策制定者需在有限的时间窗口内，高效吸收并批判性地转化西方理论精髓，同时结合中国独特的国情与社会发展实际，进行理论创新，以构建既符合国际视野又深具中国特色的政策过程理论体系。尤为值得注意的是，中国近几十年来的高速发展与深刻变革，其时间压缩性特征显著，导致政策环境具有高度动态性且复杂多变。在这一背景下，政策制定者需具备高度的灵活性与前瞻性，能够持续跟踪经济社会发展的最新态势，及时对政策进行适应性调整与优化，以满足快速变化的社会需求。因此，对于中国政策过程的持续演进分析而言，其重要性不言而喻且任务紧迫。研究者需采用多维视角，深入剖析政策制定、执行、评估与调整等各个环节的内在逻辑与相互关联，揭示政策过程的动态演化规律与深层次运行机制。

**（二）理论跨越的关键：从知识的消费者到生产者**

在公共政策分析中，对主流政策过程理论的验证、系统性的修正以及创新性的扩展具有举足轻重的地位。验证过程不仅是理论稳固性的基石，也是后续修正与扩展工作的逻辑起点；而修正与扩展，则是对验证成果的深化与拓展，二者相互依存，共同推动着理论体系的完善与发展。在初始阶段，当学者们着手将主流政策过程理论引进本土研究语境时，一个自然的倾向便是运用中国丰富的实践经验和实证数据来检验这些理论的适用性与解释力。这一过程不仅促进了理论与中国实际情境的对接，也为后续的理论本土化与创新奠定了坚实的基础。随着研究的不断深入与细化，中国学者逐渐展现出高度的理论自觉意识。他们不再仅仅满足于对既有理论的简单验证与应用，而是开始主动探索理论发展的新路径。在这一阶段，学者们致力于在深入理解主流政策过程理论精髓的基础上，结合中国特有的政策实践与社会变迁，对理论进行创造性的修正与扩展。这一过程不仅丰富了政策过程理论的内涵与外延，也为中国乃至全球的政策研究贡献了新的理论视角与分析框架。

基于此，针对选择的政策过程理论，我们将关注理论的适用性，主要涵盖四个层次：使用者、追随者、发展者和建构者。使用者是政策过程理论的消费者，主要是将政策过程理论应用于特定的政策对象之中，分析特定政策的研究成果。这一指标反映的是特定政策过程理论的学科渗透性。追随者主要追随特定政策过程理论本身预设的研究议程和研究问题，在中国的情境下对这些理论进行一些检验和使用。发展者则表现出了明确的理论自觉，试图将中国的政策情境以及体现的中国变量纳入特定政策过程理论中进行修正；或者，将这些政策过程理论应用于其他具有中国特色的政策过程中对其进行深化。建构者表现出极强的理论野心，意图在特定政策过程理论的概念指引下实现对特定理论的系统重构，建构属于中国的政策过程理论。

在评估特定的政策过程理论的过程中，我们首先需要对政策过程理论的基本内容进行概览式的介绍，这构成了每一个理论评估的第一部分。同时，我们需要评估这些理论在中国政策过程研究中的具体应用情况，这构成了理论评估的第二大部分内容，一般是通过系统性文献综述的方法来实现的。每一个评估的最后部分是对理论跨越度的讨论，对研究进展和困境的揭示以及对未来研究的展望。同时，如前所言，为了更好地实现政策过程理论的跨越，本卷也系统地对三个主流的政策过程理论的研究方法进行了评估，这构成了本卷最后三章的内容。

总之，对主流政策过程理论的验证、修正与扩展是一个动态、连续且相互促进的过程。中国学者在这一过程中展现出的理论勇气与创新精神，不仅推动了政策过程理论的中国化进程，也为全球政策研究领域的繁荣发展贡献了中国智慧与中国方案（李文钊，2019）。希望我们的整合性讨论可以为这一过程奠定更为坚实的基础。

# 第一章　从反思性修正到本土化建构

## ——多源流理论的中国应用评估

## 引　言

作为一个"输入—输出"系统，任何政策的产生都有一个基本前提：议程必须被设置。但是，政府组织的注意力是高度稀缺的，理解政策议程设置成为政策研究的重要起点。在众多政策议程设置的研究中，著名政策学家约翰·金登（John W. Kingdon, 1984）在其代表作《议程、备选方案与公共政策》中提出的多源流理论框架做出了基础性贡献，填补了公共政策形成的内在机理的空白，被誉为"公共政策研究的不朽之作"。

自政策科学诞生以来，政策阶段启发模型主导着政策分析的框架。在金登看来，在政策过程内部，如"政策议程设置是如何进行的""为什么有些问题会进入议程"等前决策过程仍然是未知的"黑箱"。多源流理论致力于打开"前决策过程"的黑箱。这一理论模式不同于传统的理性决策模式与渐进决策模式，其是对迈克尔·科恩（Michael D. Cohen）、詹姆斯·马奇（James G. March）和约翰·奥尔森（Johan P. Olsen）的"垃圾桶模型"（Garbage Can Model）的修正（Cohen et al., 1972）。它试图回答以下三个问题：政策制定者的注意力如何分配；政策问题如何形成；对问题及其解决方案的发现是怎样以及在哪里进行的。金登认为，一旦政策之窗开启，问题源流、政策源流和政治源流实现三流合一，新的公共政策被选择或者取代了旧的公共政策，政策变迁就得以实现。多源流框架是从决策视角理解政策过程的代表性理论，也是政策过程主流理论中最具有竞争力的理论之一（李文钊，2018）。

金登关于议程建立的分析虽然属于政策过程阶段启发框架的范畴，但其"触角"向前延伸了一步，集中探讨了"问题之所以会成为问题"的原因，以及问题在随后的过程中如何被纳入政府和政策议程（陈建国，2008）。作为政策过程研究的重要理论，多源流理论框架是对模糊性政策过程的理解和认知（Zahariadis，2003），是反理性主义的重要理论之一。它不仅分析了影响公共政策过程的各要素所发挥的作用，还关注了关键人物在公共政策过程中的作用。它从决策视角理解政策过程，将政策过程划分为"前决策"和"决策"两个阶段，向前推进了政策阶段启发框架（陈建国，2008），成为决策模型与阶段论融合的典范（李文钊，2017）。

2004 年丁煌和方兴首次翻译出版《议程、备选方案与公共政策》一书，标志着金登的多源流理论开始在中国学界"崭露头角"。而后的 20 年中，国内学界对多源流理论的应用领域日益丰富，适用阶段持续创新，研究方法日臻完善，成果质量不断提升。然而，多源流理论源于西方，使用的论据资料均取自西方政治和政策领域。诚然，经过近 40 年的发展和完善，诸多学者证明了多源流理论不仅适用于美国的前决策过程，在世界其他国家和不同体制下也逐渐验证了其解释力。但其对于中国政策过程经验的观照尤为不足。特别是，在中国的多源流框架的应用研究中，多源流理论的适用性论证不足、模型应用的泛化和简化、缺乏与其他公共政策理论的对话以及概念要素间因果机制缺乏逻辑性等问题尤为明显（李燕、苏一丹，2019）。多源流理论的进一步发展，有待验证其在多领域、多层级、多情境下的解释能力，挖掘中国经验与理论框架之间的适配性，探索弥合经验—理论鸿沟的修正和拓展方案，在为多源流理论贡献体系化和特色化的中国经验的同时，促成中国政策议程设置理论成果的产生。

本章旨在系统回溯多源流理论框架的来源、发端与发展历程，从多维度展现多源流理论在中国政策过程研究中的应用情况，从多角度分析和解构多源流理论在中国不同领域中的解释力与局限性。在此基础上，归纳多源流理论在中国政策过程研究中所面临的困境与挑战，探索未来该理论在中国场域中持续发展的潜力与机遇。进一步，本章力图在高质量利用多源流理论解释中国经验的基础上，将理论增长点与中国特色政策过程经验进一步融合，以期建构更具中国特色，兼具国际解释力和理论视野的政策理论。

## 第一节　多源流理论概述

### 一　理论来源

自政策科学创立以来，政策过程一直延续着阶段启发框架的传统。虽然政策阶段启发框架确实可以系统地描述历时性政策过程，但关于政策议程设置是如何发生的，为什么一些问题能够进入议程而另一些却不能，这一问题并没有得到充分的回答。于是，一些学者开始尝试利用不同的决策模型来理解这些问题。

早期决策研究的理性主义学派将政策过程视为方案择优的过程。理性行为模型假设决策者是理性的个体，他们会收集与问题相关的信息及其可供选择的解决方案，然后预测所有选择策略的结果并估计其预算。从理性决策模型来看，议程设定本身并不是问题：问题会基于结果被优先排序；那些最严重的问题，或者是解决成本最低的问题，或者是风险最小的问题，会被优先排序。

但是，赫伯特·西蒙（1988）对理性行为模型进行了批判，认为决策者是存在认知局限的，且每种策略都可能产生有利和不利的结果，因此不可能总有最优策略，他继而提出了有限理性模型。有限理性模型认为在实际决策中，决策者只会基于满意决策的逻辑，在决策信息和成本约束下选择次优策略。在这一基础上，林德布洛姆提出了渐进决策模型（Lindblom et al., 1979）。在他们看来，决策者采取的方法是"以现实为基础，一步步不断向外扩张"的，通过不断试错的决策学习和政治共识的达成，力求实现决策的系统化。从有限理性的逻辑来看，政府的注意力是最为稀缺的资源。在有限理性模型之下，政府的议程设置服从于组织结构和流程，所以，政府的议程是相对稳定的。那些能够"刺激"政府修正注意力分配结构的因素，是影响议程设置的关键。

基于理性决策与渐进决策的局限，政策过程研究中出现了反理性主义的声音。马奇、奥尔森和科恩的"垃圾桶模型"认为，决策者面临决策时会不断提出问题并给出相应的解决方案，这些方案相当于被扔进了垃圾桶，其中只有极少数方案能够成为最终决策的一部分（Cohen et al., 1972）。垃圾桶模型具有"目标模糊、解决方式不确定性、流动性参与"等特征，将决策过程视为偶然的特殊事件，并认为决策的最终结果是未知的、随机的。约翰·金登在修正垃圾桶模型的基础上提出了"三源流"决策模型（Kingdon，1984）。该模型认为进入"垃圾桶"的偶然事件或因素可被分为政治源流、政策源流和问题源流三股力量，只有具备特殊条件时"政策窗口"才会打开。当政策问题被提上议程且解决方案恰好可用时，政策制定才能完成（Kingdon，1984）。

多源流理论一经提出，西方学者便将其运用于政策过程的不同层次和阶段。除了使用和验证该理论外，也有学者提出了一些批评。围绕多源流理论的争议主要集中在结构因素、变迁模式、源流独立性、制度的重要性、可检验假设、企业家及企业家精神等方面。其中前三点直指三流耦合的随机性与偶然性：按照其逻辑，议程建立的过程就是混沌的。换言之，多源流框架并没能解释政策之窗为何开启以及决策系统如何产出政策。对此，金登在1994年出版的《议程、备选方案与公共政策（第2版）》中进行了回应，认为多源流框架中的"有组织无序"就是该框架中最大的结构特征，其重点在于"有组织"而不在于"无序"。源流间是否独立并非问题的关键，应更多地关注源流间的耦合过程和逻辑（丁煌、方兴，2004）。尽管如此，仍有部分学者认为金登未能回答源流的融合原因和决策系统的运作机制等问题（刘思宇，2018）。

继金登之后，扎哈里尔迪斯（N. Zahariadis）是多源流框架的重要推动者和发展者。他将多源流框架与模糊性理论相融合，认为多源流框架的核心是讨论政策企业家在模糊性情境下通过政治操纵来实现政策变迁的过程（李文钊，2018）。以此为基础，他提出了三个方面的扩展和一个修正（彭宗超等，2004）。他用多源流框架解释了整个政策形成过程，超越了金登主张的前决策阶段，并认为其对政策比较研究同样适用。此外，他还将政治源流中的国民情绪、利益集团、换届等因素整合为一个概念和变量——执政党的意识形态。这一修正使得从美国提炼出的理论框架同样可能适用于具有集权特征的政治系统和拥有强有力政党的国家，这拓宽了多源流框架的应用范围，提升了其普适性（陈建国，2008）。

## 二　基本框架

多源流理论在承认政策制定过程中存在无序和模糊状态的前提下，建立起一个影响政策变迁的多层次的、结构稳定的分析框架。多源流理论认为，影响政策制定的三条源流分别是问题源流、政策源流和政治源流。三种源流沿着不同的路径流动，并在某一特定时间点"汇合"，即形成"政策之窗"。政策之窗的开启意味着政策问题被识别、政策议程发生变化、政策建议被采纳（姜艳华、李兆友，2019）。在这个过程中，政策企业家扮演了非常重要的角色。通过对这些基本理论概念的整合，多源流理论明晰了促成政策变迁的触发机制和推动力量，对政策变迁具有极强的解释力，成为政策变迁分析中应用最广泛的主流理论之一（乌小花、周辉，2016）。

### （一）基本前提：政策模糊性与问题解决

多源流理论的基本前提是政策的模糊性以及对模糊性命题的破解。不同于"垃圾桶模型"将决策过程视为"决策活动有组织的无序状态"，多源流理论将其视为"决策系统的动态非平衡状态"（杨志军，2018）。金登假设大部分的政策情形都被"模糊性"所笼罩，即缺乏对问题和目标的明确定义。此外，在多源流分析模型看来意外和机会起着重要作用（彭宗超等，2004）。因此，政策制定者经常要面对动态的、不断变化的以及高模糊性的政策环境，决策的结果通常不是个人可以控制的。在国家层面上，复杂性、变动性和模糊性是政策制定最为典型的特征。

扎哈里尔迪斯也指出模糊性是政策制定中的本质特征。它的存在使政策制定变得凌乱、复杂、难以理解。模糊性的存在要求分析家们掌握大量的信息，但更多的信息并不一定能解决模糊性问题，仅能够帮助我们理解整个过程。但模糊性也有优点：它能给新的意见和建议提供机会来解决旧问题，也提供了同时处理多个问题的可能性。政策制定包含选择的过程，而模糊性拓展和提升了选择的空间和可能性。多源流分析方法就是去研究这些政策选择过程中存在的限制条件以及选择的结构、过程和机制（彭宗超等，2004）。

模糊性和决策过程中存在的有组织的无序性，使得决策者的注意力分配问题成为分析的中心。多源流理论框架就是从探究模糊性对政策过程的影响出发，以分析决策者的注意力分配为初始问题展开的。

### （二）三大假设

#### 1. 决策者的有限理性

"垃圾桶模型"认为，决策者在决策时会不断提出问题并给出相应的解决方案，由于人类处理信息能力有限，这些方案相当于被扔进了"垃圾桶"，只有极少数方案能够成为最终决策的一部分。多源流模型将进入"垃圾桶"的偶然事件或因素分为政治源流、政策源流和问题源流。在这一过程中，目标是模糊的，解决方案是不确定的，参与者是流动的。通常，参与者并不是在解决问题，也并没有明确地阐明目标；有时，决策中偶然的因素显得十分突出（丁煌、方兴，2004）。

2. 强大的时间约束

与强调理性行为的模型不同，"垃圾桶模型"认为时间是决策的基础，将时间看作一种独一无二的稀缺资源；既然政策决策者最关心如何有效地管理时间而不是管理任务，那么就应该建立一种遵循时间而非遵循理性的理论框架（彭宗超等，2004）。金登继承和发展了"垃圾桶模型"，其对于决策的假设也认为，一个政府议程是政府官员在给定时间内对某个受关注的主题进行的编目（丁煌、方兴，2004）。在"垃圾桶模型"中，时间在秩序的形成中发挥重要作用，是决策产生的触发机制。在多源流框架下，时间也是重要的，政策之窗没有开启时公共政策的产生会面临着较大困难，但多源流框架非常重视人的作用，政策之窗开启后是否能够把握机会取决于政策企业家的策略和行为（李文钊，2017）。

3. 源流的独立性

金登指出，三源流理论主要描绘的是流经政策制定系统的一些分离的问题源流、政策源流以及政治源流。这三种源流都具有各自的特性，在各自向前流动的过程中都不太关注其他源流的运作。无论政策建议能否解决特定问题，它们都会在政策源流中被孵化出来；不管那些政策建议是怎样被专业人员拟定出来的，政治都有自己的动态（丁煌、方兴，2004）。

### （三）适用前提

1. 开放的政治系统

多源流框架对问题界定与政策议程设置的分析都是建立在民主政府的基础上的。只有在民主政府的条件下，公民的权利才能得到保障，舆论才能自由，官员至少在形式上必须按照公意来治理国家，政策议程才不会仅仅按照掌权者的意志来设立（丁煌、方兴，2004）。

2. 参与者构成

多源流框架的另一个使用前提是认为现代工业社会的大多数政策并不是由政府组织和计划的，而是由公共政策的子系统来完成的。子系统是由公共组织、私人组织甚至个人组成的多元集合。不同于传统意义上的由行政机关、立法部门以及特殊的利益集团组成的"铁三角"，子系统被细分为行政当局、文官、国会、利益集团、学者、研究人员、咨询人员、媒体、与选举有关的参与者以及公共舆论等。利益多元化成为必然，多元的政治系统中的权力被分散到了相互冲突的不同团体手中。这种多元主义的政治系统就像一个政治市场，公共政策子系统的各个成员在政治系统中的影响取决于各自所掌握的资源（赵成根，2004）。

**（四）核心概念和运作机理**

金登提出的多源流模型中，问题源流、政策源流、政治源流、政策企业家和政策之窗构成了其核心概念，与之相伴的是众多子要素。多源流理论的基本要素大致如图 1-1 所示。

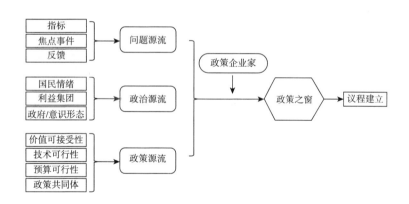

**图 1-1　多源流理论框架示意**

资料来源：作者自制。

1. 问题源流

问题源流主要考察一些问题是如何引起政策制定者的关注，或者说他们究竟是怎样将某个或某些事件界定为问题的。金登将政府了解问题的来源归纳为三方面：指标、焦点事件和反馈。决策者利用指标来评价某一问题的重要性以及该问题的变化。焦点事件包括灾害、危机、个人经验和符号等。尽管焦点事件很重要，但仍需以它们所强化的预存知觉、更确定的指标或与其他这类事件的结合物的形式"伴奏"。反馈可以提供关于那些可能不符合立法意图或上级行政意图的信息，可以表明未能满足规定目标的现实，或表明一些意外的后果。一个问题既可能被提上议程，也可能从视野中消失，而其原因有时仅仅是因为它们的增长率已经达到了平衡，或因为人们已经习惯于这种状况，又或者因为人们的注意力是追随"时尚"的（丁煌、方兴，2004）。

2. 政策源流

金登将政策源流形象地描绘成"政策原汤"及其从中以一定的幸存标准进行备选方案选择的过程。在他看来，由研究人员、国会的办事人员、规划与评估办公室和预算办公室的人员、学者、利益集团的分析人员等专业人员组成了一个共同体。他们对公众的"软化"需要经过思想漂浮、提出议案、做演讲、草拟政策建议，根据反应修改议案，或者再一次漂浮等一系列漫长的过程（丁煌、方兴，2004）。在这个过程中，符合若干标准的政策建议可以提高其幸存下来的可能性。其中，技术上的可行性以及是否符合政策共同体成员所持有的价值观是核心因素。由此，政策源流可以产生一个简短的政策建议目录，这是就一些政策建议所达成的共识。可供采纳的可行备选方案有助于某一主题在政府议程上获得更高的地位，提升其被提上决策议程的可能性（丁煌、方兴，2004）。

3. 政治源流

在金登看来，政治源流由诸如公众情绪、压力集团间的竞争、选举结果、政党或者意识形态在国会中的分布状况以及政府的变更等因素构成。政治源流的发展对议程产生高度影响，因为新的议程变得重要，而其他议程在一个更为有利的时机到来之前一直都被束之高阁（丁煌、方兴，2004）。扎哈里尔迪斯在金登的基础上，将政治源流整合为一个概念变量——执政党的意识形态。

4. 政策企业家

金登将政策企业家定义为愿意投入时间、精力、声誉以及金钱等资源来促进某一主张以换取未来收益的群体，包括物质利益、达到目的或实现团结的预期。金登十分看重源流汇合中政策企业家的作用，政策企业家是使主题进入议程的核心人物，是使分离的源流相结合的重要力量，他们促使解决办法与问题、政策建议与政治契机、政治事件与政策问题相结合。如果没有政策企业家，这三条源流的汇合是不可能发生的。好的思想会因为缺乏倡导者而不能发挥作用，问题会由于没有办法而得不到解决，政治事件也会因为缺乏有创造力的高明建议而得不到利用（丁煌、方兴，2004）。

5. 政策之窗及源流耦合

政策之窗是政策建议的倡导者提出解决办法或促使特殊问题受到关注的一个机会。政策建议的倡导者怀揣他们的解决办法，静候在政府内部及其周围，随时准备在出现合适的问题时，将自己的方案加以应用，并等待时机，利用政治源流的发展来推进他们的解决办法。政策之窗的开启有时完全出乎意料且敞开的时间不长，因此政策企业家必须有所准备。一般议程更多受问题源流和政治源流的影响，备选方案则更多地受政策源流的影响。政策之窗敞开的原因在于政治源流的变化或者已有一个新的问题引起了政府官员及其周围人们的关注（丁煌、方兴，2004）。

流经政策制定系统的各种源流是相互独立的，只有在关键时刻才会汇合在一起。理论上，问题或者政治本身就可以建构政府议程，但三条源流全部汇合，一个主题进入决策议程的可能性就会明显提升。任何一种源流单独出现都不足以使一个主题稳定地位于决策议程上。而如果这三种因素中缺少一种，那么该主题在决策议程中的位置就会转瞬即逝（丁煌、方兴，2004）。总之，三条源流都有各自的作用，任何一条源流都不能决定政策议程设置。只有当问题源流、政策源流、政治源流完全耦合时，政策之窗开启，问题才能被提上议程。

## 三　在反思中发展

多源流理论一经提出，西方学者便开始运用其来分析不同政府层级的不同政策（Robert and Diehl, 1989; Fowler, 2019; Alcantara and Roy, 2014; Craig et al., 2010; Aluttis et al., 2014）。随着使用的愈加广泛，有研究对多源流理论的应用情况进行了整体评估。迈克尔·琼斯等以金登的《议程、备选方案与公共政策》和尼古拉斯·扎哈里尔迪斯的多源流理论及其修正为基础（Jones et al., 2016），对2000～2013年发表的311篇文章进行分析发现，多源流理论已被应用于22个政策领域、涉及65个国家。这些研究大部分使用定性方法（88%），且以案例研究和访谈方法为主，只有少量研究使用定量方法（13%）。拉瓦特与莫里斯则以金登的著作为基础，回顾了 1984 年以来的理论应用情况（Pragati and Charles，2016），对 120 篇分析样本进行描述，并列举了该模型在不同背景下应用良好和不良的方面，介绍了应用金登模型所使用的工具和技术。保罗·凯尔内和迈克尔·琼斯以扎哈里尔迪斯提出的 41 篇"最佳应用"文献为基础（Paul and Jones，2016），深度分析了多源流理论的应用情况和核心理论贡献。他们认为多源流理论在两个方面做出了独特贡献。首先，它具有成为一般性理论（Universal Theories）的潜力，并促进了如间断-均衡理论等理论的发展——所有考虑思想和观念在政策制定中作用的理论都可以追溯到这一研究；其次，该理论还催生了大量有价值的经验研究，尽管这些研究与更广泛的理论联系还不够紧密。

在持续的研究和对话中一些学者对多源流理论提出了疑问。扎哈里尔迪斯总结了如下几个方面的争论。①三个源流之间是否真正独立？②政策之窗在耦合中究竟发挥了什么样的作用？③活动家的战略是如何影响耦合的？④政策源流中的解决办法是不是渐进式发展的？⑤这种方法是否仅仅是一种启发式的手段？金登在多源流框架的第二版中对一些争论进行了讨论和回应，进一步论证了多源流框架的立场和主张（彭宗超等，2004）。

同时，一些学者也在尝试拓展和修正多源流理论。扎哈里尔迪斯对于多源流理论做出诸多修正，扩大了其适用范围（Zahariadis，2016；1992）。卡特和雅各布聚焦于分析问题流、政治流和政策流如何在政策企业家的推动下汇聚（姜艳华、李兆友，2019）。迈克尔·豪利特等则探讨了阶段论与多源流融合问题，认为可以将三源流分析框架拓展到政策方案形成和决策过程中，进而提出了四源流和五源流模型（Howlett et al.，2015）。

可以看到，多源流理论在政策过程理论中的角色和位置变得日益重要，世界各国学者将之应用于不同制度背景、不同政策领域、不同议程阶段，理论的有效性与解释力不断被验证和检视。多源流理论在各个民族国家的广泛应用及其取得的成果，也让研究者们看到了解释中国政策过程"黑箱"的新的理论机会。多源流理论能否解释中国的政策过程？中国体制和中国政策过程经验能为多源流理论带来怎样的启示？多源流理论在中国的创新建构，能否进一步促进中国特色政策过程理论体系的发展？随着多源流理论被引入中国，学界对于这些问题的探讨从未停歇。

## 第二节 中国经验与多源流理论

### 一 理论引介

2004 年丁煌和方兴将金登的《议程、备选方案与公共政策》翻译成中文并出版后，随即引起国内学界对多源流理论的广泛关注与讨论，标志着多源流理论作为解释中国政策过程的全新视角开始在中国"崭露头角"。随后几年中，众多学者开始了对多源流理论的引介与述评（见表 1-1），为多源流理论在中国的发展打下了基础。

**表 1-1 多源流理论引介与评述成果**

| 时间 | 成果 | 贡献 |
|---|---|---|
| 2004 | 约翰·W. 金登（John W. Kingdon）著；丁煌，方兴译. 议程、备选方案与公共政策 第二版 | 著作翻译 |
| 2007 | 曾令发. 政策溪流：议程设立的多源流分析——约翰·W. 金登的政策理论述评 | 引介和评述 |
| 2008 | 陈建国. 金登"多源流分析框架"述评 | 引介和评述 |
| 2010 | 任锋，朱旭峰. 转型期中国公共意识形态政策的议程设置——以高校思政教育十六号文件为例 | 率先应用 |
| 2011 | 蔡李，张月，张伟捷，何江平. 基于渐进主义——多源流理论的公共政策过程分析 | 引介和评述 |
| 2013 | 耿云. 国外公共政策过程理论：反思与发展——读保罗·A·萨巴蒂尔《政策过程理论》 | 引介和评述 |
| 2017 | 骆苗，毛寿龙. 理解政策变迁过程：三重路径的分析 | 引介和评述 |
| 2017 | 尼古拉斯·扎哈里尔迪斯著；杨志军，欧阳文忠译. 德尔菲神谕：模糊性、制度和多源流 | 著作翻译 |
| 2017 | 李文钊. 政策过程的决策途径：理论基础、演进过程与未来展望 | 综述与展望 |
| 2018 | 李文钊. 多源流框架：探究模糊性对政策过程的影响 | 引介和评述 |
| 2018 | 杨志军. 从垃圾桶到多源流再到要素嵌入修正——一项公共政策研究工作的总结和探索 | 综述与反思 |
| 2019 | 李燕，苏一丹. 多源流理论在中国：基于期刊论文（2005~2018）的文献计量评估 | 综述与展望 |
| 2019 | 姜艳华，李兆友. 多源流理论在我国公共政策研究中的应用述论 | 综述与展望 |

资料来源：作者自制。

在引介的初期，学者们多关注多源流理论的渊源与前提（曾令发，2007），梳理其发展历程（耿云，2013）。这些成果肯定了多源流理论的解释力，同时也反思了其预测性、模糊性等方面的缺陷。也有学者通过比较多源流理论与其他政策过程主流理论的异同，展现多源流的独特价值与作用方式。陈建国（2008）通过比较多源流分析框架与公共政策阶段分析、伊斯顿的政治系统和"垃圾桶模型"，介绍和评述了多源流理论的作用机理。骆苗和毛寿龙（2017）比较了倡议联盟框架、多源流分析框架以及间断—均衡理论这三种主流政策变迁分析框架，介绍了这三种路径对影响政策变迁的因素互动机理的不同看法，分析了中国在应用这些理论时的情境性调适等问题。

杨志军等（2017）翻译了扎哈里尔迪斯的《德尔菲神谕：模糊性、制度和多源流》一文（Zahariadis，2016），将重视制度要素的重要思想引入中国学者的视野。同年，李文钊（2017）通过系统反思政策过程的决策途径，指出许多学者似乎过于狭义地理解了金登的多源流框架。在另一篇成果中，李文钊（2018）更为详细地介绍了多源流框架的理论基础，重点指出模糊性理论在多源流框架中的基础性作用。在阐明多源流框架的基本假设、主要构成要素和基本命题的基础上，进一步指出了多源流框架的适应性调整是其保持生命力的重要因素，理论对话亦是学界知识共创的有益前提。这些思想得到后来许多学者的支持与发扬，杨志军同样认为"理论的借鉴要反思的既不是西方理论无用论，也不是中国经验本身的问题，而是在坚持某种拿来主义的立场上对理论模型加以修正和优化"（杨志军，2018）。李文钊的多篇多源流理论成果对于建构具有中国本土特色的政策过程理论具有一定的启发和借鉴作用。这些基于多源流理论对于理论借鉴前提和理论建构原则的方向性思考，也有助于更好地理解中国政策过程理论的发展路径，激发理论创新自觉，为更好地建构与中国特色相适应的政策过程理论奠定知识基础（李文钊，2017）。

随着理论引介的深入，应用成果也不断涌现。任锋和朱旭峰（2010）基于中国公共意识形态政策的议程设置机制问题率先对中国多源流独立性及其发生逻辑等问题进行了思考。他们以大学生思想政治教育领域的中央十六号文件为案例，首次展开了多源流理论对中国经验的解释。此后，相关理论应用研究持续发展，相应的综述评介型研究也开始出现。

李燕和苏一丹（2019）运用量化文献计量分析与深度内容分析方法考察了2005~2018年中国多源流理论的研究成果。研究发现多源流理论的中国成果质量明显提升，政策领域日益多元，但仍存在理论适用性论证不足、模型应用泛化和简化、缺乏与其他公共政策理论对话，以及概念要素间因果机制缺乏逻辑性等问题。姜艳华和李兆友（2019）则梳理了多源流理论在我国公共政策研究中的应用，发现该理论对分析现实的公共政策过程确实具有极强的解释力，但在实际应用中也存在三条源流并非完全独立、缺乏对宏观层面变量的关注、对偶然性的过分依赖以及预测性较差等问题。

如今，距《议程、备选方案与公共政策》第一次被正式引介至中国已二十载，不断涌现的优秀成果持续向我们昭示着多源流理论在中国政策过程研究中依然展现出蓬勃的生命力和亟待深挖的巨大理论潜力。

## 二　应用情况

为了解多源流理论在中国政策过程研究中的应用情况，本书分别在中国知网（CNKI）和Web of Science等数据库进行了文献检索。其中，在CNKI以主题含"多源流"或含"三源流"，不含"塔里木河"①，限定核心期刊和CSSCI的条件进行检索，共搜集到346篇中文文献（截止日期为2023年10月）；在WOS数据库以主题为"Multiple-Streams Framework"进行检索，得到876篇文献（截止日期为2023年10月）。经人工筛选剔除同名不相关主题、会议综述、书评及非中国研究的文献后，对剩余的310篇中英文文献进行了统一编码。以下将对编码结果从不同维度进行统计和分析，以直观展现多源流理论在中国政策过程研究中的应用情况。

### （一）年发文量趋势

为展现多源流理论在中国政策过程研究中的发文趋势，在进行年发文量统计前补充搜索了部分文献②，使数据截止时间延后至2023年12月。考虑到理论引介和综述类文献亦能体现多源流理论在中国政策过程研究中的

①　因初次搜索结果中有许多包含"多源流/三源流"关键词的塔里木河相关研究，故将"塔里木河"设置为需要筛出的关键词。

②　其他维度数据统计截止时间为2023年10月，此处为完整展现研究趋势进行了补充搜索。

发展，遂将原本不纳入编码范畴的综述类文献也纳入统计，最终得到该主题的文献为 334 篇。

由图 1-2 可见，中国政策过程研究中应用多源流理论框架的相关成果最早见于 2005 年。自此后的近 20 年中研究成果数量呈增长趋势。研究成果数量在积淀 10 年后，于 2014 年迎来第一个高峰；到 2018 年发文量相较四年前的第一个波峰已增长了一倍多，并在此后也呈增长趋势，显示出多源流理论在中国政策过程研究中的强大适应力和生命力。

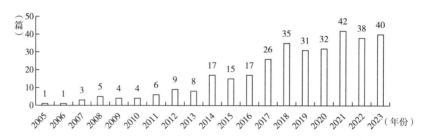

图 1-2　年发文量趋势

资料来源：作者自制。

## （二）研究设计

1. 研究问题

研究问题维度主要衡量中国经验研究的科学性。能否提出具有科学性、明确性的研究问题，一定程度上反映了研究成果的研究范式和理论价值。从图 1-3 中可以看出，大部分研究有较为科学和明确的研究问题（占比 67%）。但仍有 33% 的成果未提出明确的科学研究问题。早期政策过程研究范式并不强调研究问题的明确性，进而导致许多早期文献进行理论倡导或归纳性研究，故未能提出明确可分析的研究问题。

2. 研究方法

研究方法维度主要考察文献的方法论使用情况。研究方法种类非常丰富，本书将研究方法概略性地划分为三种类型：量化研究、质性研究和混合研究，并根据常见研究方法对以上三种类型进行了适当细分。从图 1-4 中的数据来看，全部研究成果中使用单案例研究的文献占绝大部分

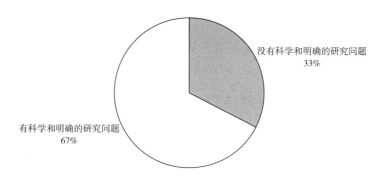

图 1-3　研究问题科学性分布

资料来源：作者自制。

（75%），使用理论阐释和比较案例分析的成果分别占 8% 和 7%，采用计量和其他研究方法的文献仅占 5%。值得一提的是，作为混合研究方法的定性比较分析（QCA）在该领域也表现出一定热度，占到总数的 5%。总的来看，对于案例研究和理论阐释方法的偏好呈现与中国政策过程研究相同的趋势，这说明无论是总体政策过程研究还是多源流理论视域下的研究成果都以单案例研究为主，在运用量化研究方法方面整体薄弱，方法论的多样性也有待进一步提升，研究方法的科学化程度仍有较大提升空间。

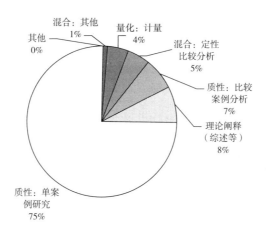

图 1-4　研究方法使用情况

资料来源：作者自制。

### 3. 资料收集

资料收集维度主要考察文献资料的获取来源。结合图1-5中的数据来看，85%的文献使用的资料为二手数据；另有7%的文献采用了访谈法。采用观察法和其他方法的文献均占约4%。仅有2篇文献使用了问卷调查法，目前没有使用实验法获取资料的研究成果。该结果源于开展政策过程研究的资料获取难度，相比参与政策过程，政策文本、新闻资料等二手资料更易获得。从资料来源的科学化程度来看，资料获取方式的多样性和可信度仍需提升。

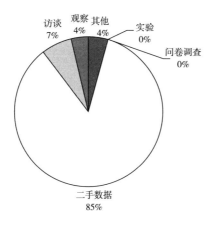

**图1-5 资料搜集方法使用情况**

资料来源：作者自制。

### 4. 资料分析

从数据分析结果（见图1-6）可以看出，当下研究中未采用资料分析方法的文献占比86.21%，采用统计分析的文献占9.94%，采用文本分析方法的成果约占2.24%。另外几种分析方法使用占比均不足1%，其中内容分析应用的文献仅有2篇（0.64%），而使用扎根理论、主题分析和话语分析的成果分别仅有1篇，在总体中占比微乎其微。从资料分析方法使用的科学程度来看，当下研究还有待进一步丰富和发展。

### （三）议程阶段分布

使用多源流理论的中国政策过程研究成果中，最受研究者们关注的议

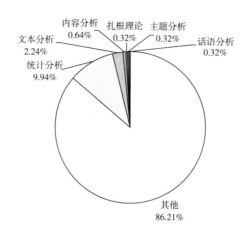

**图 1-6 资料分析方法使用情况**

资料来源：作者自制。

题是议程设置，研究成果达 115 篇，约占总体的 37.1%。另外聚焦政策制定和决策行为的研究达 78 篇，占总研究成果的 25.2%。对这两个议程阶段的广泛关注符合多源流理论研究初衷。可以看到（见图 1-7），有 80 篇关注政策变迁的文章，这反映出多源流理论在这一领域的发展。另有 13 篇成果聚焦政策评估与终结，5 篇成果关注政策执行，4 篇成果关注政策创新与扩散。可见，研究者们对于多源流理论在中国不同政策议程阶段的应用都进行了一定探索。

### （四）政策领域分布

本书将教育政策、体育政策、文化（产业）政策、文旅政策等归为教育文化政策。与此类政策领域相关的成果多达 120 篇，占比 38.7%。本书将社会保障政策、人口与生育政策、就业政策、城市规划与住房政策、医疗卫生政策、食品安全政策、劳动政策、慈善政策、养老政策、救助管理政策等划分为社会政策。与此领域相关的研究为 49 篇，占比 15.8%。本书将生态环境政策、污染防治政策、资源（能源）政策、垃圾分类政策等划归为环境政策，将国家社会发展政策、地方治理政策、民族政策、党的政策、干部、廉政、数字政府、制度改革等归为治理政策。依托环境政策和治理

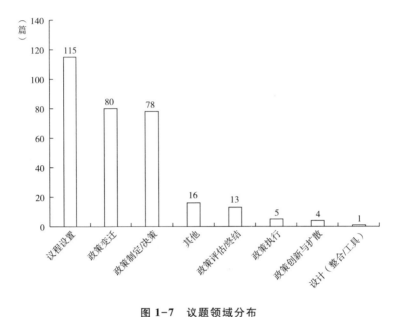

**图 1-7 议题领域分布**

资料来源：作者自制。

政策展开分析的成果均为 30 篇，占比 9.7%。本书将经济政策、产业政策、财政政策、创新政策、科技政策、人才政策等归为经济和创新政策，将扶贫政策、乡村振兴、农村土地、农民工、农村建设、农业政策等与"三农"问题相关的政策划分为"三农"政策。这两类政策领域相关的研究分别为 22 篇（7.1%）和 20 篇（6.5%）。本书将交通发展、校车安全、禁摩、网约车等相关政策归为交通政策。这一领域的研究为 13 篇，占比 4.2%。本书将国防政策、外交政策、信息安全等政策归为国防外交（安全）政策，此类政策作为经验的文献最少，仅有 5 篇（1.6%）。以上都不包括的归为其他政策，这类研究成果有 8 篇，占比 2.6%。此外，现有研究中也不乏跨政策领域的比较分析，这类成果有 6 篇（见图 1-8）。

## （五）政府层级

这一维度主要讨论政策过程研究中经验涉及的政府层级。从图 1-9 中可见，以国家级为经验中心的文献占据主要地位，共计 186 篇，占比 60%。

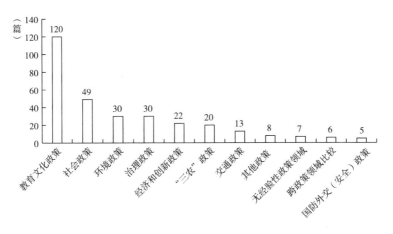

**图 1-8　政策领域分布**

注：只有"年发文量"这一维度进行了补充搜索，总数为 334 篇；其他维度按照总数 310 篇编码，个别维度由于统计方式是多选题，因此会出现总篇数大于 310 的情况。

资料来源：作者自制。

以地市级为主要经验焦点的成果为 41 篇，占比 13.2%。关注村-居级级和省级的文献分别为 27 篇（8.7%）和 23 篇（7.4%）。以县区级和乡镇/街道为经验对象开展研究的文献最少，分别仅为 9 篇（2.9%）和 7 篇（2.3%）。如果没有涉及特定的政府层级或其他情况，则归为"其他"。其他类文献共45 篇，约占总数的 14.5%，其中包含部分与中国相关的国际比较研究。

## （六）核心概念使用

### 1. 核心要素使用情况

多源流理论的核心概念包括问题源流、政策源流、政治源流、政策之窗和政策企业家。为考察当前研究成果对多源流理论应用的完整性，本书对文献中同时出现的核心概念要素进行了分析。由图 1-10 可见，当前研究成果中的绝大多数（195 篇）都完整运用了五个核心概念，占比 62.9%。仅使用了三源流和政策之窗的文献有 94 篇，即有约 30.32% 的文献不关注或未使用政策企业家概念。仅使用三条源流概念的文献有 17 篇（5.48%），其中包含部分以三源流概念作为启发性理论开展的研究。另外仅关注某条源流

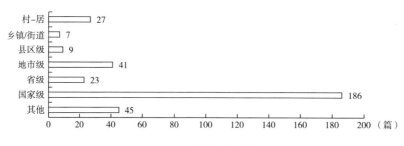

**图 1-9　政策层级分布**

注：需要提出的是，部分成果涉及多个政策层级，因此在编码时设置为多选，故若将各项数值相加其总数将大于实际总文献数。

资料来源：作者自制。

的研究几乎不存在，仅有 2 篇文献聚焦于问题源流，占比 0.65%。整体上看，当前研究成果都较为完整地使用了五个核心概念。

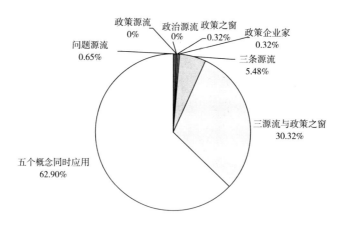

**图 1-10　核心要素使用情况**

资料来源：作者自制。

### 2. 子要素使用情况

此维度主要考察研究成果中对理论子要素的使用情况（见图 1-11）。三源流的理论子要素包括：指标异常、焦点事件、政策反馈、意识形态（执政理念）、国民情绪、利益集团、价值可接受性、技术可行性、预算可行性、政策共同体、政策企业家接近权力的途径、政策企业家可利用资源、政策企业家的策略空间，以及三条源流的耦合逻辑、政策窗口打开的制度背景与决策类型等。本书中将使用或部分使用原理论中含有的子要素的文献归为"使用原理论子要素"，这类文献占到总体的绝大多数（71%），未使用以上子要素的文献约占21%。其中，有8%的文献使用了修正后的理论子要素。总的来看，在解释中国经验的成果中，大部分都较为忠实地使用了原理论中的子要素进行分析。

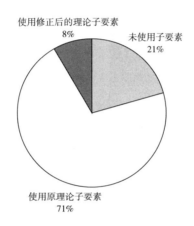

**图 1-11　子要素使用情况**

资料来源：作者自制。

## （七）理论目标

为了进一步评估多源流理论在中国的理论进展，本书根据理论贡献的不同程度，将中国在多源流框架研究领域的成果归纳为四种角色："使用者""追随者""发展者""建构者"。"使用者"是指借助多源流理论搭建框架分析其他政策领域的问题。本书将借用多源流理论或国际学界修正检验后的多源流理论框架分析中国政策过程问题的文献定义为"追随者"。"发展者"是指从多源流理论框架与中国经验之间的"离差"出发，尝试对理论要素等方面进行修正，以增强理论对不同政策领域、政策环境和议程阶段的解释力。"建构者"则强调基于中国经验实现对多源流理论的重构。

"建构者"试图进行深入的本土化或普适化修正，在理论的优化和发展方面有着更大的野心。从图1-12可以清晰地看到，在当前我国使用多源流理论的研究成果中，"使用者"的成果占比最大（48%），"追随者"次之（30%），"发展者"和"建构者"分别只占总文献的16%和6%。可见，当前研究中多源流的工具性和解释性使用占比较高，总体理论目标和研究层次亟待优化和升级。

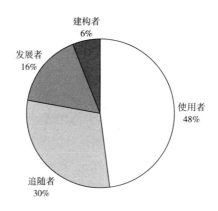

图1-12　理论目标使用情况

资料来源：作者自制。

## 三　小结

自引介以来，多源流理论在中国政策过程研究中应用广泛、成果不断涌现，整体上展现出强大的适应力和生命力。从发文量看，该理论研究的热度呈提升趋势。从研究设计来看，大部分研究提出了科学的研究问题，研究方法上呈现对案例研究和理论阐释的偏好，二手数据成为主要数据来源，不采用资料分析方法的占比过高。从议程阶段分布来看，当下研究成果聚焦于议程设置、政策变迁、政策制定和决策阶段，还探索了多源流理论在政策评估与终结、政策创新与扩散等阶段的解释力。从经验层级和领域来看，当前研究成果更为重视国家层级经验且应用领域较为广泛，主要集中在教育文化政策、社会政策和环境政策领域，充分说明了多源流理论在我国各政策领域的适用性。此外，学者们还对政策企业家、社会政策、环境政策、五年规划、焦点事件、网络舆论、新媒体、网约车等热点话题展开讨论，进一步为多源流理论注入了诸多具有中国特色的政策过程经验。从核心概念使用情况来看，中国经验在整体上较为完整地运用了五个核心概念，并且以使用原理论子要素为主要取向。从理论目标来看，中国经验在多源流理论中扮演了"使用者""追随者""发展者""重构者"四种角色，意味着中国经验在一定程度上实现了对多源流理论的重构，提高了理论解释力。

## 第三节 中国经验在多源流理论中的角色

理论框架的建构源于一些理论范式与经验的持续互动。随着经验领域的拓展，理论局限性会逐渐浮现，理论开始进入反思、检验与发展阶段。越来越多的理论修正和拓展成果的出现并不代表理论的失败，反而更能说明其内核的稳定性以及解释力的可拓展性。随着修正框架和检验范围的发展，高质量成果不断涌现，理论内核、内在机理以及边界等也在逐步确立。

依据所预设的"使用者""追随者""发展者""建构者"四种角色，前文对中国情境应用情况的分析发现，多源流理论在中国的传播和发展在不同阶段大致呈现角色差异。发展过程可能并没有严格遵守顺序性或完全的意义匹配，角色的区分只是按照理论跨越程度将研究成果松散地归入其中，以便更加清晰地认识中国多源流理论发展的进度和理论价值。接下来，本节将分别围绕不同角色展开多源流理论框架应用于中国经验的讨论。

### 一 作为"使用者"的中国经验

本章预设的"使用者"是指：第一，借多源流理论分析中国的特定政策领域或具体政策问题，该类研究没有展开对中国政策过程的探究与思考，其中包括了政策科学之外的其他学科成果；第二，借多源流理论及其要素搭建框架分析其他研究问题，主要是非政策过程研究领域下的其他学科研究问题。作为"使用者"角色的研究只是借助理论框架搭建政策分析的具体维度，并未对多源流理论框架进行反思或者修正。

由前文统计结果可知，"使用者"的文献多达 148 篇（占比 48%），接近一半的中国的多源流理论研究散落在政策过程研究之外。该现象彰显了多源流理论在不同政策领域、不同学科中具有较强的适应性，同时也折射出当前学界对多源流理论框架的"过度追捧"。这一现象形成的原因可能是该理论框架具有过程结构清晰、分析要素明确等优点，其应用门槛显得"平易近人"。但这种"平易近人"多数体现为对原理论适用前提和内在机理的不深究，甚至是理解偏差造成的"假性低门槛"。

### （一）阐释特定政策出台或变迁过程

第一类作为"使用者"的中国经验运用多源流理论主要描述了具体政策的出台过程及其背景，揭示了特定政策的变迁或终结。

在教育文化政策领域，教育、体育和文旅类政策中的大多数文献都属于多源流理论框架的"使用者"。例如刘耀（2010）将多源流理论用来分析《独立学院设置与管理办法》的出台过程。张振宇（2016）运用多源流理论模型分析了影响高校教学改革的问题、政策和政治源流及政策之窗的触发机制。祁占勇等（2022）运用多源流理论分析职业教育法修订的政策过程和动态机制，发现三条源流两两互动，经过两次政策之窗的开启后完成耦合，共同推动职业教育法的修订。Zheng（2017）对2000~2012年中国游泳项目的发展进行政策分析，认为多源流框架特别是政策窗口概念为构建中国精英游泳政策分析提供了理论视角。

在社会政策领域也分布着一定数量的"使用者"文献，借用多源流框架中的理论维度去分析某一领域政策变迁或终结背后的因素。例如，张敏和李伟权（2016）以渐进决策模式为主线，借鉴多源流理论中问题、政治、政策三个影响因素以及"问题之窗"等概念分析了广东省人民政府应对人感染禽流感防控政策的变迁过程。宋小恒和廖晓明（2018）运用多源流理论分析了以药养医政策的终结原因和推动因素，发现以药养医政策的终结是在问题、政策方案和政治形势有机结合的情况下，通过政府、专家学者与人大代表等政策企业家的积极推动实现的。

### （二）探究特定政策未出台的原因

第二类"使用者"研究致力于探究某些被认为重要却未出台的政策及其原因，讨论了某类特定政策立法的可能性、已作出的努力以及优化路径等问题，得出了理论源流要素的不完全匹配是特定政策未出台的原因的结论。

柳发根和刘筱红（2014）利用多源流理论分析了解决农民工家庭离散

问题的政策窗口迟迟未开启是由于三条源流无法汇集，认为解决我国农民工家庭离散的问题源流已经形成；而作为打开问题源流"阀门"的政治源流还在形成之中；政策建议的"软化"活动尚不够，导致政策源流尚未成形。叶林和李寅（2020）研究发现，问题源流的缺位、政治源流的缺失和政策源流的无力导致我国幼儿体育教育政策制定困难且执行效果不佳。丛鹏萱等（2020）借助多源流理论模型，提出了独立制定我国创新医疗技术支付政策的可行性，并阐述了开启政策之窗所需的条件。刘书君等（2023）基于多源流理论，从三源流、试点地区项目的政策外溢效应及政策倡导者的推动等维度，分析了我国 HPV 疫苗未被纳入免疫规划决策的主要因素，并提出了可行性对策和优化建议。

这些以未出台政策为经验对象的研究，不仅探究了其未能出台的原因，而且常常含有"若今后优化与框架中某一要素对应的方面，或可助力政策形成"之意。从某种程度上来看，它们或可算作是利用多源流理论框架进行"预测"的一种研究。未来，随着理论要素和机制的不断修正和完善，通过检验缺失的要素或机制，或许可以回应关于该理论缺乏预测性的批评。

**（三）搭建其他领域的分析框架**

第三类"使用者"的中国经验致力于利用多源流框架搭建其他领域或学科的新分析框架。靳永翥和丁照攀（2017）对城市"小区病"的发生进行了多源流的动态分析。王文琪等（2019）从三大源流分别梳理了中国、美国和欧盟的生态环境风险防范体系。何志武和陈天明（2022）利用多源流理论分析了农村产业转型观念的创新扩散机制，发现回乡能人扮演着政策企业家的角色，农村产业创新扩散要抓住乡村能人与意见领袖等"关键少数"；而扩散的内在动力源于社会建构机制，问题源流、政策源流、政治源流合力驱动产业创新政策的扩散。Dang 等（2023）梳理了中国耕地治理的变迁过程，基于多源流框架构建了中国文化旅游产业的理论模型，设计了相应的评价指标体系，并总结了中国文化产业的发展路径。

作为"使用者"，已有研究尝试对多源流理论进行反思。例如，吴成峡和邓正阳（2017）利用多源流理论对当代中国农地产权政策调整提出了一个演进论分析框架，研究发现三条源流合力交汇时政策之窗的开启推动了当代中国农地产权政策的演进，但该研究并未深入探讨哪种源流起主导作用以及三条源流间是如何互动的。高聪颖（2019）发现在政府换届时三条源流汇合、开启政策之窗推动着我国城市社区空间治理政策的变迁。其中，政治源流发挥着更为重要的作用，因为在中国决策环境下，三条源流并非独立运行，而是有着明显的互动与交叉。涂成悦和刘金龙（2020）也发现中国林业政策转型过程中的三条源流是相互关联的，且各源流的出现存在一定的先后顺序。尽管上述研究基于中国特定领域的政策经验进行了理论反思，但鉴于其并不属于严格意义上的中国政策过程研究，本章仍将其归为多源流理论框架的"使用者"。

整体来看，作为"使用者"的中国研究已初步验证了多源流理论在中国多元学科范畴及政策领域的适用性，并开始反思该理论与中国经验之间的"离差"，为多源流理论框架在中国政策领域的研究做出了有益尝试。

## 二　作为"追随者"的中国经验

本章所预设的"追随者"是指高度追随原有理论或修正检验后的多源流理论框架来分析中国政策过程问题，表现为忠实地追随原理论设想、沿着原有理论脉络进行"中国式"论证，并通过中国经验进行理论批判与反思但没有进行理论修正。"追随者"广泛涉及不同的政策领域、学科背景、政府层级和议程阶段。除应用于原理论聚焦的议程设置和决策阶段外，该理论也被扩展至政策制定、政策变迁、政策终结等政策过程。

### （一）追随原理论进行中国政策过程分析

多源流理论的问题焦点是政策议程的设定和政策的形成。追随这一研究议程，中国研究在各个政府层级、不同政策领域对议程设置与决策议题进行了分析。

为了探究中国网约车规制政策的变迁逻辑，黄扬和李伟权（2018）发现在网络舆情环境中，焦点事件的舆情动员与多起事件的叠加效应、以大数据形式所呈现的指标变动推动了问题源流的构建；经网络舆情放大后的专家学者政策倡议、网络意见领袖对公众政策偏好的引导构成了网约车规制问题的政策源流；在网络圈群和聚合效应下凝聚形成的国民情绪、政民舆情互动后的政府态度推动了政治源流的形成。在三大源流形成的同时，网约车规制政策变迁的政治之窗和问题之窗同时开启，为三大源流的交汇和耦合创造了机会。政策企业家也抓住政策之窗开启的契机，推动了网约车规制政策议程的设置进而实现网约车规制政策的变迁。该研究从网络舆情演化机理和多源流理论特征的角度出发，分析了多源流理论框架在舆情研究中的适用性。在环境政策领域，Du 等（2021）试图用多源流政策理论找到促使中国在 20 世纪 70 年代决定保护环境的原因，认为中国环境政策源于三流问题识别的汇合。这一过程伴随着一个主要由行政人员和科学家组成的环保团体这一新政治角色的出现，他们动员国际经验来确定适当的技术解决方案。他们也进一步讨论了当今中国环境政策的关键要素仍可能在初始阶段受到技术官僚的影响。在健康政策领域，Zheng 等（2023）基于多源流框架分析北京市控烟条例的决策过程。结果发现，问题流中的指标、反馈和焦点事件引起了政策制定者和社会对控烟的关注。问题流、政策流和政治流的汇聚促进了北京控烟政策议程的建立，控烟问题被成功提上政策议程，并推动了《北京市控制吸烟条例》的出台。

一些研究在追随多源流理论以及关注相关议题的同时，也在尝试对其进行比较、反思与拓展。例如，王颖和何华兵（2008）分别用制度分析和发展框架、支持联盟框架和多源流框架分析了广州市的"禁摩"政策过程，包括问题源流、政策源流、政治源流的存在以及"政策之窗"的形成过程。研究发现，以"多源流分析框架"为理论基础剖析中国政策过程具有一定适用性，但作为源于西方的公共政策分析工具，多源流理论在应用于中国特有国情、政治体制和管理体制时存在不可避免的局限性。杨小锋和蔡建东（2022）基于多源流理论构建了政策变迁的多源流组态分析框架，并选取 25 个政策案例进行了定性比较分析发现：上位政策和公众诉求是政策变迁的必要条件，数字教育资源公共服务政策的变迁以问题驱动型居多，兼有方案辅助型和混合动力型。该研究利用 5 种组态重新拓展了政策变迁原有"线性对称逻辑"的知识与诠释范畴。

### （二）追随修正理论分析中国政策过程

多源流理论源于美国的政治环境和政策实践。中美的政治体制、政策环境、决策机制等存在差异。在理论引介过程中，众多学者已经意识到依据中国情境进行理论修正的必要性。于是，一部分学者开始寻找前人修订和验证过的多源流框架，发现这些框架在很大程度上能够解决中国经验与原理论之间的不适配问题。

从对修正理论的"追随"来看，扎哈里尔迪斯的"追随者"最多。例如，郭璨和陈恩伦（2019）同样采用了扎哈里尔迪斯对多源流理论的修正观点，将执政党的意识形态作为政治源流的分析维度。同时也吸收了穆希尔劳尼（Mucciaroni，1992）对多源流理论运行独立性的修正："如果几个源流被看作是相互依赖的，将会更有意义，这样任何一个源流的改变将会导致或促使其他源流发生改变，耦合过程的偶然性就大大降低，整个过程的目的性、战略性也就更强"（Sabatier，2004）。他们糅合了前人修正后的框架来探讨网络教育政策的变迁机理，发现问题源流为变迁提供了合理性；政治源流营造了变迁所需的良好政治环境；政策源流汇聚了政策共同体的建言献策，并促使政策制定者采纳，形成了变迁的合法性依据，最终促成了变迁。

另有一些研究直接基于中国经验的修正成果展开。例如，范逢春和姜晓萍（2015）十分认同前期学者得出的结论，即在中国，三种源流之间是互动与融合的关系，并认为政治源流起着主导作用。他们运用修正后的多源流理论，分析了我国农业转移人口市民化政策的制定过程，发现稳定增长的农业转移人口对市民化的物质文化需求与城乡二元壁垒之间的矛盾，通过社会指标、焦点事件、信息反馈形成了问题源流；政府及其幕僚机构、研究人员、公众分别以国家顶层设计、专业研究报告、切身体验与诉求共同构建了政策源流；执政党意识形态的连续性、公众情绪的累积在党的十八大后转化为充满动力的政治源流；三者在政府换届的"政治之窗"耦合，农业转移人口市民化的政策变革由此出台。王国华和朱代琼（2018）还基于修正后的多源流模型理论分析框架，分析了乡村振兴被纳入国家政策议程的耦合逻辑。他们的研究验证了政策议程设置是社会背景因素、政治因素、行动者因素共同作用的观点，同时也说明，问题、政策、政治三大源流都对政策议程的建立具有促进或约束作用。三者是持续地相互影响、相互作用的。他们的研究再次验证了我国政策议程设置的特殊性：政治源流中的执政党的政治意识形态与政治领袖的执政理念对政策制定的影响尤为明显；政治源流对政策源流具有强烈的导向作用；而政策活动家，尤其是具有重要政治身份的政策活动家，与其他普通的提案支持者相比，更能对政治源流和政策制定产生较大影响。

### （三）作为"追随者"的理性反思

作为"追随者"的研究成果基于中国经验对理论本身及其在中国情境中的适应性进行反思与批判，但并未提出有针对性的修正方案。例如，毕亮亮（2007）采用多源流框架分析江浙两省在跨行政区水污染防治合作中的政策过程，发现"政策之窗"的打开是问题、政策、政治三源流共同作用的结果。该研究反思了多源流理论的解释力局限，并指出三源流并非彼此独立，各源流的出现存在一定先后顺序。黄俊辉和徐自强（2012）则从多源流理论视角对校车安全的源流发展、焦点事件和政策行动者等方面进行了分析，并表明，校车安全政策议程是政策企业家在政策窗口开启之时，推动问题、政策和政治三大源流汇合的结果。在中国情境下，多源流之间存在高度相关性，拥有双重身份的政策企业家具有从政府机构中打开"政治窗口"的可能性。该研究为多源流模型的本土化应用与后续研究提供了一个新视角。

整体来看，作为"追随者"的中国研究成果不仅追随着原理论的脚步，持续验证和阐释着中国政策过程经验，而且逐渐开始对理论与现实之间的不适配问题进行反思。尽管这些反思仍未能在这些成果中得到相应的修正和发展，但它们依然为多源流理论框架在中国政策过程研究中的发展提供了启示。

### 三 作为"发展者"的中国经验

作为"发展者"的中国研究敏锐地发现了多源流理论框架与中国经验之间存在离差，正是这些离差导致原理论不能恰当地解释中国经验。基于此，部分学者开始尝试通过整合要素、修正机制、拓展阶段和交互理论等方式，对多源流理论进行优化与修正，以增强其解释力，提升其对中国经验的适用性。

### （一）要素整合

作为"发展者"的中国经验对理论要素进行整合，主要是指对传统多源流理论框架中的核心要素或子要素进行增加、删减、合并或简化，以修正多源流理论框架的研究成果，包括整合核心要素、整合子要素以及调适特定要素。

1. 整合核心要素

多源流框架有问题源流、政策源流、政治源流、政策企业家和政策之窗五个核心要素，每个核心要素受到多个子要素的影响。当前研究通过嵌入中介变量、增加强度变量或修改要素内涵等方式对核心要素进行优化。

从嵌入中介变量的角度来看，王茹（2021）通过在问题源流中嵌入时间要素，在政策源流中嵌入风险要素，在政治源流中嵌入体制要素，构建了新的碳税与碳交易协同多源流理论分析框架。文宏和崔铁（2014）将焦点事件从问题源流中分离并转变为议程设置过程的重要前置变量，以解释我国近些年常见的"临时拍板"决策方式。从增加强度变量的角度来看，宗宏和杨临宏（2014）增加了问题源流的强度变量，并将其细化为广度和深度两个维度，将多源流理论中的技术标准、价值标准、预算约束等因素整合为可行性变量，引入政策源流的分析。李储和徐泽（2020）以"敏感指标和焦点事件"表征"问题之窗"，以"舆论情绪和理念创新"刻画"政治之窗"。Mu Rui（2018）将政治源流细化为"政治关注"，并结合情境—绩效模型加入制度要素以修正多源流框架。从政策企业家要素修正的角度来看，阮蓁蓁（2009）将政策企业家替换为"终结倡导者"来诠释食品免检制度的终结过程，Mu Rui（2018）用政府组织取代了政策企业家，李储和徐泽（2020）以"党政领导者"概念取代"政策企业家"，刘大伟和周洪宇（2022）则将政策企业家视为"政策创新家"。从不同视角进行要素修正的研究为更好地解释中国经验做出了多样化的尝试。

2. 整合子要素

传统多源流理论以指标、焦点事件和反馈子要素来反映问题源流；以意识形态、利益集团、国民情绪表征政治源流；以价值可接受性、技术可行性、预算可行性及政策共同体表征政策源流；以可接近权力途径、可用资源、策略空间表征政策企业家；以耦合逻辑、决策风格、制度环境子要素表征政策之窗。作为"发展者"的中国经验通过替换、增加、删减和量化等方式进行子要素整合。

通过增加、删减的整合方式，刘伟伟（2015）将政策终结等其他理论角度中的子要素嵌入多源流框架，即制度变迁中的政府偏好等可作为问题源流的子要素，司法审查的讨论可作为政策源流的子要素，专家参与中的行动模式可作为政策企业家的行动策略，公共舆论可作为多源流中的国民情绪进行分析。通过替换的整合方式，卫建国等（2021）认为在中国情境下，政治源流中的政府更迭不具备适用性，党的意识形态和执政理念主导着政治源流的走向。宗宏和杨临宏（2014）将"领导意志、岗位调整、舆论压力"视为政治源流的内涵，并遵循扎哈里尔迪斯的扩展思路将其整合为"执政党的政治权威"。通过量化的整合方式，Wang 等（2023）通过量化三个源流的子要素来修正多源流框架，他们将学术热点纳入问题流、将政治流整合为执政党的意识形态，并将政策执行作为衡量政策流的指标。

3. 调适特定要素

除了对核心要素和子要素进行整合，作为"发展者"的中国经验还尝试利用增加特定领域的相关要素的方式来提升多源流理论的解释力。

王洛忠和李奕璇（2018）将"媒体"视为子要素的影响因素，认为其会对政策变迁产生间接作用。芦彦清和赵建国（2018）将"新媒体"视为前置要素，对多源流政策模型进行了优化。张玉容和陈泽鹏（2021）以网络舆情特点作为子要素的前置变量，构建了网络舆情推动下政策议程设置的多源流政策分析框架。杨军（2021）将实害指标或风险预警、焦点事件、刑法实施反馈、前置法变动替换为问题源流子要素，将政策共同体尤其是刑法学者的出入罪建议视为政策源流子要素，将执政党理念、政治精英的推动、国民情绪视为政治源流子要素，并以此为基础构建了刑法修正议程设置的多源流分析框架。

### （二）机制修正

作为"发展者"的中国经验对源流运行机制、政策之窗触发机制以及议程生成和变迁机制等方面进行了优化和修正，具体归纳为以下三个方面。

1. 修正源流间独立性及顺序

传统多源流理论认为三种源流是相互独立的，每条源流遵循着自身规律而演进。中国学者基于中国经验验证了三种源流之间的互动、反驳了该观点，并且强调了政治源流在中国政策过程中的主导地位，进一步对源流间的独立性及其顺序进行了修正。

宗宏和杨临宏（2014）认为政治源流与问题源流、政治源流与政策源流之间存在互动联系，强调了政治源流在政策过程中的核心作用。文宏和崔铁（2014）主张通过提高源流间的融合性、政治源流的核心化、焦点事件的独立化以及特殊情况下的临时决策四种路径来优化中国决策情境下的多源流模型。闫建和娄文龙（2018）否定了源流独立性，认为在中国场域下问题源流受政治源流和政策源流的约束。白锐和吕跃（2019）则主张政治源流占主导地位，三源流不是相互独立的，政策企业家角色发生了转变。卫建国等（2021）认为三大源流是相互嵌套的，根植于社会环境中的问题源流先于政策源流存在，问题源流的出现引起决策者关注，进而引发了政策源流，最终与政治源流相互耦合开启了"政策之窗"。不同的是，Wang等（2023）发现政治源流并非中国环境政策议程的决定性因素，只有在政策企业家的积极推进下实现与政策源流的耦合，才能有效促进议程设置。

2. 发展源流运行和生成机制

作为"发展者"的中国研究发展了传统多源流理论框架中的源流运行机制、变迁动力或触发机制，增强了多源流理论框架在解释中国政策现象时的理论张力。

王程韡（2009）改进了传统多源流政策议程模型和触发机制，提出基于行动者能动性的多层流演化的新模型。李燕和朱春奎（2017）将相邻政策领域的溢出效应视为政策之窗的触发机制，构建了基于多源流理论的政策终结议程设置分析框架。江永清（2019）发现多源流模型中三流融合并不以社会问题流的事件为必然触发机制。白锐和吕跃（2019）认为我国公共政策议程设置的关键在于党的执政理念对议程设置的坚定决心。刘然（2017）发现互联网表达结构的去中心化提供了技术条件，改变了政策生成流程，促使问题源流、政策源流与政治源流汇合。柏必成（2010）认为政策变迁动力模式包含问题变化、方案可行性增强、政治形势变化、外部事件冲击、正面政策效果积累五种因素。

3. 变更拓展特定概念的意义

部分学者讨论了在中国情境下特定概念的意义变更与身份拓展。宗钰和蒋艳（2019）适度修正了"政策溢出"功能，拓宽了其适用范围，有利于发挥其"正外部性"的影响力。另外，就政策企业家的中国身份和政治源流理论在中国的作用，刘伟伟（2015）将专家参与中的行动模式作为多源流中的政策企业家行动策略，Mu Rui（2018）用政府组织取代政策企业家，甄美荣等（2019）认为中国政策企业家具有特定的行动方式：政治精英和优秀领导者同时活跃在三大源流中，具有助推政策出台、制定政策和落实政策的多重身份。其余学者以"党政领导者""政策创新家""终结倡导者"等概念拓展和指代政策企业家在中国情境下的内涵与作用（李储、徐泽，2020；刘大伟、周洪宇，2022；阮蓁蓁，2009）。

### （三）阶段拓展

中国经验拓展了多源流理论所解释的政策过程阶段，包括：一是跨越议程设置阶段，将三源流的运行过程拓展至政策执行、政策变迁等不同政策阶段；二是在议程设置运行阶段，将运行机制拓展为多个细分阶段。

1. 跨越议程设置阶段

作为"发展者"的中国经验除将多源流框架应用于议程设置和决策阶段外，还将其扩展至政策执行、政策变迁、政策终结等其他阶段，并在政策协同（王茹，2021）、政策扩散（罗丹等，2022）等阶段也有零星尝试（详见表1-2）。

表1-2　其他拓展阶段部分典型成果

| 发表时间 | 文献名称 | 议程阶段 |
|---|---|---|
| 2021 | 王茹.碳税与碳交易政策有效协同研究——基于要素嵌入修正的多源流理论分析 | 政策协同 |
| 2022 | 罗丹，黎江平，张庆芝.城市生活垃圾分类政策扩散影响因素研究——基于261个地级市的事件史分析 | 政策扩散 |
| 2023 | 韩璐，吴昊，鲍海君.基于多源流理论的国土空间规划政策评估：PMC指数模型及其应用 | 政策评估 |
| 2018 | Mu Rui. Coupling of problems, political attention, policies and institutional conditions: explaining the performance of environmental targets in the National Five-Year Plans in China | 政策执行 |
| 2018 | 刘金龙，傅一敏，赵佳程.地方林业政策的形成与执行过程解析——以福建Y市重点区位商品林赎买为例 | 政策执行 |
| 2023 | Wang, Boyu; Yang, Ronggang; Fang, Qinhua. Marine plastic management policy agenda-setting in China（1985 – 2021）: The Multi-stage Streams Framework | 制定—执行 |
| 2009 | 阮蓁蓁.食品免检制度终结分析——基于多源流理论的分析视角 | 政策终结 |
| 2015 | 刘伟伟.政策终结的多源流分析——基于收容遣送制度的经验研究 | 政策终结 |
| 2017 | 李燕，朱春奎."政策之窗"的关闭与重启——基于劳教制度终结的经验研究 | 政策终结 |

续表

| 发表时间 | 文献名称 | 议程阶段 |
|---|---|---|
| 2010 | 柏必成. 改革开放以来我国住房政策变迁的动力分析——以多源流理论为视角 | 政策变迁 |
| 2014 | 韩鹏云. 改革开放以来农村五保供养政策变迁的公共政策分析 | 政策变迁 |
| 2017 | 向玉琼, 李晓月. 我国大气污染防治政策变迁的动力分析——兼评多源流理论及其修正 | 政策变迁 |
| 2018 | 闫建, 娄文龙. 我国住房限购政策变迁研究——基于对多源流理论修正的视角 | 政策变迁 |
| 2018 | 王洛忠, 李奕璇. 媒介融合背景下的政策变迁及其多源流分析——以"独生子女"到"全面二孩"的政策变迁为例 | 政策变迁 |
| 2021 | 皮婷婷, 郑逸芳, 许佳贤. 垃圾分类何以强制？——多源流理论视角下的城市生活垃圾分类政策变迁分析 | 政策变迁 |
| 2022 | 戴卫东. 中国社会保障试点政策的落地逻辑 | 决策-执行 |

资料来源：作者自制。

最早将多源流理论拓展至其他议程阶段的是阮蓁蓁（2009）对政策终结的分析。而后，李燕和朱春奎（2017）构建了基于多源流理论的政策终结议程设置分析框架，增加动态分析要素、纳入新的触发机制，促使多源流框架在政策终结领域展现了更强的解释力。Mu Rui（2018）引入制度要素、建构了政策执行分析框架。刘金龙等（2018）则融合了多源流模型与政策执行过程模型。戴卫东（2022）将其修正后的多源流决策过程分析框架扩展到决策和执行阶段。Wang等（2023）将多源流框架与政策态度和政策执行的政策配置分析相结合，扩展了多源流理论的框架。

2. 议程设置运行过程

传统多源流框架主要解释了议程设置或决策阶段中不同源流的运行方式和政策之窗的打开机制。然而，单一过程已不足以解释这一黑箱。现有研究从不同角度提出非单一阶段的议程设置运行过程。王程韡（2009）基于行动者能动性建构多层流演化新模型，解释了政策议程触发机制中的问题流黑箱。芦彦清和赵建国（2018）则将源流耦合归纳为三个阶段：问题源流出现在初期、政策源流出现在中期、政治源流出现在高潮。刘义强和范静惠（2023）提出以适应性为取向的"二阶多源流"模型。另有学者将多源流理论进一步发展至政府行为、基层治理等领域（叶岚、王有强，2019）。

对源流耦合细分阶段、将议程设置阶段分为多个阶段循环演进、将多源流框架拓展至其他政策过程阶段，甚至拓展至其他相关研究领域，并在传统多源流运行机制的基础上发展出不同类型的多阶段多源流分析模型。这从侧面说明了多源流框架本身是极具适应力和发展潜力的。

### （四）理论交互

在中国情境下，多源流理论与其他理论进行了对话和交融，具体表现为：一是以修正多源流理论框架为目标，通过理论之间的对话与比较，整合出新的理论框架，提升多源流理论的解释力；二是借助多源流理论建构其他框架，间接发展了多源流理论。

1. 对话政策过程理论

在中国情境下，多源流理论与其他政策过程理论进行了紧密对话，包括倡导联盟框架、社会生态系统框架、政策执行过程模型、政策阶段模型等。

Li Xiufeng 和 Li Zhang（2019）整合了多源流与倡导联盟框架，构建了联盟导向的多源流分析模型，该模型强调原有政策背景对政策议程设置的影响，并将问题源流、政策源流和政治源流以联盟互动的方式动态结合，对政策博弈过程做出更为完整的解释。Mu Rui（2018）根据"情境—绩效"模型和政策科学中的阶段模型修正了多源流框架，并将前者用于研究中国的政策执行，后者用于追溯环境目标政策的纵向转变。为更好地解释开启政策之窗和决策过程的内在机制，刘思宇（2018）建立了政策论证和共识建构的多源流嵌套模型。刘金龙等（2018）融合了政策执行过程模型，建构了扩展的多源流分析框架。闫曼娇等（2022）将社会生态系统框架中的进入边界、治理规则和行动者要素嵌入传统多源流理论中，以便更清晰地解释我国集体土地建设租赁住房的政策过程。

2. 对话其他学科理论

部分学者注意到多源流理论可与其他相关学科的理论相互整合，并作出了建构整合性理论框架的大胆尝试。例如，戴卫东（2022）基于金登的多源流理论和科斯的制度变迁理论，建构了社会保障试点政策的决策过程分析框架。陈冠宇和巩宜萱（2023）基于外部性理论与多源流框架，对横向生态补偿议程设置展开了理论对话，完善了特定领域的多源流框架。此外，一些研究尝试整合信念体系概念（王国华、武晗，2019）、能量场理论

（韩艺、刘莎莎，2020）、角色理论（Horton et al.，2023），甚至还包括传播学的施拉姆理论等理论要素（朱敏、樊博，2017），以尝试构建新理论框架，从而提升多源流理论的解释力。

3. 框架整合

部分成果进行理论融合的目的并非修正多源流理论，而是借助多源流理论的要素或机制来建构分析政策过程的其他理论框架。王福涛等（2017）基于 Dolowitz-Marsh 政策移植的行为构成要素模型，在政策过程阶段分析模型和多源流模型要素融合的基础上，建构了政策移植中的议程设置分析模型。罗丹等（2022）基于多源流分析、注意力基础观、组织制度等理论，构建了涵盖问题需求维度、政策企业家维度、合法性维度以及政府能力维度的生活垃圾分类政策扩散的影响因素模型。闫曼娇等（2023）基于多源流理论视角构建了"政治势能压力—政策网络推力—群众需求引力"三力作用模型，以解释试点政策扩散和政策供给路径。

整体而言，理论融合一方面反映出理论间对话的可能性，为未来多源流理论的融合发展提供了多维尝试；另一方面，融合后的修正框架在一定程度上推动了政策过程理论的发展。

## 四 作为"建构者"的中国经验

作为"建构者"的中国经验在理论优化和发展方面有更大野心。本章所预设的"建构者"具有以下特征。一是本土化修正的"建构者"，基于中国特有的政策情境和政策过程，对多源流理论中的命题假设、要素逻辑等进行了较为深入的本土化探讨，该类研究的理论目标是探索和建构具有中国特色的议程设置或其他政策过程的理论框架。二是普适化修正的"建构者"，以中国案例为基础，该类研究的理论目标是对多源流理论自身局限的深度回应，抑或是对理论框架的系统性重构，从而将多源流理论"推己及人"，使得修正后的多源流框架可能在更广大的政策场域或制度结构中展现出生命力。

### （一）本土化修正

在作为"建构者"的本土化修正过程中，学者们敏锐地捕捉到将多源流理论框架应用于中国政策过程情境时所面临的前提性或根源性障碍，其修正的理论目标是探索和建构具有中国特色的议程设置或其他政策过程的理论框架。该类研究在应用理论之前会对多源流理论的适用性和局限性做出论证，并从不同的角度对理论运用的前提条件、基本命题、机制逻辑等方面进行符合中国体制的本土化修正。表 1-3 展示了其中的代表成果。

表 1-3　本土化修正的"建构者"代表成果（16 篇）

| 时间 | 成果 | 贡献 |
|---|---|---|
| 2008 | Zhu, X. Strategy of Chinese Policy Entrepreneurs in the Third Sector: Challenges of "Technical Infeasibility" | "技术不可行性"模型 |
| 2010 | 任锋，朱旭峰. 转型期中国公共意识形态政策的议程设置——以高校思政教育十六号文件为例 | 将现阶段中国公共意识形态政策的政策议程的设置过程总结为"开明的权威主导模式" |
| 2013 | 于永达，药宁. 政策议程设置的分析框架探索——兼论本轮国务院机构改革的动因 | 三条源流适用范围，机制全面本土化 |
| 2014 | 孙志建. 中国城市摊贩监管缘何稳定于模糊性治理——基于"新多源流模型"的机制性解释 | 加入强度变量"流向""流量""水质" |
| 2016 | 魏淑艳，孙峰."多源流理论"视阈下网络社会政策议程设置现代化——以出租车改革为例 | 分析网络视域下中国政策议程设置现代化变迁 |
| 2016 | 杨志军，欧阳文忠，肖贵秀. 要素嵌入思维下多源流决策模型的初步修正——基于"网络约车服务改革"个案设计与检验 | 嵌入 4I[①] 要素，修正机制 |
| 2017 | 朱敏，樊博. 网络舆情治理的议程设置研究 | 结合传播学施拉姆理论，关注舆情治理中的议程设置环节 |
| 2018 | 杨志军. 模糊性条件下政策过程决策模型如何更好解释中国经验？——基于"源流要素+中介变量"检验的多源流模型优化研究 | 检验 4I 要素 |
| 2019 | 王国华，武晗. 从压力回应到构建共识：焦点事件的政策议程触发机制研究——基于 54 个焦点事件的定性比较分析 | 从意识形态相关度和决策者价值观角度，看中国特有的"回应-共识"焦点事件的政策议程触发机制 |
| 2020 | 韩艺，刘莎莎. 绿色发展视域下公共政策多源流模型及其修正——以快递包装新国标的出台为例 | 提出融合多源流、力和公共能量场的多源流理论扩展模型 |
| 2020 | 杨志军，支广东. 完全还是有限：政策议程建立的型构条件与耦合机理——基于"关键个人"变量的新多源流模型解释 | 源流、窗口和变量之间存在"一对一"和"一对多"关系 |

| 时间 | 成果 | 贡献 |
|---|---|---|
| 2021 | 周立，罗建章."上下来去"：县域生态治理政策的议程设置——基于山西大宁购买式造林的多源流分析 | 中国特色理论结合，改变运作机制 |
| 2021 | 王法硕，王如一.中国地方政府如何执行模糊性政策？——基于A市"厕所革命"政策执行过程的个案研究 | 构建出中国地方政府的模糊性政策执行解释框架及命题 |
| 2021 | 陈贵梧，林晓虹.网络舆论是如何形塑公共政策的？一个"两阶段多源流"理论框架——以顺风车安全管理政策为例 | 从中国特色决策模式出发，可将多源流原型视为其新建的"两阶段多源流"的一种特例，即三种高强度的源流同时出现，直接推动政策议程设置 |
| 2022 | 胡冲，蒋潮鑫.多重局部耦合：政策制定因素何以影响执行结果——基于人工智能政策历程的两阶段多源流分析 | 在中国科层化和组织化的单一制结构下，建立了跨越制定与执行的两阶段的多源流分析框架 |
| 2022 | 靳永翥，赵远跃.公众参与背景下多源流理论如何更好解释中国的政策议程设置？——基于多案例的定性比较分析 | 流量、流向和水质呈现"问题-压力-回应"到"参与-互识-俱进"的逻辑轨迹 |

①：4I要素指：政策理念、政策形象、关键个人和机构运作。

资料来源：作者自制。

1. 提炼中国要素及其机制调适

这类成果主要通过要素增减、整合等形式修正多源流理论，使其适配于中国经验下的政策过程解释，或完善其运行机制以适配更广阔的应用场景。相比"发展者"的要素整合，"建构者"的要素整合不再局限于替换特定领域的要素，而是期望通过要素的增减整合能够更适配中国政策过程的运行特征，进而总结和归纳出具有中国特色的政策过程理论。

有研究对理论要素进行可操作化修正以阐释中国特定的治理模式。为了解释中国城市摊贩监管行动为何稳定于"模糊性治理"，孙志建（2014）构建了"新多源流模型"，认为政策行动选择受到"议题流""行动流""规则流"这三种政策源流（即"变量集装箱"）的"流向""流量""水质"等变量的塑造和制约。政策源流之间的离散或汇聚乃是一连串因果机制相互作用（即"机制串联"）的结果。该文基于中国情境将传统多源流框架向前推进一步，对政策源流进行了深入和细致的机制探索。

部分学者关注到我国常规政策议程设置和非常规政策议程设置间的差异。例如，杨志军等（2016）建立了多源流决策模型修正框架，并以网约车服务改革为例分析发现 4I 要素可作为政策制定和源流运行两环节间的中介变量。在政策制定中，4I 要素嵌入联盟互动；在源流运行中，4I 要素主要作为源流信仰的排序嵌入。在联盟互动和信仰连接之后，4I 要素进入源流系统，由此形成联盟、4I、信仰与多源流的融合过程。这一机制在杨志军（2018）后来的研究中，通过定性比较分析方法和个案分析方法得到了验证。2020 年，他又基于"要素嵌入+变量作用"的新多源流模型解释机制，得出源流、窗口和变量之间存在"一对一"和"一对多"关系（杨志军、支广东，2020）。可以看到，杨志军的成果都致力于以要素嵌入和中介变量来修正多源流框架，从嵌入何种要素，到验证要素适配性，再到探究要素如何影响源流间耦合的机制，为多源流框架在中国经验中的优化和发展做出了新的探索。靳永翥和赵远跃（2022）提出公众参与在三条源流运行中呈"吸引式"牵引，他们以 QCA 方法分析发现，公众参与的五个要素对问题源流、政策源流和政治源流三股源流的流量、流向和水质有着不同的影响机制和影响路径，呈现从"问题－压力－回应"到"参与－互识－俱进"的逻辑轨迹。

有学者通过对话不同理论，完成多源流理论中要素或机制的优化，从而更好地解释了中国政策过程的发展与变迁特征。例如，王法硕和王如一（2021）对中国多层次复杂治理体系下地方政府如何执行模糊性政策展开了深入研究。通过整合模糊－冲突模型和多源流框架，他们构建了中国地方政府的模糊性政策执行解释框架，并发展了若干命题。该研究发现多源流构成推动模糊性政策执行重启的动力机制，进一步验证了多源流框架对政策执行议程阶段的解释力。该研究发现政治激励是具有中国特色的政治流因素，且政治流与作为问题流的政策反馈均来自上级政府，进一步支持了学界对于源流彼此不独立的批判。该研究进一步提出：在中国场景下，地方主政官员对于上升为政治任务或中心工作的政策事项会承担主体责任，进而成为推进政策执行进程的关键人物，即"执行企业家"。该成果不仅从动态视角修正了模糊－冲突模型，拓展了多源流框架在政策过程研究中的应用范围，也丰富了中国场景下模糊性政策执行的研究成果。

2. 网络情境下的理论调适

随着信息时代的到来，网络对我国政策过程中的参与方式、决策模式、政策学习、创新扩散等多个方面均产生了深远的影响。当前许多学者注意到了网络媒体给我国政策过程带来的变化，并尝试通过理论调适以适应当前由网络带来的转变。

例如，魏淑艳和孙峰（2016）试图从网络逻辑出发审视并修正多源流模型，他们将新媒体的触发工具角色纳入问题流，将虚拟接触下的政策话语权博弈纳入政策流，将网络民意推力纳入政治流，并以出租车改革为例分析发现，网络多源流聚合从指标构建、焦点事件演变、问题反馈、协同治理网络构建、政府民意感知与回应、决策模式优化等方面开启了政策议程设置现代化之窗。朱敏和樊博（2017）也注意到了网络社会下中国政策议程设置模式的发展与变化。他们指出，网络舆情事件及其影响力在政策制定和社会治理方面的重要性不断提升。于是，他们将传播学的施拉姆理论与多源流理论相结合，以电子参与作为逻辑起点，关注舆情治理中的议程设置环节。市民个体的电子参与通过施拉姆循环理论的"编码—译码—释码"过程不断传播扩散，从而汇聚成多源流理论中的问题源流、政治源流和政策源流，进而打开政策之窗，触发议程设置。

随着网络参与广度和新媒体影响程度的日益提升，我国的政策议程设置模式也在发生变化。王国华和武晗（2019）认为中国焦点事件触发议程的模式已逐渐从无序大众参与向规范参与转变，决策者也从"被动回应"向"主动学习"转变，他们基于多源流理论和萨巴蒂尔的信念体系概念提出了焦点事件基于共识触发政策议程的逻辑框架，尝试从政策价值层面分析焦点事件触发议程的条件和机制。该研究证实了政府对焦点事件的反应正逐渐由"压力回应"模式向"共识构建"模式转变，尝试在中国的制度环境下厘清政治流、政策流和问题流的相互关系，强调了焦点事件在促成共识、触发议程中的重要性，有助于理解中国政策议程设置中理念与价值的作用。

3. 中国制度因素对理论的形塑

中国作为单一制的社会主义国家，与西方的分权制、选举制存在本质区别。原生于西方体制的多源流理论在解释中国政策过程时需要针对制度因素进行本土化修正。这些修正包括：中国周期性的政治制度可能影响政策之窗的开启，在中国决策模式中，中国共产党在政策议题确定时居于领导地位，可能导致政党制度对政治流的形塑；中国政治体制下部分政策企业家身份的双重性，也使政策制定容易产生"跨越式渗透"（黄俊辉、徐自强，2012）。

陈贵梧和林晓虹（2021）提出了三个假设。第一，政策之窗的开启更多源自政治源流，政策源流的作用显著低于金登理论原型的设定。第二，三种源流交汇可以产生不同程度的耦合，耦合程度越高政策影响效果越显著。第三，回应（策略和行为）是三源流耦合程度的关键性调节因素。基于此，他们建构了一个"两阶段多源流"理论框架。该研究进行了充分的理论对话，拓展了多源流理论的适用情境。周立和罗建章（2021）反思了多源流理论在中国政策过程研究中的局限性。首先，在中国特色的科层制下，政策议程的各源流间并非独立。他们整合了多源流理论与中国特色的"上下来去"互动模式：在问题流上，政策制定者的偏好与现实约束条件相匹配，这引起了地方主政者"下情上达"的议程推动；在政策流上，中央与地方的政策偏好同源，地方主政者的偏好出现在备选方案中，引起了中央"上情下达"的议程驱动，并促使政策共同体的形成；在政治流上，中央驱动、各级主导与政策企业家响应相匹配，形成了"上下来去"互动过程，并启动了议程设置。在中国体制的科层制下，中央高层居于议程设置的主导地位，但也必须考虑地方政府的政策偏好。该研究对多源流理论进行了本土化修正，一方面走出了三源流各自独立的西方分权制假定，另一方面超越了政策企业家单独开启政策之窗的个体主义假定。

任锋和朱旭峰（2010）聚焦于极具中国特色的研究对象——社会主义转型期的意识形态政策制定，尝试对以当前高校思想政治教育为代表的意识形态政策的议程设置机制进行阐释，并进一步反思了多源流理论在中国的适用性问题。在理论的本土化过程中，他们将"换届"子要素从政治源流中删去，将"政策的政府意识关注度强/弱"和"相关压力群体与政府的联系松散/紧密"作为分类标准，把中国政策分为限制性政策、公共意识性政策、分配/再分配性政策与体制性政策四类。研究发现政治流中政府意识形态的变化、政策流中专家的调研和建议，以及具有准公共性质的媒体力量在中国公共意识形态政策的议程设置过程中发挥着重要作用。同时，他们将现阶段中国公共意识形态政策的议程设置过程总结为"开明的权威主导模式"。

于永达和药宁（2013）认为，在中国议程设置过程中，媒体管制对问题源流的影响较强，政治制度使中国政治源流更具连贯性，源流间存在互动反馈关系，且政治源流中核心领导层具有重要作用。在此基础上，遵循扎哈里尔迪斯的整合思路，他们的研究调整了政治源流的内涵，并指出问题源流是社会问题的"有偏样本"（biased sample），社会问题能否成为问题源流将受政治源流的过滤和检验。在此基础上，他们构建了适用于解释我国政策议程设置的分析框架："执政党的政治取向""允许表达的社会问题""具有相容性的备选方案"是影响议程设置的三种源流；三源流交汇将打开政策窗口，使议题得以进入决策议程。

## （二）普适化修正

在作为"建构者"的普适化修正成果中，学者们通过调适多源流框架的前提假设和要素机制，实现了对多源流理论自身局限的深度回应或对理论框架的系统性重构，以适应更广阔的制度或文化场域。这类成果更具普遍性，期望通过调适理论要素与耦合机制来透视政策过程运行本身的逻辑"黑箱"。表1-4展示了其中的代表成果。

表1-4　普适化修正的"建构者"代表成果

| 时间 | 成果 | 贡献 |
| --- | --- | --- |
| 2012 | 王翀，严强．对社会政策替代过程的新解释 | 原生于美国的分析框架有无普适的意义，能否吸纳各国或各地区的本土性因素 |
| 2022 | Dool, A. The multiple streams framework in a nondemocracy: The infeasibility of a national ban on live poultry sales in China. Policy Studies Journal | 将多源流框架系统地调整到适应权威主义社会 |
| 2023 | Horton, J. B., Brent, K., Dai, Z., Felgenhauer, T., Geden, O., Mcdonald, J., Mcgee, J., Schenuit, F., and Xu, J. Solargeoengineering research programs on national agendas: a comparative analysis of Germany, China, Australia, and the United States. Climatic Change | 引入"国家角色"要素，验证其在不同国家决策中的影响 |

资料来源：作者自制。

王翀和严强（2012）认为多源流分析框架的优势在于放弃了政策活动绝对理性化的假设，能够解释行政机构出现的某些非理性行为，在一定程度上回应了渐进主义者的困惑。他们尝试将其应用于解释政策终结过程，并就其适切性进行了考量。首先，相较于传统政策过程阶段论，多源流理论过于强调偶然性因素，可能导致研究对象变得不可捉摸；其次，金登的本意是关注议程的设定及其如何转化为政策，并不适用于政策终结的全部情形（如政策的直接废止）；最后，政策过程本就常有反复，政策终结也往往不会一蹴而就，其每一次推进表现出的间断性和平衡性如何？在既有限制条件下三源流如何顺利合并？这些问题多源流理论未能给出明确答案。在此基础上，探究原生于美国的分析框架是否具有普适的意义、能否吸纳各国或各地区的本土性因素，是发展该框架的关键。基于此，他们从渐进主义逻辑和非理性因素影响等方面进行了必要的补充和修正。遗憾的是该研究以理论阐释与逻辑推导的方式展开，并未进行实证检验，其所提出的修正框架在科学性和系统性方面存在一定局限性。Dool（2022）以中国食品市场活禽销售为案例，考察了多源流框架在不同体制国家中的适用性条件。研究结果与预期相反，活家禽销售问题和永久禁令的解决方案成功地进入了政策议程，尽管禁令在技术上不可行、在财政上不受支持、与现有的价值观和规范不一致且缺乏政策企业家。这表明，在中国，政策制定者虽然缺乏直接的政治反对力量，并采用自上而下的治理方式，但在某些条件下或某些政策领域，他们仍会避免采取那些面临重大执行挑战（如社会支持有限）的政策。该研究将多源流框架系统地调整以适应权威主义社会，验证了多源流在不同体制下的解释力，为该理论未来在不同政治制度、治理方式和文化背景下的应用提供了尝试的方向。Horton 等（2023）从角色理论中借用了"国家角色"（NRCs）概念，作为对多源流方法的补充，并在此基础上对德国、中国、澳大利亚和美国的能源政策过程进行了比较案例分析。这一修正框架有助于框定不同国家在进行议程设置时的可行边界，尤其是在处理具有国际影响或涉及外交的相关政策议题时。该研究的意义在于：第一，打通了这两种研究传统之间的对话渠道，特别是当国内问题具有明显的国际影响时，角色理论的加入能够更好地帮助我们理解此类政策问题的议程形成过程；第二，对多源流理论进行了修正，分别选取四个不同体制和行政风格的国家作为案例进行检验，使框架的解释力大幅提升。

学者通过修正与整合理论要素，在网络情境下调适理论，并提炼中国制度要素来提升框架的解释力。上述对多源流理论的重构彰显了多源流框架在中国情境下的强大适应力，中国经验在理论拓展中发挥了重要作用。

# 第四节　全面评估

## 一　理论使用的完整度

### （一）主旨与命题的使用

第一，多源流理论遵循有限理性逻辑，假设政策制定者在有限的时间约束下展开工作。当前研究都遵循了这两个基本研究前提，聚焦于政策制定者的注意力是如何分配的，具体问题是如何进入议程的，政策议程是如何建立起来的，以及众多参与者在议程设置等环节进行何种互动，最终促成政策议程的设置和决策的。

第二，金登提出的多源流理论的适用性是基于具有多样性和开放性的政治系统。经过40余年的经济与政治体制改革，中国建立起了中国特色的民主制度。新媒体的普及和民主参与渠道的拓展极大地促进了公众的政策参与，政策过程呈现开放性和多样性。丰富的研究成果及其理论进展都彰显了多源流理论框架在不同于西方体制的中国，依然具备极强的适配性和解释力。

第三，多源流分析的另一个主张是：现代工业社会的大多数政策并非完全由政府组织和计划，而是由公共政策的子系统来完成的。这个子系统是由公共组织、私人组织甚至个人组成的多元集合。中国的政治体制和实际运作情况与这一主张是相悖的。对于这一问题，当前研究的回应方式不尽相同。许多学者在使用多源流理论时对这一主张进行了本土化修正，通过加入制度要素等方式反映该主张在中国政策过程中的样态；而更多的研究者对其进行了"变通阐释"，即仅强调公共政策子系统在政策过程中的重要性，但不否定政府组织和计划的作用；还有些学者则直接忽略这一主张，有选择性地利用框架前提和要素解释中国政策过程的相关问题。然而变通与忽略的处理方式可能导致逻辑起点与原理论不符，这种片面的理论应用可能致使研究结果并不能真实反映研究对象的真实样态。因此，在后续研究中，对于理论的适切性、局限性的讨论以及对理论前提的回应仍有极大的提升空间。

第四，垃圾桶模型要解决的模糊性命题是"决策活动处于有组织的无政府状态"，多源流模型则是要解决"决策系统处于动态非平衡状态"的问题。经过中国学者的广泛论证发现，中国幅员辽阔，国情复杂，治理难度大，实际决策中体现的模糊性，与多源流模型强调的模糊性和复杂性较为契合。

### （二）要素与机制的使用

从第二节的数据分析结果可以发现，绝大多数成果都能较为完整、正确地运用多源流框架中的五个核心要素，其中对不同子要素的讨论也较为全面。这或许是由于多源流框架的理论要素较为清晰、过程机制相对简洁，为使用者提供了较明确的要素匹配度和较宽松的机制解释空间。多源流框架的概念和隐喻的"普遍性"也为其突破地域、领域和阶段限制创造了条件，使其在分析和解释不同政策环境和经验情境时更加灵活。

从成果应用角色来看，能够妥善解释过程机制或得出机制修正的成果较为薄弱，而工具性应用的"使用者"成果和忠实应用的"追随者"成果占据主导地位。或许正是由于要素分布的清晰和过程机制的简洁，促使多源流理论作为政策过程解释框架具有较低的使用门槛和较高的可操作性。因此，当下的研究成果更多地停留于对某一具体政策的决策、变迁等过程进行的描述性分析，或忠实地将中国经验应用到理论机制中，对于理论的进一步优化和对机制的深入探索就显得相对不足。作为对理论有修正意义的"发展者"成果和更具野心的"建构者"成果来说，其对机制的探索集中于源流间独立性与运行顺序的本土化调试、议程触发机制和整合要素耦合的运行方式、细分运行阶段和跨越议程阶段的运行机制，以及与其他理论交融后的耦合机制等方面。这些研究也在一定程度上拓展了多源流理论框架。

总体来说，当前在中国政策过程研究中应用多源流理论的成果对于经济、文化及社会制度等宏观变量的关注稍显欠缺，嵌入/整合的要素的简洁性和普适性有待提升，对于机制运行的阐释深度也需进一步提升。

### （三）阶段与领域的使用

传统多源流理论的提出是为了考察前决策阶段，即问题是如何产生和存续的，决策者是如何在有限时间内对不同的问题进行注意力分配的。当前的研究成果中，多源流框架除了被应用于议程设置和决策阶段外，也被扩展至政策执行、政策变迁、政策终结等其他的政策过程阶段。

从政策领域的适应广度来看，传统多源流理论和修正后的框架被广泛应用于教育文化类政策、社会政策、环境政策、治理政策、经济和创新政策、"三农"政策、交通政策、国防外交政策等众多政策领域，其中还包括一些跨政策领域的比较研究，这充分验证了多源流理论在我国各政策领域的适用性。

总之，随着中国应用多源流理论的高质量成果不断涌现，产生了众多有相当价值的理论贡献。从适用阶段来看，当前成果不仅聚焦于前决策阶段，更将其拓展至整个政策制定和决策阶段，甚至对政策变迁、政策终结等众多议程阶段也有所尝试；从研究类型来看，不仅有针对特定领域的应用型研究，亦有观照理论修正的发展性研究。从理论拓展成果来看，当前我国对于多源流理论的探索发展，不仅整合要素更具有"普遍性"而非"特异性"，修正机制也更加具有"概括性"而非"针对性"。还有学者不拘泥于特定国家，期望通过更为统一的、客观的要素，以及更加深入、具体的耦合机制，透视中国整体政策过程运行逻辑的"黑箱"，以期根据中国特有政策过程提炼出具有推广意义的理论框架。

## 二　理论的"本土化"

对于理论的本土化方面，中国学者做出了一系列的努力。在作为"发展者"的中国经验中，当下研究广泛讨论了传统框架与中国经验之间的距离，并尝试在多个方面进行了修正；而在作为"建构者"的中国成果中，许多学者更是创造性地提炼出了由中国特色政策过程凝练的机制，并结合制度环境、政策领域、议程阶段等方面，进行了多元化的探索。

### （一）源流的独立性

本土研究者对三大源流的独立性及作用进行了再审视。众多研究者较为认可扎哈里尔迪斯对金登理论的修正与发展，认为三源流之间并非真正的独立，而是相互影响、交融甚至嵌套的（毛寿龙等，2023；Wang et al.，2023）。同时，在中国政策过程场域下，政治源流对其他源流产生着强大的影响甚至是具有主导作用（范逢春、姜晓萍，2015；王国华、朱代琼，2018）。还有学者认为源流间存在一定的先后顺序。当然，也有部分学者认可三大源流的平行性，认为保持三个源流各自特性是多源流理论的基础（杨志军等，2016），并将实际运行中的源流交互解释为其他影响因素的介入导致，或认为其平行中仍有所侧重（即政治源流是我国政策制定的决定力量）（肖军飞，2012）。

### （二）政治源流的中国化

扎哈里尔迪斯首次将政治源流中的国民情绪、利益集团、换届等要素整合为一个概念——执政党的意识形态。这一修正使得从美国这样分权制国家中提炼出的理论框架同样可能适用于具有集权特征的政治系统和拥有强有力政党的国家。这一修正不仅拓宽了多源流框架的应用范围，更提升了其解释领域的普遍性。在基本遵循扎哈里尔迪斯这一成果的基础上，国内学者围绕政治源流的修正展开了丰富的探索。有些学者将"换届"子要素从政治源流中删减，有些学者在政治源流中嵌入体制/制度要素，还有学者强调政治源流在中国的主导地位，以及政策之窗的开启更多地源自政治源流等。这些尝试基于中国特色的政治政党制度，总结制度影响下的中国特色政策过程规律，结合多源流理论的基本假设和概念机制进行了有益探索。部分成果为多源流理论应用于权威主义或拥有强大政党的其他国家和地区做出了有益尝试。

### （三）制度因素的考量

萨巴蒂尔在评价多源流理论时指出该理论在一众政策过程理论中最不重视制度。它坚定地以政治学的行为传统为基础，将重点放在个体行为以及影响个体选择的因素上，对于决策的制度条件未给予足够的重视（彭宗超等，2004）。首先，政治源流是最容易也最可能把制度安排作为解释的一部分，然而，即使扎哈里尔迪斯对其进行了修正，也没有充分注意到制度安排。其次，政策主导者这一焦点也被非常间接地带入到制度安排中：制度地位影响了主导者在整合不同源流时策略选择的难易程度。将制度结构与政治源流相结合，有助于理论捕捉特定治理结构的关键特征，并在此基础上，从不同治理体系中提炼出更具有普遍性的理论。澄清制度结构将使多源流理论更好地解释政治源流的不同变化过程，以及这些不同的过程是如何影响源流合并的。最后，如果界定了源流得以合并以及重大政策变化得以发生的制度结构，就可以对一系列政策进行连续、可控制的比较（彭宗超等，2004）。综上所述，多源流分析理论仅仅含蓄地解释了制度安排，并且这种安排在解释重大的政策变革方面仅仅发挥了微弱的作用。

金登未能重视制度要素，可能是出于以下几方面的原因：其一，其最初的研究源于各州的比较政策分析，政治系统在模型中是一元的；其二，多源流理论的初衷仅关注前决策阶段，涉及的政策过程参与者较为固定；其三，金登开篇就提及其关注重点并不在政策的来源，而是聚焦于政策出现和存续的环境，而这些环境又较少被归于制度因素。

然而，在将多源流理论应用于中国之时，对于制度的忽略引发了一些"水土不服"。第一，三源流理论的美国政治制度土壤显然与中国的体制环境截然不同。第二，经过对不同国家和地区的探索，当下研究已经充分肯定了多源流理论在政策制定、执行、变迁等其他政策过程阶段也具有极强的解释力。这些不同的阶段必然涉及更多的组织系统和决策实体，相较于原本仅在前决策阶段涉及的主体来说，它们更容易受到制度因素的影响。第三，虽然金登重点关注的是政策出现与存续过程中的源流耦合过程，但这一过程在不同制度的国家和地区可能有着极大的差异。随着多源流理论被更广泛地应用和发展，其对制度要素的呼唤也将更加强烈。

### （四）"普适化"修正的尝试

从上文的统计分析结果来看，当前研究成果确实对多源流理论进行了"普遍化"拓展。但是，整体来看，当前成果对于理论本身存在的局限性的回应和对质疑的回应并不周延，理论贡献层次也有较大的提升空间。未来需进一步重视理论在更广阔层面上的回应和调适，主动与其他成熟理论进行对话（彭宗超等，2004），进而发展具有普适性的理论命题，为共同研究和知识积累创造条件。

### 三 方法论的严谨性

方法论即指导研究的思想体系，其中包括基本的理论假定、原则、研究逻辑和思路等。在当前以多源流理论作为研究分析框架的成果中，研究在理论假设、适用前提、机制逻辑等方面并不完善，在研究设计方面有着较大的提升空间。

#### （一）前提的适切性有待提升

多源流框架源于西方的制度实践，最初也是用来解释西方国家政策制定的。将多源流框架运用到我国政策过程分析中是否具有解释力，必然需要在理论框架的采纳以及研究设计的过程中对其理论应用的前提进行论证。当前研究成果虽然对理论的有限理性、模糊性等假设都进行了基础的论证，但在理论应用的制度环境适用性方面却并未进行充分的论证。

当前部分学者认为，经过经济与政治体制改革，中国的民主化程度有了较大的提升。新媒体的普及和民主参与渠道的拓展极大地促进了公众的政策参与，政策过程已呈现相当的开放性和多样性。但不可否认的是，西方制度影响下的理论必定带有一定的制度预设，比如，过于强调媒体、民众、利益集团等在政策议程中的作用。而我国的政治制度决定了我国的政策议程与西方有着根本的不同。中国共产党是执政党，党通过人民代表大会制度领导国家事务和社会事务。中国共产党是我国政策议程设置的关键，全面主导各个政策阶段。同时，政治源流中的利益集团这一影响因素在中国决策情境下也可能具有不同含义。

虽然这些要素被各个研究所"提及"，但是，这些考量并没有真正地作为研究设计的前提被充分论证。总的来说，当前研究在运用多源流理论时，对于理论本身适用前提、假设命题、制度环境等方面的对话和回应较为薄弱。这些思考对于理论的应用和发展是必要的，也是中国政策过程研究在未来需要持续关注和加强的。

#### （二）设计的科学性有待提升

1. 研究问题科学性有待提升

问题意识是现代学术研究的一项重要能力。有意义的科学问题的提出，是一项研究能够产出高质量理论贡献的前提和基础。从上文统计结果来看，当前使用多源流理论的研究成果中的大部分（67%）都能够提出较为科学和明确的研究问题，这反映了大部分学者已经认识到实证研究范式的重要性，并开始以问题为导向开展科学研究。近年来，大量由科学研究问题指导的高质量成果不断涌现。透过这些研究问题，可以看到学者们对于不同政策领域、政府层级和价值取向有着丰富多样的研究视角和理论关切。未来应进一步培养问题意识，加强科学研究范式训练，为中国政策过程研究的科学化、体系化发展打下坚实基础。

2. 研究方法适切性亟待提升

从研究方法的选择来看，当前研究中使用质性单案例研究的文献占绝大部分（75%），而使用理论阐释（综述等）和比较案例分析的成果分别占8%和7%，采用计量和其他研究方法的文献合计仅占6%。值得一提的是，作为一种混合研究方法的定性比较分析在该领域表现出一定热度（5%）。然而，能够借由QCA方法深入阐释源流耦合机理的成果数量略显不足，未来应进一步发挥该方法的优势，促使其进一步与案例研究相结合，提升方法论的严谨性和质量。

总的来看，对于案例研究和理论阐释方法的偏好，呈现与整体的中国政策过程研究相同的趋势。这说明，无论是总体的政策过程研究，还是多源流理论视域下的研究，都存在以质性的案例研究为主流的趋势，在运用量化研究方法方面整体薄弱，对于比较案例分析的应用也较为零散，方法论的严谨性与多样性有待进一步提升。

3. 资料获取方式有待丰富

从研究资料的获取来看，上文统计数据显示85%的文献资料来源为二手数据，另有7%的文献采用了访谈法，采用观察法和其他方式获取数据的文献均占约4%，仅有2篇文献使用了问卷调查方法。这一分布或与以下因素有关：受制于开展政策过程研究的易进入性，政策文本、新闻资料等二手资料更易获得。特别是对于使用多源流框架的研究对象，一般是政策制定或决策过程，相比直接参与政府政策生产过程可能面临的障碍，在一手资料更难获取的情形下，二手资料成为可行的"次优选择"和满意解。但是，从资料来源的科学化程度来看，资料获取方式的多样性和可信度的提升仍任重道远。

4. 资料分析手段亟待完善

从资料的分析方法来看，当下研究中未采用资料分析方法的文献占总体的 86.21%。也就是说，绝大多数学者倾向于对资料直接进行描述性分析或归纳，对资料的分析不够严谨。而采用统计分析、文本分析、扎根理论等量化或质性资料分析方法的研究成果不足总体的 15%。对于客观资料内蕴含的丰富信息和反映的隐含意义，亟待采用更加客观、科学、可验证的分析方法去提炼和呈现。由此来看，符合实证范式的资料分析方法还有待进一步丰富和发展。

### （三）理论使用排他性欠周延

总的来看，当前研究中对于理论使用的排他性解释较少，对于为什么多源流理论比其他理论模型更适合实现其研究目标的论证并不充分。当前大部分成果聚焦于多源流理论的工具性使用。这些研究预设了多源流理论在解释上的优先性，认为一旦研究对象或者问题符合议程设置、决策或前决策阶段，抑或经修正后框架所展现的政策变迁、政策终结等政策过程阶段，都将使用多源流理论视为"理所应当"的。但是，为什么是多源流理论，而不是其他理论更能解释所提出的问题，这些研究并没有充分的论证。由此可见，特别是在多源流理论的工具性研究成果中，理论的适切性分析需要加强。

值得强调的是，当前已有越来越多的研究者开始重视多源流理论的实证应用和修正拓展。这些研究在使用理论框架前，通常能够对理论的适用性和排他性进行简要阐述，或者能够较为妥善地观照多源流理论的选择与研究问题的适切性。例如王国华和武晗（2019）认为，中国政策的出台不仅是决策者对多元利益进行调整的结果，更是政府将政治系统内的信念、价值观念和规范准则在与公众达成共识的基础上推向国家和社会的过程；加之中国拥有强有力的政党和较强的国家能力，无论是利益还是价值的结构性互动，其影响都将经由政府才能转化为有效的政策输出，共识的达成主要取决于政府这一变量。因此，他们决定综合利用多源流框架和萨巴蒂尔的信念体系概念解释中国焦点事件的政策议程触发机制。

还有些研究开始比较其他理论与多源流理论的解释力。向玉琼和李晓月（2017）认为，与倡导联盟理论和间断均衡理论相比，多源流理论更擅长解释那些被其他理论视为偶然性而不考虑模糊性情况下的政策变迁。文宏和崔铁（2014）指出，与制度分析方法相比，多源流理论认真探讨了政策过程的动态本质。多源流理论能够同时针对政策的预期及非预期结果给予评估，将复杂的政策过程解构为离散的、可管理的分析单位，能关注政策过程本身而不受政策过程变化的影响。在理论整合类成果中，部分学者也能够较好地展现多源流理论与拟整合理论分别存在的优势与弊端，以及多理论之间结合重构的可能性，并探讨整合后的理论框架的适切性（王翀、严强，2012；李燕、朱春奎，2017）。

综合来看，越来越多的学者认识到论证理论恰适性的重要性。但总体上，对于理论的适切性和相对排他性的论述依然较为薄弱，这应是未来提升的关键方向之一。

## 四 在反思中发展多源流理论

### （一）加强适用论证

当前研究成果都较好地遵循了原理论中关于有限理性和模糊性等的假设。但是，对于多源流理论的制度适用性前提——具有多样性和开放性的政治系统——的回应和调适并不理想。总体来看，对于理论本身适用前提、假设命题、制度环境等方面的对话和回应较为薄弱。对理论逻辑起点的误用或忽略，可能导致理论框架的片面应用或零散嵌套，使得理论解释不能真正反映中国政策过程的实际。这些思考对于理论的应用和发展是必要的，也是中国政策过程研究在未来需要持续关注和加强的。

### （二）提升应用层次

当前成果中，"使用者"和"追随者"，即基于工具性使用和解释性使用的研究占比仍然较高，类似"发展者"这样能够进行高质量实证研究并产出有价值修正性成果的研究相对不足，而诸如"建构者"这样能够总结提炼中国特色经验、创新理论拓展方向的研究更是凤毛麟角。理论框架的泛化和简化使用问题广泛存在，对于概念要素理解偏差和模糊使用的问题也亟待解决。未来的研究应进一步重视理论假设和概念要素等应用的准确性，强化因果机制的证据支持与逻辑联系。

### （三）持续深入本土化研究

当前，众多学者将多源流及其修正理论，广泛运用于中国政策议程的各个阶段和不同政策领域之中，验证了多源流理论对于中国政策过程的解释力，这样的本土化检验为多源流理论在中国的发展奠定了良好的基础。但是，对于理论中与中国实践存在偏离的部分，以及依托中国特色经验提炼和拓展的部分仍存在极大的空间。未来应着力加强制度环境或体制要素对不同源流耦合和政策之窗开启的影响机制的研究，深入发掘中国特色政策过程的规律，并将之融入多源流理论的修正拓展中。在提炼中国经验的基础上进行修正，进而促进理论的发展，为相似体制或具有相同政策过程特点的国家和地区提供理论指引。

### （四）优化方法论

当前在多源流理论的研究成果中，大部分都能够提出较为科学和明确的研究问题，这在很大程度上反映出大部分学者已经认识到实证研究范式的重要性，并开始以问题为导向开展科学研究。但是，从研究方法的选择来看，使用质性单案例研究的文献占据绝大部分，而在运用量化研究方法方面整体显得薄弱，对于比较案例分析的应用也较为零散。从研究资料的获取来看，二手资料和对相关人员的访谈成为主要的资料来源。从资料的分析方法来看，绝大多数学者倾向于直接进行描述性分析，严谨性有待提升。未来的研究应进一步增强问题意识，加强科学研究范式的训练，提升方法论的严谨性与多样性。对于资料的分析也亟待采用更加客观、科学、可验证的分析方法去提炼和呈现，符合实证范式的资料分析方法还有待进一步丰富和发展。

### （五）丰富理论间的对话

当前研究中涌现了一些理论对话和整合的尝试，然而，能够充分论证理论间优劣和互补优势的成果屈指可数。选择对话的理论领域聚焦于政策过程理论等方面。主动与其他高质量理论进行交流，不仅有益于取长补短、博采众长，更能保持对本领域研究的警惕性与敏感度。未来的研究应加强理论间的主动对话，拓展对话理论的学科领域，实现多元性，不断吸收和补充理论，以提升理论的韧性和解释力，增强和提升理论张力与延展性。

# 结　语

多源流理论是从决策视角理解政策过程的重要理论。它继承了垃圾桶模型的有益成果，以模糊性为理论基础，以有限理性为基本假设，结合政策过程阶段理论，试图揭示议程、备选方案与公共政策之间的微妙关系。在金登提出多源流理论的 40 余年演进中，通过扎哈里尔迪斯等在各个政策领域和议程阶段的广泛验证与发展，该理论展现出了强大的适应性与解释力，其内涵和机制也在不断尝试和拓展中保持着持续的理论韧性和生命力。

自 2004 年丁煌和方兴将金登的《议程、备选方案与公共政策》翻译成中文并出版以来，国内学界对多源流理论的关注与研究尝试异常丰富。20年来，基于中国经验的应用成果层出不穷，优秀的本土化研究成果也不断涌现。

但不可否认的是，纵观当前成果，对多源流理论的"使用者""追随者"式应用的研究占比仍然较高，而"发展者"和"建构者"式的研究仍显不足。理论框架的泛化和简化使用问题广泛存在，对于概念要素理解偏差和模糊的问题也亟待解决。研究的理论探究型成果占比较低，对于经济、文化及社会制度等宏观变量的关注稍显欠缺，嵌入/整合的要素简洁性和普适性有待提升，对于机制运行的阐释深度也需进一步提升。当前成果对理论本身适用前提、假设命题、制度环境等方面的对话和回应也较为薄弱，总体理论目标和研究层次亟待拓展和升级。另外，对于中国政策过程经验的观照犹显不足，有待进一步验证其在多领域、多层级、多情境下的解释能力，挖掘中国经验与理论框架之间的"离差"，探索弥合这些离差的修正和拓展方案，为多源流理论贡献体系化和特色化的中国经验与理论成果。

未来的研究应着力增强问题意识，优化研究设计，完善研究方法，丰富资料获取途径，提升资料分析质量，为中国政策过程研究的科学化、体系化发展奠定基础。进一步重视理论假设和概念要素等应用的准确性，强化因果机制的证据支持与逻辑联系。着力推进对制度环境或体制要素影响不同源流耦合和政策之窗开启机制的研究，深入发掘中国特色政策过程规律，并将之融入多源流理论的修正和拓展中。以提炼中国经验的修正促进理论的发展，进而为相似体制或具有相同政策过程特点的国家和地区提供参考。持续加强理论间的主动对话，提升对话理论的学科领域多元性，不断吸收、补充理论要素，提升理论韧性和解释力，增强和提升理论张力与延展性。

# 第二章  政策工具：仅仅是"拿来"?

## 引　言

政策工具（Policy Instruments/Policy Tools），又被称为政府工具（Tools of Government）、治理工具（Governing Instruments），是有效推进政策执行、实现政策目标的重要技术或手段（Howlett，2023），其核心在于如何将政策意图转变为管理行为、将政策理想转变为政策现实（陈振明，2004）。20 世纪 80 年代，选择和使用何种政策工具来解决公共问题成为政策研究的核心内容，促使政策分析单位向政府解决问题的不同政策工具转变（Howard，1995），政策工具成为政策科学的研究焦点和新途径之一（Peters and Zittoun，2016）。从政策过程来看，政策工具不仅影响议程设置、政策设计和政策制定过程，也成为政策执行与政策评估中的决策对象（Howlett，2005；Howlett，2009）。政策工具的正确选择与科学设计是顺利实现政策目标的基本保证（Hood，1983），也是联结政策目标与政策执行的关键环节，有助于理顺政策过程中的行为逻辑（Ingram et al.，2007）、对公共政策的成功具有重要作用。

"工欲善其事，必先利其器。"政策工具的缺乏以及对政策工具理论的薄弱认知会限制政府有效地解决政策问题。在国家治理现代化进程中，不同政策工具的使用会导致治理结果存在差异，需要特别关注政策工具的溢出效应。也就意味着，从政策工具视角理解中国政策过程具有重要的理论价值和现实意义。从理论层面看，政策工具成为理解中国政策过程的重要视角，如何形成中国政策工具知识体系是中国政策过程研究的重要内容。中国决策体制与过程所形成的特定政策工具偏好影响着后续政策的执行与供给。对既有政策工具进行组合与优化的能力以及开发创新政策工具的能力，对于提高中国政策效能显得尤为重要。就实践层面而言，政策工具是在国家治理现代化的新趋势、新机遇下创新公共服务供给方式与实现机制的手段，在环境、经济和社会政策等广泛领域体现了党和国家对社会资源的调节，进而影响着公众的经济及社会行为。综上所述，政策工具成为理解中国政策过程的核心理论视角，为推动国家治理体系和治理能力现代化提供了新的实践路径。通过政策工具来审视中国政策体系设计是否合理、政策配置是否恰当，为后续政策优化提供了参考，有助于提炼"中国之治"经验。

作为西方舶来理论，政策工具理论进入中国政策过程研究之后被广泛应用，并发展成了理解中国政策过程的核心视角之一。尽管诸多研究已然证实了政策工具的理论价值，但当下仍然缺乏对中国经验与政策工具理论之间关系的系统认识，政策工具理论如何流入中国以及如何在中国进行流变这个问题尚未明晰。基于此，本章的研究目标是系统性地评估中国经验在政策工具理论中所扮演的角色，通过政策工具理论跨越程度进一步审视中国政策过程研究的进展、短板及突破口，以期促进自身与世界对话、深化对中国政策过程的认识与理解。需要重点说明的是，本章预设了"使用者""追随者""发展者""重构者"四个衡量理论跨越的层次。"使用者"是指中国研究拓展了政策工具理论的应用领域，其中包含两种使用方式：一是借用政策工具理论要素搭建框架、分析特定领域的政策议题；二是使用政策工具理论解释其他公共政策问题。"追随者"是指高度追随政策工具理论自身议程来开展中国政策过程研究，中国仅为政策工具理论提供了经验场域。"追随"有两种方式：一是理论引介与价值倡导，展现了政策工具理论如何进入中国政策过程研究；二是借用政策工具理论来分析中国政策过程议题，通过中国经验进行理论批判与反思，但没有进行理论修正。"发展者"是指政策工具理论不能完全解释中国经验，但可以利用中国经验去优化与修正政策工具理论以增强理论解释力，包括概念拓展、要素嵌入、机制修正、议题延伸等多种发展方式。"重构者"是指政策工具理论无法解释中国经验，并尝试结合其他理论建构出新的解释框架、形成具有中国特色的政策工具理论。以上述四个层次作为理论跨域程度的衡量标准，本章将核心讨论政策工具理论在中国情境的解释力、是否进行调适和调适后的解释力，以及是否发展理论或建构新的政策工具理论框架。

# 第一节　政策工具理论概述

## 一　理论基础

政策工具理论可以追溯到 20 世纪 50 年代政策制定的兴起。传统学科揭示政策形成过程，政治学讨论公众意愿、政党行为、选举等对决策过程和政策内容的影响，政治社会学探讨了社会结构在决策过程中如何影响行动者的利益和立场（Mayntz，1983）。但这些路径都忽略了执行问题。行政学、管理学和组织学侧重于政府内部运作所涉及的行为和管理问题，填补了执行研究的空白。哈罗德·拉斯韦尔（Harold Lasswell）区分了政策制定与执行，认为政府通过操纵"符号（symbols）、象征（signs）和标志（icons）"等工具影响政策制定过程（Lasswell，1954；1971），强调了政策工具对政策结果的影响与作用，倡导解决公共问题需要引入不同学科的知识来发展政策工具（Lasswell，1954），引发了学界对政策工具的关注。政策制定学者对政府影响政策或执行政策的多重手段进行了灵活解释（Dahl and Lindblom，1953；Kirschen et al.，1964；Edelman，1964；Lowi，1966），宽泛地将政策工具界定为政策过程不同阶段所使用的各种治理工具或技术，包括直接干预公共物品与服务供给、分配的实质性工具，以及影响决策的政治性工具（Doern and Phidd，1988；Doern and Wilson，1974）。决策被视为选择特定工具实现政策目标的过程（Salamon，1981；Eliadis et al.，2005；Howlett，2014；Howlett et al.，2014；Phidd and Doern 1983；Vedung，1998）。

以工具为导向的传统政策设计逐渐兴起，如何设计有效的政策工具以实现政策目标成为政策工具研究的核心和关键问题（Salamon，1981；Linder and Peters，1990），取代了政策研究的分析单位（Salamon，1981；Bardach，1980）。作为特殊的政策制定形式，政策设计的本质在于积累和运用政策工具知识。不同于纯粹的讨价还价、利益计算（经济学范式）或政治考量（政治学范式），政策制定的基本假设建立在逻辑判断和知识与经验运用的基础之上，即主张将政策工具的相关知识运用到政策制定过程中，尤其是政策备选方案的形成、调整和评估的过程中（Mayntz，1979；Goggin et. al，1990）。随着政策执行与政策评估研究的深入，越来越多的研究者意识到政策工具的重要性。经济学注重系统评估政策产出的影响（Stokey and Zeckhauser，1978）；法学解释法律工具如何运作及其制定和执行程序（Bobrow，1977）；组织学、管理学和行政学讨论了政治、行政与执行之间的关系（Peters and John，1998）。不同研究领域的发展促进了实践中新技术或新形式的出现（Sabatier，1986），多学科背景增强了政策工具理论的解释力与预见力，工具箱（Tools Box）在政府管理实践中被广泛认可并加以应用，进一步强化了政策工具理论的影响力。

传统政策工具研究的焦点是政策工具属性，侧重于对政策工具进行识别与分类，力图打开"工具箱"、建构出一套政策工具理论，但这些尝试缺乏系统性。为了打开"工具箱"，在 20 世纪 70 年代之前的政策工具早期研究致力于建立能解决任何问题的工具清单；20 世纪 70 年代政策工具理论的重点是评估特定类型的政策工具——特别是经济性工具——对政策结果的影响与作用（Mayntz，1983；Sterner，2003）。80 年代初期的研究对政策工具进行了更精确的分类，为更好地分析政策工具的使用和选择奠定了基础。围绕着"为什么政策制定者要使用某种工具？"这一问题，大量单一政策工具选择研究进一步探究了政策工具的应用情境，从多学科视角理解"政策环境""政策网络""政策系统"等要素对政策工具选择的影响，成为修正政策工具研究的重点。20 世纪 80 年代末，工具路径已然成为政策研究的一个重要导向，为政策科学提供了独特的理论视角（Salamon，1989），同时驳斥了"政治决定政策"的传统观点（Landry et al.，1998）。

政府职能不断扩张与政策问题频发之间所形成的张力，促使学者对政策工具理论及其实践进行反思，试图找出有效解决政策问题的适配方案。20 世纪 90 年代，围绕"政府行动工具选择对于政府项目的有效性和运作有什么影响？"这一问题，政策工具理论转向分析政策工具运作的内在机制，深入阐释政策工具的选择逻辑及运作路径，进而提出了一系列新问题：①为什么大量的政府部门会使用（特定的）政策工具组合？②是否以及在多大程度上可以设计出最有效的组合，或者说，有哪些因素影响了最佳或有效工具的使用？这些问题的探索逐渐形成了第二代政策工具研究。与侧重单一政策工具选择决策的第一代研究不同，第二代政策工具研究主要讨论了在复杂的决策与执行环境中如何设计和选择最佳的政策工具组合（Gunningham et al.，1998；Gunningham and Sinclair，1999；Howlett，2004），这弥补了过去政府实践与政策工具分析脱节的问题。由于不断意识到政策行动者主观意识与有限理性的限制，21 世纪以来的政策工具理论逐渐关注个体行动者层面的价值认知与行为转向（Schneider and Ingram，1993；1988），力图打开政策过程中个体行为影响机制的"黑箱"。

政策工具理论需要解决一系列基本问题：政府可以选择哪些政策工具？如何对政策工具进行分类？如何选择政策工具？如何解释以及优化政策工具应用模式？（Salamon，1981；Hood，2007）具体来看，上述问题的相关讨论分别聚焦于政策工具的识别与分类、政策工具绩效评价、政策工具选择、政策工具创新等核心议题。

## 二 政策工具的识别与分类

早期的政策工具研究的焦点在于政策工具的内在属性，注重识别政策工具、划分政策工具类型，企图在辨别和应用的基础上，建构出一套系统的政策工具理论，以实现政策目标。

什么是政策工具及其特征是最基础的问题。作为一个概念，学界将政策工具视为对象（Hood，1983）或行动（Peters et al.，1998），政策工具是实现政策目标的手段或技术已然成为共识（Howlett，2005），本质是政府为实现政策目标的行为逻辑或反应机制（Schneider and Ingram，1990）。

为了打开"工具箱"，建立能解决任何问题的工具清单，按照特定标准识别政策工具成为首要任务。早有学者关注到了监管工具（Cushman，1941），但首次系统界定政策工具的范围是在第二次世界大战后，经济学家识别了战后欧洲重建的经济性工具。最早建立的工具清单是科臣（E. S. Kirschen，1964）等确定的采购、税收、补贴等经济性工具，随后银行、外交政策等领域的研究增加了汇率等其他货币和财政工具（Hermann，1982）。尽管没有对政策执行偏好以及运作机制等进行精细区分，这些开创性研究为后续政策工具分类奠定了重要基础。

在探索工具清单的基础上，政策工具理论建构的下一步是依据不同标准来划分工具类型，以更好地帮助识别、选择和正确使用政策工具。从分类的标准来看，大多学者从政策工具的自身属性出发，以强制性特征为标准来区分政策工具类型。依据经济手段，科臣（E. S. Kirschen，1964）最早整理出财政、货币信贷、汇率、控制和制度框架五类工具；欧文·E. 休斯

（Owen E. Hughes，2001）则将其进一步分为供应、补贴、生产和管制四类工具。罗伯特·E. 库什曼（Robert E. Cushman，1941）引入了工具选择是多层次和嵌套的观点，西奥多·洛伊（Theodore Lowi，1966；1972）在此基础上依据强制性程度提出了构成性、分配性、规制性和再分配性四种政策工具类型；罗伯特·达尔（Robert Dahl）和查尔斯·林德布洛姆（Charles Lindblom）将政策工具分为规制性工具和非规制性工具，另外"胡萝卜"（诱导）和"大棒"（强制）两类工具的提出（Balch，1980），共同致力于简化工具复杂性。也有学者采用强制性的三分法，埃夫特·韦唐（Evert Vedung，2011）将工具分为管制型、经济型和信息型；迈克尔·豪利特（Michael Howlett）和 M. 拉米什（Michael Ramesh）（2006）划分了自愿性工具、强制性工具和混合型工具。20 世纪 80 年代学界更加偏重直接产生影响的政策工具，政府可支配的资源、使用工具的目的等标准成为政策工具类型学分析的新取向。学者选用政策类型、政策资源标准，强调了不同类型政策工具对政策环境的调适性。按照政策类型，罗伊·罗斯威尔（Roy Rothwell）和沃尔特·西格维尔德（Walter Zegveld，1985）将政府工具划分为供给型、环境型和需求型工具；从政策资源来看，克里斯托弗·胡德（Christopher C. Hood，1986）将政策工具划分为管制型、动员型、信息型和市场型工具。也有学者以政策目标和目标群体为划分维度，强调不同类型工具需要匹配不同的政策目标及目标群体。以政策目标为导向，罗瑞恩·麦克唐纳（Lorraine M. McDonnell）和理查德·艾莫尔（Richard F. Elmore）（1987）将政策工具划分为命令、激励、能力建设和系统变革工具；从目标群体行为动机来看，安妮·施耐德（Anne Schneider）和海伦·英格拉姆（Helen Ingram）（1990）划分了学习、命令、激励、象征及劝诫、能力建设工具。

　　进一步检视分类标准，传统的强制性标准无法适应治理模式的快速更迭，并且由于工具具有动态性和多样性特征，共同导致了任何一种分类方法都难以实现穷尽且排他，一些更为综合的政策工具分类的尝试开始出现。莱斯特·萨拉蒙（Lester M. Salamon，2016）多维度审视了政策工具特征及其分类，从政策工具评估标准和政策工具选择维度重新建构了政策工具分类的理论基础。随后，迈克尔·豪利特（Michael Howlett，2000）以政策制定的主要目的为依据，划分了直接影响公共服务供给与分配的实质性工具以及改变政府行为间接影响政策过程的程序性工具，推动了政策工具分类的创新。

大部分学者将不同的政策工具类型视为"标签"，是因为工具分类没有建立在理论和经验的分析基础上，仅仅是依据个人偏好（Acciai and Capano，2021）。这就导致了现有政策工具分类的理论成果较为分散，迫切需要建构更系统的政策工具理论框架。

### 三　政策工具绩效评价

政策工具理论的核心是假定了政策活动是由不同工具构成的，并且不同工具会产生不同的政策效果。如何建立政策工具绩效的评价标准是政策工具理论的重要内容，有助于衡量可替代性政策工具在多大程度上实现了政策目标，进而能够帮助决策者选择最合适的工具。

在以往的政策分析中，资源配置效率是否符合帕累托最优原则、科斯强调的成本与收益配比效率以及罗尔斯倡导的公平原则，是较为普遍的政策工具评估标准。随着新治理范式的提出，莱斯特·萨拉蒙（Lester M. Salamon，2002）进一步归纳出有效性、效率、公平、可管理性、合法性和政治可行性五重标准。有效性（effectiveness）是最重要的评价标准，考察了政策工具是否能够解决公共问题、达到预定的政策目标，强调的是结果。效率（efficiency）标准关注的是收益和成本的比例，最好的政策工具能够在收益与成本之间取得最佳平衡。公平（equity）标准要求政策工具能够实现以下两个目标：一是所有主体间收益与成本的均衡分配，二是针对弱势群体进行利益再分配。可管理性（manageability）标准注重政策执行过程中的难易程度，工具越复杂、参与的主体越多，管理难度越高，该标准认为最优工具是能够简单、直接操作的。合法性和政治可行性（legitimacy and political feasibility）标准认为受到政治支持、符合公民对政策活动合法性认同程度的政策工具才是最优的。需要强调的是，政策工具效果的评估标准是多元的。

### 四　政策工具选择

识别政策工具及其特征、划分政策工具类型是政策工具理论的基础性知识。针对工具多样性和动态性特征，政策工具理论建构的重点在政策工具选择，包括选择原因、影响因素及内在机制。从分析单一工具（主要是实质性工具）（Salamon，1981；2002）到政策工具比较研究（Howlett，

1991；Bemelmans-Videcet al.，1998；Peters et al.，1998；Varone，2000），以及政策工具类型学和工具选择理论建构（Trebilcock et al.，1982；Hood，1986；Linder and Peters，1989），政策工具选择理论经过了数代的发展（Goggin et al.，1990；O'Toole，2000）。在不断发展的过程中，政策工具研究范围不断扩大，不仅仅涉及实质性工具，也包括程序性工具（Howlett，2000）。旧政策设计模式重点讨论了不同类型的单一政策工具选择问题。随着政策环境不断变化，学者开始意识到政策设计的好坏不仅取决于政策工具的"正确性"，也取决于其合法性和适配性。政策工具选择研究超越了单一政策工具选择的范畴，转为探寻在复杂的决策和执行环境中设计和选择政策工具组合问题（Bressers and O'Toole，2005；Eliadis and Howlett，2005），形成了第二代政策工具研究。学者们开始注重捕捉组合中不同政策工具间的冲突、互补、协调等互动特征，着眼于政策工具组合的最优性（optimality）（Gunningham et al.，1998；Campbell et al.，2004；Howlett，2004）和一致性（coherence）（May，2005；Bressers et al.，2004）问题。在"重建"政策设计的感召下，政策工具选择研究不仅需要了解不同工具如何单独发挥作用，还要进一步探寻不同政策情境中如何最大限度地实现政策工具组合的匹配与协调，以减少新政策制定中的矛盾，共同解决复杂的政策问题（Figureau et al.，2015），以及决策者对政策目标的认知及其行为对政策工具选择偏好的影响。

政策工具选择的核心问题在于：什么因素影响了政策工具选择以及如何进行政策工具选择。工具选择受到众多因素影响，除了政策属性（政策目标和政策工具特征等）、政策环境、政策历史（过去的选择限制）和意识形态（决策者主观偏好）等核心因素之外，还有待解决问题的性质、受影响的目标群体的潜在反应等。进一步来看，政策工具选择主要围绕传统工具、修正路径、制度主义、公共选择和政策网络五个视角展开（丁煌、杨代福，2009）。传统工具视角强调"目的-工具"关系，主张政策工具选择取决于政策目标的实现程度。该视角由于过分注重政策工具本身，从而忽视了环境因素的影响。在此基础上，修正工具路径侧重于政策工具的应用环境，提出政策工具选择受到政策工具特征、政策环境、政策目标与目标群体的影响，强调了"背景-工具"关系。制度主义视角认为，工具选择是在特定制度框架下根据传统惯例、风俗、思维与行为方式等政策历史作出的选择。该视角强调"制度-工具"关系，包括过去选择的路径依赖以及进行选择的过程，重视制度结构与政策历史因素的影响。公共选择视角以追求利益最大化的理性假设为基础，认为政治家利益与行政人员的动机决定了政策工具的选择，进一步强调了"偏好-工具"关系。政策网络视角提出政策行动者是在一个观念体系、管理和环境背景支持的政策共同体中选择政策工具的，政策网络在政策工具选择中起决定性作用。该视角关注的焦点是政策网络结构的特征，强调了"网络-工具"关系。政策工具选择经历了一个由经验到理论，再从技术理性走向政治理性的过程。

整体来看，政策工具理论围绕政策工具选择这一核心问题形成了工具主义、过程主义、权变主义及建构主义四种研究路径（Peters and Nispen，1998）（见表 2-1）。工具主义又被称为古典途径，早期研究强调工具属性对政策过程和政策效果起决定性作用，侧重于解释政策工具本身的技术性、有效性等内在属性问题。政策工具主义认为政策工具的使用及其效果好坏是由政策工具属性所决定的，政策失败是因为所选工具自身存在缺陷。在识别和应用政策工具的基础上，该路径力图形成一套系统的政策工具理论和确定政策工具的共识性原则，以实现政策目标。对于工具主义而言，评估政策工具是一项具有专业知识指导的技术性行为，并非讨价还价或政治承诺，即政策设计有效排除了政治因素。该路径的学者致力于探索跨越所有政府部门的政策工具，但较多集中在经济政策领域（Hood，2007）。

为了进一步深入地理解政策工具的跨部门功能，后来的研究从多学科视野修正了政策工具研究，探索了政策工具在特定环境及背景下的效用（Torgerson，1985），并尝试从动态的政策过程视角去审视政策工具效能，形成了过程主义研究路径。过程主义提出：恰当的政策工具是在动态适应过程中建构试探性解决方案（Browne and Wildavsky，1999），政策工具的优劣应视具体决策情境而定。该路径的研究重心在于政策工具发展的重复性过程，而不是工具属性。过程主义认为具体决策情境决定工具选择，进一步回避了设计的概念，主张用政治调节来替代技术分析，这与政策工具主义的观点截然不同。

表 2-1　政策工具研究基本路径

| 研究路径 | 关键要素 | 评估模式 | 与政治的关系 |
|---|---|---|---|
| 工具主义 | 工具特质 | 在约束条件下的最佳性 | 政策设计不包括政治 |
| 过程主义 | 适应性 | 演化中的相容性 | 政治不包括政策设计 |
| 权变主义 | 互适性 | 政策工具与任务相匹配 | 政策设计塑造政治 |
| 建构主义 | 引发的意义 | 对于相互竞争意义的解释 | 作为政策设计的政治 |

资料来源：B. 盖伊·彼得斯，弗兰斯·K·M. 冯尼斯潘. 公共政策工具：对公共管理工具的评价 [M]. 顾建光，译. 北京：中国人民大学出版社，2007：42.

　　政策过程不仅关注政策工具自身的内在属性，还强调了政策问题、环境因素、目标群体等其他特征对工具选择的影响。权变主义主张政策工具效用受到政策工具属性和应用情境的共同影响，因而注重在特定政策目标及政策情境下选择特定工具。与工具主义不同的是，权变主义认为政策工具的应用过程及其效果不仅受到政策工具属性的影响，还由执行组织、目标群体及其他利益相关者等政策情境所决定。以解决问题的程度为政策工具选择依据（Bobrow and Dryzek，1987；Dunn，1988），权变主义主张政策设计可以塑造政治，因为不同竞争模式和党派之争是围绕不同政策工具的选择而展开的。该路径认为政策工具选择是一个平衡现实复杂性和手段简约性的过程，然而却没有深入探讨该过程中行为、态度、价值偏好等主观因素与政策工具的互动作用（Linder and Peters，1989）。

　　随着政策工具理论的纵深发展，政策工具的主观选择受到关注。建构主义提出要了解特定工具选择情境的特殊性，必须先理解政策工具的主观意义；政策工具代表了一种社会建构的实践形式，其意义和合法性被不断建构和再建构（Steinberger，1980；Forester，1987）。建构主义认为政策工具在政策系统及政策过程中并不起决定作用，主张从整体的政策系统、政策网络、决策系统和执行过程中定位政策工具的应用。政策工具的选择可能受到个体层面的认知、情感或态度的影响，有限理性的个体是影响政策过程的重要因素（林德尔、彼得斯，2007）。建构主义在权变主义的基础上前进了一步，推动了政策工具研究重心从"政策工具"转向了"政策系统、政策网络、决策系统和执行过程"。在政治和工具设计的关系上，建构主义摒弃以往的二分观点，认为二者是相互构成的。

## 五　政策工具创新

在国家去中心化、市场和社会组织兴起的背景下，权力下放、民主化、市场化、网络化和全球化推动着新治理（New Governance）范式的出现（Salamon，2002）。治理环境变化推动了治理模式的转变，进一步导致传统的政策工具逐渐失灵，政策工具学者开始致力于寻找新领域、新形式的政策工具（Hood and Margetts，2007）。民营化、用者付费、外包、特许经营、凭单制、税收补贴、放松管制、产权交易、内部市场等市场化工具，社区治理、个人与家庭、志愿性服务、公私伙伴关系、公众参与等社会性工具，长期成为政策工具创新的讨论热点。此外还包括经济规制、社会规制、保险、公共信息、拨款等诸多政策工具形式。

随着政策工具理论的日益发展，政策试验（policy experiments）（Waardenburg et al.，2020）与政策试点（policy pilots）（Qian，2017），政策整合（policy integration）（Maggetti and Trein，2021；Sarti F.，2023；Cejudo and Trein，2023；Cejudo and Michel，2021）、协作（collaboration）（Howlett and Ramesh，2016；Williams et al.，2020）等组织工具，人工智能（artificial intelligence）（Bullock，2019）和大数据（big data）（Liu，2017；Taeihagh，2017）等新数字化工具（Clarke and Craft，2017），助推（Nudges）等行为工具（Sunstein，2014；2017）逐渐走进政策工具创新议题的研究视野。另外，政策工具理论的最新成果聚焦于如何高效配置与使用多种工具组合，诸如如何规避政策工具使用"过度"和"不足"问题（Maor，2012；2014），如何实现工具组合的"互补"而非"冗余"（Hou and Brewer，2010），如何随着时间推移去排序或置换政策工具（Taeihagh et al.，2013），如何强化或改变政策组合以便在实现旧目标的基础上接受新目标（Heijden，2011；Kay，2007）。

当下政策工具创新围绕以下几个新方向展开：如何审视多元参与主体在政策过程中的互动行为与政策能力、提升新政策工具的有效性（Mukherjee and Bali，2019），以更好地解决政策问题、改善政策结果？面对复杂的政策环境，如何设计和管理程序性工具来更好地实现政策目标（Howlett，2019；Capano and Woo，2017）？可考虑通过进一步剖析新政策工具的选择偏好来探究政府组织的政策风格与行动逻辑，厘清新工具选择与治理模式变化的内在关系。

## 六　小结

从倡导联盟框架到间断均衡理论、多源流理论到叙事框架（Weible and Sabatier，2017），其他政策过程理论主要通过投入视角分析政策制定过程中的行动者互动，以及这些互动产生的政策影响（Acciai and Capano，2018；Capano，2020），而政策工具理论侧重于政策产出、分析决策内容。随着政策工具成为基本分析单位和对象，学者们将决策视为选择特定工具来实现政策目标的过程。政策工具理论从规范性角度更好地揭示了政策动态的本质，并帮助政策制定者做出更有效的决策（Capano et al.，2019），也进一步解释了治理模式如何以及为何随时间而发生变化（Galès，2011；Capano et al.，2015），以及政策行动者如何围绕特定工具而聚集在一起（Béland and Howlett，2016；Capano and Lippi，2017）。另外，新兴政策设计视角的讨论焦点集中在不同政策工具的组合，以及使用不同设计风格的原因（Howlett and Rayner，2013；2017；Schmidt and Sewerin，2018；Capano and Pritoni，2019；Capano et al.，2019）。超越过去对单一政策工具的讨论，当下政策工具组合选择与设计问题在一定程度上提升了政策工具理论的复杂性。不同性质的政策工具通过混合（mix）、捆绑（bundle）或者组合（portfolio）等方式构成工具组合，也决定了工具组合具有高度混合性，不同政策工具之间会产生相互补充、矛盾或趋同等不同形式的互动效应。

政策工具理论在以下几个方面取得了一定进展：一是从不同维度区分了政策工具基本类型（Howlett，2000；Jordan et al.，2015）；二是围绕决策者为何以及如何选择特定政策工具问题开展了大量工作（Hood，1983；Linder and Peters，1989；1998；Salamon，1989；Salamon，2002；Capano and Lippi，2017）；三是讨论了治理模式如何随时间变化及其对政策工具选择的影响（Galès，2011；Capano et al.，2015）；四是探讨了政策行动者如何围绕特定政策工具而聚集起来（Voß and Simons，2014；Béland and Howlett，2016）；五是评估了选择特定政策工具所产生的政治和政策效果（Bressers and Klok，1988；Campbell et al.，2004；May et al.，2005；Borras and Edquist，2013；Jordan and Matt，2014；Edler et al.，2016）；六是从制度视角探讨了社会价值、政治影响、身份、世界观对政策工具选择的影响（Lascoumes and Galès，2004；

Lascoumes and Galès，2007）。

尽管政策工具理论内容丰富，但缺少系统的经验研究导致政策工具理论仍存在许多分析"黑洞"及理论空白，集中表现为选择模式变迁、行为机制、方法论、执行这四组"未知问题"（Capano and Howlett，2020）。第一组问题是深入理解政策工具组合选择模式及其变化。首先，决策者为何选择某些特定工具来构建工具组合？时间因素会影响政策工具选择及应用模式，那么在什么关键时间节点，怎样对政策要素进行排序，如何通过分层、漂移、转换或替代等方式来改变政策工具组合结构？其次，部门选择差异、国家政策风格变化与执行体制差异如何影响政策工具选择模式？接着是政策部门趋同和互动对政策组合一致性的影响，最后是观念范式变迁与政策工具选择的关系。第二组问题是进一步审视政策工具背后的行为机制。从目标群体行为和遵从意愿来看，需要明确目标类型及其动机；从制定者来看，需要厘清政策工具组合的设计和决策行为。另外，由于缺乏经验支撑，需要进一步描述政策工具产生效果和影响的作用机制。第三组是方法论与操作化问题，不仅需要界定与测量组合结构中的政策工具类型，还要对政策工具组合绩效和有效性进行评估。第四组是政策工具及组合的执行问题，包括：了解政策工具组合的不稳定性、预测失败风险和负面产出；深入探索政府能力对政策工具选择和应用的影响；从多层级治理维度去理解政策工具选择；依据政策目标对实质性和程序性工具进行校准，进一步明确是什么及如何选择；重点关注程序性工具在组合中的作用。

整体来看，政策工具理论结构较为松散，具有过度描述主义（descriptivism）① 和标签化（labellism）特征（Capano and Howlett，2020）。尽管已有研究形成了不同的概念、分类和工具清单，政策工具理论基础的多样性在提供广阔理论前景的同时，也进一步限制了理论与经验的知识积累。正是因为没有建立在理论和经验的分析基础上，政策工具类型成为研究者可以依据个人偏好和研究设计进行调整的"标签"。由于缺乏相应的经验支撑，政策工具理论具有极强的描述性特征。尽管当下研究取得了一定的理论进展，但仍然迫切地需要建构一个更加系统化的理论框架，以有效

---

① 描述主义是一种研究取向和学术价值观，目的在于发展和更新科学分析工具。不限于特定的理论分析框架，对显性或隐性的事实、现象、结构进行细颗粒度的刻画与描述。

地提升政策工具理论的累积性。

## 第二节　中国经验与政策工具理论

作为西方舶来品，政策工具理论引入中国之后被学者广泛应用，产生了重要理论价值。但是，当下对于政策工具理论在中国情境下是否被有效使用、是否调适及调适后的解释力仍然尚不明朗。为了系统评估中国研究在政策工具理论中所扮演的角色，本章采用了系统性文献综述（Systematic Literature Review）的标准化程序识别、筛选、编码和评估文献（见图 2-1），全面概览了政策工具理论在中国政策过程研究中的整体特征，有效避免了主观标准选择样本偏差，具有科学性和严谨性。

第一步明确检索策略。以 2022 年 SSCI 收录的公共管理学、公共政策学、政治学和亚洲区域研究英文期刊（48 本）、CSSCI 收录的政治学、公共管理学中文期刊（169 本）为初始框，中文文献以 2000～2022 年、英文文献以 1990～2022 年作为检索起止时间，分别在 WOS 和 CNKI 两个数据库对中国政策过程文献进行地毯式检索，文献类型仅为正式发表的研究论文，建成中国政策过程文献总库，共有文章 2145 篇。第二步确定筛选标准。以中国政策过程文献总库为初始数据库进行初步筛选，提取出"中国政策设计与政策工具"文献 222 篇。为保障数据的准确性和全面性，进行第二轮 2023～2024 年数据补充（数据检索时间为 2024 年 3 月 7 日），新增 24 篇。严格按照本章的筛出标准①，剔除 53 篇无效文献，最终确定 193 篇文献作为分析样本。第三步制作编码框并进行编码。为进一步了解政策工具理论是如何流入中国以及如何在中国流变的，本章确定了包含理论引介、应用情况、核心议题、理论目标及方法取向等内容的编码框，并对 193 篇文献进行统一编码。下文将编码结果进行统计分析，提取、整合与概括出政策工具理论在中国政策过程研究中的整体特征。

---

① 为了排除不符合研究目的的文献，本章的筛出标准具体为：第一，剔除非中国政策工具研究主题文献，诸如"目标群体与社会建构""政策组合耦合""政策设计模式"等议题；第二，剔除研究对象不是政策工具的文献；第三，剔除"治理工具""政府工具"文献；第四，剔除仅讨论特定政策工具知识，且不是研究中国政策经验的文献。

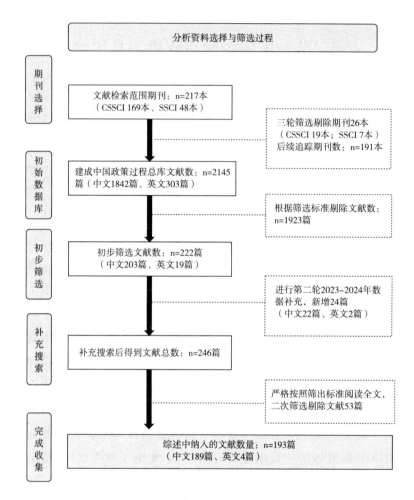

**图 2-1　系统性文献综述技术路线**

资料来源：作者自制。

## 一　理论引介

政策工具自 20 世纪 80 年代以来一直是西方政策科学和公共管理学的研究焦点，但我国政策工具研究起步较晚，直到 21 世纪初期才受到中国学者的重视。陈振明在 2004 年率先引介政策工具理论，系统介绍了政策工具研究的发展概况、主题知识与理论成就，并阐明了开拓我国政策工具研究的重要理论价值与实践意义。政策工具研究开始进入中国政策过程研究的视野，一系列学者陆续从不同理论视角、不同研究议题或路径引介西方政策工具知识谱系及理论进展，开启了中国政策工具的研究，推动着中国政策设计研究的兴起与发展。西方政策工具理论在流入中国的同时，也奠定了中国研究沿用西方政策设计及政策工具理论和话语体系的基调。

　　作为推动中国政策工具研究兴起与发展的首个重要议题，2004年至今仍有学者持续致力于引介西方政策工具理论，不断为中国政策工具研究提供理论资源。以理论目标作为衡量标准，政策工具理论引介可以划分为两个时间阶段（见图2-2）。第一，2004~2010年的理论引介重点在于介绍西方政策工具理论知识，致力于推动中国政策工具研究的发展。该阶段所引介的理论内容包括：理论视角及研究路径（张新文、杜春林，2014；贾路南，2017；郭随磊、魏淑艳，2017；顾建光、吴明华，2007；刘媛，2010；孙志建，2011），研究议题进展（姜国兵，2008；李玲玲，2008；陈振明、和经纬，2006；顾建光，2006；黄伟，2008；吴法，2004）及其他特定类型政策工具的相关知识（方卫华、周华，2007；张新文，2008；钱再见，2010；臧雷振、任婧楠，2023）。第二，2010年至今的研究以所引介的西方理论知识作为基础来评估现有的中国政策工具知识进展（黄红华，2010；韦彩玲、杨臣，2012；陈振明、张敏，2017；罗哲、单学鹏，2022），试图绘制中国政策工具研究的画像，并尝试在中西知识差距中找出未来中国政策工具研究的突破口。

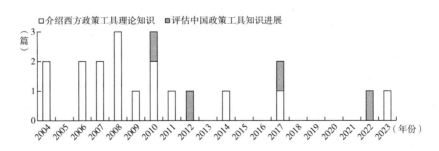

**图2-2　理论引介目标的时间演进分析**

资料来源：作者自制。

## 二 应用情况

### 1. 研究热度趋势

自 2004 年政策工具理论流入我国至今，相关研究文献数量呈增加趋势（见图 2-3），政策工具理论已然成为中国政策过程研究的热门议题。从整体研究趋势来看，中国政策工具研究议题热度呈现持续提升，显示出该理论在中国政策过程研究中的适应力与生命力。尽管研究热度持续提升，但相比其他政策过程理论而言，政策工具在中国政策过程研究中未受到足够的重视，或者说中国政策工具研究更多地散落在政策过程研究范畴之外。

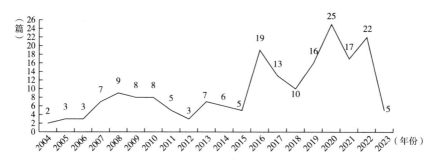

**图 2-3 年度发文量**

资料来源：作者自制。

从具体文献数量来看，本章以中国政策过程研究为边界，选定了 193 篇以中国政策工具为研究对象的文献作为分析样本，这与陈振明等 428 篇（陈振明、张敏，2017）、罗哲等 853 篇（罗哲、单学鹏，2022）的分析样本有较大出入，根本原因是三者的研究对象、关键词、时间范畴、期刊范围和文献类型等筛选标准存在差异（见表 2-2）。尽管筛选标准不同但也不难看出：中国政策工具研究文献整体数量庞大、应用广泛，但大量的中国政策工具研究不在政策过程研究范畴内，而是分散在经济、环保、教育等其他政策领域的研究中。

表 2-2　分析样本的筛选标准比较

| 筛选标准 | 本章（193 篇） | 陈振明等（428 篇） | 罗哲等（853 篇） |
|---|---|---|---|
| 研究对象 | 中国政策过程中的政策工具研究 | 国内政策工具研究 | 国内政策工具研究 |
| 关键词 | 政策工具 | 政策工具、政府工具、治理工具 | 政策工具 |
| 时间范畴 | 1990~2024 年 | 1998~2016 年 | 1998~2021 年 |
| 期刊范围 | 公共管理学、公共政策学、政治学、亚洲区域研究、管理学、社科综合等与中国政策过程研究相关的期刊 CSSCI 169 本、SSCI 48 本 | 所有 CSSCI 来源期刊 | 所有 CSSCI 来源期刊 |
| 文献类型 | 正式发表研究论文 | 正式发表研究论文、专著、教材 | 正式发表研究论文 |

资料来源：作者自制。

2. 核心作者

中国政策工具研究学者的发文量及代表文献总被引频次，在一定程度上体现了其在该领域的研究贡献和学术影响力。从所有发文作者中，选取发文量在 2 篇及以上的 24 位作者，并对其代表文献的总被引频次进行统计与分析（见表 2-3），陈振明、顾建光、唐贤兴、王红梅、王辉、杨代福、吕志奎、丁煌、钱再见、郑石明是该领域的前 10 位高引作者。其中，陈振明的总被引频次位列第一，具有较强的学术影响力。陈振明在 2004 年率先引介西方政策工具理论知识并阐明了中国政策工具研究的意义，单篇文章的被引用高达 548 次，在该领域发展中产生着持久影响。随后 2007 年，与薛澜（2007）共同发文强调政策工具研究是我国公共管理研究的四大重要领域之一，再于 2012 年发文，明确指出紧密"追随"国外理论发展趋势与前沿、结合我国实践经验来拓展政策工具研究成为推进中国政策科学发展的突破口（陈振明，2012），这极大地推动了中国政策工具和政策设计研究的兴起与发展。

从合作关系来看，中国政策工具研究学者在同一机构中紧密合作，但没有形成合作性的学术共同体。依据联合发文情况来看，丁煌和杨代福、郑石明和要蓉蓉、周建青和张世政、Zejin Liu 和 Steven Van de Walle 合作密切，严强分别与徐媛媛、湛中林进行过单次合作。

表 2-3　核心作者发文量及代表文献总被引频次统计

| 总被引频次 | 作者 | 发文量 | 代表文献 |
|---|---|---|---|
| 1011 | 陈振明 | 3 | 陈振明，2004；陈振明等，2006；陈振明等，2017 |
| 671 | 顾建光 | 2 | 顾建光，2006；顾建光等，2007 |
| 476 | 唐贤兴 | 2 | 唐贤兴，2009a；2009b |
| 456 | 王红梅 | 2 | 王红梅，2016；王红梅等，2016 |
| 371 | 王辉 | 3 | 王辉，2014；王辉，2015a；2015b |
| 316 | 杨代福 | 4 | 丁煌等，2009；杨代福，2009a；2009b；杨代福等，2011 |
| 288 | 吕志奎 | 2 | 吕志奎，2006；吕志奎等，2021 |
| 280 | 丁煌 | 2 | 丁煌等，2009；杨代福等，2011 |
| 261 | 钱再见 | 2 | 钱再见，2010；唐庆鹏等，2013 |
| 257 | 郑石明 | 4 | 郑石明，2009；郑石明等，2017；郑石明等，2019；要蓉蓉等，2023 |
| 241 | 赵新峰 | 3 | 赵新峰等，2016；吴芸等，2018；赵新峰等，2020 |
| 116 | 严强 | 2 | 徐媛媛等，2011；湛中林等；2015 |
| 113 | 徐媛媛 | 2 | 徐媛媛等，2011；徐媛媛，2011 |
| 96 | 臧雷振 | 2 | 臧雷振等，2014；臧雷振等，2023 |
| 60 | 湛中林 | 2 | 湛中林，2015；湛中林等，2015 |
| 47 | 邓集文 | 3 | 邓集文，2012a；2012b；邓集文，2015 |
| 47 | 邢华 | 2 | 邢华等，2018；邢华等，2019 |
| 45 | 要蓉蓉 | 2 | 郑石明等，2019；要蓉蓉等，2023 |
| 34 | 谢小芹 | 2 | 谢小芹等，2021；谢小芹等，2024 |
| 29 | 周建青 | 2 | 周建青等，2021；周建青等，2023 |
| 29 | 张世政 | 2 | 周建青等，2021；周建青等，2023 |
| 26 | 张新文 | 2 | 张新文，2008；张新文等，2014 |
| 7 | Zejin Liu | 2 | ZejinLiu 等，2020；Zejin Liu 等，2023 |
| 7 | Steven Van de Walle | 2 | ZejinLiu 等，2020；Zejin Liu 等，2023 |

资料来源：作者自制，被引频次检索时间为 2024 年 3 月 7 日。

## 3. 政策领域分布

从政策领域分布来看（见图 2-4），中国政策工具研究涉及环境政策、教育文化政策、经济和创新政策、社会政策、"三农"政策、跨政策领域和其他政策。其中，社会政策成为中国政策工具研究的主要经验场域，其次是环境政策，这在一定程度上体现了我国当前国家治理中热门的政策实践问题。经济和创新政策、教育文化政策、"三农"政策等领域的研究分布相对均衡，2篇文献进行了跨政策领域比较分析。其他政策领域包含了1篇交通政策、1篇五年规划，其余36篇文献不涉及具体政策领域，包括了西方政策工具理论引介、中国研究进展评估及其他政策工具知识的理论性阐释等内容。总体而言，中国政策工具研究的政策领域分布呈现多样化特点，社会政策成为中国政策工具研究的主要经验场域。

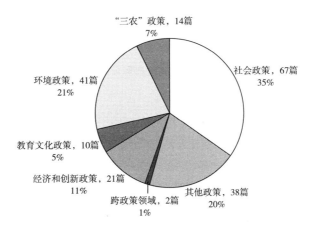

**图 2-4　研究领域分布**

资料来源：作者自制。

### 4. 政府层级分析

该维度主要讨论现有研究经验所涉及的特定政府层级。依据对政府层级编码的结果，现有研究包括了中央政府、中央与地方政府、地方政府和不涉及政府层级四种类型（见图 2-5）。第一，无经验、不涉及政府层级的研究较多，该类研究主要包括理论引介、政策工具分类标准、政策工具组合结构、政策工具选择因素及特定政策工具知识的理论性阐释等内容。第二，围绕地方政府层级和中央政府层级展开的研究数量大致相当。详细来看，地方政府层级经验的占比排序依次是省级政府、地市级政府、跨区域府际、村民居委会、县区级政府。此外，还有一类研究选取了中央与地方政府经验共同作为研究对象。总体来看，剔除不涉及经验的情况，现有的政策工具研究均衡地关注了我国中央政府和地方政府层级的政策经验。

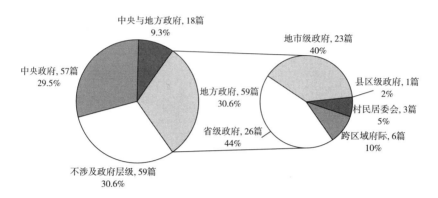

图 2-5　政府层级分布

资料来源：作者自制。

## 三　核心议题

根据关注领域和研究目的的差异，中国政策工具研究可以分为两种类型：特定政策领域工具研究（policy-domain-specific analysis）和一般性政策工具研究（government-wide policy instrument）（Hood，2007）。一般性政策工具研究注重政策工具的理论分析，包括西方理论引介与中国知识评估（11%）、政策工具选择（17%）和政策工具创新（3%）三个研究议题。特定政策领域工具议题强调实践性和目的性，关注特定政策领域的工具设计。该类研究集中讨论了特定领域的政策工具分类及特征（1%）、政策工具组合结构（51%）、政策工具效果评估（11%）和其他（6%）四个研究议题，其中，其他议题包括中国特定政策领域的监管模式、特定政策工具实践应用等其他公共政策问题。从整体内容结构来看（见图 2-6），政策工具组合结构议题研究数量庞大，成为中国政策工具研究中的重要知识组成部分，侧重于关注政策工具的实践应用。在政策工具类型及其特征的基础上，这一议题的研究致力于考察与评估中国不同政策领域的工具构成及选择偏好，企图打开中国政策工具箱。

结合时间演进分析来看（见图 2-7），西方理论引介与中国知识评估议题最早出现，引介西方政策工具理论是推动中国政策设计研究兴起与发展

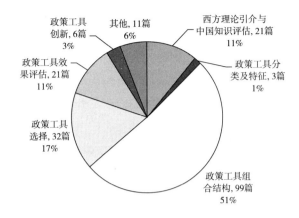

**图 2-6　核心议题分布**

资料来源：作者自制。

的动因。随着研究的深入，政策学者较晚关注到政策工具分类及特征和政策工具效果评估这两个议题，均于 2015 年才有相关的研究成果。另外，当下政策工具组合结构、政策工具选择和政策工具效果评估这三个研究议题持续受到关注，成为中国政策工具研究的热点。

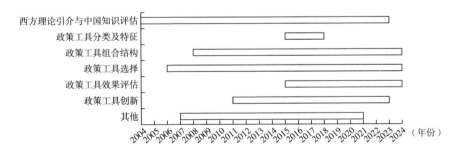

**图 2-7　核心议题的时间演进分析**

资料来源：作者自制。

## 四　理论目标

为了实现核心研究目标，本章严格按照所预设的“使用者”“追随者”“发展者”“重构者”四个理论跨越层次，对 7 个研究议题分别进行了理论目标的编码。从图 2-8 可见，中国经验研究的理论目标表现出“使用”和

"追随"的双重特征，尤其是以"使用"为理论目标的中国经验占比最高（68%），目前尚未达到"发展"与"重构"层次的理论跨越程度。

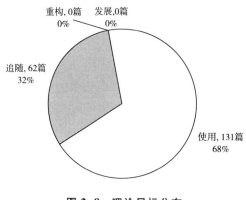

图 2-8　理论目标分布

资料来源：作者自制。

分别从核心议题的理论目标来看（见表 2-4），政策工具组合结构、政策工具效果评估、政策工具分类及特征三个议题呈现高度"使用"政策工具理论的特征，具体表现为直接"拿来"西方工具分类标准作为研究基础。此处需要说明的是，尽管政策工具效果评估和政策工具分类及特征议题分别有 2 篇和 1 篇文献具有"追随"特征，但整体上还是表现为"使用"政策工具理论、拓展理论应用的经验领域。这也从侧面说明随着研究深入，政策工具效果评估、政策工具分类及特征议题的理论跨越层次在逐渐提升。其次，政策工具选择、西方理论引介与中国知识评估、政策工具创新三个议题呈现"追随"政策工具理论的特征，在追随西方政策工具理论议题开展中国政策过程研究的同时，也在通过中国经验对政策工具理论进行反思。

表 2-4　核心议题的理论目标统计

| 理论目标 | 研究议题 | 文献数量（篇） |
|---|---|---|
| "使用" | 政策工具组合结构 | 99 |
| | 政策工具效果评估 | 19 |
| | 其他 | 11 |
| | 政策工具分类及特征 | 2 |

续表

| 理论目标 | 研究议题 | 文献数量（篇） |
|---|---|---|
| | 政策工具选择 | 32 |
| | 西方理论引介与中国知识评估 | 21 |
| "追随" | 政策工具创新 | 6 |
| | 政策工具效果评估 | 2 |
| | 政策工具分类及特征 | 1 |

资料来源：作者自制。

## 五 方法取向

该维度考察的是已有文献的方法论使用情况。本章将研究方法大致划分为质性研究、定量研究、混合研究及规范研究四种类型。如图2-9所示，中国政策工具研究的方法论差异较大，规范研究占据绝大多数，其中较为典型的是政策工具组合结构议题，这样的研究并没有系统的科学方法作为支撑。

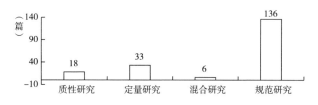

**图2-9 研究方法分布**

资料来源：作者自制。

规范研究（136篇）主要表现为政策工具理论阐释（37篇）和没有研究方法（99篇）。理论阐释方法主要运用在西方理论引介与中国知识评估、政策工具分类及特征、政策工具创新等议题；没有研究方法集中在政策工具组合结构议题，主要采取如下典型路径：选取中国特定领域政策文本为研究对象，构建政策目标、政策情境与政策工具等多维框架，误以内容分析、扎根理论、文本量化等资料分析策略作为研究方法，考察中国不同领域的工具内在构成及选择偏好、识别出特定政策领域工具组合结构失衡。需要特别说明的是，该议题方法论存在典型的滥用现象，诸如常将资料分析方法错视为整体研究方法、数据类型与资料分析方法不匹配、归纳性编码方式不够科学等。定量研究（33篇）主要采用线性回归、准实验、贝叶斯模型平均法和空间计量等不同方法对政策工具的有效性进行评估。质性研究（18篇）涉及单案例和比较案例研究两种方法，主要讨论了政策工具选择议题。混合研究（6篇）文献运用了定性比较分析（QCA）和层次分析方法（AHP）。

从数据收集方法来看（见图2-10），当下研究以收集二手数据为主，数据收集方法结构单一。绝大多数的研究选择了收集二手数据，包括政策文本（97篇）、统计数据（14篇）、新闻报道及已有文献等其他数据（16篇）。不涉及经验数据收集的研究也占据一定比重；通过访谈和参与式观察进行研究的文献较少；目前中国政策工具研究还没有运用问卷调查和实验两种方法进行资料收集。

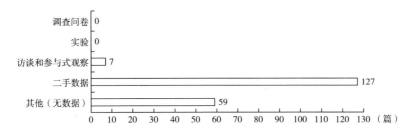

**图 2-10 数据收集方法分布**

资料来源：作者自制。

进一步从资料分析方法来看（见图2-11），当下研究所使用的资料分析方法结构分布不均衡，没有使用分析方法和采用内容分析法的比重较大。从没有使用分析方法的文献数量不难看出，中国政策工具研究方法的科学性有待提升。内容分析方法和扎根理论集中应用到了政策工具组合结构议题，两种方法的使用规范性有待进一步评估。统计分析方法主要用于评估政策工具绩效，目前没有研究使用主题分析和话语分析。整体而言，中国政策工具研究方法存在显著的滥用问题，方法的科学性亟待整体提升。

## 六 小结：中国经验的"使用"和"追随"特征

从上文分析可见，中国经验与政策工具理论的"碰撞"具有如下几个特点。第一，政策工具理论于2004年前后经由一批学者共同引介而进入中国。该理论走入中国政策过程研究的同时，也奠定了中国研究沿用西方政策工具

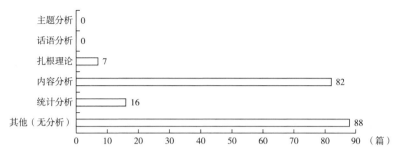

图 2-11　资料分析方法统计

资料来源：作者自制。

理论和话语体系的基调。第二，政策工具理论主要被应用到了分析我国中央及地方政府层级的社会政策场域中，但更多研究散落在政策过程研究范畴之外。第三，直接"拿来"西方政策工具类型来考察与评估中国不同政策领域的工具组合结构及选择偏好是中国政策工具知识最重要的组成部分。第四，中国政策工具研究方法存在显著的滥用问题，方法的科学性亟待提升。第五，中国经验的理论目标表现出显著的"使用"和"追随"特征，尽管取得了一定进展，但尚未达到严格意义上的"发展"与"重构"层次的理论跨越。

## 第三节　中国经验所扮演的角色

由上文的分析可见，中国经验在政策工具理论中扮演着"使用者"和"追随者"的双重角色。当下的中国政策工具研究具有极强的描述性特征。政策工具理论被不加反思地利用在对各种政策领域的讨论之中。接下来，围绕"使用者""追随者"以及零散的"发展者"经验，本章将详细阐释中国政策工具理论研究的进展。

### 一　作为"使用者"的中国经验

本章所预设的"使用者"角色是指中国研究拓展了政策工具理论的应用领域，其中包含两种使用方式：一是借用政策工具理论要素搭建框架、分析特定领域的政策议题；二是使用政策工具理论分析其他公共政策问题。以所预设的政策工具所扮演的理论角色为标准，可以将作为"使用者"的中国经验研究分为两类（见表 2-5）。第一类，以政策工具作为分析要素集中讨论中国特定政策领域的工具设计，包括政策工具分类及特征、政策工具组合结构、政策工具效果评估三个研究议题；第二类，以政策工具作为理论视角分析其他公共政策问题，包括中国特定政策领域的监管模式（刘鹏，2007），特定工具的执行影响及作用（岳经纶、温卓毅，2008；杨复卫、张新民，2017；李波、黄忠敬，2008）、缺陷不足与优化路径（赵新峰、袁宗威，2016；周建青、张世政，2021；胡剑锋、朱剑秋，2008）、设计原则（徐媛媛，2011；何精华，2011）和创新方向（张秉福，2010；曾盛聪、卞思瑶，2018）等实践应用问题，由于该类研究的理论增量不足，故本章不具体展开讨论。

　　需要说明的是，无论将政策工具作为理论视角还是分析要素，两类研究的共同理论目标在于拓展政策工具理论在中国研究的应用领域，"中国"在其中仅扮演着"经验"的角色。这一研究路径的整体表现为：直接"拿来"西方政策工具分类标准、呈现高度"使用"特征。

表 2-5　作为"使用者"的中国经验研究内容

| 工具角色 | 研究议题 | 研究内容 | 整体特征 | 理论贡献 |
|---|---|---|---|---|
| 政策工具作为分析要素 | 政策工具分类及特征 | 中国特定政策领域的工具类型 | 直接"拿来"西方政策工具分类标准、呈现高度"使用"特征 | 拓展理论应用领域 |
| | 中国特定领域政策工具组合结构 | 打开中国特定政策领域工具结构构成（工具箱） | | |
| | | 发现中国特定政策领域工具结构差异（央地层级、区域府际、目标群体） | | |
| | | 揭示中国特定政策领域工具结构失衡（过溢、偏重、缺失、不足、冲突） | | |
| | | 捕捉中国特定政策领域工具结构变迁 | | |
| | 中国特定领域政策工具效果评估 | 评价中国特定政策领域单一工具效果 | | |
| | | 评估中国特定政策领域工具组合效果 | | |
| 政策工具作为理论视角 | 其他公共政策问题 | 中国特定政策领域的监管模式 | | |
| | | 中国特定政策工具的实践应用问题（影响及作用、缺陷不足与优化路径、设计原则、创新方向等） | | |

资料来源：作者自制。

1. 直接"拿来"西方主流政策工具分类标准作为知识基础

识别政策工具的分类及其特征是政策工具研究的基础性工作。为了更好地识别与正确使用政策工具，中国学者对政策工具类型学进行了积极探索，在我国不同政策经验领域中展开政策工具分类及特征研究。尽管仅有一篇文献直接讨论政策工具分类的理论逻辑（卓越、郑逸芳，2020），但大量研究将政策工具类型划分作为研究基础，进一步讨论了中国特定政策领域的工具组合结构及工具效果评估。该类文献的共同点在于：直接"拿来"西方政策工具分类标准，具体表现为直接沿用西方主流政策工具类型，和在"拿来"的基础上填充中国次级政策工具内容这两种方式。

首先，中国研究直接沿用五种主流政策工具分类标准来划分中国特定领域的政策工具类型。中国研究直接沿用，或主要借鉴和学习了五种主流的政策工具类型划分方式，按照使用频次从高到低依次为（见表2-6）：罗伊·罗斯威尔（Roy Rothwell）和沃尔特·西格维尔德（Walter Zegveld）（1985）以政策类型为标准划分的供给型工具、环境型工具和需求型工具；二是迈克尔·豪利特（Michael Howlett）和M. 拉米什（M. Ramesh）（2006）以政府干预程度作为标准划分的自愿性工具、强制性工具和混合型工具；三是克里斯托弗·胡德（Christopher C. Hood，1986）按照政策资源划分的权威型工具、动员型工具、信息型工具、市场型工具；四是罗瑞恩·麦克唐纳（Lorraine M. McDonnell）和理查德·艾莫尔（Richard F. Elmore）（1987）按照政策目标划分的命令工具、激励工具、能力建设工具、系统变革工具；五是安妮·施耐德（Anne Schneider）和海伦·英格拉姆（Helen Ingram）（1990）以政策目标群体行为假设为标准划分的学习工具、命令工具、激励工具、象征及劝诫工具、能力建设工具。除了上述五种主流的工具分类标准，中国研究还"拿来"了其他西方政策工具类型，诸如Anthony I. Gus（2008）提出的经济性规制和社会性规制工具，Thomas Hale等（2020）所划分的封闭类、经济响应类、卫生促进类和混合类政策工具等。

表 2-6　直接"拿来"的主流工具分类标准

| 分类标准 | 工具类型 | 参考文献 |
|---|---|---|
| 政策类型 | 供给型工具、需求型工具、环境型工具 | Rothwell and Zegveld，1985 |
| 政府干预程度 | 自愿性工具、混合型工具、强制性工具 | Howlett and Ramesh，2006 |
| 政策资源 | 权威型工具、动员型工具、信息型工具、市场型工具 | Christopher C. Hood，1986 |

续表

| 分类标准 | 工具类型 | 参考文献 |
| --- | --- | --- |
| 政策目标 | 命令工具、激励工具、能力建设工具、系统变革工具 | McDonnell and Elmore, 1987 |
| 政策目标群体行为假设 | 命令工具、激励工具、能力建设工具、象征及劝诫工具、学习工具 | Schneider and Ingram, 1990 |

资料来源：作者自制。

其次，中国研究在"拿来"西方政策工具分类标准的基础上填充中国次级政策工具内容，主要拓展了在社会政策领域的应用范围。该类型研究的焦点在社会政策领域，唐庆鹏等（2013）和文宏等（2023）在胡德的分类标准上重新整理了我国公共危机治理工具类型；朱春奎等（2011）在豪利特的分类基础上细分了我国医疗体制改革的次级政策工具，打造了齐备的工具箱；在借鉴麦克唐纳和艾莫尔的分类基础上，谢小芹和张春梅（2024）进一步提炼与归纳了我国数字乡村试点工具类型，强化了中国实践特色。此外，湛中林等（2015）从交易成本视角"拿来"政策活动交易属性的分类标准，细分了离散交易型、公共交易型和混合交易型工具。以政府干预程度为标准，卓越等（2020）重新讨论了规范性、执法性、综合性三类工具的范围边界。值得一提的是，邢华等（2018）在探讨我国环境政策工具选择偏好时，以中央政府介入程度和区域合作问题复杂性两个维度划分出政治嵌入、行政嵌入、机构嵌入和规则嵌入四类纵向嵌入式治理工具，预示着工具类型划分方面开始出现本土化趋势。

无论是直接沿用西方政策工具分类标准来划分中国特定领域政策工具类型，还是在"拿来"的基础上填充中国政策工具内容，总的说来，中国经验的理论贡献仅仅在于拓展了政策工具类型划分的应用领域，并以社会政策为主。直接"拿来"西方政策工具分类标准划分中国特定领域政策工具类型，成为政策工具组合结构、政策工具效果评估议题的知识基础。

2. "拿来"政策工具类型分析中国特定领域工具组合结构

特定政策领域的工具组合结构是中国政策工具知识的重要组成部分，侧重于关注政策工具的实践应用。为了打开中国政策工具箱，该议题致力于考察与评估中国不同政策领域的工具构成及选择偏好，以西方政策工具分类知识为基础，探索政策工具组合结构的构成、差异、失衡与变迁。该议题研究大多遵循了如下典型路径：选取中国特定政策领域的政策文本为研究对象，构建政策目标、政策情境与政策工具等多维框架，误以大数据资料收集方法及内容分析、扎根理论、文本量化等资料分析策略为研究方法，共同揭示了我国特定政策领域工具组合结构的不均衡，并且认为结构失衡会产生负面效应。尽管呈现了当前政策工具的量化研究趋势，但该路径存在结论偏颇和方法论滥用的双重缺陷。

一是打开中国社会政策领域工具组合结构构成，以"拿来"的西方政策工具类型来呈现我国社会政策的工具箱内容。从表 2-7 可以看出，中国经验主要"拿来"了豪利特、胡德提出的主流政策工具分类标准，分别打开了我国中央及地方层级的健康（秦亚，2009）、治理（刘兆鑫，2017；王世强，2012；何明升、白淑英，2015；唐庆鹏、钱再见，2013；靳永翥、李春艳，2019；陶鹏、李欣欣，2019）和住房（徐媛媛、严强，2011）政策工具组合结构的构成。需要强调的是，该内容研究并没有使用科学的研究方法，误将文本大数据挖掘资料收集方法和扎根理论资料分析策略视为研究方法。

表 2-7　中国社会政策工具组合结构构成

| 研究目标 | 政策领域 | | 分析单位 | 研究方法 | 分类标准 | 具体内容 | 代表文献 |
|---|---|---|---|---|---|---|---|
| 打开中国特定领域工具组合结构构成 | 社会政策 | 健康　控烟 | 中央 | 无 | 沿用豪利特 | 管制性、自愿性和混合性三类构成 | （秦亚，2009） |
| | | 城市治理 | 地方 | 无 | 沿用其他 | 规制、市场、供应、政治四类构成 | （刘兆鑫，2017） |
| | | 社会组织 | 不明 | 无 | 沿用其他 | 直接型、间接型、基础型、引导型四类构成 | （王世强，2012） |
| | | 治理　网络治理 | 中央 | 无 | 填充豪利特 | 自愿性、疏解性、调节性、规制性四类构成 | （何明升等，2015） |
| | | 应急管理 | 中央 | 无 | 填充胡德 | 管制性、经济性、信息性、社会性四类构成 | （唐庆鹏等，2013）（靳永翥等，2019） |
| | | | 中央 | 文本大数据、扎根理论结合 | 沿用其他 | 标准设定与引导、信息收集与处理、行为转变三类构成 | （陶鹏等，2019） |
| | | 住房　房屋拆迁 | 地方 | 无 | 填充胡德 | 管制性、经济性、信息性、动员性、市场性五类构成 | （徐媛媛等，2011） |

资料来源：作者自制。

二是发现中国特定政策领域工具组合结构差异，包括央地层级差异、区域差异和目标群体差异。从表 2-8 可见，中国经验"拿来"罗斯威尔提出的政策工具类型，分析了我国经济产业政策工具的央地层级差异（董石桃等，2021）；"拿来"并改造了麦克唐纳划分的政策工具类型，展现了我国农村数字试点政策工具的区域差异（谢小芹、张春梅，2024）；"拿来"胡德的政策工具类型，揭示了我国土地闲置政策工具的目标群体间差异（王宏新等，2017）。该内容研究没有使用科学的研究方法，具体表现为误将内容分析、扎根理论等资料分析方法视为研究方法。

表 2-8  中国特定政策领域工具组合结构差异

| 研究目标 | 政策领域 | | | 分析单位 | 研究方法 | 分类标准 | 具体内容 | 代表文献 |
|---|---|---|---|---|---|---|---|---|
| 发现中国特定政策领域工具组合结构差异 | 央地层级差异 | 经济政策 | 产业 | 区块链 | 央地 | 内容分析 | 沿用罗斯威尔 | 中央偏好环境型，地方则以供给型和环境型并重 | （董石桃等，2021） |
| | 区域差异 | "三农"政策 | 乡村 | 数字试点 | 地方 | 扎根理论 | 填充麦克唐纳 | 西部及东北地区偏重能力建设型、协同治理型和创新激励型工具不足，东部及部分中部地区三者并重 | （谢小芹等，2024） |
| | 目标群体差异 | 社会政策 | 土地 | 闲置土地 | 中央 | 政策文本计量 | 沿用胡德 | 针对企业以行政型和经济型为主，针对地方政府则偏重信息型工具 | （王宏新等，2017） |

资料来源：作者自制。

三是揭示中国特定政策领域工具组合结构失衡，具体表现为不同类型政策工具之间的过溢、偏向、缺失、不足与冲突。由表 2-9 可见，中国经验重点"拿来"了罗斯威尔、豪利特、胡德、施奈德和麦克唐纳所提出的五种主流分类标准，分别从中央及地方政府层级分析了不同领域的政策工具组合结构。这些研究共同识别并揭示了中国特定政策领域工具组合结构不均衡的现象，具体表现为不同类型政策工具之间的过溢、偏重、缺失、不足与冲突，并且认为结构失衡会产生负面效应。除去单案例之外，该类研究以内容分析、文本量化和扎根理论三种方法为主，误将资料分析方法视为整体研究方法，方法论滥用问题严重。

表 2-9　中国特定政策领域工具组合结构失衡

| 研究目标 | 政策领域 | | | 分析单位 | 研究方法 | 分类标准 | 具体内容 | 代表文献 |
|---|---|---|---|---|---|---|---|---|
| 揭示中国特定政策领域工具组合结构失衡（过溢、偏重、缺失、不足、冲突） | 社会政策 | 慈善 | 慈善捐赠 | 中央 | 内容分析 | 沿用豪利特 | 强制性工具偏多、混合型工具不均衡、自愿性工具短缺，结构有待优化 | 刘蕾等，2021 |
| | | | 慈善事业 | 中央 | 内容分析 | 沿用罗斯威尔 | 环境型工具过溢、供给型工具整体缺失，组合结构冲突 | 李健等，2016 |
| | | 人口 | 生育支持 | 地方 | 内容分析 | 沿用罗斯威尔 | 供给型工具过溢，需求型工具缺失 | 满小欧等，2023 |
| | | 就业 | 弱势群体就业 | 中央 | 文献分析、访谈法 | 沿用豪利特 | 强制性工具主导，能力建设工具缺失 | 廖慧卿等，2011 |
| | | | | | 内容分析 | 沿用其他 | 基础型主导，直接型和倡导型适中但微观结构不均衡，间接型工具存在结构缺失问题 | 孙萍等，2017 |
| | | 土地 | 主体功能区规划 | 中央 | 内容分析 | 沿用胡德 | 目标与工具错配，权威型为主、财政型为辅，信息型和组织型工具不足 | 耿旭等，2018 |
| | | | | | 文本分析 | 沿用豪利特 | 工具结构不均衡，强制性工具过溢，混合型和自愿性工具不足 | 操小娟等，2020 |
| | | | 国土空间规划 | 央地 | 文本分析 | 沿用胡德 | 权威型为主、财政型为辅，组织型和信息型不足影响组合效用 | 王伟等，2020 |

| 研究目标 | 政策领域 | | | 分析单位 | 研究方法 | 分类标准 | 具体内容 | 代表文献 |
|---|---|---|---|---|---|---|---|---|
| 揭示中国特定政策领域工具组合结构失衡（过溢、偏重、缺失、不足、冲突） | 社会政策 | 土地 | 城市更新 | 地方 | 内容分析 | 沿用罗斯威尔 | 环境型过溢，供给型、需求型工具严重缺失，结构缺失与冲突 | 刘贵文等，2017；张佳丽等，2022 |
| | | | | 央地 | 内容分析 | 沿用罗斯威尔 | 环境型和引导型为主，需求型和供给型工具缺乏 | 冉奥博等，2021 |
| | | 治理 | 社会组织 | 地方 | 文本量化 | 沿用其他 | 结构性和引领性工具为主，能力建设工具逐渐受到重视，统合性工具运用不足，内部存在结构失衡 | 王杨，2019 |
| | | | | 中央 | 内容分析、社会网络分析 | 填充豪利特 | 强制性为主、激励性为辅，社会型严重不足，内部结构不均衡 | 王炎龙等，2021 |
| | | | 社区治理 | 中央 | 内容分析 | 沿用罗斯威尔 | 政策工具不平衡，环境型居多，供给型、环境型、需求型工具内部次级工具结构分布不均衡 | 单菲菲，2020 |
| | | | | 未明 | 无 | 沿用豪利特 | 强制性工具主导 | 孔娜娜等，2020 |
| | | | 食品安全 | 中央 | 文本量化 | 沿用施耐德 | 强制性工具主导，能力建设工具结构不合理，激励工具缺乏 | 倪永品，2017 |
| | | | 数字政府 | 地方 | 文本量化 | 沿用罗斯威尔 | 偏好供给型，环境型次之，需求型最少，政策工具与政策目标"错配" | 范梓腾等，2017；胡世文等，2023 |
| | | | 新型基建 | 央地 | 社会网络分析、主题法 | 沿用罗斯威尔 | 偏重供给型与环境型，需求型使用程度较低，政策结构失衡 | 何继新等，2022 |
| | | | 信息公开 | 中央 | 内容分析 | 沿用罗斯威尔 | 工具类型分布差异大，偏好供给型和环境型工具，需求型缺失，三类工具内部结构不协同，工具整体结构不合理 | 谭春辉等，2020 |

续表

| 研究目标 | 政策领域 | | | 分析单位 | 研究方法 | 分类标准 | 具体内容 | 代表文献 |
|---|---|---|---|---|---|---|---|---|
| 揭示中国特定政策领域工具组合结构失衡（过溢、偏重、缺失、不足、冲突） | 社会政策 | 治理 | 应急管理 | 地方 | 内容分析 | 填充胡德 | 工具使用存在显著的结构性和层次性偏好，在工具类型上表现为权威型工具过溢 | 文宏等，2023 |
| | | | PPP | 中央 | 内容分析 | 沿用罗斯威尔 | 工具组合结构配置有待优化，偏重环境型，供给型和需求型工具短缺 | 胡春艳等，2019 |
| | | | 城镇化 | 中央 | 内容分析 | 沿用罗斯威尔 | 依赖环境型，供给型使用力度偏弱，需求型工具缺失，工具整体结构不均衡 | 刘雪华等，2022 |
| | | 社会保障 | 医改 | 中央 | 单案例 | 填充豪利特 | 强制性工具主导，自愿性工具不足 | 朱春奎等，2011 |
| | | | | 中央 | 内容分析 | 沿用罗斯威尔 | 工具结构性失衡，表现为不同类型政策工具比例失衡，供给型过溢、需求型缺失 | 熊烨等，2021 |
| | | | 养老 | 中央 | 内容分析 | 沿用罗斯威尔 | 政策工具的缺失和冲突表现为环境型工具过溢，供给型工具结构不均，需求型工具短缺 | 王辉，2015 |
| | | | | 无 | | 沿用其他 | 偏好干预性强、主体单一的工具 | 谭兵，2018 |
| | | 健康 | 健康服务 | 中央 | 内容分析 | 沿用罗斯威尔 | 工具缺失和冲突表现为环境型工具过溢，供给型内部使用不均，需求型工具缺乏 | 车峰，2018；程显扬，2020 |
| | | | 中医药健康服务 | 中央 | 内容分析 | 沿用罗斯威尔 | 工具丰富但结构分布不匀，偏好供给型，环境型和需求型工具不足 | 张宏如等，2022 |
| | | | 社区健康促进 | 中央 | 内容分析 | 沿用罗斯威尔 | 供给型工具过溢，环境型适当，需求型工具严重缺失，工具内部结构极其不均衡 | 张晓杰等，2021 |

续表

| 研究目标 | 政策领域 | | 分析单位 | 研究方法 | 分类标准 | 具体内容 | 代表文献 |
|---|---|---|---|---|---|---|---|
| 揭示中国特定政策领域工具组合结构失衡（过溢、偏重、缺失、不足、冲突） | 环境政策 | 环境治理 | 中央 | 内容分析 | 沿用豪利特 | 命令过溢、经济型和自愿性工具使用不足 | 杨志军等，2017；李智超等，2021 |
| | | | | | 沿用萨拉蒙 | 直接性工具主导，间接性工具不足 | 李翠英，2018 |
| | | 气候 | 大气污染 | 地方 | 单案例 | 沿用胡德 | 命令工具主导，激励工具逐渐发展，公众参与型作用日益凸显 | 邢华等，2019 |
| | | | 气候变化 | 中央 | 内容分析 | 沿用豪利特 | 工具分布和组合结构存在差异，混合型过溢，自愿性工具不足与缺失 | 郑石明等，2019；宋敏等，2022 |
| | | | | | 文本量化 | 沿用其他 | 倾向于使用命令控制手段 | 俞立平等，2023 |
| | | 能源 | 清洁能源 | 中央 | 内容分析 | 沿用罗斯威尔 | 工具整体结构不合理，环境型、供给型过溢，需求型不足，三类工具内部结构不合理 | 赵海滨，2016 |
| | | | 风能 | 中央 | 内容分析 | 沿用罗斯威尔 | 供给型工具过溢，环境型、需求型工具缺失，工具运用存在冲突现象 | 黄萃等，2011 |
| | | | 水 | 中央 | 内容分析 | 填充胡德 | 工具使用频率失衡，过度依赖权威型工具，市场型、自愿性工具不足 | 赵新峰等，2020 |
| | | | | 央地 | 扎根理论 | 填充其他 | 偏好实质性工具，然后是执行性和引导性工具 | 任彬彬等，2021 |
| | | | | 中央 | 文本量化 | 沿用豪利特 | 工具使用差异大，强制性为主、混合型次之且接近，自愿性不足 | 杨婷等，2022 |
| | | | 太阳能 | 中央 | 文本分析 | 沿用胡德 | 工具结构单一，有待优化，市场型、公众参与型工具缺失 | 赵加强，2014 |

| 研究目标 | 政策领域 | | 分析单位 | 研究方法 | 分类标准 | 具体内容 | 代表文献 |
|---|---|---|---|---|---|---|---|
| 揭示中国特定政策领域工具组合结构失衡（过溢、偏重、缺失、不足、冲突） | 环境政策 | 海洋环境 | 中央 | 内容分析 | 沿用胡德 | 命令型过溢，激励型乏力，信息型创新不够，社会参与型工具不足，工具类型多样但组合配置不合理 | 许阳，2017 |
| | | 垃圾分类（固废） | 地方 | 扎根理论 | 沿用胡德 | 权威型为主，其次是社会性、经济性，次级工具各有侧重，整体内部结构不均衡 | 刘传俊等，2022 |
| | 教育文化政策 | 义务教育（教育） | 不明 | 无 | 沿用豪利特 | 规制工具过溢 | 丁社教，2010 |
| | | 职业教育 | 地方 | 文本量化 | 沿用罗斯威尔 | 环境型过溢，供给型使用一般、需求型缺失 | 季飞等，2019 |
| | | 体教融合 | 地方 | 扎根理论 | 填充其他 | 工具使用不均衡，实质型过溢，自愿性弱势，引导型和赋能型工具缺位 | 黄菁等，2023 |
| | | 知识产权（文化） | 中央 | 工具分析方法、QCA | 沿用其他 | 管理型、保护型主导，创造型、运用型不足 | 林德明等，2023 |
| | | 文化服务 | 中央 | 内容分析 | 沿用罗斯威尔 | 内部比例不均衡，环境型工具过溢，需求型工具不足 | 陈世香等，2021 |
| | 经济创新政策 | 通信产业（经济） | 央地 | 内容分析 | 沿用罗斯威尔 | 工具结构不均衡，偏重环境型和供给型，需求型应用较弱 | 张睿涵等，2024 |
| | | 复工复产 | 地方 | 单案例 | 沿用罗斯威尔 | 整体结构不均衡，偏重环境型，供给型次之，需求型匮乏 | 翟磊，2021 |
| | | 营商环境 | 中央 | 内容分析 | 沿用罗斯威尔 | 工具配置结构失衡，偏好环境型工具，需求型工具缺失 | 姜楠等，2023 |
| | | 众创 | 中央 | 内容分析 | 沿用罗斯威尔 | 环境型、供给型工具失衡，需求型工具缺位 | 周博文等，2019 |

续表

| 研究目标 | 政策领域 | | 分析单位 | 研究方法 | 分类标准 | 具体内容 | 代表文献 |
|---|---|---|---|---|---|---|---|
| 揭示中国特定政策领域工具组合结构失衡（过溢、偏重、缺失、不足、冲突） | 经济创新政策 | 科技 / 卫星导航 | 中央 | 内容分析 | 沿用罗斯威尔 | 工具使用结构不合理，环境型过溢、需求型和供给型缺失 | 陈文博，2018 |
| | | 技术创新 | 中央 | 内容分析 | 沿用罗斯威尔 | 环境型和供给型过溢，需求型工具缺失 | 张韵君，2012 |
| | | 成果转化 | 中央 | 文本量化 | 沿用罗斯威尔 | 工具使用非均衡性，环境型过溢、供给型和需求型匮乏 | 陈雅倩等，2023 |
| | | | 中央 | 内容分析 | 沿用麦克唐纳 | 偏重命令，其次是能力建设和激励工具，劝告和系统变革不足 | 郑晓齐等，2022 |
| | | | 地方 | 内容分析 | 沿用罗斯威尔 | 工具配置结构不均衡，环境型过溢、需求型匮乏，供给型工具不足且内部失衡 | 张亚明等，2024；郝涛等，2021 |
| | 人才 | 人才大战 | 中央 | 扎根理论 | 沿用罗斯威尔 | 工具结构缺失与冲突，环境型过溢，供给型不足，需求型缺失 | 宁甜甜等，2014 |
| | | | 地方 | 文本分析 | 填充豪利特 | 工具类型结构中强制性为主，自愿性不足 | 赵全军等，2022 |
| | "三农"政策 | 农村 / 乡村旅游 | 中央 | 内容分析 | 沿用罗斯威尔 | 工具运用不均衡，偏好环境型且内部不均衡 | 高瑞龙等，2021 |
| | | 文化振兴 | 中央 | 内容分析 | 沿用罗斯威尔 | 工具结构失衡，环境型为主、供给型为辅，需求型不足 | 李林等，2023 |
| | | 脱贫成果衔接 | 中央 | 内容分析 | 沿用罗斯威尔 | 工具结构明显不平衡，环境型主导、供给型使用少、需求型不足 | 高海珍等，2021 |
| | | 减贫 / 扶贫 | 中央 | 内容分析 | 沿用罗斯威尔 | 工具结构失衡，偏好供给型和环境型，需求型欠缺 | 侯军岐等，2021 |
| | | 消费扶贫 | 地方 | 内容分析 | 沿用罗斯威尔 | 工具内在结构不合理，环境型过溢且内在结构不平衡，供给型为辅，需求型不足 | 彭小兵等，2021 |

续表

| 研究目标 | 政策领域 | | 分析单位 | 研究方法 | 分类标准 | 具体内容 | 代表文献 |
|---|---|---|---|---|---|---|---|
| 揭示中国特定政策领域工具组合结构失衡（过溢、偏重、缺失、不足、冲突） | 其他政策 | 交通 | 出租车 | 中央 | 文献量化 | 沿用其他 | 目标与规制工具不适配、工具非均衡分配、信息规制缺失，工具结构矛盾 | 李金龙等，2023 |
| | | 协商民主 | | 中央 | 内容分析 | 沿用豪利特 | 偏好强制性，其中权威型工具过溢，混合性不足，自愿性严重缺失 | 张再生等，2017 |

资料来源：作者自制。

四是捕捉中国特定政策领域工具组合结构的历时性变迁。由表 2-10 可见，中国经验侧重于"拿来"五类主流政策工具分类标准分析中央层面的政策工具组合结构变迁，聚焦在社会政策（王清、王磊，2010；万正艺等，2020；颜德如、张树吉，2021；Liu and Van de Walle，2020；唐兴霖、雷李念慈，2023；吴林海等，2021），环境政策（吴芸、赵新峰，2018；周付军、胡春艳，2019；傅广宛，2020；吕志奎、刘洋，2021），教育政策（樊晓杰、林荣日，2020；郭凯，2022；张振改，2022）以及"三农"政策（衡霞、陈鑫瑶，2020；谢治菊、陈香凝，2021；薛二勇、周秀平，2017；徐艳晴，2021；唐斌等，2021）领域。该研究路径主要采用内容分析法，方法论的科学性有待提升。

表 2-10　中国特定政策领域工具组合结构变迁

| 研究目标 | 政策领域 | | 分析单位 | 研究方法 | 分类标准 | 具体内容 | 代表文献 |
|---|---|---|---|---|---|---|---|
| 捕捉中国特定政策领域工具组合结构变迁 | 社会政策 | 户籍 | 户口迁移 | 央地 | 单案例 | 填充其他 | 强制性工具向许可性工具演变 | 王清等，2010 |
| | | 治理 | 社区治理 | 中央 | 内容分析 | 沿用罗斯威尔 | 前期偏重供给型，中后期依赖环境型工具 | 万正艺等，2020 |
| | | | | | | 沿用麦克唐纳 | 整体维持"激励型、命令与能力建设型工具"的演化顺序 | 颜德如等，2021 |

续表

| 研究目标 | 政策领域 | | 分析单位 | 研究方法 | 分类标准 | 具体内容 | 代表文献 |
|---|---|---|---|---|---|---|---|
| 捕捉中国特定政策领域工具组合结构变迁 | 社会政策 | 社会组织 | 中央 | 内容分析 | 沿用胡德 | 偏好监管手段，权力、激励、信息和组织四类工具的使用急剧上升，工具结构日益多样化 | Liu Z. 等，2020 |
| | | 治理 数字平台 | 中央 | 内容分析 | 沿用其他 | 工具结构有内在一致性和连贯性 | 唐兴霖等，2023 |
| | | 食品安全 | 中央 | 无 | 沿用豪利特 | 命令为主演化为命令与引导型结合，最终趋向三类融合 | 吴林海等，2021 |
| | 环境政策 | 气候 大气污染 | 地方 | 内容分析 | 填充豪利特 | 强制使用频率最高、使用最早，市场型使用较晚但增长速度快于自愿性工具 | 吴芸等，2018 |
| | | | | | 沿用胡德 | 在偏重管制型基础上不断叠加经济型、信息型，从单一控制转向多元合作 | 周付军等，2019 |
| | | 海洋 海洋生态 | 央地 | 内容分析 | 沿用豪利特 | 强制性使用减少、混合性和自愿性使用增加，尽管工具使用频次趋同化，仍然国家主导 | 傅广宛，2020 |
| | | 水 流域治理 | 地方 | 内容分析 | 填充胡德 | 地方政府初期偏好选择管制型，协同型使用频率逐渐增加 | 吕志奎等，2021 |
| | 教育政策 | 家庭教育 家庭教育支出 | 中央 | 内容分析 | 沿用麦克唐纳 | 早期倾向于使用"命令+报酬"组合，中后期职能拓展、劝告工具增加 | 樊晓杰等，2020 |
| | | 义务教育 师资配置 | 中央 | 无 | 沿用豪利特 | 从强制性为单一结构走向强制性为主自愿性为辅，再到三者多元组合 | 郭凯，2022 |
| | | | | 内容分析 | 沿用麦克唐纳 | 从"命令+能力建设"到"命令+权威重组"，再到"命令+报酬"组合，命令主导 | 张振改，2022 |

续表

| 研究目标 | 政策领域 | | | 分析单位 | 研究方法 | 分类标准 | 具体内容 | 代表文献 |
|---|---|---|---|---|---|---|---|---|
| 捕捉中国特定政策领域工具组合结构变迁 | "三农"政策 | 农村 | 减贫 | 中央 | 内容分析 | 沿用麦克唐纳 | 从单一命令主导到多元协同，工具组合的系统化程度不高 | 衡霞等，2020；谢治菊等，2021；薛二勇等，2017 |
| | | | | | | 沿用罗斯威尔 | 从环境型主导到供给型主导、环境为辅，需求型大幅度增加 | 徐艳晴，2021 |
| | | | 公共服务 | 中央 | 扎根理论 | 沿用豪利特 | 从单一强制性主导，到自愿或混合为主、强制性为辅的结构 | 唐斌等，2021 |

资料来源：作者自制。

　　需要强调的是，该路径存在典型的结论偏颇和方法论滥用双重缺陷，极大地阻碍了对中国政策工具使用、选择以及政策后果的深入研究。从结论来看，以"拿来"西方政策工具分类及其特征为知识基础，这些研究揭示了中国特定政策领域的工具组合结构的不均衡，表现为构成、差异、失衡与变迁，并且认为结构失衡带来了负面效应。上述研究结论的偏颇表现为以下几点。第一，将中国特定领域中某类工具要素的过溢、偏重、缺失、不足与冲突等同为政策工具组合结构的不均衡，表现为忽略了政策情境因素对政策工具组合选择配置的影响。该路径以使用频次统计作为评估不同类型工具要素结构的依据，使用频次低即要素缺失和不足，频次高则是过溢和偏重，而频次均衡就是工具组合结构均衡。尽管已有少量研究认识到政策情境的重要性，并尝试建构政策工具、政策目标和政策情境等多维分析框架，但基本上没有准确识别和精准纳入政策情境的考量。某类政策工具要素的过溢、偏重、缺失、不足与冲突并非结构失衡，可能是政策情境或其他因素所共同决定的。第二，认为中国特定政策领域的工具组合结构失衡必然产生负面效应，忽视了政策效果导向的政策工具合理配置标准。大多数研究假设"只要不同类型政策工具使用频次均衡，就能实现不同类型政策工具功能上的相互整合"，预设了政策工具组合结构均衡才是有效且高效的工具配置。基于上述假设，大多数研究揭示出政策工具组合结构的不均衡现象后，直接判定结构失衡就是低效的，甚至是失效的。该路径并未真正地研究工具配置对政策效果的影响。

从方法来看，该路径存在明显的方法论滥用问题，具体表现为以下几点。第一，没有使用科学的研究方法，误将资料收集方法和资料分析策略视为整体研究方法。该议题出现了将大数据挖掘的数据收集方法视为研究方法，以及将内容分析、扎根理论、文本量化、访谈与参与式观察等资料分析策略视为研究方法。第二，使用的数据类型与资料分析方法不匹配。有研究采用了扎根理论来分析政策文本、新闻语料等二手数据，似乎中国政策工具研究学界默认了这样对扎根理论的不科学使用。此外，还有研究收集到了一手访谈资料却没有运用资料分析方法。第三，归纳性编码方式不科学。政策文本作为主要分析对象，大多数研究却使用扎根理论、文献分析法或联合使用多种分析方法，其实内容分析法包括了归纳性编码，已然满足研究需求。此外，还存在对政策文本量化方法的乱用。从编码规范来看，多数研究仅仅交代了使用 Nvivo 质性分析软件，没有明确编码规则，编码过程及结果的科学性有待进一步评估。

总的来说，作为"使用者"的中国研究直接"拿来"西方工具分类知识，考察与评估了中国不同政策领域的工具组合结构。在这一议题中，中国经验仅仅拓展了政策工具理论的应用领域，呈现高度"使用"特征。尽管存在结论偏颇和方法论滥用的双重缺陷，特定政策领域的工具组合结构是中国政策工具知识的重要组成部分，如何对政策工具组合结构进行精准识别和有效评估，成为中国政策工具研究前进的重要方向。

3."拿来"工具分类知识评估中国特定领域工具的效果

政策工具效果评估贯穿政策工具选择和应用全过程，政策效果是衡量当下评估政策工具有效性的重要标准。关于中国特定政策领域的政策工具效果评估议题的讨论是建立在"拿来"胡德等所提出的主流政策工具分类标准的基础上，分别形成了单一政策工具和政策工具组合为评估对象的两类研究内容，集中应用到了地方层级的环境政策、经济政策和社会政策领域（见表2-11）。在时间维度上，中国政策工具有效性研究重点从评估不同领域中的特定政策工具效果转向了政策工具组合效果，评估方法呈现定量研究的趋势。

表 2-11　中国政策工具效果评估研究方法及内容

| 研究方法 | | | 政策领域 | 分析单位 | 参考文献 |
|---|---|---|---|---|---|
| 定量研究 | 线性回归分析 | 加权最小二乘法（WLS） | 环境政策 | 地方 | 郑石明等，2017 |
| | | 可行广义最小二乘法（FGLS） | 社会政策 | 地方 | 王立剑等，2022 |
| | | 系统广义矩估计法（SGMM） | 环境政策 | 地方 | 黄新华等，2018 |
| | | 固定效应面板模型和门槛效应模型 | 环境政策 | 地方 | 要蓉蓉等，2023 |
| | | 双向固定效应模型 | 经济政策 | 地方 | 何裕捷，2024 |
| | | 其他回归模型 | 经济政策 | 地方 | 姚海琳等，2018；尹明，2017；王晓红等，2023 |
| | | | 环境政策 | 地方 | Zhang et al.，2023 |
| | 准实验方法 | 双重差分 | 经济政策 | 地方 | 曹建云等，2020 |
| | | 三重差分 | 环境政策 | 地方 | 李强等，2022 |
| | 贝叶斯模型平均法（BMA） | | 环境政策 | 地方 | 王红梅，2016；郭沁等，2023 |
| | 空间计量模型 | 空间误差模型（SEM）和空间滞后模型（SLM） | 经济政策 | 地方 | 张军涛等，2018 |
| | | 空间杜宾模型（SDM） | 环境政策 | 地方 | 武祯妮等，2021 |
| 混合研究 | 定性比较分析 | 模糊集定性比较分析（fsQCA） | 环境政策 | 地方 | 宫晓辰等，2021 |
| | 层次分析法（AHP） | | 环境政策 | 地方 | 王红梅等，2016 |
| 质性研究 | 单案例 | 内容分析法 | 社会政策 | 中央 | 江亚洲等，2020 |
| 其他 | 理论建构 | | 社会政策 | 未明 | 陈宝胜，2022 |
| | | | 环境政策 | 中央 | 李胜兰等，2021 |
| | 无研究方法 | | 环境政策 | 中央 | 邓集文，2015 |

资料来源：作者自制。

以单一政策工具作为评估对象的中国政策工具研究主要运用定量研究方法，辅之以混合研究策略，考察了环境、经济和社会政策领域的特定政策工具效果，识别出政策工具特征和政策环境两种因素共同影响单一政策工具效果：不同类型政策工具的效果存在明显差异，且同一种政策工具在不同地区和不同政策领域也会产生不同效应。在环境政策领域，中国经验沿用胡德的政策工具划分方式对特定工具的有效性进行实证评估，围绕工具特征和政策环境两种影响因素展开。首先，从工具特征来看，"不同环境政策工具的政策效果之间存在显著差异"的论断已形成共识（郭沁、陈昌文，2023）。但是，学者们就公众参与型和自愿型两种环境政策工具的效果产生了争议。有学者通过线性回归发现两种工具对环境治理产生正向效果（黄新华、于潇，2018），另外，有学者利用贝叶斯模型平均法（王红梅，2016）、层次分析法（王红梅、王振杰，2016）和线性回归分析（郑石明，罗凯方，2017）评估出两种工具有效性不足。最新研究解释了创新水平和环境污染水平是重要门槛变量：当创新水平和污染水平低于门槛值时，市场型政策工具就会显著加剧环境不平等（要蓉蓉等，2023）。其次，从特定工具的应用环境来看，命令控制型工具在东部地区发挥主导作用已形成共识（武祯妮等，2021；宫晓辰、孙涛，2021），但其是否在中部地区产生效应未形成一致的结论。另外有研究发现我国城市环境治理信息型工具的总体效果欠佳（邓集文，2015）。在经济政策领域，借用胡德所划分的政策工具类型，中国经验运用线性回归评估了规制型、经济型、社会型三类城市矿产政策工具效果的差异（姚海琳、张翠虹，2018），以及经济型、组织型和信息型招商引资政策工具对区域创新能力的差异化影响（尹明，2017）；采用空间计量模型测算了我国新型城镇化进程中财政工具的影响（张军涛、马宁宁，2018）。在社会政策领域，有研究理论建构了成本、效率、效果和环境正义的4E型框架，评估认为我国传统政府强制型邻避冲突治理工具的有效性偏低（陈宝胜，2022）。

以政策工具组合作为评估对象，中国经验大致讨论了三类问题：一是评估社会政策的工具组合效果，并比较单一政策工具与政策工具组合的效果差异；二是实证检验政策组合如何影响资源分配与供给；三是识别政策工具组合效应的影响因素。检验中国特定政策领域的工具组合效应的研究方法从定向描述转向定量检验，理论应用领域主要聚焦于环境、经济和社会政策。基于不同政策工具间相互补充和强化效应的理论预设，第一类研究评估了我国社会政策工具组合效果。有研究以我国重大公共卫生危机为例，发现中央政府采用的政策工具组合产生了较好的效果，但政策工具组合存在冲突（江亚洲、郁建兴，2020）；也有研究用双重差分法和三重差分模型实证评估、比较我国单一环境政策工具与组合工具效果之间的差异，认为相较于单一治理工具，环境治理政策工具组合能带来更好的减排效果（李强、王亚仓，2022）。第二类研究关注政策组合如何影响社会政策的资源分配与供给，发现政策组合的综合性和一致性对养老服务资源供给有正向影响，均衡性对养老服务资源供给的影响大多为负或不显著（王立剑、邸晓东，2022），说明科学合理的政策组合结构有利于改善养老服务资源供给效果。第三类研究识别出政策目标偏差、政府内部跨部门合作网络和政策组合的复杂程度这三个因素对政策工具组合效能的影响：有研究利用双重差分方法验证了我国经济政策目标偏差是政策工具组合效果低下的原因（曹建云等，2020）；有研究在环境政策领域中进行社会网络分析和回归分析，检验了部门间合作网络对政策组合效果的影响机制（Zhang et al.，2023）；也有研究在经济政策中验证了政策组合复杂程度与政策效能呈"倒U型"关系，利用新能源汽车产业（何裕捷，2024）和省域科技成果转化（王晓红等，2023）经验相互支持这一研究结论。

无论是评估特定政策工具的效果还是政策工具组合的有效性，评估的核心与关键是评估方法的科学性与合理性。中国特定政策领域工具效果评估集中采用了线性回归分析、准实验方法、贝叶斯模型平均法和空间计量模型进行统计分析；此外极少数研究也运用了单案例质性研究策略及内容分析法，以及模糊集定性比较分析法（fsQCA）和层次分析法（AHP）等混合研究策略。整体来看，"拿来"政策工具类型评估特定政策领域工具效果的中国经验研究呈现定量研究方法趋势。

从理论贡献来看，政策工具效果评估议题的中国经验研究具有高度"使用"特征，表现为直接"拿来"胡德所提出的主流政策工具分类标准，并将政策工具理论不加反思地应用于对中国经济政策、环境政策和社会政策领域的讨论中。整体而言，该议题的中国经验并没有形成理论增量。

## 二　作为"追随者"的中国经验

本章所预设的"追随者"研究是指高度追随政策工具理论自身议程来开展中国政策过程研究，中国仅为政策工具理论提供了经验场域。"追随"有两种方式：一是理论引介与价值倡导，展现了政策工具理论如何进入中国政策过程研究；二是借用政策工具理论来分析中国政策过程议题，通过中国经验进行理论批判与反思，但没有修正。以所预设的政策工具所扮演的理论角色为标准，可以将作为"追随者"的中国经验分为三类（见表 2-12），沿用西方概念衡量中国政策工具的创新程度。

总体而言，上述三类研究整体表现为：受到西方政策工具理论的高度驱动，追随着理论议题开展中国政策工具研究，呈现紧密"追随"的特征。从共同的理论贡献来看，中国经验仅仅为政策工具理论提供了经验场域。

表 2-12　作为"追随者"的中国经验研究内容

| 研究议题 | 研究内容 | 整体特征 | 理论贡献 |
|---|---|---|---|
| 西方理论引介与中国知识评估 | 以引介理论为基准评估中国政策工具知识进展 | 受西方政策工具理论高度驱动，追随理论议题开展中国政策工具研究，呈现紧密"追随"的特征 | 仅为理论提供经验场域 |
| 政策工具选择 | 选择部分影响因素分析中国政策工具选择 | | |
| 政策工具创新 | 沿用西方概念衡量中国政策工具的创新程度 | | |

资料来源：作者自制。

1. 以引介理论为基准评估中国政策工具知识进展

由于受到西方政策设计和政策工具理论的高度驱动，陈振明（2004）率先引介政策工具理论知识并阐释了中国政策工具研究的意义，而后在系列学者的共同投入下，西方理论引介成为推动中国政策工具研究兴起与发展的首个重要议题。随着政策工具理论的不断发展，中国经验以 2010 年为时间节点分化成了两类理论目标（见表 2-13），即两条理论供给路径：一是注重介绍西方政策工具理论知识、致力于推动中国政策工具研究的发展；二是以所引介的西方理论知识为基准评估现有的中国政策工具知识进展，试图绘制中国政策工具研究的完整画像，并尝试在中西知识差距中找出未来中国政策工具研究的突破口。

表 2-13　政策工具理论引介目标及内容统计

| 理论目标 | 时间 | 具体内容 | 代表文献 |
|---|---|---|---|
| 介绍西方理论知识 | 2004 年 | 研究议题、研究路径 | 陈振明，2004 |
| | | 研究议题 | 吴法，2004 |
| | 2006 年 | 研究议题 | 陈振明等，2006；顾建光，2006 |

续表

| 理论目标 | 时间 | 具体内容 | 代表文献 |
|---|---|---|---|
| 介绍西方理论知识 | 2007 年 | 研究议题、研究路径 | 顾建光等，2007 |
| | | 特定类型政策工具知识 | 方卫华等，2007 |
| | 2008 年 | 研究议题 | 李玲玲，2008 |
| | | 研究议题、研究路径 | 黄伟，2008 |
| | | 研究议题 | 姜国兵，2008 |
| | 2008 年 | 特定类型政策工具知识 | 张新文，2008 |
| | 2010 年 | 特定类型政策工具知识 | 钱再见，2010 |
| | | 研究路径 | 刘媛，2010 |
| | 2011 年 | 研究议题、研究路径 | 孙志建，2011 |
| | 2014 年 | 研究路径 | 张新文等，2014 |
| | 2017 年 | 研究路径 | 贾路南，2017；郭随磊等，2017 |
| | 2023 年 | 特定类型政策工具知识 | 臧雷振等，2023 |
| 评估中国知识进展 | 2010 年 | 以西方知识为基础评估中国进展 | 黄红华，2010 |
| | 2012 年 | 以西方知识为基础评估中国进展 | 韦彩玲等，2012 |
| | 2017 年 | 以西方知识为基础评估中国进展 | 陈振明等，2017 |
| | 2022 年 | 以西方知识为基础评估中国进展 | 罗哲等，2022 |

资料来源：作者自制。

以介绍西方理论知识为理论目标，中国经验主要通过理论阐释的方法综述并引介了丰富多样的理论内容，具体包括：一是政策工具理论的不同视角（郭随磊、魏淑艳，2017；顾建光、吴明华，2007）、研究范式（贾路南，2017）及路径（张新文、杜春林，2014；刘媛，2010；孙志建，2011）；二是政策工具分类与特征、政策工具选择应用与组合、政策工具效果评估、政策工具创新等研究议题的进展（姜国兵，2008；李玲玲，2008；陈振明、和经纬，2006；顾建光，2006；黄伟，2008；吴法，2004）；三是志愿性工具（张新文，2008）、政策宣传执行工具（钱再见，2010）、程序性工具（臧雷振、任婧楠，2023）及其他特定类型政策工具的知识介绍（方卫华、周华，2007）。

以评估中国知识进展为理论目标，中国经验在 2010 年开始以所引介的西方政策工具理论知识为评价基准，去探索中国政策工具的知识边界，进一步捕捉到了知识基础、主题演化和研究热点三个维度的中西政策工具知识差异（罗哲、单学鹏，2022）。从简单的描述统计方法（黄红华，2010）到进行抽样统计的文献分析法（韦彩玲、杨臣，2012），再到科学严谨的内容分析法（陈振明、张敏，2017）和文献计量分析（罗哲、单学鹏，2022），评估中国政策工具知识进展研究的分析方法日渐完善、分析数据更加全面，共同目的在于能够更加准确地找到未来中国政策工具研究的前进方向。

总的来看，该议题的重要理论价值在于开创中国政策工具研究，标志着政策工具理论流入中国政策过程研究，也推动了中国政策设计研究的兴起与发展。与此同时，这些研究也奠定了中国研究沿用西方政策工具理论和话语体系的基调。

2. 选择部分影响因素解释中国工具选择

政府如何选择政策工具及其组合以实现政策目标是政策工具研究的核心问题。沿着西方政策工具理论脉络，中国政策工具研究针对工具选择的影响因素展开讨论，企图打开中国政策工具选择的内在机制。从研究内容来看（见表2-14），当下研究在社会政策和环境政策领域中对一系列因素进行了理论检验，分别讨论了政策属性、政策环境、观念和政治因素如何影响工具选择，但忽视了政策历史因素的影响。追随西方政策工具理论议题的变化和发展，中国经验开始尝试在"三农"政策、社会政策和跨政策领域中进一步检验复合因素对工具选择的共同影响，也尝试了政策工具选择理论模型的建构。

表 2-14　中国政策工具选择研究内容

| 研究内容 | | | 理论视角 | 代表文献 |
|---|---|---|---|---|
| | 政策属性 | | 交易成本 | 湛中林，2015 |
| | | | 理性主义 | 杨代福，2009；周建青、张世政，2023 |
| | | | 政策学习 | 崔先维，2010 |
| 单一影响因素 | 政策环境 | 制度结构 | 央地关系 | 赵德余，2012；谢小芹等，2021；王英伟，2020；徐国冲等，2023；Liu and Steven，2023 |
| | | 政策网络 | 治理 | 丁煌等，2009；杨代福，2009；李超显等，2017；王婷，2018；田华文，2020；王辉，2015 |
| | | | 委托代理 | 翟文康等，2022 |
| | | 执行情境 | 治理 | 吕志奎，2006；唐贤兴，2009a；2009b；王家峰，2009；郑石明，2009；刘培伟，2014 |
| | 观念 | 决策者偏好 | 利益 | Guan等，2017 |
| | 政治因素 | | 权利 | 邓集文，2012a；2012b |

续表

| | 研究内容 | 理论视角 | 代表文献 |
|---|---|---|---|
| 复合影响因素 | 政策环境 + 政策属性 | 综合 | 王辉，2014；李强彬等，2023；彭勃等，2023 |
| | 政策环境 + 观念 | 综合 | 胡项连，2024 |
| 建构工具选择模型 | | / | 周英男等，2010 |

资料来源：作者自制。

在单一影响因素的探讨中，当下研究主要围绕政策属性、政策环境、观念和政治四个核心因素展开，对观念因素的现有讨论较少，在一定程度上忽略了政策历史对政策工具选择的影响。

第一，中国经验分别从交易成本、理性主义和政策学习视角讨论了政策属性对政策工具选择的影响，焦点在政策目标和政策工具的匹配程度。交易成本视角强调政策工具选择的核心是节省交易成本，湛中林提出政策目标产品的公共性和交易成本共同决定了政策工具的选择，主张不同成本属性的政策工具匹配不同政策目标（湛中林，2015）。理性主义视角认为政策工具选择本质是在识别政策工具特征基础上寻求政策工具绩效与政策目标之间的匹配，杨代福基于工具理性假设，实证分析了政策工具特征和政策工具绩效对我国房地产调控工具选择的影响（杨代福，2009），但未纳入目标要素。在此基础上，周建青等通过个案分析了我国地方政府应急管理工具选择偏好及其逻辑（周建青、张世政，2023），凸显了政策工具特征、政策工具绩效与政策目标的匹配。政策学习视角下的政策工具选择是一个不断试错与渐进调适的过程，主张通过政策学习效应实现政策工具与政策目标的动态性的匹配，基于渐进主义视角，崔先维倡导提升政策学习能力促成政策工具选择，即通过不断学习来修补、调适与更新政策工具（崔先维，2010）。

第二，当下研究分别从央地关系、治理和委托代理视角拆解了政策环境因素的影响机制，回答了"制度结构如何影响中国政策工具选择""政策网络如何影响中国政策工具选择""执行情境中的中国政策工具选择"三个问题。从制度结构来看，已有研究从央地关系视角剖析了中国"条块"体制下中央政府和地方政府的政策工具选择逻辑。在中央-地方分层响应机制下，地方政府的工具选择具有差异性（赵德余，2012）。Zejin Liu 等（2023）进一步解释了地方政策工具选择差异是由地方政府能力和政策环境复杂性共同决定的。在地方政府工具选择过程中，王英伟（2020）提出地方政府的内部控制力与外部压力决定了邻避治理工具的选择，纵向上级政府态度和横向部门间联动能力是关键，并依赖于垂直权威应援、水平资源整合和外部压力中和三重选择机制；谢小芹等（2021）在上述纵向层级压力、横向竞争压力的基础上纳入了地方治理困境的影响，认为三者共同推动地方试点工具的选择。相比行动者需求和工具特征因素，徐国冲等（2023）强调了适度的"条块"制度压力是推动地方政府引入政策工具的决定性要素。从政策网络来看，已有研究基于我国环境及社会政策经验，从治理视角解释了在我国多元行动主体及其联结互动关系结构下的政策工具选择问题，在借鉴的基础上建构了分析模型。一方面，现有研究在借鉴雷塞尔斯（Bressers and Laurence，1998）理论模型的基础上依据差异化标准划分出不同政策网络特征，并从治理视角讨论了规模、界限、成员关系、权力关系、行动者策略（杨代福，2009），行为网络特征（王婷，2018），政策问题属性（李超显、黄健柏，2017），地方政府能力和政策营销（田华文，2020）等不同政策网络特征对政策工具选择的影响（丁煌、杨代福，2009），也进一步探究了不同工具组合如何连带性动员多元福利供给网络运转的内在机理（王辉，2015）。另一方面，也有研究从多重委托代理视角出发，阐释了我国多重治理主体关系如何塑造政策工具的选择（翟文康、谭西涵，2022），发现国家治理整合模式成为政策工具研究的第五种路径。从执行情境来看，已有研究基于治理视角，分别从执行过程和执行结果两个维度分析了中国执行情境中的政策工具选择问题，利用中国"三农"政策经验进一步验证了政策执行的核心在于选择和设计有效的政策工具（吕志奎，2006）。从执行结果来看，政策工具特征会影响执行工具选择结果（唐贤兴，2009a；唐贤兴，2009b）；同时，掌握政策资源的利益相关者（刘培伟，2014）、政府特定执行风格（Implementation Style）（王家峰，2009）也在政策工具选择中发挥重要作用。另外，在执行过程中，政策工具会受到政策共同体的影响和形塑，从而使执行过程呈现不同特征，最终导致执行效果的差异（郑石明，2009）。

第三，中国经验对观念因素的关注不足，当下只探讨了决策者主观偏好对政策工具选择的影响，仅从利益视角考察了地方政府层级的政策工具选择逻辑。面对命令与控制、市场及合作治理等不同类型政策工具，Ting

Guan 等（2017）从利益视角捕捉到了地方设计者的规范性偏好决定环境政策工具的选择，发现地方气候政策设计呈现从命令与控制工具转为偏好市场工具的特征，地方合作治理尚未发挥作用。

第四，少量研究也从权利视角探讨了政治因素对政策工具选择的影响，但仅仅在环境政策领域中检验了政治因素对我国信息型工具选择的影响。作为重要因素之一，中国环境问题、环境治理和环境政策工具选择与政治因素之间存在关联，邓集文（2012a；2012b）认为中国民主政权形式、政治可行性、公众环保参与和政府环境治理能力决定了环境信息型工具选择，并进一步从环境政策能力、监管能力、正义维护能力和制度创新能力四个维度阐释了信息型政策工具选择的政治逻辑。

除了上述四个单一影响因素的讨论外，追随着西方政策工具理论发展脉络，中国研究进一步检验了复合因素对政策工具选择的共同影响。在"三农"政策（王辉，2014）、社会政策（彭勃、杨铭奕，2023）和跨政策领域（李强彬等，2023）中，当下研究检验了政策环境和政策属性对政策工具选择的共同作用，此外也进一步提炼了制度结构和行动者认知对政策工具选择的作用机制，验证了政策环境与观念对政策工具选择的共同影响（胡项连，2024）。随着政策工具理论的不断发展，中国政策工具选择研究开始尝试采用层次分析法（Analytical Hierarchy Process，AHP），从政策目标、政策工具选择、政策工具三个层次构建出政策工具选择理论模型，深化了政策环境对政策工具选择影响的理解（周英男、刘环环，2010）。

整体而言，由于受到西方政策设计"元意识"的引领，中国政策工具选择问题的提出遵循着西方政策工具理论脉络，时间上显著滞后于西方研究。在研究内容上，中国研究追随着西方政策工具理论发展，选择了部分影响因素分析中国政策工具选择问题，但尚未阐明中国政策工具选择的内在机制。在理论贡献上，尽管尝试构建理论框架及模型，中国经验在政策工具选择问题上仅仅扮演了经验领域的角色，尚未脱离西方理论脉络，呈现紧密"追随"特征。

3. 沿用西方概念衡量中国工具的创新程度

政策工具创新也是理解中国政策工具设计的重要议题之一，但该议题并未受到足够重视。受西方政策工具理论的影响，已有研究沿用西方的政策工具概念来衡量与评估中国政策工具的创新程度。杨代福和丁煌（2011）通过比较西方新政策工具和我国自主发明新工具，进一步讨论了中国的政策工具创新问题。他们的研究指出，我国政策工具发明极少，多为借鉴运用西方新政策工具；中央政府和地方政府都在进行政策工具创新，但地方政府创新力度更大。正因为借用了西方政策工具概念这一"标尺"，很多极具中国特色的创新性政策工具没有进入研究视野。

持续追随着政策工具理论的发展趋势，中国政策工具研究开始关注行为工具（张书维等，2019；高恩新、汪昕炜，2021；胡赛全等，2022），并利用中国政策经验去进一步检验不同类型的行为工具及其对个体的形塑效应（郭跃等，2020；果佳等，2021），协调（吴文强，2021）、整合（王辉、刘惠敏，2023；杨斌，2024）等组织工具研究也开始萌芽。另一部分研究以解决问题为导向，捕捉到了中国政策实践中典型的创新工具，诸如五年规划（韩博天等，2013）、政策试点（周望，2013）与试验（赵慧，2019）、专项治理（臧雷振、徐湘林，2014）、环保军令状（李尧磊，2023）等，但并未打开中国政策工具的创新机制。

从本质上来看，中国研究一直沿用着西方的政策工具概念来衡量中国政策工具创新程度，呈现"追随"特征。这也就进一步说明，未来研究需要对政策工具进行更为宽泛、更为具体以及更为本土化的界定，以更好地对中国的政策工具创新进行深入剖析。

## 三 零散的"发展者"?

本章所预设的"发展者"研究是指政策工具理论不能完全解释中国经验，并利用中国经验去优化与修正政策工具理论以增强理论解释力，包括概念拓展、要素嵌入、机制修正、议题延伸等多种发展方式。尽管，当下的中国经验并未完全满足预设的"发展者"角色（如资料分析的结果所示），但需要特别说明的是：少量的中国经验仍试图将政策工具理论应用到中国的研究问题情境中，在理论上取得了一定的拓展与推进，零散地实现了政策工具理论在中国情境的发展与尝试（见表2-15）。

表 2-15　零散"发展"中的中国经验研究内容

| 研究问题 | 具体内容 | 整体特征 | 理论贡献 |
|---|---|---|---|
| 政策工具分类标准 | 提出"中央介入程度+区域问题复杂性"的本土化分类标准 | 利用中国经验零散地调适政策工具理论 | 挖掘中国变量、增强理论解释力 |
| 政策工具选择因素 | 增加央地关系视角、着重阐释中国条块结构情境对政策工具选择的影响 | | |
| 政策工具创新经验 | 识别出五年规划、试点试验、专项治理、环保军令状等中国特色政策工具 | | |

资料来源：作者自制。

为数不多的"发展"型中国政策工具研究利用中国经验零散地调适了政策工具理论，研究目的主要包括：一是以中国特定政策领域经验为基础提出了中国的政策工具分类标准（邢华、邢普耀，2018）；二是聚焦中国的央地关系或者中国的条块结构情境，通过增加央地关系视角，着重阐释了中国制度结构因素对政策工具选择的影响（谢小芹、姜敏，2021；王英伟，2020；赵德余，2012；徐国冲等，2023；Liu and Van De Walle，2023），试图把中国变量加入到工具选择因素列表中；三是捕捉和讨论了中国的政策工具创新经验（韩博天等，2013；周望，2013；赵慧，2019；臧雷振、徐湘林，2014；李尧磊，2023），为进一步打开中国政策工具的创新机制奠定了基础。

进一步从理论贡献来看，零散"发展"中的中国经验尚未完全满足所界定的"发展者"角色，但需要强调的是，该类添加了一些"中国"变量，在一定程度上增强了政策工具理论的解释力。

## 四　小结：中国经验的"使用"和"追随"特征

整体来看，中国经验在政策工具理论中扮演了"使用者"和"追随者"双重角色。作为"使用者"的中国经验，主要体现在两个方面：一是采用五种西方主流的分类标准来划分中国的工具类型；二是在这些西方工具类型的框架下，融入中国特有的工具内容。直接"拿来"西方主流政策工具分类标准作为知识基础，探索了中国特定政策领域的工具组合结构和工具效果评估两个研究议题。一是遵循"建构多维框架对政策文本进行量化分析"的典型路径共同揭示了中国特定政策领域的工具组合结构不均衡及其负面效应，具体表现为构成、差异、失衡与变迁四种形式。但是，该路径存在典型的结论偏颇和方法论滥用双重缺陷。二是采用定量研究方法重点评估了地方层级的环境、经济和社会政策领域单一政策工具及政策工具组合的有效性，找出不同影响因素及其效果差异。就理论贡献而言，作为"使用者"的中国经验仅拓展了政策工具理论的应用领域，并未形成理论增量。

作为"追随者"的中国经验，首先，致力于引介西方政策工具理论、推动中国研究兴起与发展，并以此为基准评估中国政策工具知识进展、尝试找到未来研究的突破口，注入理论供给的同时也奠定了"追随"的基调。其次，遵循着西方政策工具理论脉络提出中国政策工具选择问题，选择政策属性、政策环境、观念和政治因素阐释了中国政策工具的选择机制，进一步验证了复合因素对政策工具选择的共同影响，并尝试建构工具选择模型。这一路径的研究忽视了政策历史因素的影响，尚未充分打开中国政策工具选择的内在机制。最后，沿用西方概念衡量中国政策工具创新程度，诸多具有中国特色的创新性工具没有进入主流研究视野。就理论贡献而言，作为"追随者"的中国经验受到政策工具理论的高度驱动，并为政策工具理论提供了广阔的经验场域。

需要强调的是，少量的中国政策工具研究基于中国经验零散的调适政策工具理论，提出中国政策工具的分类标准、添加中国变量解释政策工具选择并讨论了中国的工具创新经验，零散地实现了政策工具理论在中国情境的发展与尝试。

## 第四节　中国政策工具理论跨越程度评估

本章深入阐释了中国政策经验在政策工具理论中所扮演的"使用者"与"追随者"双重角色，全面展现了政策工具理论如何流入中国以及如何在中国流变的。接下来，本章将从理论应用完整程度、理论发展层次、方法严谨性和理论累积性四个维度系统性评估、审视中国政策工具理论跨越程度，进一步探讨政策工具理论在中国情境中的解释力。

### 一　不规范使用与不恰当理解：理论应用完整度低

1. 不规范使用

作为"使用者"，中国研究对政策工具理论的应用建立在两个非常重要的基础假设之上，即将非政府工具的不足视为缺陷，以及结构性不均衡的政策工具组合绩效是"差"的，呈现不规范的使用特征。

中国政策工具研究的第一个基本假设是将非政府工具的不足视为缺陷。深受新公共管理及新治理范式的影响，大多数的中国政策工具研究不加反思地预设了工具组合优先需要具备市场化和社会性工具要素，认为在中国情境下国家不善于使用市场化及社会性工具，并先入为主地评判了缺乏非政府工具要素一定会导致问题出现。带着这样的价值性预设以及"找出问题"的目的取向，中国研究在直接"拿来"主流政策工具分类知识的基础上，选用工具使用频次作为唯一的指标，将特定政策领域不同组合中政府工具要素的过溢与偏重、非政府工具要素的缺失或不足及二者的矛盾冲突等同为结构性不均衡。另外在评估特定政策工具所产生的政策结果时，中国经验并没有对不同类型的工具要素进行比较，仅仅是简单描绘并说明了结果是什么，导致得出的研究结论具有极强的描述性特征。尽管不规范的使用在理论上表现为忽略政策情境因素对政策工具及组合选择配置的影响，但从本质来看，这种不规范使用的根本原因是中国政策工具研究的规范化、倡导性范式。毫无经验地认为市场化和社会性的非政府工具优于政府工具，先入为主的价值评判极大地伤害了中国政策工具研究。

中国政策工具研究的第二个基本假设认为政策工具组合的结构性不均衡是"差"的。在揭示出特定政策领域的工具组合结构失衡现象之后，大多数中国研究毫无经验地直接判定工具组合的结构性不均衡是低效的，甚至是失效的。由于中国研究选用了政策工具使用频次作为衡量结构是否均衡的标尺，负面效应的论断在理论上表现为忽视政策效果导向的工具组合配置标准，其实本质上是因为中国研究对政策工具组合结构的理念性理解形成了偏差。在政策工具理论逻辑下，政策工具组合的结构是否均衡这一问题所讨论的核心是混合模式的相对绩效，比较单一政策工具绩效而言，政策工具组合绩效更好。然而，中国政策工具研究断章取义地认为：混合性工具一定优于单一工具，且只要工具组合的结构均衡就能实现不同类型政策工具之间的功能整合，预设了结构均衡才是有效且高效的工具组合。上述不规范的使用逻辑极其容易让研究者对中国政策工具研究产生误解。

2. 不恰当理解

基于两个基本假设，中国研究通过对政策工具理论的不规范使用与分析，毫无证据地得出了"市场化和社会性非政府工具优于政府工具"的结论，混合性工具组合优于单一性工具。这个非常有意思的研究结论一定程度上体现了中国研究对政策工具理论前提的不恰当理解。更加深入地阐释，中国研究对政策工具理论的范式性预设在于以下两点。一是将所有政策工具研究视为寻找实践中的"问题"的过程；找出问题的目标取向从根本上决定了研究范式具有极高的价值性倡导。二是对政策工具的理念性理解，尤其是对非国家性工具以及混合性工具组合结构的理念性理解形成了偏差。对政策工具理论的核心范式性预设以及不恰当理解，进一步强化了中国政策工具研究的规范化与倡导性导向。

从理论应用的完整程度来看，中国政策工具研究自身的规范化、倡导性范式导致了不规范使用理论以及对理论前提的不恰当理解，政策工具理论被不加反思地利用在中国不同政策领域的讨论中，当下研究具有极强的描述性特征。政策工具理论应用完整度低，极大地阻碍了对中国政策工具选择、应用以及政策后果的深入探讨。

## 二 选择性"追随"：理论发展层次低

根据本章对研究样本的编码结果，中国政策工具研究的理论目标显示出"使用"与"追随"的双重特征，尽管在理论上实现了零散的拓展与推进，目前尚未达到严格意义上的"发展"与"重构"层次的理论跨越程度。在拓展政策工具理论应用领域的基础上，中国工具研究形成了两种选择性的"追随"方式。第一种"追随"方式是通过不断引介政策工具理论知识来推动中国研究的兴起与发展，并以此为基准评估中国工具知识的进展与缺口、尝试探索未来研究的新方向。在注入理论供给的同时也奠定了中国政策工具研究的"追随"基调。在不断"追随"政策工具理论发展脉络的过程中，中国经验进一步展现了政策工具理论是如何流入中国政策过程研究的。

第二种"追随"方式是围绕政策工具理论核心议题，选择性地解释了中国政策工具问题。首先，遵循政策工具理论脉络提出了中国政策工具选择问题，完全顺应着过程主义（政策属性）、权变主义（政策环境）到建构主义（观念、政治）的研究路径，尝试打开中国政策工具选择的内在机制，借用主流的理论视角去解释单一因素以及复合因素如何影响中国政策工具选择，但对"条块"结构下央地政府选择机制及其政策历史影响的解释不足，不同理论视角之间的联系也较为松散。其次，沿用政策工具概念衡量中国政策工具创新程度，导致诸多中国特色政策工具没有进入主流研究视野，中国政策工具创新机制仍处于"黑箱"之中。在选择性"追随"政策工具理论核心议题的过程中，整体呈现了政策工具理论如何在中国情境下流变的。

从发展层次来看，尽管受到政策工具理论的高度驱动，中国研究通过选择性"追随"的方式仅仅为政策工具理论提供了经验场域。正是由于理论发展层次较低，当前的中国研究尚未形成对政策工具理论的批判与反思，理论增量稍显不足。

### 三 方法论"滥用"：方法严谨性低

由于缺少系统的科学研究方法论作为支撑，中国政策工具研究方法结构单一化，存在典型的"滥用"现象。

一是规范研究主导，结构单一，收集数据类型有限。当前中国政策工具研究压倒性偏向了规范研究策略，其中包括了对理论引介、政策工具分类和政策工具创新议题的理论性阐释，研究方法甚至是缺席的。其中，典型性和代表性的研究取向是大量的政策工具组合结构议题将内容分析、文本量化等资料分析视为研究方法。由于没有严格按照科学的研究方法开展研究，其理论贡献非常有限。除了规范研究，其他方法的运用占较小的比例。剩下的少量研究运用了单案例、多案例比较的质性研究方法，线性回归、准实验、贝叶斯模型平均算法和空间计量等定量研究方法，以及定性比较分析和层次分析等混合研究方法展开研究。因此，中国政策工具研究方法是单一的。从研究数据来看，绝大多数的中国政策工具研究收集了一个或多个领域的政策文本作为分析对象，此外还涉及了少量的统计数据、新闻语料以及已有文献等其他二手数据。剔除不涉及经验的情况，二手数据成为中国政策工具研究的最重要的数据类型。但是，仅仅从二手数据去探讨政策工具问题具有一定的局限性，尤其是政策文本只能呈现中国政策工具静态的碎片化特征，无法揭示政策工具选择的动态过程。需要强调的是，二手数据类型不仅仅是由中国自身的规范化、倡导性研究范式所决定的，还取决于政策工具理论操作化的必然指向。

二是资料分析方法适切性低，归纳性编码方式不科学。中国政策工具研究资料分析方法的结构不均衡，以内容分析法为主，且适切性低。此外，没有使用分析方法的比重最大以及主题分析、话语分析方法的缺失都从侧面印证了中国政策工具研究的方法科学性有所欠缺。首先，中国研究将内容分析、扎根理论、访谈与参与式观察等资料分析方法视为研究方法，导致研究设计的规范性不足，出现使用数据类型与资料分析方法不匹配的"滥用"现象，诸如已有研究默认了对政策文本、新闻语料等二手数据的扎根理论分析，并且未使用资料分析方法去分析一手访谈的资料。其次，中国政策工具研究的归纳性编码方式不够科学。针对政策文本，有研究使用扎根理论、文献分析或联合多种方法，更多研究运用了政策文本量化方法，操作上都是对文本内容的归纳性编码，本质上均可通过内容分析法实现，严谨按照编码规则及步骤去理解文本的深层含义，进一步明晰编码的归纳过程。

三是方法论的操作化不足，研究效度存在一定疑问。在政策工具理论自身的方法论与操作化问题的影响下，中国研究在对政策工具的测量与评估中也存在操作化问题。为了测量政策工具组合结构，中国研究选用不同类型工具要素的使用频次作为唯一标准，简单操作化为使用频次低即工具要素缺失和不足，频次高则是过溢和偏重。为了评估同一类型的政策工具效果，中国研究采用有效性或效率等不同评估标准、不同面板数据和不同统计分析方法，得出了公众参与型和自愿型环境工具效用截然相反的结论。操作化不足在不同程度上导致部分研究的效度存疑。

从方法严谨性来看，研究方法结构单一化制约着中国政策工具研究的解释力，对方法论的"滥用"与操作化问题影响了中国政策工具研究的质量，难以形成系统化的理论体系。中国政策工具研究方法的科学性亟待整体提升。

## 四 经验的"切割"：理论累积性弱

大量散落在政策过程研究范畴之外，中国经验被不同的政策领域以及不同的理论视角所"切割"，呈现碎片化的特征。中国政策工具研究使用与追随着本身较为松散的政策工具理论知识去应对中国的碎片经验，几乎很难形成理论的增量。

在这样的基调下，加上对政策工具理论前提的价值预设和不恰当理解，以及受到以"找问题"为目标的规范化、倡导性研究范式制约，通过不规范的使用和选择性的"追随"，必然导致中国政策工具研究的理论碎片性。当碎片化的中国经验，叠加上方法论的"滥用"以及操作化问题，中国政策工具研究几乎没有形成理论累积，更谈不上理论突破。造成这一局面的根本原因在于缺乏整体性、系统化的理论框架指引。

# 第五节　总结与展望

## 一　主要结论

运用系统性文献综述方法，本章旨在全面评估中国经验在政策工具理论中所扮演的角色。通过政策工具理论跨越程度，本章进一步审视了中国政策工具研究的进展、知识短板及突破口，以期促进中国政策工具理论与世界的对话，深化对中国政策工具现象的认识与理解。

为了探究政策工具理论如何流入中国以及如何在中国进行流变的，本章以预设的使用、追随、发展、重构四个理论跨越层次为基准，深入阐释了中国经验在政策工具理论中所扮演的"使用者"与"追随者"双重角色。在此基础上，本章通过系统审视中国政策工具研究的理论跨越程度，进一步探讨了政策工具理论在中国情境的解释力。从理论应用完整程度来看，中国政策工具研究的不规范使用是基于将非政府工具的不足视为缺陷、结构性不均衡的工具组合绩效就是"差"的两个基本假设，先验性地认为市场化和社会性工具优于政府工具，混合性工具组合优于单一性工具。该结论体现了中国研究对政策工具理论前提的不恰当理解，一是"找出问题"的目标取向以及强的价值性预设，决定了中国政策工具研究范式的规范化和倡导性；二是对非国家性工具以及混合性工具组合结构的理念性理解偏差。对理论前提的范式性预设造成了政策工具理论被不加反思地利用在中国不同政策领域的讨论中。在理论发展层次上，中国研究通过两种选择性"追随"的方式仅仅为政策工具理论提供了经验场域。目前尚未达到"发展"与"重构"层次的理论跨越。正是由于理论发展层次较低，当前中国研究尚未形成对政策工具理论的批判与反思，理论增量稍显不足。就方法严谨性而言，规范研究主导的单一化方法制约着中国政策工具研究的科学性，数据类型局限、归纳性编码方式不科学，以及对方法论的"滥用"与操作化问题都对研究效度提出了挑战。针对理论累积性，中国研究不规范的"使用"与选择性的"追随"本身较为松散的政策工具理论知识去应对中国的碎片化经验，叠加上对理论前提的规范性预设及不恰当理解、"滥用"方法论以及操作化不足，中国政策工具研究很难形成理论累积性，缺乏整体性、系统化的理论框架指引。

## 二 未来展望

历经二十余年的发展，中国政策工具研究涌现了众多成果，整体上取得了一定的成绩。从直接"拿来"政策工具分类知识到酌情填充中国情境的次级内容，再到提出本土化的新工具分类标准；从顺沿研究路径、选择性地解释普适因素如何影响中国的政策工具选择，再到增加央地关系视角、注重阐释中国条块结构情境的影响；从尝试性地构建政策工具选择模型到提出推进我国现代化治理能力的政策工具创新模式，无不彰显着政策工具已经成为中国政策过程中一个具有前景和生命力的重要研究领域。然而无法回避的是，中国研究既没有充分吸收和消化政策工具概念，也没有深入理解政策工具理论前提和审慎考量对政策工具理论的方法性批判，尚未真正摆脱对西方理论的"追随"以及话语体系的"套用"（陈振明、张敏，2017）。紧紧围绕"如何形成系统化的中国特色政策工具理论知识"，未来研究仍然存在充分的发展空间。

首先，坚持事实分析与价值评判的平衡，推动中国研究向实证范式转变。中国政策工具研究不仅依赖理性的技术判断，也需要对价值伦理进行推导（陈振明，2014），事实分析与价值分析二者决定了实证研究与规范研究的分野。但是，价值分析并非先入为主地对政策工具进行价值评价。带有极高的价值性预设以及"找出问题"的目的取向，进一步强化了中国政策研究的规范化、倡导性范式，描述性分析极大地限制了对政策工具选择、应用及政策后果的深入讨论。未来的研究需要秉持价值中立的原则，注重对政策工具问题进行事实分析，共同推动中国政策工具研究从根本上向实证研究范式转变、从"描述"迈向"解释"。

其次，系统性整合现有理论成果，着力于拓展重点议题、丰富理论视角以及加强与政策过程的衔接，进一步提高政策工具理论在中国情境的解释力。现有的中国理论成果较为分散、理论贡献不足、知识积累程度低，未形成具有整体性和突破性的政策工具理论。为了发展出具有中国特色的政策工具理论，学者们需要围绕以下三个维度对中国研究进行系统性整合。

一是依托中国体制情境与特色政策经验，重点拓展政策工具分类、绩效评价、选择与创新议题，尤其需要深化对政策工具组合选择及其耦合机制、中国特色新政策工具问题的讨论。在深化对政策工具的理念性理解的基础之上，中国研究需要补足对不同形态、不同领域政策工具的经验观察，特别是对程序性工具的实证分析。然后，重新审视政策工具类型知识困境，纳入更多散落在政策过程范畴之外的领域经验，提炼出更符合中国情境的分类标准。另外，注重阐释中国条块结构情境下的新政策工具识别与开发，以及政策工具组合选择与设计过程，运用高适切性的研究方法去测量与评估其绩效。更为重要的是，打开中国情境下政策工具组合的耦合机制，诸如：哪些因素决定了中国政策工具协调机制的成功或失败？面对复杂的"棘手"问题，中国是如何以及通过哪些政策工具实现政策整合的？政策属性是否以及如何影响中国整合性工具的选择？

二是着重从制度主义和央地关系的角度进行诠释，不断丰富中国研究的理论视角。顺应着基本的政策工具理论研究路径，中国研究的不同理论视角关注的侧重点有所不同，没有进行有效对话，加之没有整体性的理论框架作为指引，导致了中国研究的松散化。未来研究需要引入更多的理论视角，着重从制度主义以及央地关系视角去深入诠释制度结构、政策历史对中国政策工具选择与组合设计的影响。央地关系视角更加有助于理解中国政策工具选择与应用的层级差异。同时，通过跨部门、跨层级、跨区域、跨国别的经验比较分析，全面揭示中国政策工具选择与应用的整体性规律。

三是将政策工具嵌入到更完整的政策周期讨论中，加强与政策过程的衔接。在中国较长的政策链条中，政策工具在顺利实现政策目标方面发挥着重要作用，有助于理顺政策过程中的行为逻辑。为了补充当前中国研究的零散讨论，未来需要进一步将政策工具嵌入到从议题构建、政策制定与决策、政策执行、政策变迁到政策创新等更加完整的政策周期讨论中。通过加强与政策过程的衔接，更好地与其他政策过程理论进行对话，以推动自身发展。

再次，利用政策过程串联碎片的中国经验，从长政策链条中提炼出中国特色"新工具"和"软工具"。由于被不同政策领域和理论视角"切割"，大量研究散落在政策过程研究范畴之外，经验的碎片性在一定程度上伤害着中国研究。未来研究需要从中国丰富的政策实践与较长的政策链条中识别、提炼出具有典型性和代表性的中国特色政策工具，并着力将其纳入主流研究视野。尤其需要关注国家治理现代化过程中的"新工具"和"软工具"。这些政策工具的理论整合可以丰富政策工具理论的中国实践与中国方案，促进国家治理现代化中政策工具的选择与应用创新。在利用政策过程进一步串联起碎片化中国经验的同时，建构出中国特色的政策工具理论，推动中国政策过程理论的发展。

最后，完善与丰富研究方法结构，整体提升方法论的科学性。在现有的规范分析取向基础上，未来的中国政策工具研究还需要更加适切地采用定量研究以及混合研究方法，不断丰富和完善方法结构。为了突破当下文本数据的局限性，不仅需要引入更多元、更新的方法来加强数据挖掘与处理，还需要注重合理运用内容分析方法、提高归纳性编码的科学性，另外还要开发出能够有效测量政策工具类型及其绩效的方法与标准，以改进方法论的操作化问题。通过整体提升方法论的科学性和严谨性，进一步推动中国政策工具研究的发展与成熟。

# 第三章　政策设计-反馈理论：刚起步的应用？

## 引　言

　　设计-反馈理论是公共政策过程的主流理论之一，常作为我国学者解释公共政策政治与政策中复杂运动的研究视角/工具。该理论在政策设计理论和政策反馈理论的基础上，通过引入社会建构视角，提出了一个目标群体社会建构影响政策变迁的动态理论模型，尝试打开政策设计、政策反馈与政策变迁的黑箱。本章在追溯设计-反馈理论的起源、基本主张与研究议题的基础上，归纳出该理论的整体分析框架，探究该理论在中国的研究现状，并总结该理论目前发展的贡献、局限性和未来前景，为我国公共政策研究提供借鉴与启示。

　　设计-反馈理论从建构主义的视角出发，聚集于目标群体社会建构、政策设计、政策反馈与政策变迁之间的关系，较好地回应了"政策不仅是政治系统的产出，也是政策过程的输入因素，已有的政策能够重塑政治过程，并影响未来的公共政策"（郑石明、薛雨浓，2023）。这一分析框架扩展并整合了目标群体社会建构与政策设计框架和政策反馈理论，建构了几个松散的议题：社会建构改变目标群体决定政策设计；政策设计特征影响目标群体反馈效应；目标群体通过政策反馈调整政策设计；政策设计重塑目标群体引起政策变迁。这一理论提供了一个目标群体社会建构影响政策变迁的动态理论模型，重点回答了目标群体的社会建构引起政策变迁的过程和机制，以及其对未来公共政策决策的影响。

　　设计-反馈理论对中国政策过程研究具有重要的启示和借鉴意义。从理论上来看，设计-反馈具有的独特的解释力，提供了理解中国政策过程的新视角——目标群体是如何被社会建构的？目标群体的社会建构如何影响政策设计？政策设计的结果如何反馈目标群体的资源和阐释，进而重构目标人群的社会建构？社会建构的重构是如何进一步影响新的政策设计和政策变迁？对这些问题的探究可以为理解中国政策过程及其秩序形成提供新的视角。通过对政策过程中目标群体的社会建构、政策设计、政策反馈与政策变迁进行分析，可以深化对中国政策过程背后的社会建构逻辑和政治逻辑的理解，这也为改善中国政策过程提供了实证和经验基础。目标群体的社会建构理论引导研究者去观察政策过程中不同的利益群体——尤其是存在利益冲突的群体——之间的社会建构，他们被定义的方式，以及不同形象的社会建构会深刻影响他们在公共政策中的得失。与此同时，通过关注公共政策的反馈效应，可进一步探讨公共政策设计对利益相关者的态度、偏好和价值观的影响，这些都是重构目标群体的影响因素，以推动新质的政策设计和政策变迁的更新迭代。

从实践的角度，设计-反馈理论有利于完善中国政策过程中目标群体的社会构建、政策设计、政策反馈与政策变迁。通过设计-反馈理论视角，政策制定者在制定公共政策时，可以从目标群体的社会建构来预测政策被接受或可能受到的抵制，把握政策变化的结果。这样的信息可以降低公共政策被抵制的程度，最大限度地实现公共利益。一项公共政策的社会建构基础可以为公共政策的执行提供动力和阻力，政府可以通过社会建构方式来影响、引导和建构政策反馈，实现政策执行，促进政策变迁和政策创新的发生。

伴随着设计-反馈理论的发展潜力，这一理论被引入到中国的政策过程之中，并产生了一定的理论成果，但是该理论源于西方国家的学术体系。一方面，这一理论产生于西方国家的背景之中，设计-反馈理论在中国背景下的实践情况，以及得到了什么样的理论成果，促成了对中国政策过程的哪些理论进展等问题，仍不清晰。另一方面，中国政策过程的独特实践能够进一步助推设计-反馈理论的发展。加快理论本土化进程，检验设计-反馈理论有效性的同时，能够助力设计-反馈理论的新发展。同时，这样的整合性发展也是建构具有中国特色政策过程理论的必经之路。但是，设计-反馈理论在多大程度上促进了中国的政策过程理论的进展？又在多大程度上实现了中国政策过程理论的跨越？这两个问题构成了本章需要回答的核心问题。

本章内容共分为六个部分：第一部分为导论，阐述设计-反馈理论的背景与意义；第二部分为基本的理论框架，介绍设计-反馈理论的理论来源、基本主张与核心命题等；第三部分为设计-反馈理论的中国运用，通过系统性地分析现有文献，把握中国设计-反馈理论的研究现状；第四部分为中国经验与政策设计-反馈理论，旨在把握中国研究的进程；第五部分为理论的评估与展望，评价设计-反馈理论的优势与问题，并针对问题提出未来展望；第六部分为结语，总结研究结果并说明研究可能存在的不足。

# 第一节　政策设计与反馈：基本的理论框架

## 一　设计-反馈理论的来源

设计-反馈理论的理论基础源于社会建构、政策设计理论与政策反馈理论，社会建构、政策设计、政策反馈、政策变迁都是该理论的核心概念和议题。设计-反馈理论的研究问题、构成要素、分析框架和核心议题主要是围绕这四者的关系展开。

### 1. 社会建构和政策设计理论

社会建构和政策设计理论是由美国学者安妮·施奈特（Anne L. Schneider）和海伦·英格拉姆（Helen Ingram）于 1993 年提出。该理论试图发展一个从社会建构的视角理解政策过程的新理论，通常也被称为"社会建构框架"（Schneider and Ingram，1993）。与其他政策过程理论相比，该理论非常关注政策过程中政治现象和社会建构现象，认为政策过程不仅受到权力影响，还会受到观点、符号和意义等社会建构的影响，并且将目标群体的社会建构作为政策过程的中心来考虑，讨论其对政策过程的影响。该理论认为，只有打开"政策内容"的"黑洞"，才能够真正理解公共政策。由此可见，该理论的主要特色是从政治和观念的双重视角理解政策过程，并且通过引入政策设计来分析政策内容，形成了社会建构、政策设计与民主这三者之间复杂互动的新学说。

社会建构和政策设计理论的研究问题有三个：政策设计是如何产生的？政策设计的效果，即政策设计对民主社会意味着什么？政策设计和目标人群的社会建构为什么会稳定或变迁？为了回答上述问题，该理论提出了包括人的模型、权力与政治环境三个类别的八个假设、三个构成要素（目标群体的社会建构、政策设计和政策反馈效应）以及五个基本命题（配置命题、反馈命题、起源命题、社会建构变迁命题、政策变迁命题）（李文钊，2019）。通过这些理论要素，基于政策设计与社会建构之间互动关系的理论图谱被建构（见图 3-1）。

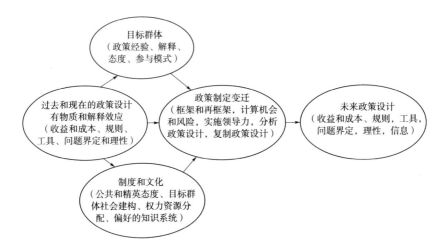

**图 3-1 反馈效应：社会建构和政策设计**

资料来源：李文钊. 民主的政策设计理论：探究政策过程中的社会建构效应〔J〕. 学海，2019.

随后，施奈特和西德尼（M. Sidney）对社会建构框架的几个重要内容进行了分析，包括政策设计的中心位置、关注社会建构、关注政策结果以及规范-经验研究和理论的整合。此外，他们还进一步指出了社会建构框架未来的五个重要研究方向：①扩展对社会建构的研究，尤其是对知识的社会建构的研究；②进一步经验性地和理论性地研究和发展政策设计要素与目标群体之间关系；③经验性的调查和理论化政策设计对后续的政治声音、社会运动和政治过程等政治行为其他方面的影响；④将经验研究和规范性民主理论融合；⑤将政策设计与其他政策理论进行融合（Schneider and Sidney，2009）。

2. 政策反馈理论

政策反馈理论的思想起源最早可以追溯到 1935 年，美国政治学家谢茨施耐德（Schetzschneider，1935）提出的"新的政策会创造新的政治"（New policies create a new politics）。洛维（Lowi，1972）明确地将"政策特征决定政治过程"作为其政策类型（Policy Typology）理论的基础假设，这亦是同谢茨施奈德观点的呼应。但是，20世纪90年代以前，对此的研究大多为规范性或基于少数案例的定性分析；直到20世纪90年代以后，才开始出现大规模系统性实证研究。这种理论突破要归功于保罗·皮尔逊（Paul Pierson）在1993年发表的"当效果变成了原因"一文。其中，他明确地提出了"新的政策会创造新的政治"这一观点，并将其政策影响政治的机制系统地概括为"政策反馈理论"（见图3-2）。

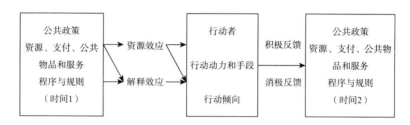

**图 3-2　政策反馈理论分析框架**

资料来源：根据 Pierson, Paul. (1993). "When effect becomes cause: Policy feedback and political change." *World Politics*, 45(4), 595–628, Mettler, S. and M. SoRelle, (2018). "Policy feedback Theory."in Weible, C. M., and Sabatier, P. A. (Eds.). *Theories of the Policy Process*(4th), New York: Routledge, 103–134 的研究整理。

政策反馈概念中的"反馈"并不等同于戴维·伊斯顿所提出的政治系统理论中的"反馈"（Easton，1957）；后者是一种信息反馈，前者主要是强调政策的塑造和反作用。在政治分析中，政策反馈的概念对"将公民需求视为输入、政策视为输出的系统理论"（Bardach，1977）提出了直接的挑战：除了公民需求与支持可以视为输入，政策也可以作为输入。在政策分析中，同样难以把"政策过程"设想为一系列线性阶段的模型（Béland and Schlager，2019）。因此，政策反馈是指"政策对政治与行政过程产生的影响"（Campbell，2012；Pierson，1993）。与经典政策过程理论（如政策扩散、多源流理论、倡导联盟框架、间断均衡理论）将政策视为政治过程的结果不同，政策反馈理论强调政策是政治过程的重要输入，对塑造政治环境与政治系统具有重要影响（Larsen，2019）。

政策反馈理论主要聚焦于四个方面：政策对公众认知、态度和行为的塑造；对社会组织和利益集团形成、发展和消亡的影响；对社会问题认定与政策议程建立的影响；对政府机构及其治理形式的影响（张友浪、王培杰，2024）。基于政策的作用对象（政策反馈中的行动者），政策反馈的路径可分为行政组织（政府精英）、利益集团和公众三类。政策反馈效应的产生机制有两个，即资源效应（Resource Effects）和解释效应（Interpretive Effects）。

资源效应指政策通过创造资源和激励来影响相关主体的政治行为。公共政策可以为政府精英、利益集团和公众的相关互动创造激励条件，如通过政策设计增加特定群体在决策中的发言权，以此强化相关群体对政策的支持。还可以直接为相关活动的开展提供资源，如通过立法为相应组织提供资金或为个体加入特定群体创造激励条件。解释效应指政策通过信息内容的解释作用影响行动者的态度和行为，进而塑造政治的过程。政策本身承载的信息和含义，可以为相关政策主体对政策议题的认知起到解释作用。解释性视角认为，政策受众会根据政策内容传递的信息来调整自己的认知，而认知的调整会影响自我的政治行为和态度。

在阐述以上两个机制的基础上，Pierson（1993）结合政策影响的三类主体，从两个维度归纳了政策影响政治的六种具体途径（见表3-1）。具体来说，政策反馈的类型有两类：正反馈效应与负反馈效应。正向政策反馈，即过去的决策导致政策的自我强化（Jaime-Castillo and Fernandez，2013）。负向政策反馈，即过去的决策导致政策的自我削弱，产生结构性背离，进而更改以往的政策锁定（Thelen，2004；Jaime-Castillo and Fernandez，2013；Weaver，2010）。在近期政策反馈的研究中，学者们明确提出正反馈效应和负反馈效应的反馈效果不一定相互抵触；它们可以在不同的时间跨度内发挥各自的作用（Larsen，2019）。部分政策的自我强化和自我破坏效应是同时存在的（Skogstad，2017）；政策的持续性和稳定性取决于两种效应的抗衡，这也部分解释了为何政策有时看起来"无效应"。

表3-1　政策反馈机制的六种途径

| 机制类型 | | 反馈机制影响主体 | | |
| --- | --- | --- | --- | --- |
| | | 政府精英 | 利益集团 | 公众 |
| 机制类型 | 资源效应 | 行政能力 | 额外收益、组织机会、资金、渠道 | 锁定效应 |
| | 解释效应 | 政策学习 | 政策学习、可见性及追溯性 | 可见性及追溯性 |

资料来源：Pierson, Paul. (1993). "When effect becomes cause: Policy feedback and political change." *World Politics*, 45(4), 595–628。

尽管政策反馈理论已经通过多种研究方法应用于各个政策领域中，但在反馈路径和研究维度上的发展并不均衡。实证研究目前主要聚焦于政策的设计如何影响公民的政治行为，而较少关注后续的政策发展；在对公民政治行为和态度的影响上，也较少从解释效应和社会建构这一维度展开。实证研究途径上的不均衡也使得学界对于政策反馈理论的界定以及实证研究的途径产生了更多的争论：政策反馈理论中"自变量"的概念界定存在争议；现有政策反馈的实证研究并未很好地体现"反馈"；同时，现有政策反馈研究主要关注政策带来的非预期结果，而对于"有意识的"政策设计研究不足（郑石明、薛雨浓，2023）。

当前，政策反馈的研究趋势有三个未来方向。一是由于设计对政策的影响至关重要（Schmidt et al.，2019），理解"设计是如何产生的"是研究反馈动态的关键。近期的政策设计文献与政策反馈研究在"政策""行动者""代理"的概念化方面存在相当大的重叠。基于政策设计文献的整合，政策反馈研究者能够更接近政策和相关政策设计特征的共同概念化，这些特征是政策反馈过程的初始驱动因素。目前已经发展出一条独特的文献流，旨在识别任何政策所包含的基本设计元素或特征。例如，Hall（1993）、Cashore 和 Howlett（2007）基于政策变化的开创性分析，发展了一个嵌套的政策设计特征层级结构，建议将政策分解为三个抽象层次和两个"政策焦点"，即政策目标和政策手段。Schaffrin 等（2014；2015）确定了任何政策都包含的六个政策设计特征，无论政策领域或工具类型如何。这些类似的方法——例如那些旨在将可概括的测量方法与政策领域特定的设计特征结合起来的方法（Schmidt et al.，2019）——可以帮助政策反馈研究者更系统地剖析启动反馈过程的相关设计特征。更广泛的政策设计文献也可以为政策反馈研究中"行动者"和"代理"的概念化提供有价值的输入，特别是关于启动反馈过程的政策设计选择背后的代理。行动者通常被理解为基于不同的利益和资源行事，以偶然和机会主义的方式做出决策（Howlett and Lejano，2012）。在相关文献中讨论了行动者进一步的概念化，如政策企业家、知识共同体、话语代理和工具选民（Béland and Howlett，2016；Kingdon，1995；Leipold and Winkel，2017；Mukherjee and Howlett，2015；Voß and Simons，2014；Zito，2018）。尽管这些概念大多数侧重于政策制定过程中特定阶段的行动者（Capano and Galanti，2018），但更系统地参与代理将使政策反馈研究能够更好地理解行动者在政策设计中所扮演的角色（Peters et al.，2018）。

二是政策反馈研究确实应该重新聚焦于其最初的出发点，即将政策视为分析的起点和终点（Skocpol，1992）。然而，现有的政策反馈研究往往存在局限性，许多研究仅关注政策采纳后的政治过程，而忽视了随后政策的稳定性或变化。这种研究倾向导致对政策反馈循环的不完整理解，无法全面把握政策从制定到终止或变化的全过程（Béland and Schlager，2019）。

正如 Jordan 和 Matt（2014）进一步强调，为了深入理解政策的稳定性和变化，必须考虑整个反馈循环。这意味着研究应从政策在某一时刻（t）的制定开始，考察其对经济社会系统的影响，进而调查反馈效应以及政策设计在其中的作用，直至下一时刻（t+1）的政策终止或变化。这一研究议程虽然听起来显而易见，却描绘了一个全面且雄心勃勃的研究蓝图，具体包括以下几个方面。①系统评估政策设计选择及其产生方式：研究政策是如何设计的，以及这些设计选择是如何通过不同的行动者和代理产生的。这要求对政策制定过程中的各种因素进行深入分析，包括政策制定者的意图、可用的资源以及政策制定过程中的政治动态等。②系统评估政策干预的效果或影响：不仅要关注政策的直接目标是否达成，还要考察政策对社会、经济、政治等各个层面产生的广泛影响。这需要采用多种研究方法，如案例研究、统计分析等，来全面评估政策的实际效果。③系统调查为什么以及如何随后的政治会变化（或不变化）：分析政策实施后，政治环境、利益相关者的态度和行为等是如何变化的，以及这些变化是如何影响后续政策的制定和调整的。这涉及对政治过程的动态分析，以及对不同利益集团之间互动的深入理解。④系统评估政策设计是否发生了变化（或没有变化）：研究政策在实施过程中是否根据反馈进行了调整，以及这些调整是如何发生的。这有助于理解政策的适应性和灵活性，以及政策制定者如何根据实际情况对政策进行优化。

三是政策反馈理论可以成为"预期性"政策设计的基石（Bali et al.，2019），通过分析过去的政策反馈循环，可以提炼出有助于制定更具持久性和有效性的政策策略，从而最终改变整个政策子系统的轨迹（Hacker and Pierson，2019；Jordan and Matt，2014；Rosenbloom et al.，2019）。这一议程虽然引人入胜，但也面临几个挑战：明确建立政策设计特征与政策反馈影响之间的联系（Schmidt and Sewerin，2019）；反馈策略需要包括自我破坏和自我加强反馈的并行过程（Skogstad，2017）；考虑政策子领域内所有相关政策的许多并行（和/或延迟）反馈循环，目前只存在政策反馈序列的风格化模型（Meckling et al.，2015；Schmid et al.，2020）；需要更多关于对底层政策问题本身期望的理论；研究需要新的研究设计和方法，与今天主导大多数"基于证据"以数据驱动的社会科学方法不同（Bernstein et al.，2000；Hall，2003）。

## 二　设计-反馈理论的基本主张

### 1. 研究问题

设计-反馈理论主要是为了论证目标群体的社会建构如何引起政策变迁以及影响未来的公共政策。与社会建构和政策设计理论不同，设计-反馈理论强调政策设计与社会建构之间的双向因果关系。传统的社会建构和政策设计理论没有涉及社会建构的演化和变迁，也就没能很好地回答导致政策变迁的动因和机制这一问题（李文钊，2019）。与政策反馈理论也不同，设计-反馈理论重点强调"新的政策会创造新的政治"，就是政策影响政治——如"政策如何影响官员的观点或行为""政策如何影响社会组织的观点或行为""政策如何影响公众的观点或行为"（翟文康、邱一鸣，2022）——进而影响新的政策产生。由此，在"目标群体的社会建构引起政策变迁，从而影响未来的政治过程"这一长长的概念因果链条中，目标群体的社会建构如何影响政策设计，新的政策设计产生了什么样的政策反馈效应，这样的效应又是如何影响后续的政策发展和变迁的，这些问题的回答需要一个完整的理论框架。

设计-反馈理论通过引入社会建构视角，全面剖析政策设计、政策反馈与政策变迁之间的关系，提出了一个目标群体社会建构影响政策变迁的动态理论，能够更加完整地解释政策影响未来的政治过程。为此，设计-反馈理论提出了一系列研究问题：目标群体是如何被社会建构的？目标群体的社会建构如何影响政策设计？政策设计的结果如何反馈目标群体的资源和阐释，进而重构目标人群的社会建构？目标人群的反馈效应如何进一步影响新的政策设计和政策变迁？

## 2. 构成要素

在目标人群、政策设计以及政策反馈理论的基础上，围绕上文提出的四个基础问题，设计-反馈理论主要由以下四部分内容组成：目标群体社会建构、政策设计、政策反馈与政策变迁（见图3-3）。这四个要素相互交织、相互影响；它们的复杂互动，最终共同影响未来的政治/政策。

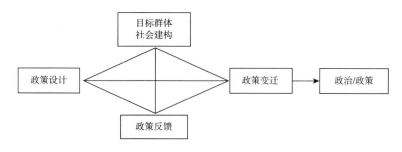

**图3-3 设计-反馈理论的要素构成**

资料来源：作者自制。

设计-反馈理论的第一个构成要素是目标群体社会建构，这一要素主要强调目标群体是如何被社会建构的。施奈特和英格拉姆给出了一个清晰的定义，他们指出："社会建构是关于特定群体的原型，这些原型主要由政治、文化、社会、历史、媒体、文学和宗教等创造"（Schneider and Ingram，1993）。社会建构可以分为正面建构和负面建构，前者通常会使用"值得""智慧""诚实""公共精神"等词语来形容，后者通常会使用"不值得""愚蠢""不诚实""自私"等词语来形容。目标群体的社会建构包含两个层面的含义：一是认识到目标群体作为社会性群体的基本特征；二是这些基本特征包含着一些被赋予的特殊价值、符号和形象。在施奈特和英格拉姆看来，政策制定者在制定公共政策时，通常会考虑两个主要变量：一个是目标群体拥有的权力，另一个是目标群体的社会建构。他们根据权力和社会建构两个维度，将目标群体划分为四种类型：优势者、竞争者、依赖者和越轨者（Schneider and Ingram，1993）。

设计-反馈理论的第二个构成要素是政策设计。这一要素主要强调政策设计特征如何影响目标群体的反馈效应。施奈特和英格拉姆将政策设计直接定义为政策内容，与建筑物的结构类似，其包含着一系列的基本要素或设计。政策设计结构主要包括六个要素，即目标/问题解决、目标群体、主体和执行结构、政策工具、规则、理性和假设（Schneider and Sidney，2009）。此后，施奈特等进一步将政策设计的六个要素扩展为九个要素：问题解决和目标确定；收益和成本的分配；目标群体（政策舞台中的参与者，他们获得或可能获得收益与成本）；规则（政策方针，规定谁可以在何时如何获得什么以及谁有资格获得等）；工具（对机构和目标群体按照政策方针执行的激励或非激励）；执行结构（整个执行计划，包括获得执行机构服务的激励和资源）；社会建构（"世界创造"，现实的形象，人们使用的原型，这会让人们去感知他们认知的世界）；理性（政策的论证与合法性）；基本假设（关于因果逻辑的基本假设）（Schneider and Sidney，2009）。这些要素或特征的不同排列组合方式影响着目标群体的反馈效应。

设计-反馈理论的第三个构成要素是政策反馈。这一要素主要强调政策影响政治是如何发生的，政策反馈效应如何调整目标群体以及政策设计的具体机制。一方面，根据施奈特和英格拉姆的观点，政策设计会向目标群体传递信息，进而影响他们对政府的态度，以及他们的参与情况（Schneider and Ingram，1997）。另一方面，根据皮尔森（Pierson，1993）的政策反馈理论，政策影响政治行为存在两条主要路径：资源效应和解释效应。Suzanne Mettler（2002）进一步提出了政策反馈的作用机制：资源效应由政策提供的报酬、物品和服务所激发，影响公民能力和公民倾向，进而影响公民参与；解释效应由政策提供的报酬、物品和服务，以及政策所传达的规则与程序激发，影响公民倾向与公民参与。这意味着，从公共政策中获益的行动者会根据不同的利益和价值分配情况进行积极的政策反馈，从而稳定或扩大政策支持，实现政策可持续性（政策的自我强化反馈，self-reinforcing feedbacks）；而受挫的行动者有可能利用消极的反馈来破坏政策的政治可行性，进而削弱或阻滞政策（Jacobs and Weaver，2015；Schmid et al.，2020）。当然，在许多案例中，自我强化反馈和自我削弱反馈可能是同时存在的（Millar et al.，2021；Ampe et al.，2021）。

设计-反馈理论的第四个构成要素是政策变迁。这一要素主要强调政策影响政治后的结果，即政策设计-反馈如何引起目标群体的变化，进而引致政策变迁的内在机制。保罗·皮尔森（Pierson，1994）认为，公共政策变迁存在"政策（时间1）-行动者行为和互动-政策（时间2）"的路径依赖过程。目标群体社会建构塑造政治过程，进而影响政策变迁。政策设计-反馈构成了政策变迁过程中相互作用的力量，是政策变迁过程的关键环节，它有利于我们分析一项政策执行结果到后续政策变化过程中不同目标群体的态度和行为（Patashnik and Zelizer，2013；Pierson，1993）。

3. 理论框架

通过对以上要素的整理，我们可以通过对设计-反馈理论内在要素间关系的深入推导，获得一个目标群体社会建构影响政策变迁的动态理论模型（见图3-4），重点回答目标群体的社会建构如何引起政策变迁，影响未来公共政策。

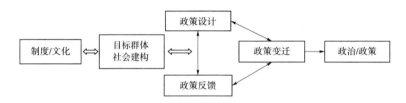

**图3-4 目标群体社会建构影响政策变迁的动态理论模型**

资料来源：作者自制。

在特定的制度/文化里，不同的目标人群可能拥有不同的身份；这会影响针对不同特定目标群体进行政策设计；政策设计和其中嵌入的社会结构分配了政策的"赢家"和"输家"，从而形成了存在于政策子系统中的政治类型或冲突："输家"会试图成为"赢家"，而"赢家"会试图保持其地位（Baumgartner and Jones，1993；Shepsle，2003）。现有的政策会反馈到政治体系中，塑造了随后的政策结果。政策反馈可以被认为是政策子系统动态变化——政策设计的变化——所导致的"余震"。政策变化，无论是重大还是次要的，都意味着政策设计的变化，会创造或加强目标群体的社会建构（Ingram et al.，2007；Schneider and Ingram，1993；Schneider and Sidney，2009），鼓励或阻止政治参与（Campbell，2012），塑造政策执行（Hall and O'Toole，2000；Soss and Moynihan，2014）。虽然政策变迁往往是这些动态变化的结果，但政策变迁和由此产生的政策设计中的变化可能会颠覆子系统内部的现有动态，导致冲突扩大和利益动员。通过政策反馈，改变的政策设计可以满足不同目标人群动员和参与政策子系统的需求。政策子系统动态有消极反馈和积极反馈的功能；消极反馈使政策改变的可能性降低；积极反馈，以新的或潜在的政策行动者、新的政策场所或新的政策形象的形式，使政策变迁更有可能发生。然而，政策变迁本身就有可能通过吸引潜在的参与者进入政策子系统来改变子系统的动态。因此，基于设计-反馈理论的动态模型是目标群体社会建构、政策设计、政策反馈与政策变迁之间的复杂互动，并影响着未来政治和政策的过程。

## 三　设计-反馈理论的核心命题

### 1. 社会建构改变目标群体决定政策设计

施耐德和英格拉姆认为，社会强制性的认知（他们称之为"社会建构"）往往会挑出特定的"目标群体"，这些群体之所以被给予政策利益或制裁，取决于社会公众以及决策者对特定群体的看法。他们阐明了一个矩阵，将目标群体的政治影响力（political power）程度标记为纵轴，社会包容的"效价"（valence）标记为横轴，两个维度的组合显示了四种目标人群的一般类别：优势者、竞争者、依赖者和越轨者（见图 3-5）。优势者既"值得"又具有政治权力，在接受有益的公共政策时，通常表现最好。竞争者有政治权力，但通常被认为不太"值得"社会的慷慨，因此不能站在政治或社会精英列车的前面。依赖者在名义上是值得的，因此被同情地对待，但不能对政策制度提出坚持不懈的要求。越轨者在社会包容和政治权力方面均是不足的，通常被排除在社会和政治慷慨之外；事实上，他们经常面临政治制裁的冲击（Schneider and Ingram，1993）。

政策设计者会针对四类目标群体选择不同的政策依据，进而采用差异化的政策工具为他们分配相应的政策利益和负担（见表 3-2）。目标群体社会建构与政策设计的理论贡献之一，在于肯定了观念、价值、形象等在政策过程中的作用，表明政策目标群体不仅会为自己争取政治影响力，也会为塑造正面的社会形象而努力（Schneider and Sidney，2009）。

社会形象
（是否享有某种社会福利）

|  | 优（是） | 劣（否） |
|---|---|---|
| 强 | 优势者 | 竞争者 |
| 弱 | 依赖者 | 越轨者 |

政治影响力

**图3-5　目标群体社会建构理论的四种目标群体类型**

资料来源：Schneider, Anne, and Helen Ingram. (1993). "Social construction of target populations: Implications for politics and policy." *American Political Science Review*, 87(2), 336。

**表3-2　目标群体社会建构类型与政策设计特征**

|  | 优势者 | 竞争者 | 依赖者 | 越轨者 |
|---|---|---|---|---|
| 政策依据 | 以国防、经济等国家重大公共利益为依据进行政策分配 | 若政策分配的合理性引发争议，便强调其国防、经济等公共价值 | 基于正义（公平、平等和权利等）原则进行政策分配 | 以维护公共利益或人道主义保护为依据进行政策分配 |
| 政策分配 | 分配高水平的利益；分配少量负担 | 分配高水平的隐性利益；分配的负担规定严格，但执行宽松 | 分配低水平的利益，且会根据财政状况的好坏弹性增加或削减 | 一般只能分配到惩罚性政策 |
| 政策工具 | 能力建设型；资格型待遇；提供免费信息、培训和技术支持 | 通过复杂的立法和程序来隐藏实际利益，让政策更具隐蔽性和复杂性 | 提供标签和污名性质的补贴；使用威权手段，目标群体几乎没有机会参与政策制定 | 更具强制性，重至监禁或处死，轻至控制自组织发展等 |

资料来源：Schneider, Anne, and Helen Ingram. (1993). "Social construction of target populations: Implications for politics and policy." *American Political Science Review*, 87(2), 334-347。

因此，目标群体的社会建构影响政策设计。现有中英文文献中涉及被建构的目标群体有官僚、老人、儿童和青年、肥胖群体、精英、利益者、公民等。影响不同目标人群的社会建构的因素和途径是多元的。影响目标人群的社会建构的因素包括政党的意识形态（Carole et al., 2020）、目标人群的政治权力和效能感（Chris and Paul，2024）、相互矛盾的观念（Stucki，2016）、情感——包括幸福感（Davis，2020）、指责、愤怒和同情（Maria，2015）以及媒体（Dave，2019）等。目标人群被建构的途径包括：公众会依据他们对目标群体的感知价值来形成他们的政策偏好；但是，公众意见会因其意识形态和种族或族群身份而产生差异（Elizabeth，2019）。不同的政府政治和技术能力塑造了不同的行动空间，从而形成了不同类型的政策设计。在政策设计中，决策可以通过三种方式让公民参与进来：共同设计、设计微调以及众包政策设计（Capano and Pavan，2019）。

2. 政策设计特征影响目标群体反馈效应

政策设计的特征对目标群体的反馈效应主要通过政策工具的选择来实现，体现在两个方面：一是触发的反馈效果如何；二是影响在多大程度上触发了后续的政策反馈，即不同的工具类型在多大程度上产生特定的反馈效应，从而产生做出后续政策改变的机会（Jordan and Matt，2014）。Haelg等（2019）区分了六个政策设计要素，分析了行动者在政策设计过程中如何将自己定位在与各个设计要素相关的设计联盟中，研究发现特定政策设计选择背后的行动者动态值得更多关注，因为这些选择直接影响政策的设计，从而最终影响长期反馈循环。Chris and Paul Manson（2024）讨论了政策工具设计和目标人群之间的关系，他们建构了五个政策工具：权威工具（如要求和豁免）、激励工具（如奖励和惩罚）、能力工具（如提供资金）、劝诱工具（如积极的和消极的信息传播）和学习工具（如研究和信息收集）。提供了 5 种假设：H1：一致性。公众对政策工具的态度反映了目标人群构建与利益和负担分配的一致性；H2：应得性。公众支持那些为不应得的目标人群带来负担的工具，以及为应得的目标人群带来利益的工具；H3：内源性反馈。公众支持那些使强者受益、弱者负担的工具；H4：外源性反馈。公众支持那些为强大的目标人群带来负担、为弱小的目标人群带来利益的工具；H5：应得性与权力。公众对政策工具的接受度更多的是应得性的函数，而不是权力。

研究结果表明：H1：一致性，目标人群构建与政策工具分配的一致性是影响公众对政策工具选择态度的重要因素。具体来说，当政策工具与目标人群的特性相匹配时，公众更可能支持这些工具。H2：应得性，是影响公众对政策工具态度的一个强有力的驱动因素。公众倾向于支持那些为应得的目标人群带来利益的工具，以及为不应得的目标人群带来负担的工具。H3：内源性反馈，公众支持给有权势的目标人群带来利益的工具，并给弱势群体带来负担。这一发现支持了内源性反馈假设，即公众倾向于支持维持现有权力结构的政策工具。H4：外源性反馈，公众支持为有权势的目标人群带来负担的工具，并为弱势的目标人群带来利益。这表明公众有时更倾向于支持改变现有权力结构的政策工具，而不是仅仅加强现有结构。H5：应得性与权力，在预测政策工具接受度方面，应得性比权力更重要。这意味着公众更关注政策工具是否公平地分配利益和负担，而不仅仅是这些工具如何影响权力结构。

总体来看，应得性（H2）和权力（H3 和 H4）在形成公众对政策工具的态度方面都起着作用，但应得性的影响更为显著。公众对政策工具的支持不仅取决于这些工具如何分配利益和负担，还受到目标人群的权力地位的影响。公众对政策工具的接受度可能与政策的实际效果不同，这表明政策反馈机制可能比预期更为复杂。这些发现为理解政策设计如何影响公众态度提供了新的视角，并为政策制定者在设计政策时考虑目标人群的特性提供了理论依据。

3. 目标群体通过政策反馈调整政策设计

目标群体通过政策反馈调整政策设计，主要体现为"前馈效应"（Campbell，2003；Mettler，2002；Mettler and Soss，2004；Pierson，2000；Sidney，2003）。对于目标群体通过政策反馈调整政策设计的具体机制，学者们遵循保罗·皮尔森（1993）的逻辑，主要从资源效应和解释效应两条路径考察。资源效应，即政策影响资源、工具、激励的分配，从而塑造政治行动；解释效应，即政策影响正式规则、程序和非正式的价值观念，从而影响政治观念和活动。

在实际研究中政策反馈如何影响和调整政策设计和实施，形成了多种不同的组合。在资源效应和解释效应的作用下，对目标群体的政策设计会形成积极反馈和消极反馈（Jordan and Matt，2014；Pierson，1994；2000）、自我强化和自我削弱（Sewerin et al.，2020；Jacobs and Weaver，2015；Béland et al.，2019；Busemeyer and Goerres，2020；Polman et al.，2021）、正反馈和负反馈（Jacobs and Weaver，2015；Weaver，2010；Nowlin，2016；Polman et al.，2021）、正负反馈（自我强化和自我削弱）同时发生，以及

消极资源、积极资源、消极解释和积极解释（Schmid et al.，2020；Jacobs et al.，2022）等。这些都是目标群体通过政策反馈调整政策设计的机制。

4. 政策设计重塑目标群体引起政策变迁

学者们通常使用路径依赖、间断平衡、倡导联盟框架以及制度分析和发展框架来研究政策变迁问题。政策变迁理论不仅应考虑权力、专业知识和利益，还应考虑"值得"和"有权利"的社会结构。值得和有资格的结构可适用于群体、目标人群、知识体系、地理边界或社会中的其他特权制度（Schneider and Ingram，2005）。是什么将一个人或一个群体从依赖者转移到竞争者（或者从越轨者转移到依赖者），或者逆向地从有利（优势）主体转移到竞争者，这一问题并没有得到明确的解决。DeLeon（2005）认为政策设计使目标群体的社会建构本身发生了变化，而这种变化也会随着社会情境的变化而发生变化。

政策反馈是政策变迁过程的关键环节，它能够帮助我们分析一项政策执行结果到后续政策变化过程中不同行动者的态度和行为（Patashnik and Zelizer，2013；Pierson，1993）。在行动的过程中，目标群体的利益失衡都可能引致政策的有效性和合法性争议，因为政策过程中每个行动者都有一定的权力和解释空间，他们会致力于反馈问题、争取共识，进而推动政策调整或更新，引起政策变迁（Chris and Paul，2024）。

政策设计重塑目标群体引起的政策变迁，根据 Hall（1993）的模型，政策通常被分解为三个层次的变化：第一阶（政策工具的调整）、第二阶（政策工具类型的改变）、第三阶（政策目标的转变）。但这种分类可能没有充分考虑到政策的复杂性。Howlett 和 Cashore（2009）根据 Hall 的分类逻辑进一步细化，区分出六个政策元素：抽象或理论/概念目标，具体项目内容或目标，操作设置或校准，政策的目的或实现结果，政策的实际政策要求以及政策的具体实施细节。这种更加细致的分类使政策变迁的结果并不一定只有改变。政策变迁结果呈现的方式是多样的，除了改变，还有三种替代机制："新稳态"（neo-homeostatic），即通过目标的内生变化而发生模式变化，这是一种渐进的范式变化；"准稳态"（quasi-homeostatic），即外生因素影响目标和环境的变化，政策变化是由系统外部的事件或学习所驱动，但这些变化不一定会导致整个政策范式的转变；"恒温（稳）"（thermostatic），即持久的政策目标要求环境适应外源性变化，类似于恒温器，其中政策目标是稳定的，但政策设置需要根据外部环境的变化进行调整（Howlett and Cashore，2009）。政策变迁是一个复杂的过程，理解这些不同的变化机制有助于更准确地识别和解释政策设计重塑目标群体引起的政策变迁。

## 四 设计-反馈理论评估

就现有的中英文文献来看，设计-反馈理论主要源于社会建构和政策设计理论及政策反馈理论。设计-反馈理论将两者进行了充分的整合，并延伸到了政策变迁理论。设计-反馈理论涉及的要素包括目标群体社会建构、政策设计、政策反馈与政策变迁。围绕这些理论要素的一系列命题被发觉。设计-反馈理论已经较为广泛地运用于政策过程的研究中，特别是针对目标群体的社会建构引起政策变迁的过程和机制，以及其对未来公共政策决策的影响提出了创新性的框架。

中国正处于快速发展和深刻变革的阶段，社会问题多样化，政策需求复杂化。伴随经济政治体制改革，中国社会结构发生重大变化，原来以工人阶级、农民阶级、知识分子阶层为主的总体性社会向多元化、分化性社会转变（孙立平等，1994）。解决中国政策过程中的问题，满足现实政策的需求，需要引入一种综合性的政策分析框架，于是学者们将设计-反馈理论引入中国政策过程研究，开展了相关议题的研究。比如，社会建构改变目标群体决定政策设计；政策设计特征影响目标群体反馈效应；目标群体通过政策反馈调整政策设计以及政策设计重塑目标群体引起政策变迁。

虽然设计-反馈理论引入中国的政策过程研究的时间较晚，但其迅速吸引了中国学者的注意力，探讨了在中国情境之下，其理论应用的适用性、优势、问题以及修正发展。设计-反馈理论帮助政策制定者更好地理解政策如何与社会建构互动，以及如何通过反馈机制进行调整，以适应不断变化的社会环境。设计-反馈理论强调政策过程中目标群体的参与和反馈，这与中国推动民主政治和提高政策透明度的目标相契合。通过引入这一理论，促进了政策制定过程中的公众参与，提升了政策的社会接受度和有效性。设计-反馈理论提供了一种系统的方法来审视政策设计、政策实施和政策评估的各个环节。在中国，这一理论能够帮助政策制定者识别和解决政策实施过程中的问题，提高政策效率和效果。

就现状来看，设计-反馈理论在中国的理论和实践研究中取得了一定的成绩，但是仍然存在困难与挑战。一是中国社会结构的多样性和复杂性使得对目标群体的社会建构更加复杂，不同地区、不同文化背景下的社会建构可能存在显著差异；二是政策设计可能在理论上是合理的，但在执行过程中可能会遇到地方保护主义、官员不作为等问题，导致政策效果与预期存在偏差，同时，政策设计需要考虑不同社会群体的利益和需求，确保政策的公平性和包容性，避免政策偏向特定群体而忽视其他群体的利益，需要灵活性和适应性；三是尽管设计-反馈理论强调公众参与，但实际操作中公众参与的程度和效果可能受限，特别是在政策制定初期，公众的声音可能未被充分听取；四是政策效果的反馈可能存在滞后性，政策制定者可能难以及时获取准确的反馈信息，从而影响政策的调整和优化，需要通过更有效的反馈机制来评估和调整政策，确保目标的实现；五是政策变迁可能受到历史路径的影响，既有的政策和制度可能对新政策的制定和实施产生制约，形成路径依赖。因此，将设计-反馈理论应用于中国的具体政策实践，需要考虑理论与中国实际情况的结合，发展适合中国国情的政策理论，任重而道远。

# 第二节 设计-反馈理论在中国的应用

## 一 现有文献分析

以中国知网（CNKI）中的"中国期刊全文数据库"收录的 2000~2022 年的学术论文作为样本来源（限于篇幅，本章没有专著、译著和学位论文），本章对 217 本核心期刊（中文 169 本，外文 48 本）进行检索，找出以"政策过程"为关键词的，限于开展中国政策过程理论研究的论文。通过人工筛选，获得 2239 篇论文。通过提取"政策设计""政策反馈""社会建构"的相关研究，获得论文 152 篇（中文 56 篇，外文 96 篇）。在后续的分析过程中，由于部分论文不满足研究意图或不符合编码要求，经人工剔除，最终获得样本论文 40 篇（中文 37 篇，外文 3 篇，其中外文只选取涉及中国经验的文献）。由于外文文献只有 3 篇，不列入下面统计分析，只做总结归纳说明。

1. 论文发表的年份及出处

文献统计数据显示，关于中国设计-反馈理论的文献有 37 篇，总量较少，研究成果不充足。2011 年之前，相关研究并未显现，2011~2018 年呈现平稳发展的态势，2019 年和 2022 年出现了两个小高峰，分别发表了 7 篇和 10 篇，2023 年之后发表量又开始下滑（见图 3-6）。这些文献发表在 26 本公共管理类的期刊上，其中发表最多的是《公共行政评论》（7 篇）；其次是《公共管理与政策评论》（3 篇）和《经济社会体制比较》（3 篇）；《中国行政管理》《社会保障评论》《甘肃行政学院学报》均发表了 2 篇；其他期刊均为 1 篇。

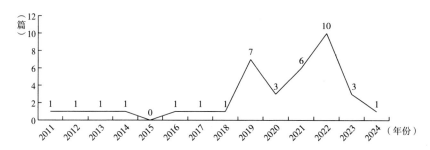

**图 3-6  论文发表年份及篇数情况分布情况**

资料来源：作者自制。

### 2. 作者及发表篇数

在政策设计-反馈理论研究领域发文的作者共有 50 名，发表文章最多的作者是张海柱、张友浪和王培杰各发表 3 篇。蔡长昆、郭跃、丁淑娟、郭磊、李斯旸、翟文康、王玉、朱亚鹏各发表 2 篇。其他的作者均发表 1 篇（见表 3-3）。

**表 3-3  作者发表篇数统计**

| 作者 | | | | | | | 篇数 |
|---|---|---|---|---|---|---|---|
| 张海柱　张友浪　王培杰 | | | | | | | 3 |
| 蔡长昆　郭　跃　丁淑娟　郭　磊　李斯旸　翟文康　王　玉　朱亚鹏 | | | | | | | 2 |
| 郝玉玲　武　晗　吴松江　张兆曙　张勇杰　吴文强　杨　奕　何小舟 李文钊　程中培　王红波　王庆华　李　毅　徐增阳　尹文嘉　孟　伦 熊　烨　赵　静　李金龙　郑石明　岳经纶　张　毅　刘水云　蔡　佩 唐兴霖　张雨杭　彭雨馨　洪婧诗　胡晓蒙　武俊伟　张圣捷　薛雨浓 邱一鸣　苏　竣　李　梅　付守芳　郭雅婷　何林晟　邓　雯 | | | | | | | 1 |

资料来源：作者自制。

3. 研究问题的科学性

从现有的 37 篇中文文献来看，研究"有科学的问题"的文献达到
100%。这些研究既有经验的，也有理论研究。理论研究主要是针对设计-反
馈理论的阐释和论证，并对这一理论分析框架进行发展。经验研究主要是
从中国政策实际出发，根据中国不同政策领域来验证设计-反馈理论，并试
图运用这一理论解决中国政策过程中的实践问题。

4. 政策领域

设计-反馈理论运用最多的政策领域是社会政策（19 篇），涉及社会福
利政策、城市互助服务养老政策、青年住房政策、生育政策、养老保险政
策、共享单车政策、地方城市低保政策、住房政策、传染病政策、社会保
障政策、中国网约车监管政策、积分制政策、政府采纳人脸识别技术政策
等。教育文化政策有 3 篇，经济和创新政策有 2 篇，"三农"政策、其他政
策领域、跨政策领域的比较分析各有 1 篇。无经验性政策领域的文献有 10
篇（见图 3-7）。

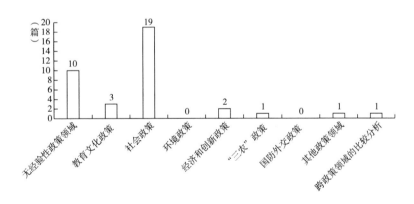

**图 3-7 政策领域分布情况**

资料来源：作者自制。

5. 研究方法

设计-反馈理论采用的主要研究方法有量化方法（5 篇）、单案例研究
（16 篇）、比较案例分析（5 篇）以及理论阐释（文献综述）（11 篇）。其中
采用最多的是案例研究，包括单案例研究和比较案例分析，共占比

56.76%；其次是理论阐释（文献综述），占比28.73%（见图3-8）。

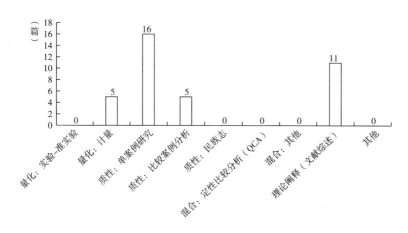

**图 3-8　研究方法分布**

资料来源：作者自制。

6. 资源搜集与来源

设计–反馈理论采用的资料搜集的方法有：二手数据、访谈以及观察。其中，最多的是二手数据（27篇），占比73.0%；其次是访谈（5篇），占比13.5%；最后，只有2篇（5.4%）文章使用了观察法搜集资料。资料分析的方法主要是统计分析和内容分析，少数文章采用了话语分析（3篇），主题分析和扎根理论各有1篇。资料来源的政府层级主要是中央政府（占比54%），其次是地市级政府（占比24.3%），再次是省级政府（占比21.6%）。县区级、乡镇/街道、村涉及较少，缺少对县级及以下，特别是农村的实践探索。

7. 理论目标

设计–反馈理论在中国的实际运用，表现为"使用者""追随者""发展者"共存，缺乏"建构者"角色的研究。学者们的理论目标主要是"使用者"，即用设计–反馈理论解释中国具体政策领域，占比最高（13篇，占比35.1%）；其次是"追随者"，即沿着设计–反馈原有的理论脉络进行"中国式"论证（12篇，占比32.4%）。再次是"发展者"，将设计–反馈理论结合中国情境实际，修正或完善理论要素（12篇，占比32.4%），见图3-9。目前还未涉及"建构者"角色的研究，说明理论建构的中国化暂未实现。

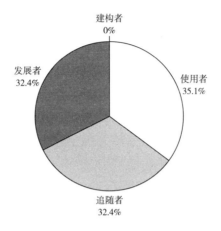

**图 3-9 设计-反馈理论理论目标分布情况**

资料来源：作者自制。

## 二 小结

总体来看，设计-反馈理论在中国经历了十几年的发展，但理论成果偏少，参与研究的作者和发表的核心期刊也较少，发展较为缓慢。但是，这些研究的问题都具有科学性，涉及的政策领域也相对较为丰富。设计-反馈理论的文献多采用案例研究方法，少有量化研究，有大量的理论阐释（文献综述）类文献，当前的研究方法还比较单一。理论引介和经验研究的热情十分"错位"，形成了吊诡的悖论。从理论目标来看，政策设计-反馈理论的"使用者""追随者""发展者"分布比较平均，但是"建构者"为零。这说明设计-反馈理论在中国情境下，在"拿来主义"的基础上，聚焦于沿着设计-反馈原有的理论脉络进行"中国式"论证，并开创性地结合中国情境来进行要素嵌入、机制修正或拓展到其他政策过程理论，但是专门针对中国政策过程来重构理论框架的文献缺失。因此，构建具有中国特色的设计-反馈理论任重而道远。

设计-反馈理论发表的关于中国经验的英文论文非常少（3 篇），分别发表于 2018 年、2020 年和 2023 年。发表的作者有 8 位：唐啸（Xiao

Tang）、Zhengwen Liu、易洪涛（Hongtao Yi）、和经纬（Alex Jingwei He）、Kerry Ratigan、钱继伟（Jiwei Qian）、Gang Tian 和 Wen-Hsuan Tsai。这些学者主要是从理论研究入手，结合中国城市社会健康保险政策、美丽乡村建设政策和环境政策，追随目标群体通过政策反馈调整政策设计的议题。有 2 篇文章采用了计量方法，1 篇采用了案例研究方法。所有研究均是设计-反馈理论的"追随者"，即沿着设计-反馈原有的理论脉络进行"中国式"论证。

## 第三节　中国经验与政策设计-反馈理论

自设计-反馈理论被引入中国以来，就不断地被应用于中国的政策过程研究之中，并且在与其他政策过程理论的互动与结合中进一步发展，有潜力成为理解中国公共政策过程的重要框架之一。但是，目前中国学界对该理论关注不足，一些研究主要停留在理论引介层面，少有真正的理论发展和突破，理论的中国化建构更是稀少。设计-反馈理论有助于理解中国政治进程中的社会转型，基于中国制度背景的实证研究对进一步完善该理论具有重要意义。接下来，本章对中国设计-反馈理论的进展进行全面的介绍和评估。

### 一　作为"使用者"的中国经验

政策设计-反馈理论的中国经验"使用者"文献共有 13 篇。作为"使用者"的中国经验是指中国研究拓展了政策设计-反馈理论的应用领域，其中包含两种使用方式：一是借用政策设计-反馈理论要素搭建框架、分析特定领域的政策议题；二是使用政策设计-反馈理论分析其他公共政策问题。据此可以将作为"使用者"的中国经验研究分为两类（见表 3-4）：第一类研究以中国政策作为分析要素集中讨论中国特定政策领域的问题；第二类研究以设计-反馈理论要素作为理论视角分析其他公共政策问题，包括网络议题的社会建构（张兆曙，2021）、政策议程设置中的社会建构逻辑（张海柱，2013）、建构社会政策设计的过程模式（王庆华、张海柱，2012）、利用社会建构理论来审视政策执行难问题（李金龙、武俊伟，2016）等实践应用问题。

表 3-4　设计−反馈理论在中国不同的政策领域的应用

| 序号 | 类别 | 政策领域 | 研究内容 | 理论要素 | 代表文献 |
|---|---|---|---|---|---|
| 1 | 特定政策领域 | 社会政策<br>养老保险政策 | 基本养老保险对企业年金的潜在挤出效应 | 政策设计、政策反馈 | 郭磊（2018） |
| 2 | | 社会政策<br>共享单车政策 | 共享单车政策制定过程中公众参与的重要性 | 政策设计、政策反馈 | 杨奕，张毅，李梅，邓雯（2019） |
| 3 | | 社会政策<br>政府采纳人脸识别技术的政策 | 政策反馈如何影响政府的技术采纳行为 | 政策设计、政策反馈 | 郭跃，洪婧诗，何林晟（2021） |
| 4 | | 社会政策<br>医疗卫生政策 | 中国医疗卫生政策70余年来的钟摆式变迁 | 政策反馈、政策变迁 | 翟文康，张圣捷（2021） |
| 5 | | 社会政策<br>地方城市低保政策 | 目标群体、政策设计与城市低保救助水平之间的关系 | 目标群体社会建构、政策设计 | 程中培（2022） |
| 6 | | 社会政策<br>城市青年住房政策 | 改革开放以来中国城市青年住房政策的演变特点、动力与机制 | 目标群体社会建构、政策变迁 | 丁淑娟，朱亚鹏（2022） |
| 7 | | 社会政策<br>残疾人福利政策 | 残疾形象建构对公共政策设计的影响 | 目标群体社会建构、政策设计 | 郝玉玲（2022） |
| 8 | | 社会政策<br>城市互助养老服务 | 城市互助养老服务的社会建构 | 目标群体社会建构、政策设计 | 吴松江，向文丽（2023） |
| 9 | 经济和创新 | 住房公积金政策 | 在企业住房公积金缴存比例的调整中不同利益相关者之间的差别化反馈 | 政策设计、政策反馈 | 郭磊，胡晓蒙（2020） |
| 10 | 分析其他问题 | — | 网络议题的社会建构 | 社会建构、政策议题 | 张兆曙（2021） |
| 11 | | — | 政策议程设置中的社会建构逻辑 | 社会建构、政策议程 | （张海柱，2013） |
| 12 | | — | 建构社会政策设计的过程模式 | 社会建构、政策设计 | 王庆华，张海柱（2012） |
| 13 | | — | 利用社会建构理论来审视政策执行难问题 | 社会建构、政策执行 | 李金龙，武俊伟（2016） |

资料来源：作者自制。

1. 直接"拿来"设计-反馈理论要素分析中国特定政策领域

设计-反馈理论的理论要素主要由目标群体的社会建构、政策设计、政策反馈以及政策变迁构成。现有文献运用其中一个理论要素或两个及以上的理论要素组合来分析中国特定政策领域，主要包括社会政策经济和创新政策。这些研究拓展了政策设计-反馈理论的应用领域，分析了特定领域的政策议题，关注社会政策领域的学者有：郭磊（2018），杨奕等（2019），郭跃等（2021），翟文康、张圣捷（2021），程中培（2022），丁淑娟、朱亚鹏（2022），郝玉玲（2022），吴松江、向文丽（2023）；关注经济和创新政策领域的学者有：郭磊、胡晓蒙（2020），他们都验证了中国不同政策领域中的设计反馈问题，总结其运行机制，为优化政策设计提供了有效的路径。

2. 直接"拿来"设计-反馈理论分析其他公共政策问题

现有文献主要是采用社会建构的理论要素来分析公共政策问题，包括政策议题、政策议程、政策设计和政策执行。张兆曙（2021）从议题建构的社会归因来看，认为网络议题包括结构性议题和变迁性议题两种基本类型。其中，结构性议题包括社会特权议题、社会支持议题和社会信任议题三个次级类型；变迁性议题则包括社会失序议题、社会焦虑议题和社会公德议题三个次级类型。张海柱（2013）通过社会建构论视角的引入，认为政策议程设置的研究将涉及"社会现象-社会问题-政策议题"三个阶段，以话语为媒介，从行动者、情境和策略三个维度来考察我国贫困地区学生营养改善议题的社会建构逻辑，体现出结构与能动要素、宏观与微观视角的结合，能够更为深入地理解"农村义务教育学生营养改善计划"得以颁布的因果机制。王庆华和张海柱（2012）在社会建构论的基础上，强调对于社会政策设计的完善，包括合理选择社会政策设计的要素以及重构社会政策设计的过程模式即从反应性走向前瞻性两个层面。这意味着政策设计不仅要应对当前的问题，而且要预见未来可能出现的挑战，并提前做好准备。这种前瞻性的设计模式有助于提高政策的适应性和有效性。李金龙和武俊伟（2016）以社会建构理论来审视政策执行难问题，发现政策执行中关键要素失效、传统科层制制约及政策匣子封闭是政策执行难的主要原因，提出发掘社会知识价值、以社会互动来维持政策执行秩序、重视行政人员社会化学习以及注重政策执行过程，强化政策产出等对策，以期破除我国基层政府政策执行难的流弊，实现善治。

## 二　作为"追随者"的中国经验：沿着原有的理论脉络进行"中国式"论证

作为"追随者"的中国经验是指高度追随政策设计-反馈理论自身议程来开展中国政策过程研究，中国仅为设计-反馈理论提供了经验场域。依据原有的设计-反馈理论议题，可以将"追随"分为四类：第一类为社会建构改变目标群体决定政策设计议题；第二类为政策设计特征影响目标群体反馈效应议题；第三类为目标群体通过政策反馈调整政策设计议题；第四类为政策设计重塑目标群体引起政策变迁议题。

上述四类研究整体表现为：受到西方政策设计-反馈理论的高度驱动，呈现紧密"追随"的特征。从共同的理论贡献来看，中国经验仅仅为政策设计-反馈理论提供了经验场域。

1. 追随"社会建构改变目标群体决定政策设计"议题

这一议题关注的是社会建构如何影响目标群体，进而决定政策设计。社会建构指的是社会现象、观念和价值观是如何被构建和理解的。这些建构可以塑造或改变人们对特定群体的看法，从而影响政策制定者如何设计政策来满足或改变这些群体的需求和行为。中国学者在这一议题中展开了研究，如李文钊（2019）提到了政策设计对目标群体产生的物质和符号效果，这些效果会影响目标群体的政治态度和政治参与，从而可能引起政策设计的调整。丁淑娟（2019）研究了目标群体的社会建构对中国住房政策设计的影响，分析了如何通过社会建构来理解和解释住房政策的发展和变化，强调了社会建构在政策设计中的作用。张海柱（2011）讨论了社会建构理论如何影响政策设计，特别是目标群体的社会建构如何影响政策的制定和民主的促进。朱亚鹏和李斯旸（2017）讨论了目标群体的社会建构如何影响政策设计，特别是提到目标群体社会建构的不同类型（优势者、竞争者、依赖者、越轨者）影响政策设计的方式，强调了社会建构对政策设计的直接影响。何小舟和刘水云（2021）探讨了教师道德形象的建构与政策设计之间的关系，他们指出，教师道德形象的变迁从圣人化、妖魔化到人性化，与教师师德政策设计的调整密切相关。中国研究对这一议题的追随，为中国政策制定者更好地理解目标群体的需求和期望、设计出更符合社会需求的政策方案提供了中国思路。

2. 追随"政策设计特征影响目标群体反馈效应"议题

这一议题讨论的是政策设计的具体特征如何影响目标群体的反馈。具体地，政策设计特征可能包括政策的范围、强度、执行方式等；目标群体的反馈可能表现为接受、反对、适应或改变行为等；这种反馈效应可以为政策制定者提供调整和优化政策的依据。王培杰等（2022）基于"独生子女"政策的反馈效应分析，研究了政策设计如何影响民众的生育偏好。研究发现，政策设计越严格，民众对政策的认同度越高，其生育偏好与政策目标越一致，这表明政策设计在塑造民众观念方面发挥了重要作用。郑石明和薛雨浓（2023）探讨了政策如何通过其特征影响政治过程，进而影响目标群体的反馈效应。在较为全面地追溯政策反馈理论的起源、基本主张与研究问题的基础上，归纳出该理论的整体分析框架。总体而言，中国研究针对这一议题的追随，主要从政策设计特征，包括政策目标、政策工具选择等方面出发，理解政策如何通过其设计特征影响政治过程和目标群体的反馈。

3. 追随"目标群体通过政策反馈调整政策设计"议题

这一议题强调目标群体在政策制定过程中的能动性。目标群体通过反馈政策的实施效果，可以促使政策制定者重新考虑和调整政策设计，这种调整可能是为了更有效地实现政策目标，或者是为了更好地满足目标群体的需求。基于这一路径，中国学者王红波（2022）通过系统性的文献综述，归纳了政策反馈理论的发展历程、反馈机制和反馈类型，在此基础上，聚焦并分析了社会保障政策反馈的研究进展。他提出，对公民政治行为的塑造是社会保障政策反馈的关注重点，社会保障政策可以对公民的政治态度、政治参与等方面产生反馈效应，这一效应的大小和方向与福利国家类型、政策设计和政府在政策中的可见性有关。孟伦等（2022）在乡村政策信息传播过程中，发现农民对信息产生的反馈态度与行为对政策制定、更新与有效落实均具有重要作用，也有助于提升基层对政府的信任度和认同感。和经纬（Alex Jingwei He）等（2020）研究了中国城市居民对社会保险政策的态度反馈，通过比较不同城市的社会健康保险支持度，发现政策的资源效应、解释效应和个人学习效应共同塑造了个体对社会保险政策的支持度。唐啸（Xiao Tang）等（2018）重视政策反馈在政策设计中的作用，他们认为基于反馈结果调整和优化政策，可以形成良性的政策制定和执行循环。

通过这种方式，可以更好地理解和利用政策反馈，促进环境政策的持续改进和优化。Gang Tian 和 Wen-Hsuan Tsai（2023）认为，公众可以通过不同的政治参与渠道，包括上访、民主协商等，参与政策反馈，基于群众的反馈，政府可能对政策执行进行调整，以更好地适应地方实际情况和群众需求。中国研究针对这一议题的追随，从政策反馈的重要性、类型、反馈行为、态度、感知力等方面分析了目标群体的政策反馈效应，强调了目标群体在政策制定中的能动性。

4. 追随"政策设计重塑目标群体引起政策变迁"议题

这一议题关注的是政策设计如何能够重塑目标群体，从而引起政策变迁。政策设计可能改变目标群体的行为模式、价值观或者社会地位，这种改变可能会触发新的政策需求或挑战现有政策，导致政策的演变或更新。中国学者李斯旸、朱亚鹏（2021）认为，应该深入、系统、实证地分析目标群体社会建构的类型转换与政策变迁的内在机制，即哪些因素导致目标群体社会建构类型的政策发生变迁。已有研究考察了经济社会地位、社会动员能力、专业性知识和政治性机会等因素对某一目标群体社会建构变迁的影响，进一步的研究可通过比较分析的方式关注不同目标群体社会建构的变迁及其内在机制。另外，目标群体社会建构类型及其能力的差异如何影响政策变迁也值得关注。吴文强、岳经纶（2022）探讨了广东省医疗控费政策中分散化行动者如何通过"碎片化"政策反馈机制推动政策变迁，在这一过程中，公立医院根据资源效应和非正式关系表达利益和观点，政府内部不同行动者则根据部门立场和经验对反馈问题进行再解释，最后，他们提出分散化行动者在医疗控费政策中的互动会导致政策的渐进式改革。熊烨（2022）以中国义务教育阶段的"减负"政策为例，提出了一个"理念-工具"分层框架，认为理念和工具层面都存在正负反馈的可能，并且可能受到解释机制和资源激励机制的影响，这一研究强调了反馈机制在政策变迁中的复杂性和交互性。中国研究针对这一议题的追随，从目标群体的重塑、政策设计到政策变迁，将三者的关系置于不同政策领域、设计-反馈理论本身的发展趋势中开展研究，强调了在政策设计和实施过程中考虑目标群体反馈对于政策变迁的重要性。

中国的政治系统、政策系统以及社会文化系统与西方相比都存在明显的差异，中国学者结合中国政策过程实际，对这四类议题开展研究，进行

"中国式"论证。这不仅有助于增进学界对设计－反馈理论的系统认知，深化对政策的政治效应的理解，也有助于形成具有中国特色的设计－反馈理论，使之更加符合中国的实际情况。

### 三 作为"发展者"的中国经验：是否发生以及如何发生

作为"发展者"的中国经验是指在西方经典政策设计－反馈理论的基础上，利用中国经验去优化与修正政策设计－反馈理论以增强其理论解释力，包括要素嵌入、机制修正、拓展到其他政策过程理论等多种发展方式。尽管当下的中国经验并未完全满足预设的"发展者"角色，但需要特别说明的是：少量的中国经验仍试图将政策设计－反馈理论应用到中国的研究问题情境中，在理论上取得一定的拓展与推进，零散地实现了政策设计－反馈理论在中国情境的发展与尝试。

#### 1. 理论要素嵌入

设计－反馈理论的要素主要是目标群体的社会建构、政策设计、政策反馈与政策变迁。中国学者作为"发展者"在此基础上将新要素嵌入其中，提出新的分析框架来解决具体领域或政策过程理论，使其更符合中国实际的发展需要。

例如，蔡长昆、王玉（2019）将"制度"要素嵌入设计－反馈理论中，构建了"制度、话语框架与政策设计"的理论框架（见图3－10），分析了网约车政策设计过程中目标人群的社会建构机制及其对政策设计的影响，这项研究展示了政策设计如何通过社会建构影响政策收益和负担的分配，为理解中国政策过程中的观念影响提供了新的视角。

郭跃等（2020）将"行为"要素嵌入到政策设计－反馈理论中。他们从政策科学的话语体系与理论视角出发，通过挖掘已有政策科学理论中的"行为"要素，构建出"工具－叙事－反馈"的行为公共政策的研究框架。该框架有助于理解政策工具如何通过影响微观个体的观念和行为来实现政策目标，以及这些影响如何在宏观层面上对政策变迁产生影响，拓展了行为公共政策与政策设计－反馈理论的对话空间，同时也为把握宏观政策变迁的微观行为基础提供了新的视角。

张友浪和王培杰（2024）将多元要素（政策类型、分析角度、福利状态、关注议题和国家等）嵌入到设计－反馈理论中。他们提出，大众反馈效

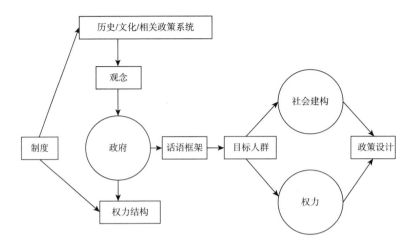

**图 3-10　制度、话语框架与政策设计：理论视角**

资料来源：蔡长昆，王玉."政策建构政治"：理解我国"顶层设计-地方细则"——以网约车政策过程为例［J］.甘肃行政学院学报，2019.

应会随着政策类型、分析角度、福利状态、关注议题和国家等因素的变化而变化。目标群体的反馈可以是直接的，如通过参与调查、提出意见或进行抗议；也可以是间接的，如通过改变行为或态度来表达对政策的看法。如果政策未能达到预期目标或产生了不良后果，可能需要对政策设计进行调整，以更好地满足目标群体的需求和期望。

2. 理论机制修正

设计-反馈理论的机制，包括目标群体的社会建构的机制、政策设计的机制、政策反馈机制与政策变迁机制，中国学者作为"发展者"在此基础上将各要素的机制进行了修正。

张友浪和王培杰（2023）修正了设计-反馈理论中的政策变迁机制。他们提出，政策反馈与机构变迁的过程机制解释了生育政策与其主管机构之间的"趋势一致性"演变逻辑，探索了政策与机构之间的相互作用关系，这有助于理解中国机构改革的动力机制和演变路径。李毅（2019）也修正了设计-反馈理论中的政策变迁机制。他以中国网约车监管政策的演变为例，解释了社会建构类型转换如何引发公共政策变迁，探讨了内生和外生转换因素如何导致政策群体政治权力和社会形象的变化，进而影响政策过程和结果。同样，翟文康和邱一鸣（2022）在皮尔逊提出的解释和资源效应基础上，结合政策反馈研究最新的观点，整合了另外两种效应：演化和学习效应（见表3-5）。他们认为，政策可以通过解释、资源、演化和学习效应塑造未来的政治格局和政策制定，构成政策过程研究的新路径。与既有的设计-反馈理论不同，这一整合把历史或时间带入政策过程，使得政策的结构化作用在政策过程中显现出来，同时揭示出政策的二重性。

表3-5　政策反馈的四种机制来源

| | 纵向（时间） | 横向（主体） |
|---|---|---|
| 外部环境 | 资源依赖<br>（资源效应） | 对标比较<br>（学习效应） |
| 内部环境 | 路径依赖<br>（演化效应） | 认知塑造<br>（解释效应） |

资料来源：翟文康，邱一鸣. 政策如何塑造政治？——政策反馈理论述评［J］. 中国行政管理，2022.

### 3. 拓展到其他政策过程理论

设计-反馈理论也会结合相关的其他政策过程理论开展研究，中国学者作为"发展者"，结合间断均衡理论、经典政策议程设置理论、政策扩散、公共参与理论，提出了政策裁量与反馈模型以及"顶层设计-地方细则"的中国设计-反馈模式。

武晗和王国华（2020）将社会建构与政策设计框架嵌入间断均衡理论，构建了以行动者的社会建构为主体的政策变迁分析框架。他们以中国野生动物保护政策为案例，收集了相关政府部门的规章、公告以及社会各界的提案和呼吁等材料。研究发现政策企业家通过焦点事件产生的效应，策略性地对社会进行建构，从而影响决策者的观念认知及政策设计，推动政策变迁。进一步地，他们强调了观念及社会建构等符号性因素在政策过程中的重要作用，并揭示了其影响政策变迁的作用机制。

张勇杰（2019）通过借鉴经典政策议程设置理论，对目标群体社会建构和政策设计框架的"目标群体命题"做了进一步理论扩展和实践应用。研究认为，从目标群体的社会建构迈向最终公共政策的过程，需要从目标群体属性、制度环境、行动者及其话语策略来探寻政策议程转化的理论条件。在这个过程中，社会中不同的行动者基于一定的制度环境，通过运用各种话语策略将自己赋予目标群体的理念进行包装与推销，在形成主导性话语优势和"社会意义"的基础之上，使得与目标群体相关的社会问题能够成功地引起决策者的注意，纳入政府议程，最终实现"观念"的制度化。

徐增阳等（2021）结合政策扩散理论，通过积分制政策的案例，研究了社会建构如何影响社会政策的扩散。文章指出，一致政策和不一致政策在扩散过程中受到目标群体社会建构的影响，进而影响政策工具的扩散和政策价值的实现。

尹文嘉和唐兴霖（2014）结合传统公共参与理论，将社会建构下的公共参与视为主动的信息供给者，通过政府公共机构和公众对共同关注的问题进行协商，能更有效地"做好事情"。公众和政府以真正合作互动的方式共同定义和重新建构治理过程，联合政策设计和有效实施公共服务供给方案，从而使公众与公共行政者之间的关系呈现一种理想的互动。

赵静（2022）结合政策裁量与反馈模型，通过分析中国转型期经济领域的四个重要改革案例（资源产权改革、房地产调控政策、资本市场改革、能源设施建设），探讨了政策属性如何塑造执行协商，进而影响政策效果。

蔡长昆和王玉（2019）结合"顶层设计-地方细则"的模式，在研究中国网约车政策的过程中，探讨了中央政府如何通过调整目标人群的话语框架，在顶层设计与地方细则之间实现政策的整体性回应。研究表明在政策建构政治的过程中，目标群体的社会建构对政策设计具有重要影响。

纵观设计-反馈理论的中国研究，学者们的工作为设计-反馈理论在中国的发展奠定了基础，但仍需更多的研究和创新，以形成具有中国特色的设计-反馈理论体系。随着中国政策环境的不断变化和政策实践的深入，预计会有更多的学者加入这一领域的研究，推动理论的本土化发展和应用，为中国政策研究和实践提供更深刻的理论支持和指导。

## 第四节　评估与展望

### 一　理论使用的完整度

就当前的中外文献来看，政策设计-反馈理论使用的完整度仍然不高，理论要素的综合使用还有待加强。首先，由于设计-反馈自身理论所涉及的理论要素多，并且较为分散，在理论使用时也容易造成完整度不高的现象。其次，政策设计-反馈理论主要采取案例研究法，案例研究具有有限性，能够包含所有理论要素，并且完整呈现的案例并不多，这也为理论使用的完整度的提升造成了困难。最后，设计-反馈理论中各理论要素之间的关系还有待进一步梳理，各要素之间容易产生交叉、重叠、分离等现象，无法有效整合，从而造成理论使用完整度不高。因此，对于政策设计-反馈理论使用的完整度，学者们仍需理清思路，厘清各理论要素之间的逻辑关系，以期为中国经验研究提供知识性指引。

## 二 理论发展的层次

我们选取"使用者""追随者""发展者""建构者"四个维度对现有政策设计-反馈理论的中国经验研究进行评估。研究发现，现有文献中以使用者、追随者、发展者为主，建构者缺如。这意味着，当前中国的设计-反馈理论研究仍然以西方的理论框架为主，还是利用西方框架去验证中国不同领域的政策过程，抑或是将其应用于中国案例中。对于开展"发展者"层次的理论研究，还需要学者们进行进一步深耕，着力开展理论的中国化研究，以提升理论本身及其应用的发展层次。

## 三 方法论的严谨性

从现有的文献来看，政策设计-反馈理论研究所采用的研究方法以案例研究为主，其次是理论阐释（文献综述）研究，少量量化研究，其他研究方法几乎为零。从资料收集和资料分析的方法来看，资料收集以"二手数据"为主，少有"访谈"和"观察"；资料分析以"统计分析""内容分析"为主。总体而言，研究方法还是比较缺乏严谨性。这并不是意味着定性研究就不严谨，定量研究就一定严谨。从研究方法的选择来说，需要根据主题、内容、研究设计等需要出发，选择恰当的研究方法。在条件允许的情况下，尽量采取定性与定量相结合的研究方法，收集第一手资料，通过多样化的方法进行资料分析，以有效提升方法论的严谨性。

## 四 中英文的状态

从现有的文献来看，有关政策设计-反馈基础理论的英文文献较多，中文文献对这一政策现象的关注不足。另外，在有限的关于中国经验的中英文文献中，英文文献只有3篇。总体来说，当前一方面需要加强政策设计-反馈理论中文文献的研究，另一方面要加强政策设计-反馈理论中国经验的英文研究。以期完善并发展设计-扩散理论，并加深中国经验与国外研究之间的交流与对话。

## 五　类似于"概念"/基础模型的"内卷"程度

就目前的文献来看，类似于"概念"/基础模型的"内卷"程度不高，首先是由于政策设计-反馈理论的成果比较少，可参考的范围有限；其次，政策设计-反馈理论的成果质量参差不齐，研究主要停留在"使用者"和"追随者"阶段，缺乏"发展者"和"建构者"；最后，虽然研究者们都较为重视设计-反馈研究，但是研究学者在人数、机构、团队等方面都相对比较薄弱。因此，要提升其"内卷"程度，还需要学者们进一步重视公共政策研究的观念转向。

# 结　语

政策设计-反馈理论经过20余年的发展，已经从一个概念逐步实现理论化，这主要归功于其在政策过程研究和实践导向的政策分析方面都具有较高的理论贡献和研究潜力。首先，设计-反馈理论为政策过程研究提供了新的视角。长久以来，关于目标群体的社会建构如何引起政策变迁这一问题一直没有形成一个完整的分析框架。设计-反馈理论打破了单纯从政治行动者等外部因素的角度讨论公共政策的局限性，调和了政策过程研究一直以来在研究视角上的失衡，增强了政策过程研究对于现实世界的理解及解释力。其次，政策设计-反馈理论为目标群体的社会建构、政策设计与政策反馈理论增添了新维度。既有研究中的分析框架还未能全面厘清目标群体的社会建构、政策设计、政策反馈与政策变迁之间的复杂互动关系，还未形成一个有效的循环，以解决政策过程中的现实问题。而政策设计-反馈理论的研究透彻分析了四者之间的逻辑关系：目标群体社会构建如何影响他们的政治态度与政治参与行为，以及这些行为如何转化为公共政策；政策设计特征如何影响目标群体的反馈效应；政策反馈效应影响政策设计的具体机制；政策设计-反馈如何引起目标群体政策变迁及其内在机制。最后，政策设计-反馈提供了一个目标群体社会建构影响政策变迁的动态理论模型。这一理论模型有效解决了目标群体的社会建构如何引起政策变迁的问题，为政策过程研究提供了一个富有解释力的分析框架。

然而，政策设计-反馈理论在贡献新的理论洞见和现实解释力的同时，也面临着一系列挑战。尽管政策设计-反馈理论已通过多种研究方法应用于多个政策领域的研究中，但从文献分析的结果来看，既有研究在以下几个方面的发展并不均衡。

第一，政策设计-反馈理论研究总体上数量较少，理论使用的规范性有待提升。从总体数量来看，中文文献中有关政策设计-反馈的研究较少，特别是关于中国政策过程、政策领域的研究论文量仅有 37 篇，在中国公共政策研究文献浩如烟海的背景下，政策设计-反馈理论的研究处于相对弱势的地位，理论研究的规范性也有待进一步提升。

第二，政策设计-反馈理论研究仍停留在"使用者""追随者""发展者"阶段，"建构者"缺如。从本章的理论评估维度来看，政策设计-反馈理论的中国研究以"使用者""追随着""发展者"为主，尚未出现"建构者"。当前研究对政策设计-反馈理论的要素、过程和机制的讨论并不充分，且并未联系中国的政策经验做出理论创新，因此，中国政策设计-反馈理论的研究任重而道远，需要更多的学者关注政策设计-反馈议程，增加相关案例研究。

第三，政策设计-反馈理论的研究方法较为单一，需要更为综合的研究方法。当前研究方法以案例研究为主，少有量化研究。政策设计-反馈理论需要案例研究与量化研究相结合的综合分析方法，以提升研究的科学性、严谨性以及有效性。

第四，学者们对政策设计-反馈理论研究的重视程度不足。如前所述，从总体的研究情况来看，政策设计-反馈理论在中国公共政策研究中处于弱势地位。这一方面与理论本身在概念、话语互动上的壁垒有关，另一方面，我们可以认为，政策设计-反馈理论在一定程度上受到了中国学者们的忽视。政策设计-反馈理论期待更多的中国学者克服对传统研究与"结构"要素的过分关注，以期公共政策研究中有关于观念、能动的研究得以延续和繁荣。

　　另外，本章的研究还存在一定的局限性。首先，文献的搜集工作可能未能穷尽，不能避免遗漏的情况；文献编码依赖于主观判断，核心议题的梳理可能有所偏颇。有鉴于以上两点，文献评估工作的全面性恐有不足，这些不足将在今后的研究中予以完善。虽然本章的理论评估工作带有主观判断的色彩，但这一方法上的缺陷掩盖不了政策设计-反馈理论的中国研究仍亟待加强的客观事实。当前，中国的公共政策研究已经进入了多种理论相互交流借鉴、发展的阶段，各理论的政策变迁研究不是孤立的事业，而是发生在积极对话的大环境下。政策设计-反馈作为一种极具生命力的、解释政策过程的理论视角，期待更多的中国学者参与研究，更好地发展中国的政策设计-反馈理论，以实现理论中国化的突破。

# 第四章　倡导联盟框架：中国政策情境的
## 知识进展与评估

## 引　言

倡导联盟框架（ACF）是公共政策研究的主流分析框架之一，由萨巴蒂尔等人在批判和反思传统政策过程理论的基础上提出。这一框架以"信念是个体行动的主要动力"为核心假设，主要研究政策变迁，并在多元的政治体制和政治文化环境中得到广泛应用。作为一种政策过程的因果理论，它为政策学者研究倡导联盟、政策导向学习和政策变迁相关议题提供了重要的理论基础（Kyudong and Weible，2018）。随着该框架的不断发展，以及在不同的背景和案例中通过假设检验来持续完善理论核心（Pierce et al.，2017），倡导联盟框架已发展成为最具影响力和发展潜力的政策过程理论之一。

倡导联盟框架的独特潜力为中国政策过程研究提供了重要的见解。该框架能够捕捉围绕政策制定过程中的持续互动、技术信息的政治使用、相互冲突或协调的信念以及政府内外行为者对环境变化的应对策略（Li and Weible，2021）。大量基于中国政策过程的研究开始利用倡导联盟框架来解释中国政策过程的经验，并将其广泛应用于政策制定、政策变迁等相关议题中。20多年来，国内外学术界对倡导联盟框架理论的运用、检验和评价不断深化，这些努力催生了大量研究文献的涌现。在这股浪潮中，倡导联盟框架逐渐成为重要的理论和实践话题，吸引了众多学者的参与讨论。

作为一种通用的理论框架，一方面，倡导联盟框架因其解释力的普遍性，中国无法"置身事外"；另一方面，中国的体制性特征促使中国的政策过程研究需要对倡导联盟框架进行创新和修正。在这样的背景下，倡导联盟框架在中国的应用，有助于我们理解在西方背景下发展起来的关于倡导联盟、政策导向学习和政策变迁的理论和假设，在多大程度上可以应用于中国的政治体系。进一步来看，随着倡导联盟框架本身的持续发展和完善，诸多学者提出以下问题：在实践中，倡导联盟框架的应用是否符合其理论预设、愿景和指导方针？该框架能否超越学术领域，为实践和公众提供更多启示（Jenkins-Smith et al.，2014）？其逻辑能否帮助人们从战略上影响政策过程？实践者能否从该框架中汲取经验，以增强或削弱改善社会政策进程的能力？（Weible and Nohrstedt，2012）？目前，这些问题的答案暂无定论。

由此可见，倡导联盟框架与中国政策过程研究之间是相互促进的。倡导联盟框架为中国政策过程提供了分析工具，帮助我们更好地理解中国政策的发展历程，深入了解中国政策制定的内部机制、政策优先事项以及决策过程。同时，通过将倡导联盟框架运用于中国政策过程研究，可以为倡导联盟框架的验证、修正和拓展等提供经验场域，借助不同政治文化背景去探析中国的独特政治、经济和社会背景，为西方学者提供不同的案例来考察该框架的普遍性和适应性。鉴于此，评估倡导联盟框架的解释价值、进一步发展和明确倡导联盟框架的概念、解决倡导联盟框架在应用过程中是否需要对核心假设以及制度背景进行再适应的问题，都将推动倡导联盟框架理论的累积发展，并鼓励我国公共政策过程研究与公共政策实践的科学发展。所以，无论是倡导联盟框架独具魅力的逻辑假设与广泛的解释力，还是其内在的局限和争议，都吸引我们去探索它是否适用于解释中国的政策过程，如何在中国发展和检验该框架，以及如何平衡在中国实践中经常遇到的理论困顿。

基于此，通过对中国政策研究中对倡导联盟框架使用文献的系统分析，本章的核心问题是：哪些学科涉及倡导联盟框架的研究？这些研究的基本特征是什么？这些研究对于该框架理论的知识增长有什么作用？或者，这些研究在解释、发展倡导联盟框架理论中扮演了什么角色？在此基础上，目前我国倡导联盟框架理论处于怎样的理论发展阶段？对于未来的倡导联盟框架，以及中国的政策过程理论框架的建构来说，这些进展可以为我们提供什么样的帮助？或者说，中国在多大程度上实现了理论跨越，成为理论供给者了呢？

为了回应这些问题，本章安排如下。一是引言，提出本章的研究问题，即为什么要做倡导联盟框架的评估及其与中国政策过程研究的关系。二是倡导联盟框架概述，通过对倡导联盟框架的产生背景、发展嬗变、主要内容等进行系统回溯，揭示倡导联盟框架发展历程的整体特点和核心理论要素，为后续评估其在中国政策过程研究中的应用奠定基础。三是中国经验与倡导联盟框架的"碰撞"，在简要介绍倡导联盟框架如何被中国学者引介的基础上，以多维度、多方视角、多层次分析倡导联盟框架在中国政策过程研究中的应用。四是中国经验在倡导联盟框架中扮演的角色。五是中国应用倡导联盟框架的全面评估，以多角度分析解构倡导联盟框架在中国不同领域中的解释力与局限性。最后，对本章主要内容进行总结，并就未来研究走向提出展望。

# 第一节　倡导联盟框架概述

## 一　倡导联盟框架的产生背景

倡导联盟框架产生的背景纷繁复杂。从实践层面看，"政策倡导者联盟需要放在它所赖以产生的政治文化环境，也就是美国的政治文化环境中加以考察"（黑尧，2004）。倡导联盟框架发源于美国三权分立的政治体制，并试图解释美国政策剧烈变革的现象，其特点是利益集团和政府实体之间为影响公共政策而进行的多元化斗争（Li and Weible，2021）。从理论层面来看，保罗·萨巴蒂尔（Paul Sabatier）和詹金斯·史密斯（Jenkins-Smith）不遗余力地对政策分析中的"教科书方法"——阶段启发式方法——进行了系统清理和批判（Jenkins-Smith and Sabatier，1994）。尽管这种方法对政策过程研究做出了卓越贡献，但也存在一定局限性。作为一种类型学，政策过程理论受到内在的法律主义、自上而下的关注，忽视了其他重要参与者（如基层行政人员）的倾向，缺乏潜在的因果理论以及对模式进行确认、修改或阐述的手段。政策过程理论只能狭隘地关注一项政策，但政策联盟在多个政策中运作，仅仅关注一项政策很难解释倡导联盟在跨政策系统之间的互动（Weible et al.，2009）。正是这些缺陷，促使"自下而上"的政策执行研究学者发展出更具概念整合性和实证性的政策过程理论。在此背景下，倡导联盟框架的提出被视为一种基于子系统的政治行为和政策变迁理论，有意避免对政策过程进行线性描述，成为重要的政策过程理论之一。

## 二　倡导联盟框架的发展嬗变

倡导联盟框架创建于 20 世纪 80 年代初（Sabatier，1998；Jenkins-Smith et al.，2014）。倡导联盟框架最早于 1986 年提出，萨巴蒂尔试图结合"自上而下"和"自下而上"的执行路径（Weible and Jenkins-Smith，2016；Sabatier，1986），将其运用到政策变迁和政策学习的分析中（Sabatier，1991）。到了 1988 年，萨巴蒂尔将政策子系统内倡导联盟的信念系统作为理解政策分析在政策导向学习中的作用，以及此类学习反过来对政府计划产生影响的关键工具（Sabatier，1987；1988），并作为监管机构政策制定的一种替代理解方式（Sabatier and Pelkey，1987）。该版本分析框架的基础主要来自社会心理学和科学哲学的理论，以及对加利福尼亚州和内华达州边界太浩湖淡水湖环境保护主义者和土地开发商之间冲突的实证分析（Bandelow，2015），强调人类感知和认知偏见的关键作用。倡导联盟框架超越了对政策过程理论的最初批判，逐渐发展成为跨问题领域和不同体制背景中应用最频繁的政策过程框架之一。

随着倡导联盟框架不断被应用，1993 年，保罗·萨巴蒂尔和詹金斯·史密斯共同对该框架进行了批判性评估和修订（Sabatier and Jenkins-Smith，1993）。1994 年，他们回顾了不同作者在分析加拿大教育以及美国交通、电信、水、环境和能源政策的六个案例中对倡导联盟框架的使用情况，并根据这些案例研究评估了该框架的优缺点（Jenkins-Smith and Sabatier，1994）。在他们看来，倡导联盟框架是公共政策分析中最富有成效的模型之一，它不仅解释了政策的稳定性（Mintrom and Vergari，1996），而且承认了基于工具理性的框架对集体行动的解释，并更充分地挖掘了工具理性框架的潜力（Schlager，1995）。同时，倡导联盟框架提供了一种方法来简化围绕政策结果的政治复杂性，成为政策过程中使用最广泛的框架之一，并引起了欧洲政策学者的兴趣（Sabatier，1998）。

倡导联盟框架是公共政策学者广泛应用的理论框架，在全球范围内数百次应用于各种政策问题。在此过程中，倡导联盟框架系统性地吸收了实践经验，并将这些经验纳入了理论考虑。自 1999 年以来，《政策过程理论》

经过五个版本的扩展，① 倡导联盟框架也相应地修正了五次。② 事实上，继March 和 Olsen（1996）之后，倡导联盟框架承认了两种规范推理系统：一种是"适当性逻辑"，其中正确的行为意味着遵循规则；另一种是"后果逻辑"，即正确的行为涉及最大化良好后果。这反映了社会学家和经济学家之间的经典冲突（Sabatier，2007）。在1999年版中，倡导联盟框架对"信仰"的范畴和内涵进行了明确定义，使其更符合实际的政策要求，从而降低了信仰概念的抽象性，提高了其清晰性和严密性。2007年版是从事演绎理论和归纳实证分析的公共政策学者长期合作的产物（Nohrstedt，2011），萨巴蒂尔和克里斯托弗·M. 韦伯（Christopher M. Weible）鼓励对倡导联盟框架感兴趣的研究人员探索其假设的行为和政策后果，并检验、应用和扩展这些假设（Sabatier and Weible，2019）。2009年，倡导联盟框架开始被应用于跨不同地理区域的各种实质性主题，并可与其他政策过程理论和框架（包括阶段启发式）结合使用（Weible et al.，2009），逐渐向一个综合框架发展。利用已经建立的一套共同的前提和概念，倡导联盟框架可以为对政策学习感兴趣的研究人员提供新的见解（Janaina and Diego，2020）。总之，倡导联盟框架已成为研究政策过程最成熟、应用最广泛的框架之一（Weible and Jenkins-Smith，2016）。

## 三　倡导联盟框架的主要内容

### 1. 构成要素

倡导联盟框架主要有五个构成要素（如图 4-1 所示）：相对稳定的参数、子系统外部事件、长期联盟机会结构，子系统行动者的约束和资源以及政策子系统。

图 4-1 左边是两组外生变量，其中一组相对稳定，另外一组比较活跃，它们能够影响右边子系统参与者的约束和资源；右边的子系统又会反向影响"外部事件"；"相对稳定的参数"与"子系统外部事件"也会相互影响。稳定的参数影响外部事件和长期联盟机会结构，机会结构也会影响外

---

① 《政策过程理论》的五个版本分别为：Paul Sabatier, and Jenkins-Smith, 1999; Paul A., Sabatier, 2007; Paul Sabatier, Christopher Weible, 2014; Christopher Weible, Paul A. Sabatier, 2018; Nohrstedt D., Ingold K., Weible C. M., et a, 2023。

② 倡导联盟框架修正的五次时间：1999、2006、2014、2017、2023。

部事件。长期联盟机会结构和外部事件是由短期约束和资源介导的。

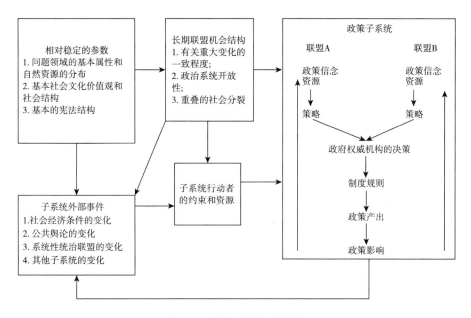

**图 4-1 倡导联盟框架结构**

资料来源：Jenkins-Smith, Hankand Nohrstedt, Daniel and Weible, Christopher and Ingold, Karin. (2018). The Advocacy Coalition Framework: An Overview of the Research Program.

相对稳定的参数包括问题领域的基本属性、自然资源的分布、基本社会文化价值观和社会结构以及基本宪法结构。这些稳定的外部因素在十年左右的时间内难以发生变化，因此很少为政策子系统内的行为或政策变化提供动力。子系统外部事件是倡导联盟框架的基本组成部分，也是政策变化的主要途径，包括社会经济条件的变化、公众舆论的变化、系统性统治联盟的变化以及其他政策子系统的变化。这些是影响子系统参与者行为的关键要素：在十年左右的时间，倡导联盟框架假设其中一个动态因素的变化是重大政策变化的必要条件（Sabatier and Jenkins-Smith，1993）。长期联盟机会结构会影响联盟的数量与成员，以及不同联盟成员为实现政策目标而达成的共识程度，该变量通过影响子系统行动者的约束和资源来影响最后的整个子系统。

政策子系统是理解政策过程的主要分析单元，存在于具有相对稳定参数和子系统外部事件的生态系统中。该子系统由"来自各种公共和私人组织的积极关注政策问题并经常试图影响该领域公共政策的参与者组成"（Nwalie，2019），其被概念化为相互竞争的倡导联盟之间互动的舞台，通常有数百个参与者。这些参与者被简化为具有等级信念、资源、战略和协调等属性的联盟，包括但不限于来自任何级别的政府或政府机构的官员，社会组织的代表，学术界、咨询机构和智库的专家，与主流新闻媒体合作的记者和独立博主，以及没有任何正式组织关系的积极公民（Jenkins-Smith and Sabatier，1994；Weible and Jenkins-Smith，2016）。整体上来看，倡导联盟框架的基本战略就是根据信念体系的结构来预测；随着时间的推移，信念转变和政策变迁就可能发生。

2. 基本预设

倡导联盟框架的因果逻辑和假设建立在以下一系列前提的基础上：①科学和技术信息在政策过程中的核心作用；②从 10 年或更长时间角度来理解政策变化，这些政策在很长一段时间内都可以保持稳定；③以政策子系统作为理解政策变迁的主要分析单位，关注子系统中的参与者所形成的倡导联盟之间的互动；④广泛的子系统参与者，不仅包括传统的"铁三角"成员，还包括各级政府官员、顾问、科学家和媒体成员等；⑤政策和计划被视为信念体系的体现，即政策和计划被归纳为信念体系。在这些假设中，没有刺激因素，政策变化就不会发生（Weible et al.，2009）。同时，倡导联盟框架明确地将信念确定为政治行为的因果驱动因素。倡导联盟框架是关于倡导联盟、政策变迁和政策学习的一组假设，这些假设都是基于这样一个前提，即维系联盟的主要黏合剂是在政策核心信念上达成一致。

3. 倡导联盟

作为一种概念和理论，倡导联盟是该框架的基石（Weible et al.，2020）。该框架的核心信念认为，政策变迁通常是几个倡导联盟互相竞争的产物（黄文伟，2012）。倡导联盟最重要的整合力量不是相同的利益而是相同的信念体系，他们有着一套共同的规范和因果信念，并且经常采取一致行动。在倡导联盟框架中，倡导联盟可以被认为是"故事组"或叙事同胞，信念作为故事情节嵌入到这些故事组中，并通过特定的框架或过滤器进行构建（Leong，2015）。倡导联盟框架强调联盟的形成过程，使公共政策学者能够了解政治行为者如何相互接触，目的是将他们的政策信念和立场转化为公共政策（Satoh et al.，2023）。

每个联盟的成员都有一个独特的、等级结构的信仰体系，分为三个层面：深层核心信念、政策核心信念和次要信念，这些层面可以通过其范围和内容来区分（Sabatier，1988）。跨越所有政策子系统的基本规范和本体公理被定义为深层核心信念，这是一种根深蒂固的信仰，而不是政策特有的，一般极难改变。政策核心信念涉及基本政策选择和因果假设，是联盟的基本黏合剂，受政策子系统约束和关注，与政策子系统的领域和主题范围有关，可以是规范性的和实证性的。虽然政策核心信念非常稳定，但对比深层核心信念而言，前者更容易发生变化。在最具体层面上是次要信念。政策核心信念包含政策行动者的一般政策目标，而次要信念则包含实现这些政策目标的手段以及关注政策子系统的一部分信念。相比深层核心信念和政策核心信念，次要信念最有可能改变，在某些情况下是谈判和妥协的重点。

4. 政策学习

政策学习等同于策略更新。它是一种认知和社会动态，从各种经验和互动中产生的新信息和知识可以引起政策行为者的信念和偏好的持久改变，这些改变与政策目标的实现或修订有关（Sabatier，1998）。"在一定意义上可以说，正是由于价值观的冲突才产生了政策学习"（Stewart，2006）。政策学习是政策僵局的产物，政策僵局引导着政策学习，从而为政策改善和政策和解创造条件。

萨巴蒂尔进一步提出，政策学习发生须具备三个条件，即冲突的程度、问题的可分析性、政策论坛的存在和性质（萨巴蒂尔，詹金斯·史密斯，2011）。在政策僵局中，不同的支持联盟为扩大自己信念体系的影响力，需要借助各种论坛平台与竞争对手进行对话和辩论，并吸收对方信念体系中的合理因素，这个过程被称为政策取向学习（周进，2010）。学习一致性是诱发政策变化的重要条件，衡量的是政策行为者对政策的偏好与他们对政策结果的信念调整之间的一致性。不同联盟间的冲突战略通常由第三方行为者调解，将其称为"政策经纪人"，他们主要关心的是进行合理妥协以减少激烈的冲突。毫无疑问，学习的结果能够推动占主导地位联盟的外层信念体系和政策核心体系发生一定程度的改变和调整，最终实现政策产出与有效实施（Sabatier，1988）。

5. 政策变迁

倡导联盟框架明确指出，政策变迁分为主要方面和次要方面，前者涉及政府项目的政策核心变化，后者涉及次要层面信仰的变化，为衡量政策变迁的程度提供了一个明晰的指导方法（朱春奎等，2012）。"政策变迁的直接动因源于政策取向学习、相对稳定变量与政策子系统外部事件三种力量共同作用的结果。"（姚佳胜、方媛，2020）在倡导联盟框架内，政策的形成和变化是政策子系统内相互竞争的倡导联盟的功能（Schlager，1995），反映了获胜联盟的政策信念。在詹金斯－史密斯等人、萨巴蒂尔和克里斯托弗·韦伯看来，倡导联盟框架中自下而上的政策变化主要有四种途径：子系统的外部扰动或外部事件、子系统的内部事件、政策学习和谈判协议（Jenkins-Smith et al.，2014；Sabatier，2007）。1993 年，萨巴蒂尔和詹金斯提出第五种自上而下的主要政策变迁途径，即由上级辖区强加的变革（Sabatier and Jenkins-Smith，1993）。

6. 理论假设

迄今为止，倡导联盟框架的结构和理论假设基本完善并趋于稳定，并在实际案例分析中不断地被修正和完善。倡导联盟框架包括三类理论假设（见表 4-1）：倡导联盟假设（5 个）、政策导向学习假设（5 个）和政策变迁假设（2 个）。具体来说，倡导联盟假设详细地解释了信念系统的结构和稳定性以及政策学习过程（Schlager，1995），政策导向学习在解释政策变化方面扮演了关键角色。倡导联盟框架的学习理论强调四类解释因素（论坛属性、联盟之间的冲突程度、刺激因素的属性、参与者的属性）（Jenkins-Smith et al.，2018），这些因素对联盟成员的信仰转变和相互认同具有显著影响，有助于在不同信仰体系之间（两个不同联盟）搭建政策学习与交流的桥梁。政策变迁是倡导联盟框架的终极因变量（朱春奎等，2012）。

表 4-1　倡导联盟框架假设

| | |
|---|---|
| 倡导联盟假设 | 联盟假设 1：在政策子系统内的重大争议中，当政策核心信念存在争议时，盟友和对手的阵容在十年左右的时间里往往相当稳定 |
| | 联盟假设 2：倡导联盟的行动者将在与政策核心有关的问题上表现出实质性的共识，尽管在次要方面共识较少 |

续表

| | |
|---|---|
| 倡导联盟假设 | 联盟假设 3：行动者（或联盟）在承认政策核心的弱点之前，将放弃他们的信念体系的次要方面 |
| | 联盟假设 4：在一个联盟中，行政机构通常会比其利益集团盟友主张更温和的立场 |
| | 联盟假设 5：与物质群体的行为者相比，目的群体的行为者在表达信仰和政策立场时受到更多限制 |
| 政策导向学习假设 | 学习假设 1：当两个联盟之间存在中等程度的知情冲突时，最有可能进行跨信仰体系的政策导向学习。这就要求：①每个联盟都有参与这种辩论的技术资源；②冲突发生在一个信仰体系的次要方面与另一个信仰体系的核心要素之间，或者，发生在两个信仰体系的重要次要方面之间 |
| | 学习假设 2：当论坛具有以下特点时，最有可能进行跨信仰体系的政策导向学习：①有足够的声望，迫使来自不同联盟的专业人员参与；②由专业规范主导 |
| | 学习假设 3：与那些数据和理论一般都是定性的、主观的或完全缺乏的问题相比，有公认的定量数据和理论的问题更有利于跨信仰体系的政策导向学习 |
| | 学习假设 4：与纯粹的社会或政治系统相比，涉及自然系统的问题更有利于跨信仰系统的政策导向学习，因为在前者中，许多关键变量本身并不是积极的战略家，而且控制实验也更可行 |
| | 学习假设 5：即使技术信息的积累不会改变对立联盟的观点，它也会通过改变政策经纪人的观点而对政策产生重要影响，至少在短期内是如此 |
| 政策变迁假设 | 政策变迁假设 1：子系统外部的重大扰动、子系统内部的重大扰动、以政策为导向的学习、协商达成的协议或它们的某种组合是政府计划的政策核心属性发生变化的必要但不充分的原因 |
| | 政策变化假设 2：只要制定该计划的子系统倡导联盟仍在该辖区内掌权，该辖区内政府计划的政策核心属性就不会发生重大变化，除非该变化是由上级管辖区强加的 |

资料来源：Jenkins-Smith, Hankand Nohrstedt, Daniel and Weible, Christopher and Ingold, Karin. (2018). The Advocacy Coalition Framework: An Overview of the Research Program.

## 四 倡导联盟框架的理论图景与实践样态

"有效的政策过程理论能否存在、产生和发展，取决于理论和实践对话的有效性。"（王春城，2010）作为重要的政策过程理论，倡导联盟框架的形成和发展都受到实践需求和理论演进的双重影响。实践推动理论形成，而理论的演进又反过来影响实践。倡导联盟框架的理论谱系，包括文化理论和理性选择制度主义，二者构成了其理论基础。在实践层面进行倡导联盟框架的应用场景分析，有助于加深对该框架运作机理的理解。通过梳理倡导联盟框架的理论图景和实践图景，可以更深刻地把握倡导联盟框架的本质规律。

1. 理论图景

（1）文化理论。文化理论也称为"网格/群体文化理论"，由英国著名人类学家玛丽·道格拉斯（Mary Douglas）于 20 世纪 70 年代提出，是一种建构主义理论，目的是解释与风险有关的社会冲突。该理论的核心原则是：个人更喜欢的社会互动模式传播一系列世界观或"文化偏见"，这些偏见反过来又塑造他们的信仰、态度和行为（Ripberger et al.，2014）。对基本社会关系偏好和信念表述成为深层核心信念的性质和内容的候选理论。文化理论提供了一个连贯、可概括和可测量的信念描述，即社会关系应该如何构建，其特征是一组独特而有限的内部连贯的世界观。鉴于文化理论的多样性，它已被应用于解释从环境和经济政策到公共卫生和国家安全问题等多个不同的政治领域。因此，文化理论的显著成就之一是它可移植到广泛的公共政策问题领域（Jenkins-Smith et al.，2014）。

在某种程度上，倡导联盟框架和文化理论是互补的，二者共同持有的信仰和价值观是建立联盟的基础性条件。作为倡导联盟框架的配套理论，文化理论在解释子系统随时间推移的政策变化和学习、增强信仰系统的概念连贯性和解释范围上具有前景（Jenkins-Smith et al.，2014；Sotirov and Winkel，2016），为进一步阐明倡导联盟框架提供了理论支撑。文化理论对倡导联盟框架的启示在于：联盟内部的学习受到文化偏好的约束，同一联盟内会同时存在不同团体，同一联盟内的政党存在非均衡关系。

（2）理性选择制度主义。作为新制度主义的一个分支，理性选择制度主义肇始于 20 世纪 80 年代，源于对行为主义和理性选择理论的批判反思，是理性选择理论与制度理论的一种联结，广泛应用于政治学、经济学、社会学等领域（李文钊，2016）。理性选择制度主义的主要分析工具是产权、交易成本和寻租理论。从经济人假设出发，理性选择制度主义着重分析了集体行动的逻辑，认为理性个体的行动可能导致集体非理性，自利动机下集体物品会存在供给难题；在利益算计逻辑下，制度是降低交易成本的有效机制（丁煌、梁健，2022）。对于拥有完整信息的倡导者而言，他们可以很容易地权衡各种策略成本和收益，但有限理性的行为者则不会（Luxon，2017）。因此，制度实际上是用于预测和保障行动者偏好和行为的确定性的一种激励结构（丁煌、梁健，2022）。

整合倡导联盟框架、文化理论和理性选择制度主义，在一定程度上有助于弥补对政策过程的解释性不足，尤其是为解释个体行为动机、偏好形成、制度设计和变迁提供了更为全面和深入的理论视角（张继颖、孙柏瑛，2020）。

2. 实践样态

（1）政策领域的运用。为深入了解各种具有地理和政治多样性的领域的政策过程，倡导联盟框架被用来分析实质性政治冲突和具有高技术复杂性的案例。作为政策变迁的主要理论，该框架已经在全球多个地区的政策实践中得到实证检验，包括北美洲、欧洲以及亚洲（Pierce et al.，2020）。倡导联盟框架最初应用在美国的环境及能源问题上。1994 年，詹金斯·史密斯和保罗·萨巴蒂尔在通过对加拿大教育政策以及美国在交通、电信和水资源等领域的六个案例研究，证实了倡导联盟的存在（Jenkins-Smith and Sabatier，1994）。倡导联盟框架不仅被用来理解不同国家背景下的政策动态（Kyudong and Weible，2018），还对议会制度、东欧国家和欧盟动态政治的适用性做出了有力解释（Sabatier，1998），这与 Sabatier 和 Weible 的观点一致，他们认为倡导联盟框架适用于三权分立、法治和技术专家齐备的民主国家（Nwalie，2019）。如今，该框架已被广泛应用到金融（经济）、社会福利、灾害和危机管理、教育（Weible and Jenkins-Smith，2016）、外交和国防、公共卫生和移民（Pierce et al.，2020）以及协作政策中（Koebele，2018）。

（2）研究方法的使用。倡导联盟框架的研究通常配合案例研究、内容分析和调查研究三种方法（Ripberger et al.，2014），其中，绝大多数研究应用了多样化的数据收集和分析方法（Pierce et al.，2020），主要数据源于二手文本，包括备忘录、公报、发布的新闻、工会和团体决议、参议院和众议院公开听证会的记录、大众媒体报道、演讲以及工会/机构提交的材料。

研究方法的选择取决于具体的理论问题，除了内容分析法（Nwalie，2019），也有研究使用定性和定量方法对倡导联盟框架的信仰系统进行建模（Sabatier，2007）。

## 五 倡导联盟框架的检验与评估

### 1. 倡导联盟框架的优势与局限性

（1）倡导联盟框架的优势。倡导联盟框架具有一定的可塑性。第一，该框架明确了一般概念，并提供了概念的理论和操作化清晰度，为区分"主要"和"次要"政策变化提供了明确的标准，即主要变化是政府计划的政策核心方面的变化，而次要变化是次要方面的变化（Sabatier，1998；Pierce et al.，2020）。第二，倡导联盟框架提供了一个理解政策演变的视角。政策演变不是一个单一的时间点，而是一个没有开始或结束的过程，从而避免了将政策视为具有明确起点和终点的线性"阶段"的局限性。第三，就理论的可推广性而言，倡导联盟框架在不同背景下具有高度可移植性，该框架侧重于思想、学习和联盟行为在决策中的作用。它首先确定政策子系统的属性、更广泛的政策系统的稳定和不稳定参数，以及政策核心信念的不同组成部分（Sabatier，2007）；它包含工具性和非工具性，促使政策研究强调决策的这些方面的重要性，而正统的政策周期模型往往忽视或淡化这些方面（Howlett et al.，2015）。第四，鉴于其基本概念和假设，该框架在制定理论、使用不同形式的数据收集和分析方法方面具有实验性，为长期指导研究提供了恒定的基本基础（Henry et al.，2014）。第五，倡导联盟框架最具创新性的特点之一是它挑战了大多数政治科学家的隐含假设，即行为者的组织隶属关系是原始的，即立法者、行政机构官员、利益集团领导人、研究人员和记者之间存在根本不同。

（2）倡导联盟框架的局限性。尽管倡导联盟框架提供了一个有用的框架来解决联盟形成和维护、政策学习和变化的难题，但它仍然具有局限性。从内容上看，倡导联盟框架缺乏明确概念化和可操作化的制度变量来构建联盟的形成和行为。它专注于联盟内部的共同政策信念和学习，忽视了倡导者对决策过程本身的理解和看法，以及他们在复杂决策过程中采取有效和战略性行动的能力理论的重要性（Sabatier，1998；Luxon，2017），从而不能区分重要的政策参与者和不太重要的政策行为者（Young-Jung and Chul-

Young，2008），没有解释"有限理性"倡导者在其信仰体系背景下如何发展和维持这些倡导联盟（Fenger and Klok，2001）。在倡导联盟框架文献中，政策子系统的划分也没有达成明显的共识，对其规模、范围以及它们的边界在哪里不是很清晰（Stritch，2015）。对倡导联盟框架的另一个批评是它没有解决集体行动问题（Sabatier，2007），没有解释为什么持有类似信念的行动者组成联盟来集体推动他们政策目标的实现，联盟如何随着时间的推移保持自我，或者联盟为追求政策目标而采取的策略（Schlager，1995）。

个人具有理性的有限，处理刺激的能力有限，受信仰体系的激励，这使得他们容易经历"魔鬼转换"——他们普遍认为对手比实际上更强大、更邪恶（Jenkins-Smith et al.，2018）。在倡导联盟框架中，政策参与者被认为是有限理性的行动者，具有有限的信息处理认知能力。他们通过认知过滤器来理解世界，这导致他们在吸收信息时出现偏差（Weible and Jenkins-Smith，2016）。然而，有限理性个体的微观基础模型尚未应用于倡导者的信仰结构和战略选择（Luxon，2017）。因此，关于外部和内部事件、倡导联盟和政策变化之间关系的理论迄今为止还不成熟。萨巴蒂尔、詹金斯·史密斯（1993）（Sabatier and Jenkins-Smith，1993）认为，"仅在国家层面审查政策变化，在大多数情况下会严重误导"，这意味着，对于国家层面的政策变化研究，倡导联盟框架可能存在障碍和局限性，为了进一步的研究和理论发展，需要更好地融入国际组织和不同背景的影响，以促进政策子系统的研究（Douglas Henry et al.，2014；Nohrstedt，2011）。目前尚不清楚的是，行为者如何、为什么以及何时有能力利用破坏性事件来实现或防止政策变化（Sotirov and Winkel，2016），同时，在强调信息利用作用方面做得也不够（James and Jorgensen，2009）。

2. 倡导联盟框架与其他政策过程理论的比较

政策过程理论提供了一组理论工具箱，旨在研究政治争议的发生逻辑，并回答有关联盟、学习和政策变化的问题（Weibleand Jenkins-Smith，2016）。倡导联盟框架旨在作为阶段分析模型的替代理论，不仅与阶段启发法差异较大，同时也与其他主要的政策过程分析理论有明显的不同。在借鉴和补充其他政策过程理论的基础上，倡导联盟框架的发展目标是使政策过程理论更加完善。

（1）相通性。倡导联盟框架创立者的初衷是形成"更好的理论"，并不排斥借鉴吸收其他政策过程理论中具有解释力的因素。倡导联盟框架与多源流理论、叙事政策框架、间断-均衡理论、政策扩散理论存在共通之处（朱春奎等，2012）。

倡导联盟框架与制度分析和发展框架（IAD）、叙事政策框架（NPF）、目标人群的社会建构框架之间存在一致性。倡导联盟框架不刻意追求与其他理论的差异化，而是旨在形成具有更强解释力的"更好的理论"（朱春奎等，2012）。倡导联盟框架和制度分析和发展框架（IAD）的相似之处在于，两者都集中于自愿创建的协会或联盟（Schlager，1995）。二者所指出的促进联盟形成和维持的条件是相互支持的，可以相互强化与补充，进而更好地理解政策过程。叙事政策框架（NPF）、倡导联盟框架和目标人群的社会建构框架都关注理念和价值的重要性。叙事政策框架通过用社会建构来解释联盟在战略框架中如何形成，与有限理性和信仰系统相联系，拓展了倡导联盟框架并提供了一个清晰、系统的新分析方法，前者可以为后者提供有效支撑。倡导联盟框架与其他框架可以互为补充，呈现了对其他理论框架的极强的吸纳性与整合性，为政策过程分析形成一般性的普适框架奠定了理论基础，有助于不同政治系统之间及同一政治系统内部不同子系统之间的政策比较，促使政策过程分析更加完善。

（2）差异性。倡导联盟框架与其他政策过程理论有一定差异。倡导联盟框架、制度分析和发展框架及多源流理论最显著的区别在于分析单位。倡导联盟框架侧重于政策子系统，更加关注政策信仰与目标对于个人行为的影响；而制度分析和发展框架侧重于行动舞台（Weible et al.，2011），关注规则、规范和利益；多源流理论关注议程设置以及政策企业家制定公共政策的时机和机会之窗（Peterson et al.，2020）。倡导联盟框架与多源流理论存在一个根本区别，即金登认为三种源流是相对独立的，萨巴蒂尔则认为三者是整合的，并且在一个倡导联盟框架内政党提出问题与讨论政策方案是同时进行的（Sabatier，1993）。作为一种新兴的政策框架，叙事政策框架断言，政策叙事在政策变化和结果中很重要，而倡导联盟框架没有断言这一点（Shanahan et al.，2011）。倡导联盟框架和叙事政策框架在子系统或中观分析水平上存在可识别的交叉点，倡导联盟框架可能会从政策叙事的实证研究中受益。倡导联盟框架认为"分析"与"政治"联系得更加紧密，其分析对象是整个政策过程，而不仅仅局限于议程设定和政策形成（朱春奎等，2012）。

## 第二节 中国经验与倡导联盟框架的碰撞

### 一 理论引介

2004 年，中国学者彭宗超、钟开斌等人将"the Advocacy Coalition Framework"这一理论介入国内，并将其翻译为"支持联盟框架""倡议联盟框架"或"倡导联盟框架"（Sabatier，2004）。为了行文方便，全书统称其为"倡导联盟框架"。倡导联盟框架引入中国的时间较晚，正值我国面临社会阶层进一步分化、行业发展水平参差不齐、政策问题日益复杂化和利益群体多样化等问题频发时期，调和利益群体迫在眉睫。倡导联盟框架将为我们研究如何动员整个社会力量，推动各种不同的利益群体在共同的政策目标中一致行动提供一个分析范式，其研究领域可应用于公共政策的议程建立和方案制定的实证分析。

作为"舶来品"，倡导联盟框架展现了其如何在中国独特的中央集权政治体制背景下努力寻求平衡，同时保持概念和方法的普遍适用性。倡导联盟框架的引入推动了政策过程研究的兴起，也给这一时期的政策过程研究打上了鲜明的西方烙印。朱春奎等（2012）在梳理国内外倡导联盟框架研究成果的基础上，介绍了倡导联盟框架的由来与发展，从假设验证和理论比较的角度对倡导联盟框架进行了深入探讨，总结了倡导联盟框架的发展现状并对其前景作出展望。随着不断应用和改进，倡导联盟框架逐渐发展成为公共政策领域的重要分析工具之一，在国内公共政策研究中的应用也日益增多。倡导联盟框架为转型中国背景下的公共政策过程研究提供了有效的理论途径和可借鉴的操作方法。

### 二 使用情况

笔者通过对中国知网（CNKI）数据库进行主题和关键词为"支持联盟框架""倡议联盟框架""倡导联盟框架"的文献检索，筛选来源类别为CSSCI、CSSCI 来源扩展版和北大核心三种，同时，通过对 Web of Science 核心数据库和 scholar.google.com 数据库进行了主题为"advocacy coalition framework"和"中国"的文献检索，时间范围设置为不限。由于本章研究的是中国经验在倡导联盟框架中的使用情况，笔者进一步筛选出研究对象是中国经验场域的相关文献，并通过分析论文摘要剔除了书评、期刊咨询类文章以及硕博士学位论文。去除重复项后，得到时间覆盖面为 2007 年 5 月 10 日~2023 年 11 月 1 日的 102 篇有效样本，其中中文文献 78 篇（CSSCI 来源 53 篇、CSSCI 来源扩展版 2 篇、北大核心 23 篇），英文文献 24 篇。通过对这些倡导联盟框架研究成果进行考察，本章揭示了倡导联盟框架在中国现实政策问题中被应用的情况。

1. 年发文量趋势

在某种程度上，文献的发文数量和发表时间能较为直观地反映该研究领域的发展态势以及其在学术界的关注程度。为了更为直观地呈现中国使用倡导联盟框架研究的年度发文趋势，本文绘制了年发文量趋势（见图 4-2）。自 2004 年《政策过程理论》一书引入中国后，倡导联盟框架便开始受到学术界的关注。我国最早使用"支持联盟框架"为篇名的文献发表于 2007 年，这篇文献利用倡导联盟框架研究了高等教育政策的创新过程（刘芳，2007）。从 2007 年开始，以"支持联盟框架""倡议联盟框架""倡导联盟框架"为主题的文章开始连年刊发；2011 年以前，这一研究领域的年发文量较少，呈低稳态，2011 年后进入研究高潮，研究成果展现出一定的上升趋势；2014 年，研究成果激增，高达 10 篇，并于 2014~2019 年间整体呈现波动上升趋势；2019 年发文数量达到峰值 12 篇，而 2021 年发文量断崖式下滑至 3 篇，近两年维持较高发文量水平。

2. 研究方法

（1）研究设计。在本书所分析的 102 篇样本文献中，实证研究类文献 92 篇，占样本总数的 90.2%，远远高于非实证文献所占比例。实证研究增多是研究方法论日益规范的标志，这也说明中国应用倡导联盟框架的研究范式渐趋成熟。在实证研究中，定量研究的占比为 0，定性研究的占比为 89.21%，混合研究的占比为 0.98%。从表 4-2 可以看出，就定性研究而言，单案例研究受到学者的青睐，是主流的研究方法。另外，有 1 篇文献使用混合研究方法，还有 10 篇文献使用理论阐释（文献综述）的方法。综合来说，仍需要通过强化研究方法来进一步提升其准确度与可信度。

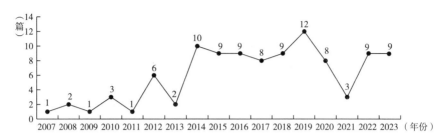

图 4-2 年发文量趋势

资料来源：作者自制。

表 4-2 研究方法使用情况

| 研究分类 | 研究策略 | 研究方法 | 数量（篇） | 占比 | |
|---|---|---|---|---|---|
| 实证研究 | 定量研究 | 量化：实验一准实验 | 0 | 0.00% | 90.2% |
| | | 量化：计量 | 0 | 0.00% | |
| | 定性研究 | 质性：单案例研究 | 83 | 81.37% | |
| | | 质性：比较案例分析 | 8 | 7.84% | |
| | | 质性：民族志 | 0 | 0.00% | |
| | 混合研究 | 混合：定性比较分析（QCA） | 0 | 0.00% | |
| | | 混合：其他 | 1 | 0.98% | |
| 非实证研究 | 规范研究 | 理论阐释（文献综述） | 10 | 9.80% | 9.80% |
| | | 其他 | 0 | 0.00% | |

资料来源：作者自制。

（2）资料收集。本书对中国应用倡导联盟框架研究的资料搜集方法进行了统计（如表 4-3 所示）。由于相关文献中有的研究未明确提及资料来源，笔者进一步根据文献研究的内容进行分析判定，2007~2023 年，在中国应用倡导联盟框架的研究中，二手数据占比达到了 80.31%，包括官方文本、媒体报道、统计数据、研究文献等。访谈次之，再次是观察，占比分别为 14.96% 和 4.72%，而实验、问卷调查等资料收集方式的研究文献数量为 0。

表 4-3　资料收集方法

| 资料搜集 | 数量（篇） | 占比 |
| --- | --- | --- |
| 其他 | 0 | 0.00% |
| 实验 | 0 | 0.00% |
| 问卷调查 | 0 | 0.00% |
| 二手数据 | 102 | 80.31% |
| 访谈 | 19 | 14.96% |
| 观察 | 6 | 4.72% |

注：数据资料搜集维度由于统计方式是多选题，总篇数大于 102 篇，根据实际情况为 127 篇。
资料来源：作者自制。

（3）资料分析方法。由表 4-4 可知，对中国应用倡导联盟框架的相关文献进行实证研究资料分析，发现以下特征：案例分析占比为 79.81%；其他分析方法次之，占比为 9.62%，包括主观分析、框架分析法以及未使用数据分析方法。接着是统计分析和文本分析，占比依次为 4.81% 和 3.85%。内容分析、扎根理论的占比均为 0.96%。显然，该领域在资料分析方法和工具方面展现出更加科学化和多元化的趋势。

表 4-4　资料分析方法

| 资料分析方法 | 数量（篇） | 占比 |
| --- | --- | --- |
| 其他 | 10 | 9.62% |
| 统计分析 | 5 | 4.81% |
| 内容分析 | 1 | 0.96% |
| 扎根理论 | 1 | 0.96% |
| 主题分析 | 0 | 0.00% |
| 文本分析 | 4 | 3.85% |
| 话语分析 | 0 | 0.00% |
| 案例分析 | 83 | 79.81% |

注：数据资料搜集维度由于统计方式是多选题，总篇数大于 102 篇，根据实际情况为 104 篇。
资料来源：作者自制。

3. 政府层级

倡导联盟框架中政策子系统涉及范围广泛，因此，本书中的政府层级不单指经验涉及特定的政府层级，还包括政策本身涉及的治理层级。如表 4-5

所示，中央层面子系统的应用研究占比为 56.86%，省级层面子系统的应用研究占比为 4.90%，地市级层面子系统的应用研究占比为 2.94%，县区级、乡镇街道和村-居层面子系统的应用研究占比为 0。其中，18 篇文献研究跨越多级政府层级子系统。其他层面（包括社会团体、高等院校以及未涉及子系统等）的研究文献占比为 17.65%。可以看出，学者更关注中央层面和省级层面的研究，其他层级的研究颇少。这也反映出，政府层级越高，相关报道、文件、统计数据等越全面，有利于研究者收集相关政策领域的资料；反之，政府层级越低，数据来源获取则越困难。

表 4-5　政府层级情况

| 政府层级 | 数量（篇） | 占比（%） |
|---|---|---|
| 其他 | 18 | 17.65 |
| 中央 | 58 | 56.86 |
| 省级 | 5 | 4.90 |
| 地市级 | 3 | 2.94 |
| 县区级 | 0 | 0.00 |
| 乡镇街道 | 0 | 0.00 |
| 村-居 | 0 | 0.00 |
| 跨越政府层级 | 18 | 17.65 |

资料来源：作者自制。

4. 议题领域

学术研究多始于对既有问题的创造性发现，议题领域是指在政策过程研究中，针对特定问题情境进行深入探讨和分析的具体领域，对研究设计有着重要影响。本章将政策过程议题大致划分为政策议程设置、政策制定/决策、政策设计（整合、工具）、政策执行、政策评估（包括效果、反馈、态度以及终结等）、政策创新与扩散（学习、试验、试点）、政策变迁、整体的政策过程以及其他。

中国情景下倡导联盟框架的核心议题的研究与应用情况如表 4-6 所示。目前对倡导联盟框架的应用主要集中在政策变迁的议题领域上，且多以政策本身作为研究对象。政策变迁议题的研究达到 93 篇，占比为 86.92%，其他[①]

---

① 这里的其他是指中国对倡导联盟框架的理论引介、综述等文献。

类研究有 7 篇，数量位居第二，占比为 6.54%，接下来依次是政策评估（包括效果、反馈、态度以及终结等）和政策创新与扩散（学习、试验、试点），占比分别为 3.74% 和 2.80%，数量为 4 篇和 3 篇，而其余议题领域在中国政策过程经验中并未体现。

表 4-6 议题领域

| 议题领域 | 数量（篇） | 占比（%） |
| --- | --- | --- |
| 其他 | 7 | 6.54 |
| 政策议程设置 | 0 | 0.00 |
| 政策制定/决策 | 0 | 0.00 |
| 政策设计（整合、工具） | 0 | 0.00 |
| 政策执行 | 0 | 0.00 |
| 政策评估（包括效果、反馈、态度以及终结等） | 4 | 3.74 |
| 政策创新与扩散（学习、试验、试点） | 3 | 2.80 |
| 政策变迁 | 93 | 86.92 |
| 整体的政策过程 | 0 | 0.00 |

注：数据资料搜集维度由于统计方式是多选题，总篇数大于 102 篇，根据实际情况为 107 篇。
资料来源：作者自制。

**5. 政策领域**

倡导联盟框架的引介极大地推动了我国政策变迁研究的迅速兴起（王刚、王誉晓，2020）。倡导联盟框架提供了新的观察"透镜"，用来分析我国不同类型政策变迁的动力机制与路径，有助于我们更好地理解公共政策的变迁。从表 4-7 可知，中国倡导联盟框架研究依次分布在教育文化政策、社会政策、环境政策、其他政策领域、无经验性政策领域、经济和创新政策和"三农"政策等。

具体而言，教育文化政策包括高校教师聘任制、高校毕业生就业、高校教育评估、高校教育收费、师范教育免费、高校自主招生、国家精品课程建设、大学生资助、高中教育、科普、文化产业和体育产业等。教育文化政策是中国应用倡导联盟框架研究中最多的，达到 35 篇，占比 34.31%。环境政策包括城市生活垃圾处理、大气污染防治（张继颖，2020；郝亮等，2016）、环境信息公开、风电产业发展、知识型专家影响空气质量标准、林业和气候变化等政策，相关文献有 20 篇，占比 19.61%。社会政策包括就业、运动员退役安置、医疗卫生、养老、农村低保、生育、邻避事件、高新区建设等，研究成果有20篇，占比19.61%。其他政策领域包括刑事、交通（网约车、出租车）、应急管理、通用航空、控烟和城管执法政策等，这类文献有11篇，占比10.78%。无经验性政策领域包括倡导联盟框架的理论引介、理论基础、研究进展与述评等，此类研究有9篇，占比8.82%。经济和创新政策包括税收、房产税、互联网金融和海外学术人才，共计4篇，占比3.92%，最后，"三农"政策包括集体经营性建设用地入市、农田转型和乡村振兴，共3篇，占比2.94%。

表 4-7　政策领域应用

| 政策领域 | 数量（篇） | 占比（%） |
| --- | --- | --- |
| 无经验性政策领域 | 9 | 8.82 |
| 教育文化政策 | 35 | 34.31 |
| 社会政策 | 20 | 19.61 |
| 环境政策 | 20 | 19.61 |
| 经济和创新政策 | 4 | 3.92 |
| "三农"政策 | 3 | 2.94 |
| 国防外交政策 | 0 | 0.00 |
| 其他政策领域 | 11 | 10.78 |
| 跨政策领域的比较分析 | 0 | 0 |

资料来源：作者自制。

6. 理论目标

本书将倡导联盟框架的理论使用分为四种类型："使用者""追随者""发展者""建构者"。如图4-3所示，中国政策过程经验在倡导联盟框架中作为"使用者"的最多（多达59篇，占比57.84%），即当下的研究主要利用倡导联盟框架对中国某一政策领域进行描述性研究。"追随者"和"发展者"依次为36篇和7篇，占比分别为35.29%和6.86%，前者涉及倡导联盟框架的基本理论研究，后者是对该框架的驱动力或重要因素进行增改。但是，倡导联盟框架的"建构者"目前在中国并未出现。

7. 核心概念要素的使用

倡导联盟框架包含三个理论要素：倡导联盟、政策导向学习和政策变革

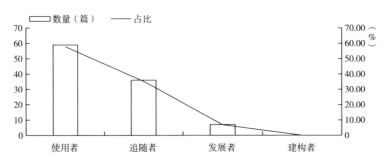

**图 4-3　理论目标角色**

资料来源：作者自制。

（Li et al.，2024；Nohrstedt and Olofsson，2016）。从图 4-4 来看，大多数中国研究都采用了"整体框架"。在研究这三种理论的样本文献中有 87 篇，占比为 85.29%；专门研究倡导联盟的文献有 14 篇，占比为 13.73%；专注于研究政策导向学习的文献有 1 篇，占比为 0.98%；而单独研究政策变迁的文献数为 0。

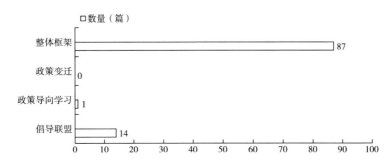

**图 4-4　倡导联盟框架理论要素使用情况**

资料来源：作者自制。

## 第三节　中国经验在倡导联盟框架中扮演的角色

在某种意义上，倡导联盟框架可以被视为一种关于政策创新和政策变迁的理论（余章宝，2008），它发展了进步主义、利益组织竞争以及意识形态冲突三种政策模型（余章宝，2009）。该框架将政策创新和政策变迁视为一个复杂的过程，其中许多因素共同影响政策的形成、改变和实施。在这个过程中，参与者通过相互交流和互动来推动政策的改变。倡导联盟框架可以帮助我们更好地理解政策创新和政策变迁的机制，以及如何制定和实施有效的政策（余章宝，2008）。

立足于中国场域，我们需要思考：在全球倡导联盟框架的研究版图中，中国的政策过程经验扮演了什么样的理论角色？在发展倡导联盟框架的过程中，中国学者以及中国的政策经验可以承担什么样的理论使命？为了深入探讨这一问题，本章接下来将重点陈述中国政策经验在倡导联盟框架中扮演的理论角色。

## 一　作为"使用者"的中国经验

本章所预设的"使用者"是指：一是借用倡导联盟框架来分析中国某个政策领域的问题。这种方法不在于检验或验证倡导联盟框架的观点和假设，而是运用它来解释我国特定领域的公共政策变迁的过程。这一路径主要是对特定政策领域的变革进行描述性研究，研究成果通常不涉及对该框架进行反思和修正，而是直接用来分析某个公共政策领域。二是借倡导联盟框架也被用来搭建其他框架，以帮助分析特定领域的公共政策问题。作为政策分析工具，倡导联盟框架在我国多个政策领域和学科中得到成功应用。倡导联盟框架不仅是一种"好用"的分析工具，也为研究相关问题提供了思想来源，并为后续公共政策的制定提供了一定的经验借鉴。

1. 倡导联盟的跨学科渗透

政策过程研究具有特殊性，它有自己独特的研究领域，这些研究领域与其他学科有着紧密的联系。学科分布是判断学科关注度、影响力及其核心视角的重要依据，能够在一定程度上反映出不同学科的相对影响力。从倡导联盟框架来看，一方面，其他学科对政策过程理论的使用可以被视为倡导联盟框架影响力的一种直接体现。另一方面，通过追踪其他学科"使用"倡导联盟框架的情况，可以从不同学科的视角展现倡导联盟框架的运用情况。

通过数据结果可知，102 篇样本文献涵盖了 25 个学科领域，表明倡导联盟框架的相关研究已经吸引了众多学科学者的关注。从学科的整体发展趋势来看，20 年来我国应用倡导联盟框架文献的学科分布呈现"由少及多"的发展趋势。由图4-5可以看出，倡导联盟框架应用的学科分布呈现多样化的局面，其中，行政学及国家行政管理占据绝对的主导地位，发文量为23篇，占比22.55%；高等教育、环境科学与资源利用分别以15篇和14篇的发文量位居第二和第三，各自占比14.71%和13.73%；职业教育、教育理论与教育管理和医药卫生方针政策与法律法规研究发文量均为5篇，占比均为4.90%；中等教育、体育、经济法和农业经济的发文量均为4篇，占比均为3.92%。

从当下研究的学科分布来看，倡导联盟框架显示出较强的学科渗透性，这说明政策科学理论给其他学科提供了重要的分析工具。从另一个侧面来说，大量研究没有进入中国公共政策和公共行政研究领域，也反映出倡导联盟框架在公共政策过程研究领域的应用进展较为有限。

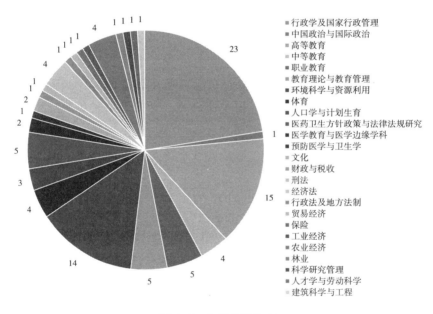

图4-5　文献学科分布

资料来源：作者自制。

2. 中国特定政策领域分析

作为倡导联盟框架的"使用者"，中国经验对理论要素使用主要有两种情况：一是聚焦中国特定的政策领域，利用完整的倡导联盟框架（外部事件、内部结构、相对稳定变量、政策子系统内部、政策导向学习、政策变迁）分析特定政策变迁的历史过程，对其议程建立和制定进行实证分析。二是利用倡导联盟框架的理论要素对研究问题进行深入剖析，主要是对各联盟主体进行深入挖掘，这有利于了解各个政策联盟的行动策略，并探讨政策子系统中特定主体在政策形成或变迁中的行为机理。

从内容来看，该类研究具有较高的一致性：以倡导联盟框架设定的核心研究问题为指引，整体或者部分地使用倡导联盟框架给定的影响因素，重点讨论中国特定领域的政策变迁、政策形成或政策创新（见表4-8）。

表4-8 如何借倡导联盟框架分析中国特定的政策领域

| 角色目标 | 政策领域 | 理论要素 | 作者-研究问题 |
|---|---|---|---|
| 使用者 | 教育文化政策 | 整个理论框架 | 刘芳，2007（高等教育政策的创新过程）；朱家德、李自茂，2009（高等教育收费）；周进，2010（教师聘任制）；蔡艳，2010（国家精品课程建设）；蒋馨岚，2011（师范生免费教育）；徐自强、黄俊辉，2012（高考自主招生）；徐自强、谢凌凌，2014（建设世界一流大学）；徐自强，2012（高校毕业生就业）；黄文伟，2012（高职院校招生）；曾美勤，2013（高等教育评估）；赵利堂、谢长法，2016（民办职业教育）；余子侠、李玉文，2019（大学生资助）；王莉华、朱沛沛，2020（高校招生录取标准）；杨金田等，2020（体育产业）；阎琨、吴菡，2021（从自主招生到"强基计划"）；高小军、黄健，2022（网络高等学历教育）；梁茜、崔佳峰，2022（普通高中教育）；刘兰剑、许雅茹，2023（科普）；王喜雪，2014（中等职业教育学费）；万爱莲，2016（教师资格考试）；索磊，2017（职业教育产业合作）；蔡文伯、高睿，2017（中等职业教育免费教育）；徐帆、孟宪云，2017（学业负担）；周群英、刘晓雪，2019（本科教学评估）；闫建璋、张婧，2023（减负政策）；Xiaoqian Richard Hu，2019（"双注册政策的终止和有效精英跳水体系的崩溃"）；Zupeng Yang and Yuan Su，2022（文化产业）；Yan Kun et al.，2023（大学招生） |
| | 社会政策 | 整个理论框架 | 韦颖，2015（改革开放以来我国大学生就业政策的变迁）；高斌等，2022（临床医学专业认证制度发展历程及内在机制研究）；唐行智，2014（高新区政策的变迁与学习）；宋云鹏，2017（卫生政策研究述评）；李金龙、王英伟，2018（医疗卫生政策变迁研究）；孙金铭，2019（高校艾滋病防控政策变迁的伦理学分析）；王沛、刘军军，2020（家庭医生政策发展）；李晓斌等，2023（河南省医养结合政策变迁原因） |
| | | 倡导联盟 | 王奎明、孙小淇，2019（邻避型街头抗议对社会稳定的影响趋向）；Yu Guo et al.，2016（养老保险参保情况）；Zhichao Li et al.，2023（中国计划生育政策的变化） |

续表

| 角色目标 | 政策领域 | 理论要素 | 作者-研究问题 |
|---|---|---|---|
| 使用者 | 环境政策 | 整个理论框架 | 郝亮等，2016（大气污染防治政策演变机理）；傅一敏等，2018（林业政策研究的发展及理论框架综述）；孙岩、刘红艳，2019（中美知识型专家影响空气质量标准政策变迁）；黄栋、常鸣明，2014（风电产业发展政策变迁）；韩晓慧等，2016（环境政策变迁研究）；Stensdal and Iselin，2014（探讨中国 1988~2013 年的气候变化政策） |
| | | 倡导联盟 | 邹东升、包倩宇，2015（环保社会组织的政策倡议行为模式分析）；Maria Francesch-Huidobro and Qianqing Mai，2012（分享中国广东的气候倡导联盟）；Wanxin Li，2012（环保联盟）；Natalie W. M. Wong，2015（以广州反焚化炉抗议案例研究探析中国的宣传联盟与政策变革）；Jingyun Dai and Anthony J. Spires，2017（基层非政府环保组织如何影响中国地方政府） |
| | 经济和创新政策 | 整个理论框架 | 张克，2014（转型期中国不动产税收政策变迁）；郑宇冰，2017（互联网金融的联盟冲突与监管政策学习）；梁会青、段世飞，2022（海外学术人才政策变迁研究） |
| | "三农"政策 | 整个理论框架 | 董藩、雷童，2021（集体经营性建设用地入市的政策变迁考察与分析）；Xiaoping Zhou et al.，2021（分析不同转型阶段联盟变化和外部事件对耕地转型的影响，揭示耕地的机制中国的转型） |
| | 其他政策 | 倡导联盟 | Vivian H. Y. Chu et al.，2022（乡村振兴中的宣传联盟：政策经纪人和政策学习的作用） |
| | | 整个理论框架 | 董冰、陈文斌，2015（未成年人犯罪刑事政策变迁路径）；李明、姚乐野，2018（重特大自然灾害舆情应对和引导政策的变迁）；李金龙、乔建伟，2019（出租车行业政府规制政策变迁）；成海燕、徐治立，2019（中国通用航空政策改革）；洪宇，2014（中国控烟政策变迁）；张丽、刘明，2018（出租车政策变迁的动力机制） |
| | | 倡导联盟 | Wilbur Bing-Yan Lu，2015（理解政策经纪人的重要性和采取政策选择的政治） |

资料来源：作者自制。

从具体政策领域来看，教育文化政策领域研究主要是利用倡导联盟框架解释和分析具体的教育政策变迁过程，包括：在高等教育政策创新过程中，支持联盟如何通过资源和策略影响政策走向（刘芳，2007）；高等教育收费制度、高校教师聘任制政策中的支持联盟框架如何解释政策变迁，特别是政策信仰系统在制度变迁中的作用（朱家德、李自茂，2009；周进，

2010）；我国高职院校招生政策变迁中倡导联盟框架如何解释政策学习、竞争性倡导联盟间的互动以及非认知性因素对政策变迁的影响（黄文伟，2012）；在我国建设世界一流大学的政策变迁中利用倡导联盟框架解释不同政策阶段中的政策参与者和信念体系（徐自强、谢凌凌，2014）。

社会政策领域研究主要涉及分析政策变迁问题，注重政策决策机制、政策信仰体系、政策学习过程以及外部因素对政策变迁的影响。例如，改革开放以来我国大学生就业政策的变迁，特别是围绕"如何让大学生得到最合理的配置"这一深层核心信念，探讨支持国家主导与支持市场主导的两大联盟在政策立场上的差异及其对就业政策模式的影响（韦颖，2015）。我国家庭医生政策的变迁过程，探讨外部动因、政策学习、政策论坛等因素如何影响家庭医生政策的信仰变迁和政策输出，以及如何通过政策论坛推动家庭医生政策的变迁等（王沛、刘军军，2020）。

在环境政策领域，作为"使用者"的中国经验不仅描述了政策变迁过程，还评估了政策变化对实际环境治理效果的影响，主要有：研究改革开放以来我国环境政策的变迁，分析了不同阶段环境政策的特点、变迁与学习（韩晓慧等，2016），探究中国大气污染防治政策的变迁过程，探讨倡导联盟框架如何解释大气污染防治政策的变化，并具体回答了政策变迁的原因和条件（郝亮等，2016）。

## 二　作为"追随者"的中国经验

一些中国研究正在积极地将倡导联盟框架更好地整合到中国的政策过程研究中。该类研究不仅在既定理论纲领的基础上开展研究，对该框架转译细化，还结合本国特色进行政策创新。作为倡导联盟框架的"追随者"，中国的经验场域具体来说包括两种情形：第一，引介倡导联盟框架并讨论其如何融入中国政策过程理论；第二，从中国实践出发，用本土的经验去运用该理论框架，讨论了倡导联盟框架的适用性与局限性，虽然这些学者并未给予相应的解决方案，但这提升了该框架应用于中国经验的可信度，在一定程度上有助于该框架的拓展。

### 1. 倡导联盟框架的引介和评估

倡导联盟框架作为近40年来西方政策过程理论及指导政策变迁研究的"显学"，一经引入中国，即引起学界的广泛关注与持续热情。历经20年的发展，中国学者对倡导联盟框架的研究表现出极大的热情。研究者们不仅尝试用这一理论解释中国的一些政治现象，同时也会对这一框架进行再探索和再挖掘。

在总样本的 102 篇文献中，有 8 篇是中国公共政策学者针对倡导联盟框架进行引入、介绍或评估的，其中 1 篇是对该框架的编译。从理论引介来看，余章宝（2008）重点呈现了倡导联盟框架的哲学基础，认为其采用的哲学基础是奎因的"新实用主义"以及以库恩和拉卡托斯为代表的后实证主义、工具主义立场。王春城（2010）以倡导联盟框架为例来窥探新公共政策过程理论的形成和发展所嵌入的复杂的实践与理论背景，认为该框架回应了实践的需要和理论的争议。朱春奎等（2012）从理论和实践层面对倡导联盟框架进行了深入的探讨，从假设验证和理论比较两个层面对其进行全方位的分析，总结了倡导联盟框架的发展现状，并对其前景作出展望。李文钊（2023）对该框架产生的背景、理论基础和演进过程进行系统梳理和全景式把握。骆苗和毛寿龙（2017）在《理解政策变迁过程：三重路径的分析》一文中详细介绍了倡导联盟框架、多源流、间断-均衡理论三重路径，认为三者对政策变迁过程的解释能够帮助我们更好地理解转型时期中国社会的政策变迁，但需要进一步探讨三重路径分析中国问题的适用性并反思理论假设。杨志军编译了 Young-Jung Kim 和 Chul-Young Roh 的《超越政策过程中的倡导联盟框架》一文，通过考察适当的分析单位、集体行动的问题和宏观因素的作用，把政策网络途径并入政策过程理论中（Kim et al.，2015）。

从理论评估来看，张继颖和孙柏瑛（2020）从理论联系实际情境、研究方法运用、理论演变三个层面分析发现倡导联盟框架在研究中表现出了"概念简单化""质性方法主导""整合多元"等特点，并指出倡导联盟框架更适合具体政策研究，对政策变迁机制、政策僵局、联盟机会结构等方面的研究还不够深入。李薇和克里斯托弗·韦伯对中国倡导联盟框架研究进行元分析，印证了倡导联盟框架的假设，即"政策子系统中项目竞争的倡议联盟的存在和稳定、倡议联盟三级信念体系中出现的变化、倡议联盟通往政策变化的四条路径的可信度（这些路径已在西方民主背景下发展并基本经过检验）"（Li and Weible，2021），该研究进一步发现中国经验丰富了专制政府如何通过与其他政策参与者的互动，以及如何与其他政策参与者合作的讨论（Li and Weible，2021）。

### 2. 倡导联盟框架的修正与拓展

由于倡导联盟框架是在西方民主政权背景下产生的，其政治体制、经济发展阶段、社会文化环境都与中国本土政策过程有较大差异。基于此，一些研究也开始对倡导联盟框架在中国的适应性以及潜在的拓展方向进行讨论。研究者综合本土政策情境提炼政策变迁的中国式逻辑，增强倡导联盟框架本土的适用性，并在理论的追踪中努力创造适合本国公共政策实践需要的具有本土化特色的公共政策过程理论。

具体来看，作为"追随者"的中国经验对倡导联盟框架的拓展包括以下四种方式。

（1）调适理论要素。第一种类型的中国研究是倡导联盟框架本身的拓展，即基于中国情境下对倡导联盟框架的理论要素进行一定调整，拓展了倡导联盟框架本身。

曲纵翔（2014）将倡导联盟框架中影响政策变迁的动态系统事件进行了一定程度的调整与修改，展示了子系统政策废止的外部变化包括四种因素：触发机制、政策评价、政策监控和社会舆论，强调了政策废止过程中不同倡议联盟之间的互动和外部因素的重要性，为理解政策废止提供了更全面的视角。谭爽、崔佳（2019）以垃圾议题社会组织 LM 为对象，尝试用其中的关键要素来解读社会组织的政策倡导实践，其中，社会组织需要与政企联盟在信念体系上寻求共识，缩小差异，以促进政策变迁。为区别原有倡导联盟框架，更好地识别了影响政策变迁的关键变量，吴文强和郭施宏（2018）通过借鉴和应用倡导联盟框架的理论观点和研究方法，深入探讨了"价值共识"和"政府现状偏好"在公共政策变迁中的作用，并通过中国卫生政策的案例分析，验证了理论的适用性和解释力。他们把"价值共识水平"和"政府现状偏好"看作影响公共政策变迁的重要变量，并清晰地将政策变迁划分为政策更续、政策维持、政策叠加和政策替代四种类型，更完整地呈现了政府在不同情境下解决公共问题的态度、策略与结果，有助于推进政策变迁的理论认知。

（2）跨越理论范畴、拓展应用领域。第二种类型研究超越原有范式的关注点和该框架应用的拓展。首先，超越原有范式的关注点。侯志峰（2019）通过倡导联盟框架分析了甘肃农村低保政策的三个阶段变迁，识别了影响政策变迁的外部因素和内部倡议联盟的互动。他提出倡议联盟框架在中国的应用应超越原有对政策过程参与主体的界定，更聚焦于公众舆论和专家智库的行为逻辑及其对政策学习和政策过程的影响；关注基于政策目标实现的亚维度冲突和跨层级政策学习活动对政策变迁的影响及其局限性。其次，倡导联盟框架应用的拓展。王奎明、孙小淇（2019）通过对昆明 PX 项目事件和上海金山 PX 项目事件的分析，进一步验证了倡导联盟框架在中国政策过程中的有效性和适用性。他尝试将其应用于分析中国邻避运动中的街头抗议活动。这种应用本身就是对原有理论的一种扩展。

（3）借以搭建分析框架。第三种类型的研究致力于借用倡导联盟框架搭建分析框架。随着中国公共政策学者对政策过程认识的不断深入，一些学者开始借用倡导联盟框架来搭建分析框架，对研究的政策对象或特定的倡导联盟主体进行理论分析和实证研究。作为一种独特的分析工具，这一路径的"追随者"结合自身研究重心、视域、视角，借用该理论框架的某个或某些理论要素去完成具体的语料分析，实现自己的研究目标，以期解决实践问题。田华文、魏淑艳（2015）通过案例研究方法，使用倡导联盟框架作为主要分析工具，构建了"政策论坛-政策学习-信念改变-政策变迁"的逻辑路线，探讨政策论坛在推动政策变迁中的作用。该研究不仅验证了倡导联盟理论在中国政策变迁中的适用性，还提供了将政策论坛作为政策变迁驱动力的新视角，为政府政策发展、政策创新和公共问题解决提供了新思路。Zeng Dong 等（2023）以 G 市水环境治理为例，通过探讨行动者如何从政策发散到政策学习的行为来提炼政策倡导的基层逻辑，构建了一个行动框架来解释中国的基层社会政策倡导，更好地发展和完善倡导联盟框架的内涵，为后续行为和研究提供了参考。

（4）整合其他理论解释政策过程。对倡导联盟框架进行修正与拓展的第四类研究是指结合其他视角/理论解释中国政策过程。Francesch-Huidobro 和 Mai（2012）应用来自萨巴蒂尔的倡导联盟框架和哈斯的"认知社区"框架的修正概念框架来分析中国广州的气候倡导联盟，通过分析倡导联盟的形成和运作，研究揭示了政策倡导联盟如何在非多元体制中促进政策变化。通过结合两种框架，研究能够从多个角度分析政策倡导联盟的形成、运作和影响力。吕佩等（2022）将倡导联盟框架与价值共创视角相结合，扩展了对政策学习过程的理解，特别是在价值共创的背景下，如何通过多主体间的互动和协作来促进政策知识的生成和共享。研究揭示了共识在共创性政策学习与政策制定结果之间的中介作用，为理解政策学习如何转化为政策变迁提供了新的解释路径。

这些研究成果观点鲜明、各具特色，是对政策变迁理论的经验总结、探索与发展，提出诸多适用于中国本土化的创新模式。

3. 作为"追随者"的理论反思

作为"追随者"的研究成果，其基于中国经验对倡导联盟框架本身及其在中国情境下的适应性进行了反思与批判，包括中国情境下的政策经济人角色、行动者互动过程等，但未提出有针对性的修正方案。需要特别说明的是，由于没有进行理论修正，本章将该类型研究纳入"追随者"的范畴。

首先从政策经纪人角色来看，政策经纪人在跨部门、跨领域协调中扮演了关键性角色，然而，王颖、何华兵（2008）发现广州市在"禁摩"过程未出现政策经纪人，这表明需要在中国政策情境下进一步调适倡导联盟框架。Lee Anna Ka-yin（2016）总结了非国家利益相关者在半权威体制下的政策过程中的积极作用，并反思了该框架在中国政策环境中的适用性。尽管非国家利益相关者在决策过程中的影响力有所提升，但还未能达到补充或取代统治精英的程度，中国的"联盟"只能在一定时间内从事边缘的协调活动。邹东升、包倩宇（2015）探讨了中国环保社会组织在政策倡议中的行为模式。在中国的特定文化和政治环境的影响下，环保社会组织过度依赖政府资源，这导致其政策倡议的独立性和有效性欠佳。

其次从行动者互动来看，倡导联盟框架认为拥有共同信念的政策行动者所形成的联盟，会在政策子系统中相互竞争。Wong，N. W. M（2016）分析了地方政府对环境激进主义的不同反应和态度如何影响政策变迁。以此为基础，该文章讨论了倡导联盟框架在不同政治体制（如威权体制）中的适用性，指出中国地方政府在解决与公民冲突中建立机制的重要性。Han 等（2014）分析了怒江项目中两个对立联盟的政策信仰、资源动员和策略，研究发现信息获取的局限导致研究者难以详细了解政策过程中行动者的互动过程，展示了倡导联盟框架在中国政策制定分析中的潜力和所面临的挑战。不同的是，王洛忠、李奕璇（2016）分析了政策倡导过程中的策略和行动，以及与政府和其他利益相关者的关系，讨论了"大爱清尘"如何通过专业论坛、政策研究中心等方式推动政策变迁。

除此之外，诸多学者在运用倡导联盟框架之前先行检验或验证倡导联盟框架的假设（孙岩等，2018；高鹏、杨翠迎，2022；张婉苏，2015；王洛忠、李奕璇，2016；谭爽、崔佳，2019；陈光等，2019），这恰好说明了中国学者在应用倡导联盟框架时具有一定规范性和科学性，而不是全盘照搬该理论框架来解释中国政策过程中的问题。

### 三 作为"发展者"的中国经验

在特殊的央地制度情境下，中国的倡导联盟研究需要对理论进行重新检视，并依据本土化经验对其理论假设进行修正。为了使倡导联盟框架能够在中国经验场域顺利运作，必定要生产出与之相适应的要素，运用具有多样性的行动策略和手段推动政策目标的实现或进行政策设计的适当修正。倡导联盟研究者是如何在实证研究中对其进行发展和调适，应用倡导联盟框架的核心要素和理论逻辑，又何以解释具体现实案例？中国学者将政策过程理论与中国情景相结合，将框架运用的经验以及在我国凸显出的问题真正反馈到框架修正上，这是他们试图进一步优化和发展倡导联盟框架，提升对中国政策过程的理解和认识的最新尝试。

具体来看，作为"发展者"的中国经验通过阶段拓展、要素嵌入和机制修正三种方式，实现了对倡导联盟框架的优化与修正，增强了理论解释力、提升了对中国经验的适用性。

（1）阶段拓展。作为"发展者"的中国经验将倡导联盟框架拓展到了政策执行阶段。传统意义上的倡导联盟框架主要用于分析和解释政策变迁过程中的联盟行为和策略，以及它们是如何影响政策的制定和变化的。当将倡导联盟框架应用于中国的政策过程议题时，研究者"开拓"与"发展"了新的议题领域——政策执行。Yu Guo 等（2016）分析了行为者如何形成联盟以及联盟之间发生的合作和冲突，该文章认为倡导联盟框架可以超越西方语境来解释中国养老金政策的实施情况。换句话说，尽管在中国的政策形成阶段，倡导联盟的正式作用似乎较少，但在政策实施阶段，不同的利益相关者群体似乎确实展现了不同的身份、态度和策略。

（2）要素嵌入。作为"发展者"的中国经验通过要素嵌入拓展了倡导联盟框架。单纯"套用"西方现有的框架既不能完全解释我国的政策现象、解决我国的政策问题，也不能充分揭示出中国独特的政治与社会发展逻辑，同时，这还在一定程度上限制了对中国政策及过程的理解。因此，要推动倡导联盟框架的不断发展与完善，就需要从中国场域中寻找启示，从中国本土经验建构中适切的理论要素。

倡导联盟框架与中国政策环境相结合，提供了一个分析和理解中国政策变迁过程中多元主体互动和政策经纪人角色的有力工具。在王春城和柏维春（2014）看来，倡导联盟框架只是提出了政策经纪人的存在，并没有深入探究和明确陈述该角色。为了使该理论具有更强的解释力，他们以中国医疗卫生政策变迁为背景，通过倡导联盟框架，识别出在政策变迁中发挥特殊作用的政策经纪人角色，包括权威决策者、专家学者和政策子系统中的一线行动者。这一研究对倡导联盟框架中的政策经纪人进行了具体化和明确化，讨论了政策经纪人成功发挥作用所需满足的条件，如资源、平台和共同作用等。通过分析政策经纪人的作用机理，为改进政策过程、提高政策质量和效率提供了借鉴。

王刚、王誉晓（2020）在中国政策情境之下，选取 12 个典型邻避案例作为分析样本，尝试对政策子系统部分进行改进。通过结合信念红线、制度依赖、政策竞争空间等改进后的政策子系统，他们的研究在原来的政策子系统之外进行了横向与纵向的扩张路径演示，对原来的政策子系统进行了一定的调整，得到更适合于中国分析语境的修正框架（见图 4-6），该研究促进了倡导联盟框架的本土化，改进了原有的框架逻辑关系，得到更适合于中国分析语境的修正框架。

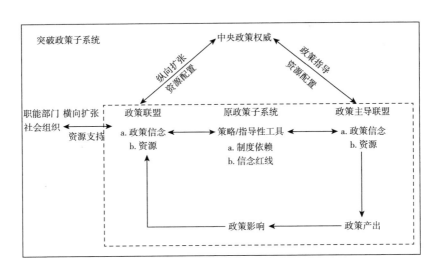

**图 4-6　倡议联盟框架政策子系统政策逻辑**

资料来源：王刚，王誉晓．倡议联盟框架的理论验证与应用改进——基于典型邻避案例的分析［J］．公共管理与政策评论，2020．

Liang-chih Evans Chen（2018）根据对第六石脑油裂解项目和国光石化项目的政策过程和变化的比较研究，使用 Hsu（2005）的命题来生成一个修订后的倡导联盟框架模型（见图 4-7），强调倡导联盟框架和政治背景两个关键变量——政治权力和政策子系统的独特结构——的重要性，用于分析中国台湾地区的石化政策。上述研究在不改变倡导联盟框架理论分析的基本思路下，对其前提预设及假设条件嵌入要素，试图运用其分析中国经验，解决中国问题。

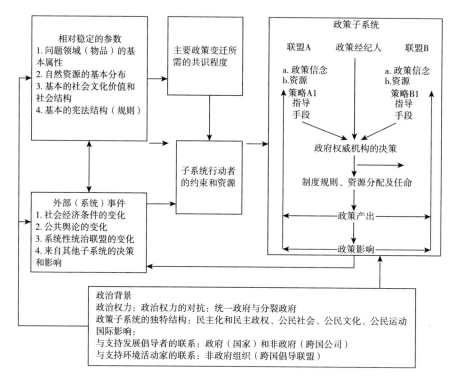

**图 4-7 修订后的倡导联盟框架**

资料来源：Chen, Liang-chih Evans. (2018). "Stay There or Go Away? The Revised Advocacy Coalition Framework and Policy Change on the Petrochemical Projects in Taiwan." *International Journal of Organizational Innovation*, 10(4)。

（3）机制修正。作为"发展者"的中国经验对倡导联盟框架的机制进行了修正。常规政策变迁理论更偏重于政策的长期变化过程。然而，在公共突发事件发生的短期内，"公众观念"可能发生非常规性突变，这种突变会影响政策子系统，导致原有倡导联盟的割裂和新联盟的形成。杨大瀚（2023）基于"公众观念"的突变，提出了一个非常规政策变迁的三个阶段模型：公共突发事件的发生与介入、新信仰联盟的形成、政策调整与常规变化恢复，并讨论了其对政策制定的启示。这一修正提升了传统倡导联盟框架对突发事件引发政策变化的解释能力，有助于理解政策在面临突发事件时的快速响应和调整机制。特别是在中国这样的政治体系中，政策变化往往与公众情绪和观念紧密相关。虽然该研究主要基于中国的经验，但其提出的理论和分析框架具有一定的普适性，特别是对于如何理解和应对公共突发事件引发的政策变迁，可以为其他国家和地区的政策制定者提供参考和借鉴。

为了区别于西方政党对抗的"对垒式政策倡导联盟"，陈兆旺（2020）通过对我国计划生育政策变迁的分析，将中国的政策倡导联盟概括为协同攻坚的"堡垒式政策倡导联盟"。他认为，西方是倡导联盟的支持者和反对者双方的对垒、辩论与博弈，这种对垒的局面实际上是政治极化的表现，而中国的政策制定和政策变迁的主要决定者是中央。这种修正强调了中国政策系统中央决策的权威性和集中性，以及在政策调整过程中，外围力量如何通过各种途径影响中央决策。这为理解中国特色的政策变迁提供了新的视角，特别是在分析重大政策调整时，外生变量如何从外围逐步影响到核心决策层。

为了展示中国政策变迁的微观过程，Zhichao Li 等（2023）试图通过分析计划生育政策来解释中国大规模的政策变化，他们定义了两个倡导联盟：权威联盟和少数联盟。尽管各种研究已经证实，倡导联盟框架可以用来验证威权政权的政策变化，但中国的政策制定过程不再仅仅由国家行为者控制，而是涉及非国家行为者。因此，我们仍然需要一种更适合中国国情的修改后的倡导联盟框架。如图 4-8 所示，修改后的倡导联盟框架捕捉了围绕政策子系统的持续互动、优先依附的政治使用、冲突或协调的信念，以及中央政府内外行为者应对政策变化的策略。修正后的倡导联盟框架还为理解和分析中国的大规模政策变化提供了一个中观视角。

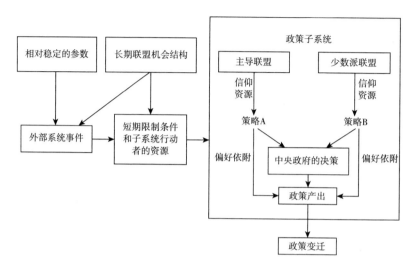

**图 4-8　修改后的倡导联盟框架**

资料来源：Li, Zhichao, Xihan Tan, and Bojia Liu. (2023). "Policy Changes in China's Family Planning: Perspectives of Advocacy Coalitions." *International Journal of Environmental Research and Public Health*, 20(6), 5204。

# 第四节　中国应用倡导联盟框架的全面评估

作为一种政策过程的理论与工具，倡导联盟框架成为近期各国公共政策研究领域的一股热潮。中国及时跟进、引介与检验倡导联盟框架理论的进展，并结合我国国情进行本土化改造、修正与拓展。中国在倡导联盟框架中扮演了"使用者""追随者""发展者"三种角色，中国的经验场域为该理论提供了宝贵经验和成功案例。但是，中国在应用倡导联盟框架时也面临诸多的困境，这些困境影响了该框架在中国政策过程场景的深化应用，极大地限制了中国成为理论供给者的可能性。

## 一　理论使用的完整度

1. 政策情境的适用性论证有限

验证倡导联盟框架的适用性有助于确定该理论的适用范围。特别是，作为源于西方国家制度背景的政策过程理论，当其被用于解释中国的政策过程之时，是否存在制度和政策背景不适配的问题？结合倡导联盟框架以及范永茂（2016）、高鹏和杨翠迎（2022）的研究，我们可以从三个维度——政治环境、联盟以及信念——对中国政策情境的适用性进行评估。总体来看，该理论框架适用性较低。这也就意味着，如果没有对这些适用性进行深入的讨论和持续的修正，基于中国经验的倡导联盟框架研究将受到极大的限制。

第一，基于"政治环境"的分析。倡导联盟的理论体系始于西方多元民主国家的政策实践。由于中国的政治体制、社会文化等本土环境与西方国家存在差异，该理论的抽象度与现实解释力之间的矛盾较为突出，我的制度可能会消解公共话语、分析性辩论以及公开的信息交流和论证（Li and Weible，2021）。有限的研究具有较强的理论背景意识，这些研究极大地提升了倡导联盟框架在中国情境下的适用性。譬如，王春城、柏维春（2014）讨论了倡导联盟框架的理论渊源与实际应用，并提出该框架在中国应用时应注意的问题。他们指出，中国特有的政治体制和社会文化可能影响倡导联盟框架的适用性。为了解决这一问题，需要对该框架进行本土化调整，以适应中国的政策环境。例如，他们的研究发现，政策论坛在我国的适用范围存在一定局限性。中国的社会基础相对薄弱，执政能力相对较强，执政理念具有明显的政党主导特征，同时公共问题的属性具有特殊性，这些问题都可能限制倡导联盟框架在中国的应用。倡导联盟框架在中国政策情境的适用，需要对内部要素以及其作用机制进行修正（田华文、魏淑艳，2015）。同样，郝亮等（2016）指出，倡导联盟框架在中国政策情境中的使用具有局限性，尤其是在解释政策滞后、缺位与失衡的原因方面。他们建议在强化内部途径驱动、整合分散联盟资源、加强政策取向学习以及充分发挥协同治理等方面开展深入研究，以提高框架的适用性。

第二，基于"联盟"的分析。作为倡导联盟理论的核心之一，该理论强调对立联盟可以在比较常规化、规范化与制度化的专业论坛上进行博弈、辩论等。但是，在中国权威政治制度中的政策情境或政策系统下，政府支持联盟始终占据主导地位（蔡艳，2010；刘兰剑、许雅茹，2023），而其他联盟相对薄弱，导致倡导联盟之间的竞争是有限的或缺失的。例如，在"禁摩"政策过程中，政府联盟占主导地位，即使存在几种非政府联盟，但其作用依旧是有限的（王颖、何华兵，2008）。换句话说，中国的"联盟"只能进行协调活动，政府通常在政策制定和决策阶段发挥着决定性作用（Yu Guo et al.，2016）。即使专家学者联盟也很难在政策实践中真正发挥"政策掮客"的作用（徐自强，2012），导致各联盟（官方行动者和非官方行动者之间）的政策话语权处于失衡状态。例如，在环境信息公开政策变迁中，政府联盟占据主导地位，即使民间组织和其他非政府组织在推动政策学习和社会监督方面发挥作用，但其话语权和影响力相对较弱（孙岩等，2018）。在中国高校职务发明政策的变迁中，尽管存在两个倡导联盟（效率主义导向的倡导联盟和集体主义思维的倡导联盟），但政府联盟（特别是科技部和财政部）因其权威资源和政策制定权，对政策走向有更大的影响力（陈光等，2019）。这种不平等关系也极大地影响了不同联盟的策略：政府联盟能够更直接地影响政策制定和执行，而非政府联盟则往往通过影响政府联盟或利用公共舆论等手段来间接影响政策。

第三，基于"信念"的分析。倡导联盟框架所关注的焦点是联盟的信念体系而不是利益。该理论框架在西方国家主要指不同联盟之间的冲突源于信仰体系的不同，而在我国政策情境中，不同联盟间的分歧主要是利益的争夺和冲突。例如，在集体经营性建设用地入市政策的变迁中，地方政府联盟和集体经济组织联盟之间的分歧，归根结底是利益的争夺（董藩、雷童，2021）。高等教育收费制度变迁中，深层核心信念是保障受高等教育机会权，这与西方国家中基于利益的信念体系有所不同。在中国，这种深层核心信念是基于利益的信仰，与西方国家语境中可能更强调价值和理念的信仰有所区别（朱家德、李自茂，2009）。在解决信念体系差异的过程中，重要的是要认识到不同文化和社会背景下的政策制定逻辑存在本质的不同，这要求研究者和决策者在应用理论框架时具有更高的适应性和灵活性，从而提出更加符合中国特色的政策分析框架。

第四，还有一个问题是时间性问题。为了了解政策过程和变化，倡导联盟框架鼓励研究人员采用十年或更长时间的长期视角（Sabatierand Weible，2014），才有利于从整体上发掘不同行动者所采取策略的价值，更加客观地了解政策的变迁过程（李金龙、王英伟，2018）。但在中国情境下，使用倡导联盟框架进行政策分析的样本文献中，仍然存在有未严格遵循该理论前提，即研究的政策对象几乎都未满足 10 年以上长时间跨度（王洛忠、李奕璇，2016；宋心然，2017；谭爽、崔佳，2019；徐自强，2012；王奎明、孙小淇，2019；Wong，2015；Francesch-Huidobro and Mai，2012；Wong，2016），这带来了理论适用性和实践上的挑战。较短的研究时间跨度无法捕捉到政策变迁的完整过程和深层次的动态变化，无法准确评估政策联盟的稳定性和其对政策变迁的影响，从而影响对政策变迁的深层次原因的理解。在短期政策中，联盟的势力处于发展之中，可能不如长期政策中的联盟状态稳定；一旦有外部干扰，政策就极易发生改变。因此，在使用倡导联盟框架进行政策分析时，应尽量遵循理论假设前提，选择适当的时间跨度，以便更全面、深入地理解政策过程和政策变迁。同时，研究者也应考虑中国特有的社会、经济和政治环境，灵活应用和调整倡导联盟框架，以适应中国的政策实践。

2. 对倡导联盟组成的预设性强

在中国，倡导联盟框架的应用研究存在僵化移植和理解偏差的问题，这意味着在将倡导联盟框架应用于中国具体情境时，可能存在一些挑战和困难。因此，一个悬而未决的问题是，在中国的政治环境和社会背景下，倡导联盟是否存在，以及如何有效地运用倡导联盟框架进行政策分析。倡导联盟有三个主要要素：政策信仰、资源和策略，其基本逻辑是行动者因为共同信仰而团结在一起，并利用各自资源协调行动，采取有利的策略。但在中国政策过程研究中，研究者在应用该框架时忽略了对倡导联盟的构成和信念体系进行阐述，仅仅借用 ACF 的理论概念，没有提及倡导联盟是如何组建以及各联盟之间存在何种核心信念体系。

例如，Wong 在对中国垃圾焚烧厂建设抗议的研究中，直接跳过信念体系界定，仅根据是否支持垃圾焚烧厂建设项目就将政策行动者分为两个联盟（Wong，2016）。王颖、何华兵在"禁摩"政策过程中直接阐述有三种政策联盟，即政府部门、广东省自行车协会和摩托车车主；这些联盟内部基本的政策信念体系是什么，以及存在什么样的差异，并没有深入的论证（王颖、何华兵，2008）。在中国医疗卫生政策变迁中，王春城、柏维春（2014）和吴文强、郭施宏（2018）直接预设了"政府主导联盟"和"市场主导联盟"。孙岩、刘红艳（2019）在知识型专家影响空气质量标准政策变迁中将倡导联盟界定为"生态联盟"和"实用联盟"。甚至有的样本文献中没有提及研究对象中有几个倡导联盟，如刘芳（2007）、蔡艳（2010）、王喜雪（2014）等。从某种程度上来说，这些研究说明，研究者对自己研究的对象预设性很强，忽略了信念体系到倡导联盟再到政策变迁之间的因果关系推演。

3. 理论核心要素使用缺略

当下中国采用倡导联盟框架的研究没有沿着该理论框架所预设的过程和机制来讨论，大多数研究并未明确检验其中的正式假设（Weible et al.，2009）；相比倡导联盟框架应用者的研究重点，如信念体系、联盟策略、外部事件、政策学习等概念，这些研究在很大程度上忽略了框架的许多组成部分，包括强调行动者会放大权力以及妖魔化对手的魔鬼转移（devil shift）。例如，王莉华、朱沛沛（2020），刘兰剑、许雅茹（2023）等研究者很少将政策僵局的场景展现，而是一笔带过或是避而不谈；大多数研究是直接"告诉"读者反对联盟和支持联盟最终"相互妥协，形成共识"。有的政策过程分析根本就没有"政策经纪人"这一角色（赵利堂、谢长法，2016；孙岩等，2018；李明、姚乐野，2018；陈光等，2019；余子侠、李玉文，2019）。政策经纪人功能的缺失意味着在政策子系统中协调功能缺失。专业论坛是联盟之间互动、辩论和协商的场域（杨大瀚，2023；徐自强，2012；黄栋、常鸣明，2023）和涉及宪法结构、社会文化价值观、社会结构、自然资源的相对稳定的参数（高鹏、杨翠迎，2022；梁茜、崔佳峰，2022），但这些要素被中国经验的研究者所忽视。同时，很少有研究讨论联盟是否具有稳定的成员资格（张继颖、孙柏瑛，2020；Nohrstedt and Olofsson，2016）。这种局面的出现，也与倡导联盟框架的理论要素过多，以至于很难概括该理论的基本内涵这一问题有关（黄河，2020）。于是，围绕倡导联盟框架的实证检验较多，但深入其内在假设和机制的研究较为有限。

4. 基本假设失实，理论假设阙如

基本的理论前提和要素为理解政策子系统和倡导联盟框架提供了一个宏观的视角，而具体的理论假设则提供了明确的分析工具，帮助研究者深入理解政策变迁的动态和机制。倡导联盟框架作为方法论有其应用的前提假设。

倡导联盟框架围绕倡导联盟、政策导向学习、政策变迁三个核心命题发展了12个研究假设；关于该框架的理论假设，大部分仍然缺乏科学性、全面性的验证（朱春奎等，2012）。例如，洪宇（2014）对中国控烟政策变迁的研究验证了倡导联盟中关于政策变迁主要由支持控烟联盟和反对控烟联盟的冲突和妥协推动的这一假设，但其主要关注政策表层信仰层面的变化，对政策核心信仰的冲突和调整讨论较少。曾美勤（2013）通过分析高等教育评估政策的变迁，验证了倡导联盟框架中关于政策变迁是由政策子系统内部不同联盟的政策信仰冲突和政策取向学习推动的假设。通过对比不同联盟的政策信仰和行为，该研究解释了政策变迁的过程，较为全面地分析了政策信仰的三个层次，并探讨了政策变迁的内外因素。然而，该研究对于政策学习过程和政策经纪人角色的具体作用分析并不深入。可见，相关文献虽然"追随"倡导联盟的理论议程，对一些假设进行了验证，但是对于理论追随的研究不是很充分和全面，在具体应用中仍需进一步深化和完善，以提高其科学性和全面性。

## 二　理论发展的层次

### 1. 理论应用范围广泛

倡导联盟框架在中国的研究中应用范围广泛，主要体现在两个方面。一是涉及的政策领域较广，包括教育文化政策、环境政策、社会政策、经济和创新政策、"三农"政策、国防外交政策和其他政策等领域。研究者可以利用该理论框架来解释现象、构建模型、设计实验等。二是目标文献的学科分布较广泛，涉及 25 个学科领域，其发表的期刊类型涉及面广，具有较强的学科交叉性。通过在多个学科领域中广泛应用该理论，可以促进学科之间的互相借鉴和学习，打破学科之间的壁垒，借鉴和应用其他学科领域的理论，促进跨学科合作，从而推动倡导联盟框架的进一步发展和进步。

### 2. 理论发展与框架创新性弱

中国应用倡导联盟框架的研究可以分为从使用、追随、发展和建构四个阶段。从分析的文献样本来看，我国对该框架理论的理解与应用只达到了前三个阶段，处于对倡导联盟框架的传播、检验、修正与拓展阶段，主要从理论引介的角度对倡导联盟框架的结构、历程、意义等进行阐释，以及通过中国的公共政策案例去追溯中国具体政策的变迁历程（谭爽、崔佳，2019），或者为适应中国情境对该理论进行了有限的本土化修正、发展和补充。在框架应用过程中，倡导联盟框架既没有引入新的变量，同时尝试与其他理论交叉融合使用也较少。关于倡导联盟框架的建构阶段至今尚未触及，这个阶段是中国公共政策学者未来发展的目标。

揭开掩盖表面的"遮羞布"。中国关于倡导联盟框架的使用大多都秉承"拿来主义""拿来即用"，直接套用框架中的概念和理论逻辑对现实问题进行分析（张继颖、孙柏瑛，2020），没有起到解释政策变迁、发展框架理论的作用，框架的工具性特征极为明显（王刚、王誉晓，2020），鲜有对框架本身的渊源、演变及存在的问题进行深入、系统的研究，也没有深入思考这一发源于西方的分析框架是否适合中国的现实情境，也少有学者对框架进行改进（见表4-9），导致倡导联盟框架在我国公共政策研究的创新难以更进一步。

表4-9　倡导联盟框架研究侧重

| | 倡导联盟框架研究侧重 | | |
| --- | --- | --- | --- |
| | 框架验证 | 框架应用 | 框架改进 |
| 国外研究 | √ | √ | √ |
| 国内研究 | | √ | |

资料来源：王刚，王誉晓. 倡议联盟框架的理论验证与应用改进——基于典型邻避案例的分析[J]. 公共管理与政策评论，2020.

## 三　方法论的严谨性

1. 实证研究方法使用单一

方法的选择应当基于理论和研究问题，中国倡导联盟框架已有的研究除了概念阐释之外，多数研究所采用的研究方法是定性研究，而定量研究和混合研究相对缺乏。定性研究方法主要是案例研究，包括单案例研究、比较案例研究（孙岩、刘红艳，2019）和多案例研究（王刚、王誉晓，2020），其中采用单案例研究方法的最多，且多以政策本身作为研究对象，如农村低保政策变迁（侯志峰，2019）、广州市城市生活垃圾治理政策（田华文、魏淑艳，2015）等。若是选择具体的城市作为案例研究对象，多数是选取经济发达、社会开放、民众素质较高、政治参与意识强的地区为样本（范永茂，2016）。采用混合研究方法的文献中英文各有1篇（吕佩等，2022；宋云鹏，2017），但这些研究都没有深入到倡导联盟框架的核心理论假设的验证。

2. 资料收集方法有待改进

从样本案例检验的方法论情况来看，资料收集侧重于国家层面的政策，资料收集的广度与深度还有待拓展，主要包括访谈法（半开放式访谈、深度访谈），问卷法，观察法（参与式观察），实物收集（官方政策文本、官方会议公报、智库意见、媒体网站、网络公开信息等），实地调研及其各种组合。但是，近乎半数的研究未明确说明资料收集的来源和途径，只是在梳理政策变迁时把文件名表述出来了，缺乏对实证数据来源的呈现，研究过程也不够精细和令人信服，难以判断数据的准确性和可靠性，限制了其他研究人员对该研究进行复制和验证（张继颖、孙柏瑛，2020）。

3. 资料分析方法有待优化

在资料分析环节，当下的案例分析大多数都是针对政策文件进行分析，包括政府政策决定、政策计划、领导人讲话、官方统计数据和新闻文章等。从而可以得知，倡导联盟框架相关文献中的资料分析方法过于依赖定性研究（表面的政策文本分析），缺乏定量数据的支持，以至于对政策背后深层次动因、倡导联盟之间互动的深入探讨不足，影响研究结果的客观性和准确性。未来的研究需要根据研究问题和数据特点，选择和应用适当的分析方法和工具，结合定性研究和定量研究方法，利用统计分析、内容分析、质性分析、数据挖掘及模型构建等定量技术，增强研究的说服力。

# 第五节　结论与展望

## 一　研究结论

倡导联盟框架是一个富有成效和不断扩大的理论框架，在政策过程研究领域中广受欢迎。从中国的经验来看，我们经历了引进、消化、理解、运用、修正和发展的过程，中国的倡导联盟框架研究已经走完了一个相对完整的学习过程。对这个"舶来品"进行本土化的呼声一直不绝于耳，这也是倡导联盟框架本身需要进一步发展的方向（Van Den Dool and Schlaufer, 2024）。中国情境下的倡导联盟框架研究并非完全抛弃传统倡导联盟框架的知识谱系，也并非放弃借用西方政策过程理论。中国对倡导联盟框架的应用研究理应是对传统倡导联盟框架的批判性继承。从某种程度上说，中国的政策案例扩大了倡导联盟框架的解释范围，验证了该框架的适用性。

通过对文献进行梳理发现，当下倡导联盟框架在中国的理论应用完整度明显不足，研究范式及理论建构有待进一步发展，研究视角和分析方法有待创新。在方法论上，定性研究和定量研究之间存在严重失衡，资料收集和资料分析更倾向于质性分析；从理论目标来说，我国对倡导联盟框架的应用目前处于中级阶段，距离成为理论的建构者仍任重道远。这也说明，研究者应加强对理论框架的检验、适用性分析，以及进行理论反思和改进。

## 二 研究展望

随着中国政策过程理论的不断成熟，倡导联盟框架的研究路径有必要从"西方理论-中国经验-理论修正转变为中国经验-中国理论-理论对话"（侯志阳、张翔，2021）。

从作为经验场域的中国政策过程研究来看，未来的研究可以通过更多政策案例和实证研究来检验、修正和完善该分析框架，增强其理论解释力，扩大其适用性范围，以期对现有政策过程理论进行有益的补充或者形成理论对话。

从中国式倡导联盟框架的发展来看，未来的研究应该将有关威权主义和威权政治的现有文献纳入政策过程研究之中，以检验现有和新的假设（Van Den Dool and Schlaufer，2024）。同时，研究中国政策过程必须关注中国政策场域中联盟间的区别，认真分析不同倡议联盟的内在形成逻辑以及它们之间的相互作用。

从方法论来看，如果定性方法在构建新理论方面最有用，而定量方法在检验和阐述现有理论方面更有用，那么未来的研究应该关注非西方学术界对定量方法而不是定性方法的强烈倾向（Hattke and Rick Vogel，2023）。下一步我们也将尝试运用量化分析方法对倡导联盟框架的假设进行检验，以弥补定性研究的不足。

从未来理论愿景和抱负来看，深入中国政策实践，推进倡导联盟框架的理论发展，探索适用于中国情境的本土理论与框架，建构本土模型和中国自主的公共政策知识体系，是进一步研究的核心方向（陈光等，2019）。这将有助于我们进一步认清我国具体政策过程的本土化特征，形成有充分解释力的政策过程理论（王春城、柏维春，2014）。

# 第五章 中国政策扩散理论

## 引　言

政策扩散理论是由美国学者沃克（Walker）于1969年提出的，旨在解释新政策如何从一个州传递到另一个州的现象，将其称为政策扩散，进一步地，沃克把它作为一种遍及整个美国联邦系统的政策采纳和扩散传播的解释手段。政策扩散理论经历了半个多世纪的发展，已经在西方政治学领域逐渐占据了一席之地，并由此产生了一系列的累积性研究成果。当前，关于政策扩散，尤其是创新型政策扩散的研究逐渐成为政策科学中"最为引人注目的领域之一"，并形成了一个相对完整的理论知识体系，成为公共政策研究的一大重要分支。

就国内的政策实践来看，政策扩散是中国改革进程中的一个重要现象。例如，1978年，安徽省凤阳县小岗村首先实行的家庭联产承包责任制得到中央政府的推广，到1984年已在全国范围内实施；1998年取消福利分房之后，经济适用房政策在全国大多数城市开始推行；2005年，由辽宁省率先开展的棚户区改造工作，目前已基本在全国范围内实现推广；2007年，无锡市政府针对太湖流域暴发蓝藻事件及引发的大规模饮用水危机，首次出台了《无锡市河（湖、库、荡、氿）断面水质控制目标及考核办法（试行）》，为中国长期以来的水污染困局提供了"解药良方"，随后这一政策创新迅速被其他地区学习、效仿，并逐步扩散到全国；同样，2012年福建三明市创新的医改方案也得到了全国性的扩散推广。这些推动中国改革前进的重要事件一方面呈现了中国政策扩散的丰富经验，另一方面也反映出政策扩散的"中国特色"。可以认为，政府的公共政策活动在我国的改革进程中发挥了巨大的作用，从某种程度上而言，中国的改革就是不断推动政策创新及其扩散的过程。

随着政策扩散活动的日渐丰富，政策扩散逐渐成为中国公共政策研究的重要课题。学者们不仅关注政策扩散理论本身的要素、路径与机制，还深入研究我国的政策扩散活动，分析其基本特点，把握其基本规律，并积极尝试构建本土化的政策扩散理论。比如，有学者在中国经验的基础上归纳了政策扩散的层级模式、吸纳辐射扩散模式、部门扩散模式以及区域扩散模式等，强调了学习、竞争、模仿、行政指令以及社会建构机制等政策扩散的主要机制。可以看出，学者们对政策扩散理论的使用、追随和发展极大地推动了政策过程理论的发展，并提升了其对中国政策实践的解释力。因此，加强政策扩散理论的研究，分析其中的规律，不仅是学术研究的重要课题，更是我国政策发展和政策实践的客观诉求。

本章拟对政策扩散理论进行系统的梳理与回顾，重点考察政策扩散理论在中国的实践经验与发展程度，同时对理论研究中所应用的方法进行评估。在深度追踪二十年来中国政策扩散理论研究成果的基础上，本章通过对照国外政策扩散研究的动态，全面评估中国政策扩散过程理论与方法的发展，试图从多角度深入阐述中国研究对推动政策过程理论所做出的贡献。一方面，系统性厘清当前中国政策扩散过程的既有研究；另一方面，为中国研究与世界对话提供多维支点，进一步加深对中国政策过程的认识与理解。具体地，本章预设了"使用者""追随者""发展者""重构者"四个维度来衡量中国政策扩散理论发展的层次。在这个基础上，本章尝试对以下问题进行回答：政策扩散理论在中国政策过程研究中的使用情况、发展现状及研究空白是怎样的；通过整体性评估理论的跨越程度，进一步思考中国的政策扩散研究是"拿来主义"的，还是"突破创新"的；未来中国的政策扩散研究该何去何从。

为了全面展开中国政策扩散研究的知识图谱，本章的内容安排遵循以下几个基本逻辑：首先，简要回顾西方政策扩散理论，试图清晰地把握政策扩散理论的发展脉络；其次，通过系统性文献综述的方法，提炼政策扩散理论在中国政策过程研究中的整体特征；再次，分别从"使用者""追随者""发展者"三个维度出发，进一步考察中国经验在政策扩散理论中所扮演的角色；最后，从理论发展和方法论使用两方面系统性地评估了中国政策扩散理论的发展使用程度，并对中国政策创新扩散的实践与研究前景进行总结，以期为未来研究方向提供若干借鉴。

# 第一节　政策扩散理论基础

## 一　政策扩散理论发展概论

从 20 世纪 60 年代末起，国外许多公共政策学者开始关注政策理念、政策项目等在政府间的扩散现象，其中，Rogers（2014）、Walker（1969）和 Gray（1973）等人的开创性研究为政策扩散理论的发展筑牢了根基。随着政府改革和创新逐渐受到公共管理研究者的关注，政策扩散也成了公共政策、政治经济学、国际政治、比较政治等领域讨论的热点之一。

政策扩散研究的主要任务是回答为什么某个地方政府会比其他地方政府更倾向于创新（或不创新），为什么不同的地方政府会采纳相同的政策，为什么某些创新政策会扩散而有些则不会。西方政策扩散的研究大致可以分为三个阶段：一是以结果为导向的公共政策扩散研究；二是以过程为导向的公共政策扩散研究；三是以机制和动因为导向的公共政策扩散研究（王浦劬、赖先进，2013）。在理论发展的各个时期，均积累了丰富的学术成果。学者们对政策扩散的模式、路径、机制和影响因素等进行了深入的探讨，这几个主题至今仍是政策扩散理论的研究热点。随着中国改革的不断深化，无数的政府创新项目经历了创生、演变、扩散和再造的过程，这些政府创新在或长或短的时间内经历了议程的开启、扩散和制度化，形成了非常有利于研究观测的窗口，为学者们理解中国政府政策实践过程提供了基础条件。在此背景下，中国学者们开始重视对政府创新及其扩散的研究，纷繁复杂的政府创新和扩散现象需要通过西方经典的政策扩散理论结合中国实践加以刻画和诠释。

## 二　政策扩散理论基本内容

### （一）概念界定：什么是政策扩散？

在对政策扩散的早期研究中，学者们多采用 Rogers（2002）对政策扩散的定义，即"一项创新传播的过程就是扩散，它包括一种新思想随着时间在社会系统中的交流"。在国内外研究中，与政策扩散相近的概念包括政策学习、政策转移等。政策学习是指政策制定者使用其他政府的经验来评估某项政策的可能效果，并据此对这项政策做出采纳或不采纳的决定（Meseguer，2005）。但目前学界多将政策学习看作是复杂的政策扩散机制中的一种，其他的机制还包括竞争、模仿和强制等（Shipan and Volden，2008）。政策转移是指把一个政治系统（过去或现在）中有关政策、行政安排、机构和思想的知识运用到另一个政治系统中（Dolowitz and Marsh，1996）。因此，从概念上来看，政策扩散的不同之处在于：第一，政策扩散不仅包含政策转移和政策学习等有意识、有计划、有组织的公共政策空间位移现象，也包含自发的政策自然流行传播和扩散活动；第二，政策扩散的路径不仅包含政策的单向传播，也包含政策主体对政策的采纳和推行；第三，政策扩散不仅涉及微观的政策过程和阶段，也涉及政策的整体宏观性和空间立体性；第四，政策扩散与政策系统内部的整体结构高度相关，而政策转移主要与政策系统内的机构或主体高度相关（Marsh and Sharman，2009）。

总的来说，政策扩散研究关注的是一个政府的政策选择如何影响其他政府的政策选择过程（Braun and Gilardi，2006；Shipan and Volden，2012）。政策创新和政策扩散被认为是从不同的角度对同一个政府过程的观察（朱旭峰，2014）。半个多世纪以来，西方学界在政策扩散理论的概念体系、理论基础以及研究方法等方面都得到了丰富的发展，考察的议题包括政策扩散的特征、机制和模式等。有关政策扩散的研究对政策过程领域的理论和方法发展至关重要，也对理解不同国家、地区在不同时期的政策选择具有重要意义。

### （二）政策扩散的机制

政策扩散机制是指导致政策创新扩散呈现某种特征的影响因素之间的互动关系与运作方式，能够反映一个地方政府的政策选择如何受到其他政府选择的影响（Braun and Gilardi，2006）。当前，有关于政策扩散机制的研究浩如烟海，已有学者通过系统性的文献分析归纳了几种主要的扩散发生机制。Graham 等（2013）通过对 1985~2008 年的 781 篇关于政策扩散的文献进行计量分析，归纳了与政策扩散相关的 104 个术语，并将其分为学习、竞争、强制和社会化四类机制。结合已有研究，学习、竞争、模仿、强制及社会化五类政策扩散机制已成为西方学界的普遍共识（如表 5-1 所示）。

表 5-1　政策扩散机制研究

| 扩散机制 | 研究资料 |
| --- | --- |
| 学习 | Hall(1993); Berry and Berry(2007); Dobbin et al. (2007); Shipan and Volden(2008); Gilardi(2010); Graham (2013); Mitchell and Stewart, (2014); Berry (2018); Abel (2021); Fundytus et al. (2023) |
| 竞争 | Walker(1969); Berry and Berry(2007); Dobbin et al. (2007); Karch(2007); Shipan and Volden(2008); Graham(2013); Mitchell and Stewart(2014); Mccann et al. (2015); Tosun et al. (2016); Fox et al. (2017); Manwaring(2016); Berry(2018); Fundytus et al. (2023) |
| 模仿 | Walker(1969); DiMaggio(1983); Meseguer(2005); Karch(2007); Shipan and Volden(2008); Maggetti and Gilardi(2016); Abel(2021); Fundytus et al. (2023) |
| 强制 | DiMaggio(1983); Allen(2004); Karch(2006); Berry and Berry(2007); Andrew(2007); Dobbin et al. (2007); Shipan and Volden(2008) Graham(2013); Volden(2017); Berry(2018); Fundytus et al. (2023) |
| 社会化 | DiMaggio(1983); Berry and Berry(2007); Dobbin et al. (2007); Graham(2013); Berry (2018); Fundytus et al. (2023) |

资料来源：作者自制。

第一，学习机制（Hall，1993；Gilardi，2010）。当一个地方政府面对复杂或者新的政策问题，抑或是为了降低学习成本和创新风险，就可能诉诸其他地方政府进行政策学习。学习机制常被认为是一种资源的横向扩散机制（Meseguer，2005）。政策决策者在对政策源创新进行观察和评估的基础上，有选择性地对成功的政策经验进行学习，并根据当地需求做出是否采纳的理性选择。因此，有目的地搜索信息、提高对政策后果的理解程度并寻求有效的解决方案是学习机制区别于其他水平扩散机制的核心特征，其中既包含了对政策有效性的考量，也包含了对政策采纳后带来的政治活力的追求（Graham，2013）。在此基础上，有学者（Berry，1990）认为，学习机制具有相邻效应，也即，地理位置相近、经济社会发展水平相似或者政治交往较为频繁的地方政府之间最有可能进行相互学习；Gilardi（2010）运用二分法和多层次分析方法，表明学习机制是政策主体有选择地向其他政策主体学习政策经验，本质上是获取和接收信息，进而改造自身政策理念的过程。在政策扩散研究中，有学者进一步将学习机制分为完全理性学习和有限理性学习（Meseguer，2006）。不论是完全理性学习还是有限理性学习，它们都遵循目标导向和问题解决的理性行动逻辑。两者的差异在于，完全理性的政府拥有充分的信息和最大化的分析能力，而有限理性的政府处理信息时的能力有限，这可能会导致决策者对结果评估的困难，也就是说，两种不同的学习类型会导致不同的政策决策模式、扩散模式和扩散路径。

第二，竞争机制。与学习机制类似，竞争机制同样是以理性为基础的扩散机制。不同的是，竞争机制更强调通过实践相似或类似的政策，保持本地区的竞争优势，至少保证本地区不会因为某一政策的缺失而在区域间的竞争中落败。由于一个州采取的政策经常对其他州产生经济影响，为吸引或保留资源，各州间的竞争就会产生（Baybeck，2011）。一项公共政策能够得以扩散，是由于政策决策者认为如果不采纳它将会使自己的境况变得不利，这种外部压力促使其与其他政府保持一致，而外部驱动力可能并非来自强有力的政策主导者，而是来自竞争者（Dobbin，2007）。Walker（1969）提出地理邻近、政党和意识形态等相似经济政治和社会文化因素会给政府带来竞争压力，决策者会根据其他政府的决策行为对自身利益的影响来判断是否采纳同样的政策项目。Tosun 等（2016）同样认为竞争机制是政府间出于政治、经济等原因存在竞争关系导致的政策调整。各地政府为了争夺资源而展开的竞争行为都会体现在政策上，尤其是意识形态（Fox et al.，2017）、政党（Manwaring，2016）等因素均会对政策主体产生压力，迫使其展开政策竞争。

第三，模仿机制。政策模仿是一种社会性机制，它的理论基础是社会建构主义，遵循合法性逻辑，强调政策的象征性和社会建构性特征的重要性（Maggetti et al.，2016）。在模仿机制驱动的政策扩散中，政策决策者往往基于对合法性或认同度的考量而模仿那些在政策创新中具有较高声誉或表现突出的政府（Walker，1969）。同学习机制相比，在政策学习中，决策者关注的是政策本身，如政策如何被采纳，是否有效率，以及会带来哪些影响；而模仿机制关注的是其他政府，如它们做了什么，本地政府怎么做才能与其保持一致。总的来说，二者最本质的区别在于：学习机制关注行动；模仿机制关注行动者（Shipan，2008）。

第四，强制机制（Andrew，2007）。政策强制是指决策者在受到一个更强有力的政府的激励或权威命令后而采纳某一政策创新的过程（Berry and Berry，2007；Volden，2017），这种行为大多来自上级政府对下级政府的压力，主要手段包括规章制度、政府间拨款和优惠政策等。一个政府所承受的压力可以分为内部和外部两个方向：内部压力主要来自辖区内的公众、政策企业家等；外部压力主要来自垂直方向上的上级领导给予的命令，或者水平方向上的地区间压力及国家间压力。在国内和国际上，中央政府和超国家组织分别是政策强制扩散的主要行动者。它们既可以通过行政指令，也可以利用经济激励来迫使地方政府采纳其政策（Allen，2004；Karch，2006）。换言之，强制机制是支配性行动者为实现政策趋同，通过经济、政治和法律等手段推动较低层级决策者实施政策采纳的过程（Maggetti and Gilardi，2016）。

第五，社会化机制。这是指决策者受到大多数同级政府采纳某一政策而产生的规范性压力影响，从而顺应国家或地区的流行趋势并最终做出政策采纳的过程（Boushey，2010）。这一机制的核心在于诱导行动者进入共同规范和规则的过程，进而形塑行动者基于新规范的持续遵从（Checkel，2005）。

除了以上五大机制外，一些研究还从类型学上进一步将政策扩散机制细化为更细粒度的路径，包括利益驱动、权力驱动、意识形态驱动和认知驱动的扩散机制（Blatter et al.，2022）。

### （三）政策扩散的影响因素

自 Walker（1969）的开创性文献将政策创新扩散引入公共政策领域后，便提出了政策扩散研究中的核心问题之一：政策扩散的影响因素是什么，即"为什么一些州在创新扩散中成为先驱者，比其他州更快地采纳创新政策？"基于已有研究，如表 5-2 所示，可将西方政策扩散的影响因素研究划分为内部决定因素、外部扩散因素和政策类型因素三大类。

表 5-2　政策扩散的影响因素

| 类别 | 相关文献 |
| --- | --- |
| 内部决定因素 | 政治（Berry and Berry，1990；Gilardi and Wasserfallen，2019；Givens and Mistur，2021；Mallinson，2021；Graham et al.，2013；Strumpf，2002），教育（Walker，1969），知识（Shipan and Volden，2014），立法（Tolbert and Zucker，1983；Pacheco and Boushey，2014；Shipan and Volden，2014），组织规模（Woodman et al.，1993；Boehmke et al.，2012） |
| 外部扩散因素 | 地理邻近（Walker，1969；Berry and Berry，1990；Abel，2021；Mallinson，2021），政策网络与政治流动（Walker，1969；Mintrom and Sandra，1998；Yi and Chen，2019），政策企业家（Vallett，2021；Goyal，2022），上级激励（Welch and Thompson，1980；Volden，2006；Karch，2007），媒体关注（Oakley，2009；Easterly，2015），利益集团（Mintrom，1997；DeMora and Collingwood，2019） |

| 类别 | 相关文献 |
| --- | --- |
| 政策类型因素 | 政策类型（Clark, 1985; Gray, 1973; Gray, 2000; Makse and Volden, 2011），政策内容（Glick and Hays, 1991; Hays, 1996; Pierce and Miller, 1999; Karsh, 2007; Boushey, 2010; Strebel and Widmer, 2012; Taylor et al., 2012; Robyn and Philip, 2014），政策属性（Rogers, 1983; Wejnert, 2003; Makse and Volden, 2011; Crotty et al., 2014），政策复杂性（Karch, 2016; Menon and Mallinson, 2022），政策显著性（Karch, 2007; Nicholson-Crotty, 2009; Menon and Mallinson, 2022），政策可观察性（Savage, 1985; Sean, 2009） |

资料来源：作者自制。

### 1. 内部决定因素

内部决定因素认为各州及其内部的政治、经济、社会以及历史传统等因素会在一定程度上决定政府创新的偏好、强度以及创新扩散的可能性，主要强调的是影响政策扩散的政府自身内部的激励与促进因素。早期研究通常使用横截面数据进行回归，按照政策采纳顺序对各州进行排列，进而分析其政策扩散的特征。例如，Walker（1969）在对美国48个州政府的88个政策项目的采纳情况进行分析后，发现资源越丰富、经济越发达、城市化和工业化水平越高的州的政府更倾向于政策创新，并认为时间、地理相近和资源相似性是政策扩散的主要动力。

从经济特征来说，越是经济发达地区的政府所面临的来自公民要求其提供更优质的公共服务的压力越大，这也解释了为什么经济越发达、工业化和城市化程度越高的地区越倾向于创新（Walker, 1969；Gray, 1973）。若是地方政府遇到财政危机，也有可能促使其采纳创新项目或某项政策（Berry and Berry, 1990）。

从政治环境来说，最主要的影响因素是换届选举，即在选举年份地方政治领导人更有可能采纳创新项目（Berry and Berry, 1990）。另外，一个国家的政治制度也会对政策扩散的方向与机制产生影响。例如，在联邦制民主国家中，政策扩散大部分是通过横向传递，且通过学习机制进行的（Graham et al., 2013）；在威权国家，政策扩散大多是通过纵向传递，同时以强制机制为主（Heilmann, 2008）；Strumpf（2002）研究发现分权体制下的政策扩散可能少于集权体制下的政策扩散。

从社会环境来看，政治领导人的更替、内部政策网络、政策企业家以及地方政府所处的社会环境的变化也会在一定程度上促进政策创新。

Mintrom（1997）提出内部政策网络不仅会促进议程设定，而且会促进政策创新。

另外，一些学者认为经济变量是影响政策创新扩散的最大因素，政治变量位居第二，而社会因素夹杂其中（弗吉尼亚·格雷、王勇兵，2004）。Woodman 等（1993）与 Boehmke 等（2012）均认为规模越大的组织，越有可能参与到政策扩散中去。Damanpour（1991）在对大量实证文献进行归纳后，总结出了 13 个与组织有关的因素，包括特殊化程度、功能分化程度、专业主义程度、权力集中程度、技术知识资源多寡、资源宽松度、内外部沟通等，他认为这些因素均会影响组织创新扩散的动力和能力。Teodoro（2009）提出，一个国家或地区的技术发展水平、社会分层情况、城乡结构、民族构成及其分布也会影响政策扩散进程。

2. 外部扩散因素

外部扩散因素关注的是外部环境对政策扩散的影响，假定在任何情况下，某一地政府通过了某项政策，就会提升另一地采纳同样创新政策的可能性（Walker，1969）。这一视角常将政策扩散看作信息的沟通过程，更多地从外在因素方面来探索政策扩散的动力，侧重于从扩散-接受的角度进行分析（朱亚鹏、丁淑娟，2016）。因此，基于地理邻近性的"邻里效应"，基于政策网络的政治流动，媒体、上级政府、政策企业家和利益集团等行为主体的行动成为学者们研究的重点。例如，Maggetti 和 Gilardi（2016）提出地理位置相互毗邻且意识形态相似的州政府具有相似的创新倾向，更有可能采取相同的政策；而在人口文化等分歧比较严重的地区，采用新政策的比例、可能性也会比较高。Halvorsen 等（2005）发现，社会人口的增长、移民、经济发展等都可能会对政府的政策创新造成影响。

从政策网络的视角出发，一些学者认识到他们研究的许多重要议题都会受到相互联系的政治行为者间的观点、信息和资源流动的影响（Desmarais and Harden，2015）。此外，媒体关注度也是重要的影响因素之一。政策决策者在最初对某项创新政策不太熟悉时，会通过媒体的报道和宣传进行了解，并产生某种印象。如果媒体营造的印象很好，就会促使某地政府成为创新的追随者，进而推动政策扩散（Valente，1996；Oakley，2009；Easterly，2015）。

政策企业家也被视为重要的推动政策创新扩散的条件。现有研究主要从两个方面探讨政策企业家对政策扩散的影响。其一，政策企业家为何要推动政策创新的扩散。从激励角度看，政策企业家通常会出于提升社会声誉、政治晋升、选举周期的时机（Lowi，1963；Schneider and Teske，1992；Teodoro，2009）等原因推动政策扩散。同时，政策与政治目标，以及政治人物的支持力度也会影响政策企业家创新扩散的接纳能力（Halvorsen，2005）；从个人特质来看，政府官员的年龄、性别、受教育程度、政治倾向、任期长短等特质会对政策扩散过程产生影响（Damanpour，2009）。Bason（2010）和Glor（2002）均认为公务员的思维逻辑会对政府的政策创新与采纳产生影响。此外，Teodoro（2009）提出，若一个组织的负责人来自政府以外，那么他会既有荣誉感又有责任感地参与到政策创新扩散的进程中；若组织的负责人是由机构内部提拔起来的，那么其接受新政策的激励就会少很多。其二，政策企业家采用何种方式推动政策扩散。基于当地的不同资源条件，以及官员自身的能力，政策企业家会采用建立政策联盟、形成政策网络、富有技巧地界定问题、进行政策试验等方式推动政策扩散进程（Mintrom and Norman，2009）。Lavee 和 Cohen（2019）则跳出了传统"政治-行政"二分框架，仅将基层官员看作政策执行者，认为基层官员对严重危急状态的感知、有效知识的匮乏以及对创新和行动主义的需求，将驱动其跨越政策执行者的身份界定，而以政策企业家的身份参与政策制定，从而引发自下而上的政策创新扩散。

3. 政策类型因素

长久以来，政策扩散研究的重点多放在"如何扩散"及"为何扩散"等议题上，相对忽视了对"扩散什么"这一问题的探讨。这种"仅着迷于过程分析而对内容变化漠不关心"的研究传统，一定程度上造成了政策扩散研究与政策过程实践的脱钩。事实上，政策类型是影响政策扩散的重要因素，不同领域的政策所具备的特性会对政策扩散造成影响（Clark，1985）。政策类型至少包含政策内容和政策属性两个维度：政策内容即政策目标、焦点议题等；政策属性即政策特点、性质等（Fulwider，2011）。不同类型公共政策的政府结构间关系存在差异，具体表现为介入政策过程的政府主体在权责关系、资源依赖关系以及激励机制等方面存在差异，从而会对政策过程产生不同的影响（吕芳，2019）。在此意义上，政策类型是理解政策扩散机制的前置性条件。政策类型研究多集中于某类政策在府际关系、政府行为等方面的问题，还需要进一步拓展到不同政策类型所固有的内容和属性与政策扩散之间关系的研究（Fulwider，2011；刘红波、林彬，2019）。

目前，更多的研究集中在探究政策属性对政策扩散的影响上，仅有少数文献关注了什么被扩散以及政策内容在政策扩散过程中发生的变化这一问题（朱亚鹏、丁淑娟，2016）。Walker 等（2011）将政策类型划分为服务创新、过程创新和辅助创新，并指出 Berry 模型最适合分析总体创新，而不适用于分析不同类型的政策创新。Clark（2000）将政策类型分为发展政策、分配政策和再分配政策，指出美国大多数州都奉行发展政策，因为这些政策可以在与其他州的竞争中提高他们的经济福利；另外，大多数国家倾向于避免或尽量减少再分配政策，因为他们认为这些政策是有害的。还有一种情况是，即使是关于同一主题的公共政策，在颁布这些政策的"领导者"城市和"追随者"城市中也可能采取不同的形式。Karch（2007）在打破政策再创新的研究中把政策内容作为因变量的桎梏，将政策内容作为自变量，考察其如何影响政策扩散过程。他认为政策内容可以影响某些选民或组织参与到特定的政策扩散活动中，或通过活跃在扩散过程中的某一利益集团来影响扩散（Pierce and Miller，1999）。Boushey（2010）将政策按照议题划分为三类：管制政策（管制经济、环境或行业的标准），品行政策（政府对社会行为与规范的管理）和治理政策（对政府权力本身的规制）。他认为针对不同的政策，地方政府会采取不同的政策扩散采纳态度，进而对政策扩散过程产生影响。总的来说，相较于其他影响政策扩散的自变量，政策内容在学术界受到的关注相对有限，但已有学者发现，将政策内容作为自变量来研究是该领域一个很有前途的方向（Clark, 1985; Glick and Hays, 1991; Robyn and Philip, 2014; Strebel and Widmer, 2012; Taylor et al., 2012; Hays, 1996）。

实际上，政策属性是政策科学研究中不能回避的一个课题。在进行政策分析时，学者们通常从公共物品的角度出发，分析公共政策本身具有的公共产品属性。自 Lowi（1972）提出"政策决定政治"和政策类型四分法框架后，政策属性就成为政策扩散领域的重要分析维度。学者们研究的侧重点不尽相同，因此对政策属性的分类也各有不同。Crotty 等（2014）认为所对应政策问题的突出性、解决手段上的复杂性会影响政策扩散。Barbara

（2002）探讨了政策的公共性、私人性、成本收益对政策扩散的影响。其中，公共性是指一项政策能对社会中大部分群体产生影响，如社会福利政策等；私人性是指一项政策只对某些特殊群体或组织有影响，如农民或某些特定区域的社区等。Rogers（1983）提出了一种较为规范的政策属性模型。他指出创新政策具有五个基本属性：相对优势性、兼容性、复杂性、可观察性和可试验性，其中相对优势性、兼容性、可观察性和可试验性与政策扩散的速度成正比，复杂性与政策创新扩散的速度成反比。Makse 和 Volden（2011）在此基础上展开进一步研究，他们采用问卷调查法验证了五种属性都会影响政策扩散的速度，并且政策属性还会对学习机制有一定的调节作用。Savage（1985）评估了政策本身的可观察性和竞争性是否会对相关的扩散过程产生影响，他发现，如果政策可观察性较高，就有可能被推广；如果政策可观察性与竞争性均偏低，那么扩散也有可能发生；然而，如果政策可观察性偏低，竞争性偏高，那么扩散发生的可能性会随之降低。Sean（2009）则认为具有高度可观察性和较低复杂性的政策容易被广泛采用且引发快速扩散。Heilmann（2008）提出与社会政策相比，经济政策更容易产生收益，进而更容易被扩散和采纳。Clark（1985）认为经济类政策、分配政策、规制型政策相对优势性较高，容易被扩散，而再分配政策相对优势较低，不易扩散。Barbara（2002）认为政策的公共性越强，意味着其带来的社会效益越大，就越容易得到公众的支持认可，进而能推动政策扩散的进程，也即政策的直接或间接成本会对政策扩散过程产生影响。

### （四）政策扩散的模型

西方学者们从内部决定因素、外部扩散因素等角度分析了政策创新扩散发生的影响因素，并由此发展出政策创新扩散的内部决定模型和外部扩散模型（Berry and Berry，1990）。其中，外部扩散模型又可以被具体细分为全国扩散模型、区域扩散模型、领导-跟进模型及垂直扩散模型四类。

第一，全国扩散模型，也有学者称之为组织扩散模型。该模型认为在全国范围内存在一个沟通网络，该沟通网络是各州政策创新信息扩散的载体，政策制定者们可以通过这个网络进行互动交流。这个模型假设一个州采纳新政策的概率同其官员与已采纳该政策的州官员的交流次数有关，Gary（1973）在研究美国各州政策创新时通过时间序列回归证实了一个州采纳新政策与该州政府官员同已采纳该政策的州政府官员的交流次数成比例关系。

第二，区域扩散模型。该模型认为地域对扩散有重要的影响，该模型假设各州采纳新政策主要受附近区域其他州的影响（Mintrom，1997）。该模型又可分为两种主要的形式：其一是邻近州模型，其二是固定区域模型。前者认为如果一个州附近的几个州都采取了某一新政策，那么该州在竞争和模仿的基础上也会采纳这一新政策；后者认为固定地区各州倾向于政策竞争，从而出现政策扩散现象。贝瑞夫妇（1992）在研究美国税收政策时发现政策创新的区域扩散可能存在竞争和学习两种扩散机制。

第三，领导-跟进模型。该模型认为一些州在政策采纳方面是领导者，其他州争相效仿这些领导者（Walker，1969），并加以跟进。同时，这种跟进也是区域性的。其中，政策"跟进更多的是基于学习机制，而不是迫于压力的政策竞争机制"。但这一模型的问题是没有办法确定谁是领导者，尤其是采纳政策的州的数量达到一定程度的时候，导致实证检验显得十分困难。

第四，垂直扩散模型。该模型认为各州处于政策创新扩散的同一水平，各州不是受其他州政策的影响而是受全国性政策的影响。这种"效法"可能源于学习，也可能是由于全国政府的命令。这一模型强化了全国政府的政策权力，同时削弱了各州政府政策创新扩散的自由度。Welch（1980）等人认为，在垂直关系中，由上而下的影响可以激励州政府提升政策扩散的速度，与之相比，如果没有自上而下的压力，州政府间的政策扩散要慢得多。垂直扩散模型中有一个第三方权威政府，可以通过其合法权利向创新者和学习者施加压力，以此促进政策或项目的创新扩散（Allen，2004；Karch，2006）。同时，这些学者也提出国家政府不仅可以通过惩罚和财政激励影响州政府的政策制定，还可以通过传递国家政府的政策偏好信号影响州政府的政策制定。此外，还有学者提出了垂直对角的扩散模型以解释复杂的联邦治理体系下公共组织和准公共组织的政策扩散采纳行为（Fay et al.，2022）。

### （五）政策创新扩散的模式

政策创新扩散的模式是指一项创新政策或项目在扩散过程中所表现的速度与规模的基本特征。对扩散模式进行描述与研究有助于我们从整体上把握一项创新的扩散过程（朱旭峰，2014）。在西方早期的研究中，Rogers（1983）总结了政策创新扩散模式的三个基本特点：地方政府采纳时间的累积分布曲线呈现 S 型、创新扩散过程呈现正态分布、正态分布曲线是对称的。Rogers 认为 S 型曲线表现了政策创新经由"初期缓慢增长-中期快速提升-后期趋缓饱和"的过程，即刚开始人们对创新事物的接受程度比较低，采纳人数增长缓慢，而到了相当比例的临界大众采纳之后，其扩散速度开始加快，到了半数以上的人已经采纳后，其扩散速度开始慢下来。基于西方国家的联邦分权体制，政策创新扩散实际上是州政府之间渐进学习的过程，因而时间维度上所呈现的 S 型曲线是渐进调适主义的映射（杨志、魏姝，2020）。

在政策扩散研究中，许多学者以 Rogers 的创新扩散理论为基础，也尝试描述和勾勒政策创新扩散的模式和路径（Menzel and Feller, 1977; Gray, 1973; Berry and Berry, 1999; Weyland, 2005），并倾向于将政策扩散过程看成符合正态分布的 S 型曲线扩散模式。例如，Gary（1973）在对教育、福利和公民权利三类政策的扩散过程进行研究后发现，政策采纳时间都是由大量的社会环境因素的相互作用决定的，对于各种各样的创新政策，其在扩散过程中随时间的累积呈 S 型。

但是，随着实践层面政策扩散案例的多样化呈现，研究者们发现许多政策创新扩散的实例并不完全遵从正态分布，符合 S 型曲线。事实上，在不同的情境下，政策扩散模式可能会有完全不同的展现。随着理论的发展，有学者指出政策扩散曲线并不总是遵循过往所推崇的 S 型轨迹，由此，政策扩散的"非渐进"形态进入学术视野。Mooney（2001）通过对美国各州死刑政策扩散过程的研究，总结出政策扩散的 R 型曲线。Boushey（2012）将传统理论无法解释的政策扩散曲线总结为以下几类：陡峭的 R 型曲线、比较陡峭的 S 型曲线和阶梯模式。他还以强制使用机动车辆头盔法律、死刑政策、安珀警报等实例加以佐证，并认为经典的渐进主义理论范式无法解释此类现象。进一步地，他认为间断均衡理论或许能够为这类政策扩散模式提供更好的解释。例如政治注意力的不断均衡变化或许直接决定了扩散速度的变化。但是，目前对于这些非常规政策扩散模式的研究还不多见，这也为未来关于政策创新扩散的研究提供了更有价值的方向。

### （六）政策扩散的结果

Walker（1969）最早将扩散结果区分为采纳和不采纳。然而，这一区分是对现实的过度简化，无法解释经验世界中出现的许多不同扩散结果。随着政策扩散实践和理论研究的不断推进，政策扩散主体的能动性和扩散结果的异质性逐渐得到学者的关注和研究。罗杰斯（Rogers，2002）指出，在政策扩散中决策者可能对政策进行再创新，这种灵活变通有利于解决当前的问题，并鼓励采纳者积极创新以适应具体情境。在中国的政策扩散实践中，亦有学者发现地方政府并非被动地移植政策原型，而是将其作为知识起点进行选择性地吸收与改造。

Boehmke（2004）等指出政策扩散过程中还有"Policy Reinvention"（"政策再造"或"政策再发明"），即地方政府在采纳某项创新政策时，会结合实际进行调整，从而形成具有自身特色的新政策；国内外也陆续出现了"政策再生产""政策再建构""政策异化"等相关概念。因此，本节通过从政策趋同与政策再创新两个方面的文献梳理，以帮助我们整体了解现有政策扩散结果的研究现状。

1. 政策扩散中的"政策趋同"

在政策趋同的"变量研究"中，现有研究仍较为碎片化。Holzinger 等（2005）将影响政策趋同的因素分为三个方面：国家因素、国际因素与政策特征因素。其中，国家因素包括经济、政治、文化、制度等方面；国际因素包括国际组织、国际规则和国际竞争等方面；政策特征因素包括政策的可行性、有效性和合法性等方面。而 Drezner（2001）将其中的经济与意识形态分为两类影响因素。也有学者将其分为政策环境的相似性、压力等外部因素以及政策特征三类。在我国的政策趋同研究中，有学者开始探索相关因素对政策扩散结果的影响。例如，马奔、高涵（2019）基于政策文本聚类和内容分析的研究发现，不同地区、不同层级政府的舆情回应政策均存在文本相似现象，来自上下级政府的压力和同级政府的压力会对政策文本的趋同产生影响；吴宾等（2020）基于对人才新政政策的案例研究，通过对比不同城市政策工具使用的差异，发现在学习、竞争、模仿与社会建构等动力机制的共同影响下，人才新政呈现政策趋同的扩散结果。

2. 政策再创新

在政策再创新的"变量"研究中，有学者认为，相比于外部扩散因素，内部决定因素在政策再创新中发挥主导作用，而政府能力在其中又起着核心作用（周志忍、李倩，2014），包括政府基础设施、立法专业化水平等制度和组织能力，以及政府财力、人力、技术等资源动员能力。也有学者关注立法专业化水平对政策再创新的影响，因为立法者会对政策文本进行精心修改以适应当地实际，所以专业化水平越低的地方政府越会倾向于全盘接受创新（Hays，1996；Jansa and Hansen，2019）。

从外部扩散因素来看，政策再创新会受到国家政治制度特征的影响，例如民主化程度和政治选举（De Rynck and Dezeure，2006）。此外，社会因素（Shin，2010）、利益集团的游说（Yu and Butler，2020）等都可以改变创新采用者的动机和政策学习的内容。

在政策属性方面，复杂的政策创新由于具有较高的学习成本和应用成本，通常难以被完全采纳，具有争议的创新政策也较少得到扩散（Hays，1996），但中国本土化的研究尚未关注这一影响因素。总而言之，虽然学者们认为内在因素和外在影响是解释政策创新和扩散各个阶段行为的重要因素，但部分影响因素对政策再创新的稳定影响也具有一定的争议，诸类影响因素与政策再创新的可持续性是未来研究可探索的主题之一。

在政策扩散结果的类型学框架方面。Strebel（2012）依据可见性和事实性两个维度，将政策扩散结果划分为工具性采纳、观念性采纳、象征性采纳和消极采纳四种；席虎和汪艳霞（2021）则从政策目标兼容性与政策工具兼容性的维度区分了填充式、剪贴式、转向式和层叠式四类地方政府政策再发明模式。

## 三　小结

本节对国外政策扩散及其研究成果进行了系统的梳理，这一梳理工作帮助我们对这一研究领域的发展脉络和研究图景形成了大致的认识。总体而言，西方政策扩散理论从政策扩散的影响因素、模型、机制、模式和结果等方面进行了较为细致的分析。这些研究成果为我们理解和分析中国政策扩散实例提供了重要的理论和概念工具，这对于发展中国政策扩散理论研究和中国政策实践研究都非常重要。

从现实经验上来看，当前，中国各级政府推出了多方位的制度、政策与组织创新，成功的创新经验如何推广到其他地区，是什么因素促进或阻碍了创新经验的推广，这些问题是政策创新与扩散理论可以回答的。因此，西方政策扩散理论为我们研究中国地方政府创新及其经验推广提供了重要的理论思路，但考虑到中国的单一制政治体制可能会对政府创新扩散产生关键影响，中国研究者需要立足于中国情境下的政策创新扩散经验现象，比较并总结与西方经典政策扩散理论不同的机制，以此形成具有中国特色的政策扩散理论。

# 第二节　中国经验与政策扩散理论

## 一　研究方法与数据来源

为了全面了解中国政策扩散理论研究的发展趋势，本章以现有文献为研究样本，对这些文献进行分类梳理，就我国政策扩散理论的研究数量、主体、范围和质量等方面进行全面研究和评估，以展现中国政策扩散理论研究的总体特征、发展趋势、核心议题及方法取向。在研究方法的选取上，本章采用系统性文献综述的方法，通过标准化程序识别、筛选和评估文献，以有效避免因主观标准而产生的选择样本偏差。量化分析的操作步骤如下。

第一步，检索策略。首先，以 2023 年 SSCI 收录的公共管理学、公共政策学、政治学和亚洲区域研究的英文期刊（48 本），以及 CSSCI 收录的政治学、管理学中文期刊（169 本）为数据来源，中英文文献均以 2000~2023 年作为检索起止时间，对以上期刊中有关中国政策扩散过程的文献进行地毯式搜索。检索文献类型仅为正式发表的研究论文，不包括评论、观点集、短论、书评、会议综述、博士论文摘要等。数据筛选标准与方法为：第一，剔除与中国政策创新与扩散主题不密切相关的文献；第二，排除不是研究中国政策经验的文献；第三，去除发表年限不在规定年份内的文献；第四，人工浏览 48 本英文期刊官网 2000~2023 年刊发的所有论文，进行第二轮补充检索，最终建成中国政策扩散过程文献总库，共计 173 篇（中文 143 篇，英文 30 篇）。

第二步，编码框的制作以及编码。首先参照政策扩散的相关研究议题，对文献的基本特征，如核心作者、发表年份、研究政策领域、研究方法等进行数据提取与概括；再通过精读文献，对相关研究进行更加细致的分类与整合，最终形成中国政策扩散研究文献的系统回顾与述评。

## 二　数据分析

### （一）热度趋势

由图 5-1 可看出，2000~2023 年国内外政策扩散的论文发表量总体上呈波浪式上升趋势。国外政策扩散研究发展较早，在 2020 年之前，国外发文量明显高于国内发文量。国内政策扩散研究开始于 2004 年，这一阶段只有极少数学者在个别年份发表相关文献，且主要集中在意义探讨、概念辨析等较为宏观的话题之上。国内政策扩散研究从 2010 年开始逐渐增多，发文数量呈上升趋势。这一时期有越来越多的学者加入到政策扩散研究中来，并展开了多样化的"本土化研究"。从 2017 年开始，国内研究发文数量陡然上升，国内中英文文献发表总量超过国外发表总量。在这一阶段国内部分学者开始反思西方政策扩散的理论框架是否适合中国国情，一些学者开始尝试对西方理论进行修正或提出本土化的理论框架，产生了一系列优秀的研究成果。

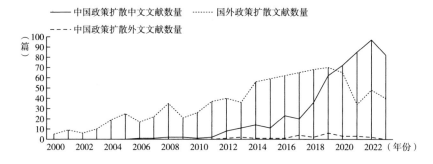

图 5-1　政策扩散国内外研究趋势

资料来源：作者自制。

## （二）主要作者

某领域的核心作者及发文量和被引频次在一定程度上体现了该研究领域的贡献和影响力。从所有发文作者中，选取发文量在 2 篇及以上的 18 位作者并对其发文数量和代表文献进行了统计与分析（见表 5-3）。可以看出，朱旭峰、张友浪、杨志、张克、朱亚鹏、马亮等学者在该领域发文量较多，具有较强的学术影响力，其中朱旭峰的发文量位居第一。除了具有较高影响力的学者之外，还有许多优秀的学术新秀加入中国政策扩散研究的队伍，为该领域的研究注入了新鲜的生命力。

表 5-3　中国政策扩散研究核心作者发文量及代表文献统计

| 序号 | 作者 | 发文量<br>（中英文） | 代表文献 |
|---|---|---|---|
| 1 | 朱旭峰 | 12 | 朱旭峰（2008）；朱旭峰（2014）；朱旭峰（2015）；朱旭峰（2016）；朱旭峰（2017）；朱旭峰（2018）；朱旭峰（2019）；朱旭峰（2020） |
| 2 | 张友浪 | 5 | 张友浪（2012）；张友浪（2018）；张友浪（2019） |
| 3 | 杨志 | 4 | 杨志（2018）；杨志（2021）；杨志（2023） |
| 4 | 张克 | 4 | 张克（2015）；张克（2017）；张克（2019） |
| 5 | 朱亚鹏 | 3 | 朱亚鹏（2010）；朱亚鹏（2013）；朱亚鹏（2016） |
| 6 | 马亮 | 3 | 马亮（2013）；马亮（2015）；马亮（2017） |
| 7 | 杨正喜 | 3 | 杨正喜（2019）；杨正喜（2020） |
| 8 | 苗丰涛 | 3 | 苗丰涛（2021）；苗丰涛（2022） |
| 9 | 吴宾 | 3 | 吴宾（2018）；吴宾（2020）；吴宾（2022） |
| 10 | 吴光芸 | 3 | 吴光芸（2022） |
| 11 | 郑石明 | 3 | 郑石明（2022）；郑石明（2023） |
| 12 | 郭磊 | 2 | 郭磊（2017）；郭磊（2019） |
| 13 | 韩万渠 | 2 | 韩万渠（2015）；韩万渠（2019） |
| 14 | 韩啸 | 2 | 韩啸（2019）；韩啸（2021） |
| 15 | 李健 | 2 | 李健（2017）；李健（2019） |
| 16 | 吕芳 | 2 | 吕芳（2019）；吕芳（2021） |
| 17 | 王法硕 | 2 | 王法硕（2021）；王法硕（2023） |
| 18 | 王家庭 | 2 | 王家庭（2007）；王家庭（2008） |

资料来源：作者自制。

### （三）应用领域

图 5-2 呈现了中国政策扩散研究在政策领域的分布。现有研究涉及众多政策领域，其中研究最多的是社会政策和经济和创新政策领域，这也在一定程度上体现了国家比较关注的政策实践问题。另外，环境政策、"三农"领域的分析研究也是目前较为热门的研究点。但是跨政策领域研究的比较分析的文献相对较少。总的来说，政策创新与扩散研究的政策领域分布呈现多元化的特点。

### （四）核心议题

在政策扩散领域，除了政策扩散的影响因素研究，学者们对政策扩散

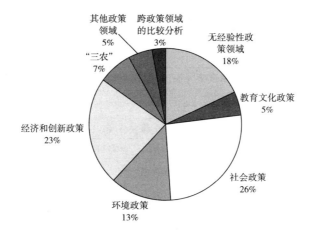

**图 5-2　研究政策领域分布**

资料来源：作者自制。

的机制、路径与特征方面的研究也在不断深入。具体来讲，国内学者主要关注以下几个方面（见图 5-3）。

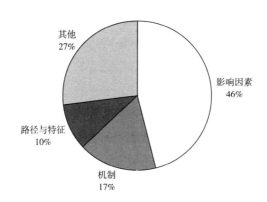

**图 5-3　政策扩散子议题研究分布**

资料来源：作者自制。

第一，介绍和引进西方政策创新扩散理论。如陈芳（2014）分析介绍了西方政策创新扩散理论演化的三个时期：单因素理论解释时期、碎片化理论解释时期和整合理论解释时期。朱亚鹏（2010）对西方政策创新和政策创新扩散理论的研究进行了系统述评。

第二，归纳我国政策创新扩散的路径与特征。杨静文（2006）对我国政务中心制度的实证研究表明，我国政务中心制度的扩散曲线呈 S 型。严荣（2008）的研究表明，我国政府信息公开规定和招商引资两项政策的创新扩散是"S 型曲线"。张玮（2011）的研究表明，我国户籍制度改革政策中的暂住证制度、人才居住证制度、蓝印户口政策和小城镇户口改革创新扩散的过程符合"S 型曲线"。杨代福（2013）从地级市层面研究我国城市社区网格化管理，研究结果表明，我国城市网格化管理创新扩散的曲线呈 S 型。

第三，探讨我国政策创新扩散的影响因素。现有研究主要从三方面进行。首先，内部决定因素。学者们认为经济水平（朱旭峰、张友浪，2015；Li et al.，2022）、领导特质（吴建南等，2014；张克，2017；Zhang and Zhu，2020）、人口规模（赵强，2015；郭磊、秦酉，2017）、政治流动（朱旭峰、张友浪，2015；Liu and Yi，2021）、干部交流（张克，2015；杨志、魏妹，2020；钟光耀、刘鹏，2022）、风险约束（韩啸、魏程瑞，2021）、治理能力（陈华珊，2021）等因素在中国地方政府创新与扩散中扮演着重要角色。其次，外部决定因素。国内学者对中国独特政治体制的关键组成部分给予了特别关注，尤其是中央与地方的关系互动。他们深入探讨了这些要素在政策创新扩散过程中的影响力，以及中央和上级政府在推动政策扩散中的决定性作用（赵强，2015；Huang et al.，2017；谢俊，2018；李梦瑶、李永军，2019；李健、张文婷，2019；Zou et al.，2022）。还有一些学者认为同级竞争（马亮，2015；庞锐，2023；曾莉、吴瑞，2023）、政策企业家（韩万渠，2019；胡占光，2022）、地理邻近（张克，2017）、区域特征（韩万渠，2019）、新闻媒体（谢俊，2018；庞锐，2023）、社会组织（李健、张文婷，2019）是影响政策创新扩散的外部决定因素。最后，政策属性因素。一些学者开始从政策本身的属性出发探讨什么样的政策容易被扩散等问题（朱亚鹏、丁淑娟，2016）。学者们认为政策的类型（吕芳，2021）以及政策所携带的属性，例如兼容性（岳经纶等，2019）、政策相对优势（杨正喜、曲霞，2020；丁淑娟、朱亚鹏，2021；胡占光，2022）、政策复杂性（杨正喜、周海霞，2022）等能显著地推动政策创新扩散的进程。

第四，提炼我国政策创新扩散的机制。学者们普遍认为学习、竞争、模仿、行政指令和社会建构机制在中国政策创新扩散中普遍共存，并通过多种路径组合发挥作用（王浦劬、赖先进，2013；定明捷，2014；Zhang and Zhu，2019；徐增阳等，2021；张继亮、张敏，2023）。一些研究指出，中国的政策扩散机制具有动态性，在扩散的不同阶段分别会受到不同机制的影响（李燕、苏一丹，2022；朱旭峰、张友浪，2015；赵强，2015；李智超，2019）。针对政策创新扩散的特征，学者们从时间维度（杨静文，2006；杨志、魏姝，2020）、空间维度（王家庭，2007）、行为主体维度（贾义猛、张郁，2022；万健琳、杜其君，2022）等方面提出了自己的见解。

### （五）理论目标

按照预设的"使用者""追随者""发展者""重构者"四个维度，本章对政策扩散研究文献分别进行了理论目标的分类和编码工作。由图5-4可见，中国政策扩散研究表现出以"使用"和"追随"为主、"发展"不足、"重构"缺失的特征。

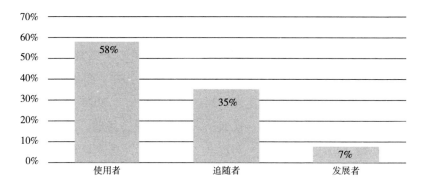

图 5-4　理论目标分布

资料来源：作者自制。

从时间维度来看，"使用者"和"追随者"类文献均呈现逐渐上升的趋势，"发展者"类文献则只在2019年达到了一个高峰期，近两年稍显不足（见图5-5）。

从整体上看，无论是"使用者"、"追随者"或是"发展者"，不同理论目标的研究议题具有较高的相似性，均是围绕政策扩散的影响因素、机制、模式等议题展开的。不同的是，"使用者"类文献中，多是针对某一政

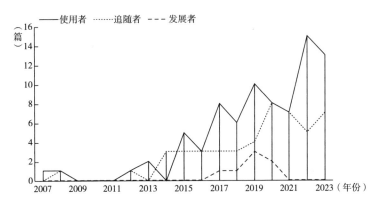

图 5-5　理论目标年度分布趋势

资料来源：作者自制。

策实践，将政策扩散理论直接"拿来"进行政策过程的研究；"追随者"和"发展者"类文献中，则多是针对政策扩散中某一议题进行政策理论的研究，例如讨论干部交流对政策扩散的影响等。而相较于"追随者"类文献，"发展者"类文献不仅对政策扩散理论的本土适用性进行了反思，同时还进行了本土化的修正（见表 5-4）。

表 5-4　核心议题的理论目标统计

| 理论目标 | 研究议题 | 文献数量（篇） |
|---|---|---|
| 使用者 | 政策扩散的影响因素 | 34 |
| | 政策扩散的机制 | 17 |
| | 政策扩散的路径 | 8 |
| | 政策扩散的特征/模型 | 17 |
| | 政策扩散的模式 | 4 |
| | 其他 | 2 |
| 追随者 | 政策扩散的影响因素 | 37 |
| | 政策扩散的机制 | 21 |
| | 政策扩散的路径 | 4 |
| | 政策扩散的特征/模型 | 0 |
| | 政策扩散的模式 | 8 |
| | 其他 | 3 |

续表

| 理论目标 | 研究议题 | 文献数量（篇） |
|---|---|---|
| 发展者 | 政策扩散的影响因素 | 1 |
| | 政策扩散的机制 | 1 |
| | 政策扩散的路径 | 1 |
| | 政策扩散的特征/模型 | 2 |
| | 政策扩散的模式 | 1 |
| | 其他 | 0 |

资料来源：作者自制。

## （六）方法取向

中国政策创新与扩散的研究方法的发展以 2010 年为分水岭。2000～2010 年，我国政策创新与扩散研究刚刚起步，该阶段的研究多集中于对西方理论的引进与介绍，研究方法以规范研究为主，定量研究与案例研究文献数量偏少。2010 年以来，学界对政策创新与扩散的研究逐步深入。学者们对政策创新扩散的概念内涵、理论演进、扩散模式和机制等进行了系统的梳理，指出了政策扩散理论对我国政策理论与实践的重要价值（朱亚鹏，2010；王浦劬、赖先进，2013；陈芳，2014；朱旭峰、张友浪，2014；马亮，2015）。随着研究的不断发展，政策创新扩散引起了更多学者的关注，理论体系得以补充与完善，涉及的领域也日益丰富（见图 5-6）。

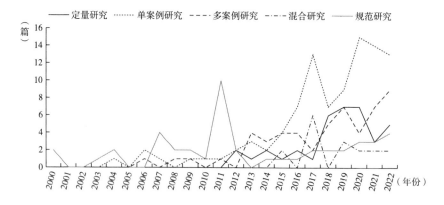

图 5-6　中国政策扩散研究方法分布

资料来源：作者自制。

从研究方法上看，我国政策扩散理论的研究方法主要分为两大类：质性研究和定量研究（见表 5-5）。质性研究中多运用案例研究法和定性比较分析法（QCA），其中，案例研究法中又以单案例研究为主；定量研究中多运用事件史分析方法、政策文本量化分析法、面板数据回归模型和词向量模型四种，其中以事件史分析法为主。总体来看，中国政策扩散研究在众学者的共同努力下呈现良好的发展势头，既有研究成果也进一步丰富了全球政策扩散研究的区域样本。

表 5-5　中国政策扩散研究方法汇总

| 研究方法 | | 代表作者 |
| --- | --- | --- |
| 质性研究 | 案例研究法 | 朱光喜（2023）；张继亮（2023）；苗丰涛（2022）；徐增阳等（2021）；吕芳（2021）；杨志（2020）；文宏（2020）；岳经纶（2019）；朱旭峰（2017）；朱亚鹏（2016）；张克（2015）；朱旭峰（2014）；杨代福（2013） |
| | 定性比较分析法（QCA） | 杨志、魏姝（2020）；Zhang Yunxiang（2021）；章高荣（2017）；刘晓亮等（2019）；凡志强（2020） |
| 定量研究 | 事件史分析法 | 郑石明（2023）；赵娟（2023）；薛阳（2023）；Li Xiaohan（2022）；吴克昌（2022）；尚虎平（2022）；彭川宇（2022）；王法硕（2022）；韩啸（2021）；郭磊（2021、2019；2017）；刘佳（2020）；陈潭（2020）；Zhang Youlang（2019；2018；2012）；Zhu Xufeng（2019；2018；2017；2016）；朱旭峰（2015）；韩万渠（2019）；张克（2017）；吴建南（2016）；朱多刚（2016）；赵强（2015） |
| | 政策文本量化分析法 | 文宏、李风山（2023）；郑石明（2019）；冯锋、周霞（2018）；张剑（2016） |
| | 面板数据回归模型 | 王昶等（2021） |
| | 词向量模型 | 刘河庆、梁玉成（2021） |

资料来源：作者自制。

## 三　分析结果：中国政策扩散理论研究概况

上述分析结果表明，以 2010 年为时间节点大致可将中国政策扩散研究划分为兴起与发展两个阶段：兴起阶段（2010 年以前）的主要研究内容包括西方政策扩散理论的引进与介绍。在发展阶段（2010 年至今），学者们逐渐开始沿着原有的理论脉络进行"本土化"研究，并依据中国经验对原理论进行优化和修正。

总体而言，中国政策扩散研究具有以下特点。第一，中国政策扩散研究在时间上滞后于西方研究，中国研究的兴起与发展深受西方政策扩散研究的驱动与影响。第二，中国政策扩散研究议题与西方研究相重叠，每个议题下的研究问题提出都没有跳出西方"元意识"的引领。第三，中国政策扩散研究多采用单案例研究和事件史分析，研究方法仍较为单一。第四，研究政策领域集中在社会政策，对其他政策领域的探索稍显不足。

## 第三节　中国政策扩散理论的研究内容

### 一　理论引介

政策扩散理论传入我国之后，许多学者从西方的扩散理论出发，对既有研究成果进行了系统梳理。根据图5-7，可将国内政策扩散研究分为三个阶段。

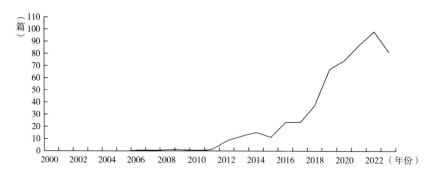

**图5-7　中国政策扩散研究文献发表年度趋势**

资料来源：作者自制。

2004~2011年可以看作政策扩散理论在中国学术界的研究引入期。这一阶段的研究重点主要在于对西方理论的介绍和了解，同时，通过对西方理论的学习与了解，一些学者开始尝试将其与中国本土政策实践相结合，进行深入的学术思考。2012~2014年可以看作我国政策扩散研究的适应期。在这一阶段，随着研究的不断发展，越来越多的学者开始关注政策扩散理论，他们开始尝试对该理论进行"本土化"研究，基于中国本土环境对政策扩散进行实证分析，探析中国本土化政策扩散的影响因素、机制等议题。值得注意的是，从这一阶段开始，外文期刊上也逐渐开始出现关于中国的政策扩散研究。2014年至今是我国政策扩散理论的快速发展期。在这一阶段，政策扩散理论开始被广泛地应用在各领域的政策研究中，研究议题也更加丰富，在国内外的重要期刊上都有着丰富的研究成果。这一阶段学者们开始反思西方理论的适用性，同时更加注重中国"本土化"政策扩散理论的开拓与发展。

## 二　作为"使用者"的中国经验

作为"使用者"的中国经验是指中国研究拓展了政策扩散理论的应用领域，研究者多直接运用政策扩散理论去研究中国其他政策领域的议题（见表5-6）。

表 5-6　作为"使用者"的中国经验研究

| 政策领域 | 代表文献 | 政策议题 | 研究方法 |
|---|---|---|---|
| "三农"政策 | 郭强、刘冬梅（2023） | 政策扩散的特征 | 量化（R语言的文本挖掘技术） |
| | 金东日、鲍伟慧（2023） | 政策扩散的机制、逻辑 | 无明确研究方法 |
| | 万健琳、杜其君（2022） | 政策扩散的机制 | 无明确研究方法 |
| | 曾盛聪、卞思瑶（2018） | 政策扩散的影响因素 | 质性（多案例研究） |
| | 杨正喜（2019） | 政策扩散的路径 | 质性 |
| 创新政策 | 赵娟等（2023） | 政策扩散的模式、机制 | 量化（事件史分析） |
| | 刘红波、林彬（2019） | 政策扩散的机制、路径 | 质性 |
| | 张剑等（2016） | 政策扩散的过程、特征 | 量化 |
| 环境政策 | 薛阳等（2023） | 政策扩散的特征、影响因素 | 量化（事件史分析） |
| | 郑石明、尤朝春（2023） | 政策扩散的影响因素 | 量化（实验、双重差分模型） |
| | 何裕捷、郑石明（2023） | 政策扩散的路径 | 量化（计量） |
| | 李胜、周玲（2023） | 政策扩散的影响因素 | 混合 |
| | 陈阿江、汪璇（2023） | 政策扩散的主体、机制 | 质性（单案例研究） |
| | 张继亮、张敏（2023） | 政策扩散的机制、模式 | 质性（案例研究） |
| | 曾莉、吴瑞（2023） | 政策扩散的影响因素 | 量化（事件史分析） |

| 政策领域 | 代表文献 | 政策议题 | 研究方法 |
|---|---|---|---|
| 环境政策 | 郑石明、何裕捷（2022） | 政策扩散的影响因素 | 量化 |
| | 王班班等（2020） | 政策扩散的模式 | 量化 |
| | 李欢欢、顾丽梅（2020） | 政策扩散的影响因素 | 量化（事件史分析） |
| | 王洛忠、庞锐（2018） | 政策扩散的路径 | 质性 |
| 经济政策 | Li Xiaohan et al.（2022） | 政策扩散的影响因素 | 量化（事件史分析） |
| | Zou Yonghua et al.（2022） | 政策扩散影响因素研究 | 量化（logit 模型） |
| | 尚虎平等（2022） | 政策扩散的影响因素 | 量化（事件史分析） |
| | 王厚芹、何精华（2021） | 政策扩散的影响因素 | 质性（单案例研究） |
| | 王昶等（2021） | 政策扩散的机制 | 量化 |
| | 王丛虎、马文娟（2020） | 政策扩散的特点、机制 | 质性 |
| | 姜晓萍、吴宝家（2020） | 政策扩散的特征 | 量化（计量） |
| | 李健、张文婷（2019） | 政策扩散的机制 | 量化（事件史分析） |
| | Cui Huang et al.（2017） | 政策扩散的特征 | 量化 |
| | 李建（2017） | 政策扩散的特征、路径、影响因素 | 质性 |
| | 朱多刚、郭俊华（2016） | 政策扩散的影响因素 | 量化（事件史分析） |
| | 张同龙（2015） | 政策扩散的机制 | 量化（事件史分析） |
| | 侯小娟、周坚（2014） | 政策扩散的影响因素 | 量化（计量） |
| 社会政策 | 彭小兵、彭洋（2023） | 政策扩散的模式 | 质性（多案例比较研究） |
| | 吴克昌、吴楚泓（2022） | 政策扩散的特征、影响因素 | 量化（事件史分析） |
| | 吴光芸、周芷馨（2022） | 政策扩散的路径、特征和影响因素 | 无明确研究方法 |
| | 吕宣如、章晓懿（2022） | 政策扩散的影响因素 | 量化（事件史分析） |
| | 李燕、苏一丹（2022） | 政策扩散的机制 | 量化（事件序列分析法与内容分析法） |
| | 王法硕、张桓朋（2021） | 政策扩散的影响因素 | 量化（事件史分析） |
| | 邓崧等（2021） | 政策扩散的路径 | 质性 |
| | 刘佳、刘俊腾（2020） | 政策扩散的机制 | 量化（事件史分析） |
| | 陈潭、李义科（2020） | 政策扩散的影响因素 | 量化（事件史分析） |
| | 王洛忠、杨济溶（2020） | 政策扩散的特征、路径 | 无研究方法 |
| | 岳经纶等（2019） | 政策扩散的机制 | 质性（案例研究） |

续表

| 政策领域 | 代表文献 | 政策议题 | 研究方法 |
|---|---|---|---|
| 社会政策 | 翁士洪（2019） | 政策扩散的影响因素 | 混合研究方法 |
| | 郑永君（2018） | 政策扩散的特征、影响因素 | 无研究方法 |
| | 吴宾、徐萌（2018） | 政策扩散的特征 | 量化（关键词时序分析法） |
| | 刘成（2018） | 政策扩散的影响因素 | 量化（事件史分析） |
| | 冯锋、周霞（2018） | 政策扩散的机制 | 质性 |
| | 朱旭峰、赵慧（2017） | 政策扩散的影响因素 | 量化（事件史分析） |
| | 李少惠、崔吉磊（2017） | 政策扩散的影响因素 | 无研究方法 |
| | 曹龙虎、段然（2017） | 政策扩散的影响因素 | 质性（多案例比较研究） |
| | 岳经纶、王春晓（2017） | 政策扩散的影响因素 | 质性 |
| | 朱旭峰、张友浪（2015） | 政策扩散的影响因素 | 量化（事件史分析） |
| | 马亮（2015） | 政策扩散的影响因素 | 量化（事件史分析） |
| | 杨代福（2013） | 政策扩散的特征、影响因素 | 质性 |
| | 王丛虎、马文娟（2020） | 政策扩散的模型 | 质性 |
| 其他 | 原光（2023） | 政策扩散的路径、模式 | 混合 |
| | 刘杰、韩自强（2023） | 政策扩散的影响因素 | 量化（事件史分析） |
| | 彭川宇、刘月（2022） | 政策扩散的影响因素 | 量化（事件史分析） |
| | 谈火生、于晓虹（2022） | 政策扩散的机制 | 质性（多案例比较研究） |
| | 康晓玲等（2021） | 政策扩散的影响因素 | 量化 |
| | 李东泉等（2021） | 政策扩散的影响因素 | 质性 |

通过对"使用者"类文献的筛选分析，发现大部分研究主题集中在针对某一项政策的扩散过程研究。如表5-6所示，目前研究所涉及的政策领域主要包括社会政策、经济政策、环境政策、"三农"政策和创新政策等，其中，相关研究多集中在社会政策领域。学者们运用不同的研究方法在各个政策领域均展开了有意义的研究，拓宽了政策扩散理论的实践场域，同时也证明了政策扩散理论与中国本土化政策研究的适配性。

郭强等（2023）将政策扩散理论运用到"三农"政策研究中，作者以2012~2021年中共中央、各部委、省份出台的农业农村科技创新政策为研究对象，基于R语言的文本挖掘技术，对国家层面、部委层面、省级层面的农业农村科技创新政策进行文本挖掘，利用 LDA 模型找出各政策的主题，分析政策主题的聚焦点及其变迁，研究不同层级政策的关联。另外，事件史分析方法是政策扩散研究中常用的方法之一。例如，曾莉等（2023）采用事件史分析法，从自上而下、横向竞争、自下而上三个维度，分析河长制政策创新扩散的影响因素，探讨河长制政策扩散由弱激励向强激励转换的过程模型，有助于我们深入理解环境类政策快速扩散的内在逻辑。朱多刚和郭俊华（2016）以省级地方政府专利资助政策的创新与扩散过程为研究对象，使用基于 Logistic 回归的事件史分析工具，分别揭示内部决定和外部影响各因素对专利资助政策扩散的影响。事件史分析方法多集中在社会政策领域，这可能是出于社会政策的数据和资料的可获得性较高的原因。

除了事件史分析方法外，更多的学者选择案例研究来丰富政策扩散研究的经验领域。但是，由于缺乏跨领域政策比较研究，政策扩散的影响因素、机制等因素是否与政策领域的不同有关联仍然有待验证。

### 三 作为"追随者"的中国经验

"追随者"类文献的特征是，在中国的经验场域内，学者们借助政策扩散理论来开展中国的政策过程研究（见表 5-7）。"追随"的方式主要有两种：一是在中国的经验场域内，借助政策扩散理论（或结合某一经典政策理论）对政策扩散中的某一议题进行研究，例如研究干部交流对政策扩散过程的影响，此类"追随"方式占大多数；二是基于政策扩散理论对中国经验进行总结与反思，此类文献体量较少。

表 5-7 作为"追随者"的中国经验研究

| 研究类别 | 研究议题 | 代表文献 | 研究方法 |
|---|---|---|---|
| 变量研究 | 政策扩散的内部影响因素 | 朱光喜等，2023（社会组织）；文宏、李凤山，2023（官员特质）；钟光耀、刘鹏，2022（干部交流）；朱光喜、陈景森，2019（官员流动）；张友浪、朱旭峰，2018（官员流动）；吴建南、张攀，2016（官员晋升）；张克，2015（官员异地交流）；朱旭峰、张友浪，2015（政治流动） | 质性-单案例研究（1篇）；质性-多案例比较研究（3篇）；量化-荟萃分析（1篇）；量化-事件史分析（3篇） |

| 研究类别 | 研究议题 | 代表文献 | 研究方法 |
|---|---|---|---|
| 变量研究 | 政策扩散的外部影响因素 | 邱一鸣、史册，2023（府际关系）；吕芳，2021（府际关系）；韩啸、魏程瑞，2021（风险）；赵志远、刘澜波，2021（非对称政府间关系）；杨志、魏姝，2020（考察学习）；杨正喜、曲霞，2020（条块关系）；陈思丞，2020（府际关系）；朱旭峰、赵慧，2018（府际关系）；郭磊、秦酉，2017（人口规模）；朱旭峰、赵慧，2016（府际关系）；张克，2015（利益一致性） | 质性-案例研究（7篇）；量化-事件史分析（4篇） |
| | 政策属性因素 | 毛寿龙等（2023）；魏景容（2021）；吴宾、齐昕，2020；朱亚鹏、丁淑娟（2016） | 质性-案例研究（3篇）；无明确研究方法（1篇）； |
| 过程研究 | 政策扩散的模式 | 陈涛、牛帅，2023（自下而上）；苗丰涛、慈玉鹏，2022（自下而上）；苗丰涛，2022（自下而上）；Zhang Yunxiang，2021（横向扩散）；苗丰涛、叶勇，2021（自下而上）；张友浪、朱旭峰，2020（多重模式）；朱多刚、胡振吉，2017（自上而下） | 无明确研究方法（2篇）；质性-单案例研究（2篇）；质性-多案例研究（1篇）；量化-事件史分析（1篇）；混合研究方法（1篇） |
| | 政策扩散的机制 | 马亮，2015（政策学习）；郭磊、秦酉，2017（学习、竞争、强制、社会建构）；徐增阳等，2021（社会建构）；郭磊，2019（社会建构） | 混合研究方法（1篇）；量化-事件史分析（2篇）；质性-案例研究（1篇）； |
| | 政策扩散的特征 | 郑石明等，2023（非渐进性扩散）；王艺潼，2023（非渐进性扩散）；夏志强、唐慧，2022（非渐进性扩散）；杨志、魏姝，2020（非渐进性扩散）；文宏，2020（非渐进性扩散）；杨志、魏姝，2018（非渐进性扩散） | 质性-案例研究（4篇）；质性-扎根理论（1篇）；混合-QCA（1篇）； |

续表

| 研究类别 | 研究议题 | 代表文献 | 研究方法 |
|---|---|---|---|
| 理论研究及其他 | 基于西方理论进行"本土化"理论研究 | 定明捷、张梁（2014）；周望（2013）；严荣（2008） | 无明确研究方法（2篇）；量化（1篇） |
| | 政策扩散的逻辑 | 季飞（2020） | 量化-事件史分析 |
| | 运用修正的扩散理论研究中国政策过程 | 侯小娟、周坚（2014） | 量化-计量 |

资料来源：作者自制。

中国政策扩散理论的研究议题，在很大程度上沿用了西方的基本分析框架，可从"变量研究"和"过程研究"两个部分进行概述。

## （一）政策扩散的"变量研究"

从内部决定因素来看，干部交流在中国地方政府政策扩散中扮演着重要角色。干部交流制度是党的一项重要治理经验。干部交流后，面对不同于原岗位的工作业务，官员往往会出于对自身政策实践的偏好和路径依赖而从之前的任职经历中寻找政策经验（Zhang and Zhu，2018）。张克（2015）基于个案研究证实地方主管异地交流会带来政策扩散，其中官员权威、绩效合法性、技术可行性等是影响政策扩散的关键因素。朱旭峰和张友浪（2015）通过计量回归证实官员流动对政策扩散有显著影响，且中国政策扩散的主导机制呈现由"地理邻近"变为"政治流动性"的政治考量（Zhu and Zhang，2016）。朱光喜和陈景森（2019）在一项多案例研究中发现，中国的地方官员拥有更制度化的流动性和更集中的决策权，这使他们更易推动政策扩散。Yi等（2019）讨论了干部交流型政策扩散带来的政策效果，提出了政策创新扩散的"政策虫洞"假说，认为当官员在两地之间流动时，两地之间便会形成"政策虫洞"，从而促进两地之间的政策学习和创新扩散，并使得两地之间的政策因领导者的跨域流动而走向趋同。

从外部扩散因素来看，府际关系是中国政策扩散过程中的核心变量，邻近效应也得到了本土化研究的普遍支持，上级政府尤其是中央政府的纵向推动是解释中国政策扩散现象的关键因素（朱旭峰、张友浪，2014）。借助上级政府的政策支持，地方创新会有更多的机会被推介扩散出去；当地方实践被上层吸纳后，这种认同与支持恰好赋予了其他地方开展政策学习的"合法性"。我国"行政集权-财政分权"并存的体制结构，塑造了多重府际关系，进而产生了趋同与趋异并存的扩散结果（邱一鸣、史册，2023）。一些研究发现，在河长制扩散过程中，横向扩散中的地方学习效果显著弱于自上而下的扩散效果，究其原因，横向扩散中的地方政府缺乏全面执行政策创新方案的意愿，这一新政策的施行力度打了折扣（王班班等，2020）。可见，层级关系通过"高位推动"调动地方官员的积极性，进而诱发或催化政策创新的扩散。府际关系对政策扩散固然会产生很大的影响，但也不能忽视地方政府采纳创新的主动性，以及"条块差异""块块差异"对政策扩散的影响（吕芳，2021；赵志远、刘澜波，2021）。此外，风险（韩啸、魏程瑞，2021）、人口规模（郭磊、秦酉，2017）等亦是影响政策扩散的外部因素。

从政策属性因素来看，政策属性是驱动创新扩散发生的重要机制，亦是影响扩散速度及效度的重要因素（陈涛、牛帅，2023）。毛寿龙等（2023）基于河长制的研究发现，只有政策备选方案满足"价值可接受性"和"技术可行性"时，才更有可能进入国家政策议程。倘若一项政策存在负面激励感知，即使是自上而下的政策扩散，也可能会出现地方采纳意愿偏低、政策扩散受阻的情形（吴宾、齐昕，2020）。创新政策文本的复杂程度亦会对政策扩散产生影响（魏景容，2021）。从创新文本的繁简程度来看，如果一项创新在概念、操作等层面简单易行，则易于实现扩散，反之亦然（吴建南、张攀，2014）。朱亚鹏和丁淑娟（2016）认为多种政策属性会影响一项政策扩散过程的交叉性和动态性，对相对优势性和兼容性的不同侧重会影响政策扩散速度、范围或使内容发生变化。

### （二）政策扩散的"过程研究"

当一项创新政策得到上级部门的认可后，上级政府就会采取一系列措施自上而下地推动政策扩散。而地方政府政策创新"由点到面"的扩散，被国内外学界视为"中国奇迹"和适应改革开放内外复杂环境的重要因素。同西方研究类似，我国政策扩散的模式主要分为三类。一是自上而下的层级扩散模式（朱多刚、胡振吉，2017）。上级政府选择和敲定某项政策后，会以政府工作报告、通知等行政指令的方式下达给下级政府，要求下级政府采纳、实行该政策（潘桂媚，2014）。这一模式具有强制性的特征，上级政府拥有主导权，下级政府多为被动执行，这是我国目前比较常见的一种扩散模式。二是自下而上的吸纳–推广模式（陈涛、牛帅，2023；苗丰涛，2022；苗丰涛、叶勇，2021）。下级政府自主实施一项政策并取得了一定的成效，上级政府会进行审核把关，采纳该项政策并在适当调整后在全国推广实行。在这一扩散模式下，地方政府拥有更大的政策创新空间，可以自主探索和实施某项政策（马静、徐晓林，2023）。三是横向扩散模式（Zhang Yunxiang，2021）。公共政策会从政策先进地区扩散到落后地区，或者从政策领先地区扩散到政策跟进地区，最后促使政策扩散的范围不断地扩大（朱亚鹏，2010）。但是，值得注意的是，由于我国独特的政治体制，地方政府所展开的所有政策创新与扩散过程，上级政府都会且必须参与其中，因而不存在纯粹的同级政府间的平行扩散。

中国单一制体制下的特殊政府间关系和压力型体制下的干部人事管理制度共同组成了中央政府调控的压力机制（朱旭峰、赵慧，2016；周志忍、李倩，2014；杨志、魏姝，2018）。竞争、强制、学习、模仿和社会化机制在中国政策扩散中也普遍共存（Zhang and Zhu，2019；郭磊、秦酉，2017；徐增阳等，2021），并能通过多种路径组合发挥作用（张继亮、张敏，2023）。

有关中国政策扩散特征的研究主要分为中国政策实践中同时存在渐进式政策扩散和非渐进式政策扩散两种形态（杨静文，2006；杨志、魏姝，2020）。尤其是自新冠疫情以来，危机情境下的政策非渐进式扩散特征受到了学者的广泛关注（郑石明等，2023；王艺潼，2023；夏志强、唐慧，2022；杨志、魏姝，2020；文宏，2020）。

综上，随着政府改革实践和学术研究的不断深入，中国的政策扩散研究已经具有了一定的学术脉络，并积累了一定量的知识基础，形成了较为系统的学术体系。

## 四 作为"发展者"的中国经验

一些学者在理论运用中发现，西方的政策扩散理论不能完全解释中国经验，于是开始尝试在中国经验的基础上优化与修正政策扩散理论，以增强理论对中国政策实践的解释力，其修正的方法主要包括概念拓展、要素嵌入、机制修正等方式。

在"发展者"理论目标下，现有中国经验研究中筛选出 5 篇文献，他们均从西方政策扩散理论入手，对中国经验进行解释分析时发现，原理论不能完全解释中国经验，因此基于中国政策实践对原理论进行了本土化的优化与修正，这些优化与修正的努力让我们关注到了政策扩散研究中的中国要素（见表 5-8）。

表 5-8　作为"发展者"的中国经验研究

| 研究议题 | 代表作者 | 研究方法 | 创新点 |
|---|---|---|---|
| 政策扩散的机制 | 张海清、廖幸谬（2020） | 质性（案例研究） | 政治风险会影响政策扩散，但如何降低风险却鲜有研究，作者认为挂点-调研是我国降低政策扩散风险的特有机制 |
| 政策扩散的影响因素 | 张友浪、朱旭峰（2019） | 量化（事件史分析法） | 不同类型的政策扩散压力的影响因素是互补的 |
| | 朱旭峰、张友浪（2019） | 量化（事件史分析法） | 多层次垂直权力结构对政策扩散的影响是竞争性的，而非互补性的 |
| 政策扩散的模式 | 朱旭峰（2017） | 质性（多案例比较研究） | 提出了政策扩散的四个模型：启蒙模型、冠军模型、指定模型、认可模型 |
| 政策扩散的模型 | Yi Hongtao et al.（2018） | 量化 | 提出了一个代理网络扩散模型，该模型明确地模拟了领导力转移网络（公共管理者职业道路的复杂系统）如何潜在地引导绩效创新的扩散 |

资料来源：作者自制。

张海清、廖幸谬（2020）关注到一个极具中国特色，却不被学界广泛探讨的制度："挂点-调研"。在中国共产党的政治话语中，"调研"对于政策扩散有其特殊意义。从含义上来讲，它不仅包含西方政治领导人考察或巡视等意涵，还具有中国政治情境中的特殊政治功能，而领导人"挂点"更是西方政治情景中不存在的特殊现象。领导人到一个地点去勘查或走访，背后代表着领导人对于该地区的改革或政策，有一定程度的默许、支持甚至肯定。学者认为，各级干部在探索改革与政策扩散的过程中，"挂点-调研"是一个非常重要的机制，用来向下级干部传递上级的改革可以仿效学习的信息，以便下级干部获得某种风向标或政治信号，从而去判断改革是否可以推进，政策扩散是否可以持续。

张友浪、朱旭峰（2019）关注到在典型的西方背景之外，选择适当的方法来识别政策扩散过程中的具体机制具有重要的理论和实践意义。通过对行政审批中心制度扩散的事件史分析研究，他们发现，自下而上的扩散机制的影响并不一定是恒定的，政府采纳创新的可能性与其下属政府之间的采纳比例之间存在 U 型关系，且水平学习、竞争、模仿以及垂直的自上而下和自下而上的扩散机制在中国可以共存，这为政策扩散理论在非西方国家的应用提供了实质性的经验支持。

朱旭峰、张友浪（2019）在对现有文献进行回顾后发现，关于转型国家中多层级垂直权力结构与地方创新采纳之间关系的研究有限。因此，作者通过分析行政集权诱发的多层次结构动力如何塑造中国市场化创新采纳的过程，对这一关系进行了研究。该研究通过深入了解政府等级制度对地方政策采用的影响，为创新扩散研究做出了贡献，且通过桥接纵向权力结构和创新扩散理论的文献，解释了集中化影响创新扩散过程的渠道。

朱旭峰（2017）提出，关于政策创新扩散的经典理论研究通常基于分权化的民主政体。然而，在中国这样的威权中央集权国家，"地方政府政策创新和区域间扩散背后的驱动力和结构动力是什么"以及"政府结构性因素如何导致政策创新在地方政府间扩散呈现不同模式"等问题尚未解决。因此，作者提炼出两个关键属性：中央政府的纵向强制性干预和同级政府间的横向政治竞争。基于这个框架可以区分四种政策扩散模型：一是启蒙模型，二是冠军模型，三是指定模型，四是认可模型，这发展了中国政策创新区域间扩散的新类型学。

在过去十年中，中国关于政策创新和扩散的研究积累了丰富的成果，涉及中国政策扩散的路径、模式、影响因素、机制等方面，学者们也达成了相当一部分共识。大部分学者都认为，从创新者和采用者之间的权力和控制维度来看，中国政策扩散的模式包括垂直扩散、水平扩散和自下而上扩散。中国的威权体制、分权模式、府际关系、官员特征等要素也得到了相对充分的讨论。但是，对政策扩散理论"使用"和"追随"的研究路径并不能掩盖当前研究"发展"不足的缺陷和遗憾。尤其是，近两年有关中国政策扩散理论的发展研究存在空白，同时研究方法也较为单一。这不由得让人反思：到底是因为理论研究已较为完善，还是因为理论研究陷入了格式化陷阱？

# 第四节 中国政策扩散理论全面评估

近二十年来，中国政策扩散研究"从无到有"，经历了从引介西方政策扩散概念和理论，到本土化政策扩散理论构建和实践应用的发展历程。中国经验在政策扩散理论发展中扮演了"使用者""追随者""发展者"三种角色，全面展现了政策扩散理论如何引入中国以及其如何在中国发展演变的。本节将从理论研究和方法应用两方面系统性评估、审视中国政策扩散理论的发展，进一步探讨政策扩散理论在中国情境下的解释力。

## 一 理论前提的论证

政策扩散理论源于西方的"民主实验室假设"，而中国不同于西方的实验体制为这一理论提供了广阔的经验场域，这使得中国有了"追随"西方理论的能力，但也失去了探索中国独特政策扩散情景的机会。于是，我们发现，当下的研究对西方理论的"使用"过于顺理成章，以致学界好像失去了对理论进行修正的勇气与野心。这进一步带来的结果是，西方政策扩散研究面临的缺陷与诟病，例如机制的测量、政策变迁的内在路径等问题，不仅没有在中国的研究中被解决，反而被放大了。

## 二 理论发展层次偏低

### （一）研究内容单一

首先，政策扩散活动是一个系统性过程，公共政策"为何扩散"推动着"如何扩散"，即公共政策扩散机制和因素推动着扩散模式和路径，这两者又进而影响到"扩散什么"，导致扩散内容和结果的差异性。现有研究主要"追随"西方学者，更多地关注政策扩散的机制、影响因素，而对政策扩散中的"为何扩散""如何扩散""扩散什么"三者间的相互作用机制涉足不多，这是亟待进一步打开的"政策黑箱"。另外，现有研究在一定程度上忽略了对"什么被扩散"以及"扩散后变成什么"等问题的考察，且忽视了在中国政策变迁的脉络中理解政策扩散的动态过程与总体趋势，使得已有研究对政策扩散过程的理解缺乏历史纵深感。此外，从理论发展的角度看，政策扩散研究虽然提出了一系列的框架和模型，但在框架和模型之间的理论却没有得到充分的发展。政策创新扩散框架要进一步发展成为更具逻辑整合性和缜密性的框架，并最终形成十分完善的理论还任重而道远。

其次，现有研究对政策扩散结果的讨论存在不足。现有扩散结果的研究多集中在政策趋同或政策再创新的单方面研究，且研究结果呈现零碎化特征。"政策再创新""政策再发明""政策再建构"等"概念叠加"与"概念增殖"使原本复杂的现象更加难以被清晰辨识，不利于共同话语的形成。一些研究只是经验领域的展示或单变量检验，缺乏系统的理论建构。比如，有关政策趋同的研究主要集中在比较公共政策领域，对政策扩散场域的解释力仍有待进一步的理论探索与实践检验。在理论层面，我们观察到两种现象。一是众多学者已经建立了多种类型学框架来解析政策扩散的结果。这些不同的视角为我们提供了新的洞见和重要的启示，有助于我们从多角度理解政策扩散的复杂性。然而，尽管这些理论框架在某种程度上增进了我们的理解，但它们在解释政策扩散结果的全面性和深度方面仍有提升空间。二是许多关于政策扩散结果的理论是在西方联邦制的背景下构建的，其影响因素和机制主要源于对政策扩散现象的一般性研究。在这些理论中，涉及中国的具体案例相对较少，这影响了理论对中国本土化情境的适用性和解释力。因此，我们需要进一步发展和完善能够同时考虑到中国特有的社会、政治和文化背景，以及政策扩散的普遍规律的理论框架。

最后，既有研究较多地停留于"就事论事"的经验描述，缺乏更具普遍性的理论解释。目前对扩散多元机制的作用边界的确定仍比较模糊，机制与影响机制组合的因素间的关系仍有待理清。同时，机制的研究点过于局促，多关注某一政策领域的扩散机制是什么，而忽略了在整个政策过程中机制是如何运行的这一问题。这不仅仅是中国研究的问题，更是内生于政策扩散理论本身的问题。

## （二）理论本土化程度不足

在国外研究成果的基础上，国内学者立足于中国本土化情境，不断对西方政策创新扩散理论进行调试修正，为构建恰适性的本土化政策创新扩散理论分析框架做了大量有益探索。但是，总体上看，国内关于构建中国情境下的本土化政府创新扩散理论分析框架的研究成果并不多。在理论建构上，由于整合性框架和系统性理论的缺失，学界对政策创新扩散的内在逻辑、机制等问题的讨论还存在一定程度的混乱，对于连接框架和模型之间的理论建构没有合理的诠释，政策创新扩散理论仍旧缺乏缜密且系统的逻辑概念。这突出地表现在已形成的关于政策创新扩散的理论知识呈现明显的碎片化特征，且大多是借鉴国外的理论成果，缺乏本土化理论与模型的构建，未形成公认的、系统的研究框架。

### 三　方法论使用严谨性不足

#### （一）研究方法单一，资料收集存在局限

当前中国政策扩散理论的研究以单案例研究和事件史分析法为主。还有一部分研究是基于特定的政策实践，运用多案例比较研究、定量研究以及混合研究等方式展开研究，但总体体量较小，因此，中国政策扩散研究呈现方法结构单一化的特征。尽管单案例研究与事件史分析法同政策扩散研究的适配性较高，但是这两种方法在运用中也存在缺点。在一部分单案例研究中，其案例选择、研究设计和资料的收集分析等操作流程并没有严格按照规范的方法展开，并且由于获取数据资料的局限性，一些研究中的研究资料存在主观性；研究的效度有待考量（韩啸、魏程瑞，2021）。而事件史分析法在数据收集上更多的是追随方法，而非依据现实、遵循科学，这样就使得变量的选择变成了一种内卷式的重复行为，最终影响研究结果的科学性和真实性（付建军，2022）。许多文献的研究数据都是二手数据，多采用某个或多个政策领域的文本、政府统计数据或现有文献等作为数据来源，因此会出现同一主题的研究结论呈现相似化与局限化的特点，进而使得中国政策扩散研究仍像是碎片化的拼图，无法呈现政策扩散的动态过程。例如，事件史分析法过于关注扩散模式的变化和影响因素，却忽视了时间因素，且该方法仅能判断政策是否被采纳，但是难以反映政策扩散的程度差异（王丛虎、马文娟，2020）。

#### （二）资料分析方法的"滥用"

中国政策扩散资料的分析方法以内容分析法为主，缺乏主题分析法、

话语分析法等方法。一些研究将内容分析法、访谈、观察等资料收集方法当作研究方法，导致研究规范性不足。另外，一些研究的归纳性编码方式不够科学。有研究采用文献分析方法、文本量化方法等来整理归纳所获得的资料，但其本质上都只是对文本内容的简单归纳编码，且没有严格按照编码规则及步骤去深层次挖掘文本的内涵，方法操作不严谨，进一步导致研究效度存在被质疑的可能性。

# 第五节　总结与展望

## 一　总结

本章运用系统性文献综述方法，旨在全面评估中国经验在政策扩散理论中所扮演的角色，通过政策扩散理论的发展进程进一步审视中国政策过程研究进展、知识短板及突破口，以期推动国内外理论研究的对话，深化对中国政策过程的认识与理解。

研究发现，对于政策扩散理论的研究，中西方都积累了丰富的成果。西方政策扩散的研究时间长、成果多，对这一理论的建立和完善打下了良好的基础。首先，20世纪的西方学者对政策扩散理论的内涵特征和理论边界进行了明确，对各个阶段进行划分，并对影响政策扩散的关键变量进行研究，为研究公共政策提供了新的视角。其次，学界不断将这一理论运用至新的政策领域和地域国家，对理论的适用性和完善性进行补充，并不断采用新的研究方法和视角。最后，我国学者将其引入国内，不断深化政策扩散理论的本土化特征，将国内的政治经济文化环境与该理论进行匹配融合，建立起符合中国特征的政策扩散研究范式。

为了深入探究政策扩散理论在中国的引入与发展，本章以"使用者""追随者""发展者""重构者"四个理论跨越层次为基准，对现有成果进行分类评估，提出中国经验在政策扩散理论中扮演了"使用者""追随者""发展者"三类角色。作为"使用者"的中国经验直接将西方政策扩散理论框架"拿来"使用，分析特定政策领域的政策扩散过程，进一步拓展了政策扩散理论在中国情境下的应用领域。作为"追随者"，中国经验一方面继续开拓政策扩散研究的政策领域，另一方面学者们遵循原有或已修正的理论框架提出了中国情境下的理论适用性思考，并进行了探索性研究。作为"发展者"的研究发现，原来的理论框架并不能完全解释中国情境下的政策扩散过程，因此基于中国经验对理论进行了优化与修正，包括概念拓展、机制修正等，以期进一步增强政策扩散理论在中国本土的解释力，深化中国政策扩散理论的构建与发展。

本章系统性地审视了中国政策扩散研究的理论发展程度，进一步探讨了政策扩散理论在中国情境下的解释力。从理论内容发展上看，中国研究的内容较为单一，且本土化发展程度不足。已有研究成果虽然丰富，但从整体理论发展上看较为分散，大多数研究集中在机制、影响因素上，将政策扩散视为一个整体性和静态性的过程，忽略了时期与地域的差异，也没有将政策扩散过程置于整个政策过程中去研究，难以对我国不同时期不同省份的政策扩散现状和内在机制进行合理解释，需要作更进一步的理论延伸。另外，目前我国仍多沿用西方理论中的政策扩散关键变量与影响因素，本土化修正不足，国内政策扩散的模型和范式等需进一步深入探讨。从研究方法来看，研究方法相对单一，且严谨性不足。研究方法主要是单案例研究与事件史分析法，且数据类型局限、归纳性编码方式不科学以及方法的操作化不标准等问题都会对研究的效度产生一定的影响。

## 二　研究展望

经过几十年的发展，中国政策扩散研究已经基本形成了一个视角多样、内容丰富的理论系统。总的来说，我国的政策扩散研究经历了从"跟随"到"自主"的转变。当前，中国政策扩散研究呈现一些新特点与新趋势，具体表现在研究方法上由关注价值、功能与方向的规范分析转向案例与定量研究，由描述性研究转向解释性研究。针对中国政策扩散研究，未来有以下几个方向值得深入推进。

第一，整合现有研究成果，探索建立系统性的中国政策扩散理论。学者们需要继续从中国的体制背景和特色的政策实践出发，致力于构建政策扩散研究的中层理论，在政策扩散的综合性宏观理论与具体性经验命题之间搭建桥梁，为中国政策扩散的具体实践研究提供坚实的理论支持。同时，需要更加关注地方政府创新的实践，并提供严谨的研究视角，运用科学的实证方法进行理论检验和经验积累，从而深化对中国政策扩散实践微观机制的理解。

第二，拓展中国政策扩散理论的研究领域。特别是，有关于深入追踪变迁过程的内在机制、中央政府在扩散过程中扮演的关键角色、地方政府在扩散采纳过程中的多重逻辑以及采纳之后地方政府如何对其进一步内化以至于制度化的过程等主题，当下的研究仍然是不充分的。未来的研究需要在这些问题上进一步着力。对这些问题的深入研究是建构中国政策过程理论，进而构建理解中国实验体制理论的"砖块"。这些"砖块"的打造，标志着政策过程理论研究的深化，它们是实现该领域更深层次探索的关键。同时，它们也是对那些仅出于寻求新颖性而引入"新变量"的研究途径的超越。

第三，中国政策扩散理论需要更多的比较研究。随着大量有关政策扩散研究的累积，无论是跨政策领域和政策系统的比较研究，还是跨国家的比较研究，都是更进一步建构中国的政策扩散理论，以及建立普适性政策扩散理论需要迈出的重要一步。当下的研究主要是围绕特定体制之下的特定政策的扩散展开的；即便有跨政策的比较研究，这样研究的整体水平和质量都有待检验。设计优良的比较研究是实现普适性政策扩散理论建构的基石。

第四，中国政策扩散理论需要引入更多的理论视角。当下的政策扩散研究主要是早期政策创新理论的拓展；但是，早期的政策创新研究通常借鉴了大量有关创新研究的成果。从理论资源来看，当下的政策扩散研究主要是从政策过程理论中寻找理论资源，例如政策网络、政策企业家理论以及政策建构理论等。近年来，有关组织和管理理论对制度创新和扩散进行了非常多样化的讨论；这些理论对于更系统地重构政策扩散的机制、模式，以及分析扩散中的异质性、转译和内化等问题，可以提供更为深入的洞见。但是，当下的政策扩散理论似乎陷入了路径依赖的泥沼之中，走出政策扩散理论的舒适区，将触角延伸到组织分析、政治学等新的学科范围，去寻找更多的理论资源，有利于进一步解决政策扩散理论面临的理论困境，明确中国政策扩散研究的基础方向。

第五，中国政策扩散理论需要更为规范的研究方法。一个研究领域是伴随着研究方法的规范和研究问题的深入而逐渐成熟的。目前我国政策扩散研究以单案例研究为主，学者们提出的观点仅基于某个领域的政策实践，其理论普适性仍待商榷，学界的整体研究缺乏规范研究与实证研究的结合。因此，中国的政策扩散研究要综合运用多种方法，在规范分析与个案描述的基础上，增加多案例研究与定量研究，尝试开发新的研究方法，推进研究方法从"描述"向"解释"的更新转变。整体来看，更好的研究设计，以及对政策扩散理论适用的基本前提的假设和讨论是好的研究设计的基础。进一步，量化研究不能仅仅是找一个新的猎奇的变量，而需要在变量的测量、机制的理解以及变量的体制性理论意义方面做更多的基础性工作。更多的数据库、更成熟和系统的研究项目是提升研究质量的重要方向。从质性研究来看，如何将更多的案例、更多的资料以及更好的研究设计用于政策扩散的路径、机制以及转译、制度化等过程的研究，是未来政策扩散研究的重要方向。

第六，通过政策扩散研究来进一步反思中国政策过程的本土化研究。我国丰富的政策创新案例，为我们提供了观察地方政府行为以及央地互动、政企互动的重要窗口，并为我们提供了构建中国特色政策过程理论的极佳试验场域与丰富的本土资源。中国政策扩散研究是观察政府在中国政治体制与政策过程中扮演的特殊角色、理解中国政策过程的重要切口，也为我们提供了讲好中国故事、构建中国特色政策过程理论的难得契机。

# 第六章　间断均衡理论在中国应用的评估

## 引　言

间断均衡理论（Punctuated Equilibrium Theory，PET）是政策过程理论的重要内容之一，它是由弗兰克·鲍姆加特纳（Frank R. Baumgartner）与布赖恩·琼斯（Bryan D. Jones）于20世纪90年代提出的，旨在解释政策过程中长期的稳定与偶尔的停滞和间断之间的关系（弗兰克·鲍姆加特纳、布赖恩·琼斯，2011）。间断均衡理论是在对传统理性模型和渐进主义决策理论进行批判的基础上，借鉴古生物学领域生物进化过程中的间断平衡理论发展而来的，因融合了渐进变迁和非渐进变迁的政策模式而迅速成为90年代以来政策变迁研究的主导范式（Prindle，2012）。间断均衡理论将政策过程放在政治制度和有限理性政策制定的双重基础之上，强调政策过程中两个相互联系的元素：问题界定和议程设定（保罗·A.萨巴蒂尔，2004），试图从议程设定理论出发，结合政策图景和政策场所的互动，同时解释政策过程中的稳定和变迁问题（李文钊，2018），在预算政策（Jones et al.，1998）、道路政策（Dudley and Richardson，1996）、民用核能政策（Baumgartner and Jones，2009）、环境政策（Repetto，2006）等不同领域中，该理论都体现出了较强的解释力，并产生了广泛影响。

间断均衡理论在中国政策过程研究中广受关注。新中国成立后，尤其是改革开放以来，中国的公共政策发生了重大而深刻的变化，政策变迁成为一种普遍现象。国内学者在研究中发现，在不同政策领域和政策问题中，政策变迁的长期均衡和短期间断现象确实存在，如财政预算（李文钊等，2019）、户籍政策（李金龙、王英伟，2018）、独立学院政策（魏署光、吴柯豫，2022）、光伏产业政策（徐璇等，2022）、出租车行业规制政策（孙翊锋，2021）、植树造林政策（杨志军、支广东，2021）等都表现出了一种稳定－变迁相互交替的政策动态。在此基础上，国内研究者积极引入间断均衡理论，对上述领域的政策变迁现象进行分析，基于中国治理情境并结合中国政策实践，探索政策变迁的发生过程、动力机制和影响因素等，反思间断均衡理论的适用性（汤蕊蔓，2022），并对该理论作出修正和本土化说明（张志强、曹坤鹏，2021）。间断均衡理论的中国研究在拓宽该政策理论自身研究视角的同时，也有助于将当代西方公共政策的基础理论与中国政策过程的现实紧密结合，推动公共政策理论的本土化进程。这项工作为深入理解中国政策变迁问题、加快构建中国公共政策自主知识体系，奠定了坚实的基础。

由此，评估间断均衡理论在中国政策过程研究中的应用具有重要意义。如前所述，国内研究者运用间断均衡理论对中国政策变迁问题展开了积极探讨并形成了相应的成果。但由于制度差异的存在，间断均衡理论的适用范围和条件往往会受到一定限制——其理论提出背景和应用环境起始于西方政策领域，有关于政策变迁的理论预设在中国制度背景下的适用性需要进一步讨论。然而，当前国内研究对于间断均衡框架的讨论较少，既有研究主要集中于对间断均衡理论相关的著作进行翻译和介绍，缺乏系统性的理论梳理和对照观察（孙欢，2016）。对间断均衡理论在中国政策过程研究中的应用情况进行系统评估，不仅有助于全面了解和整体把握该理论相关的政策领域、主要议题和具体过程，也有助于重新审视和深入反思该理论的适用条件、解释范围和修正路径。另外，促进间断均衡理论与中国政策实践的互动交融，对于深入理解和阐释中国政策变迁的内在逻辑、不断提升该理论的适用性和解释力、持续推动中国政策变迁研究向纵深发展具有重要意义。

为系统评估间断均衡理论在中国的应用情况，本章内容将按如下逻辑展开：首先，从间断均衡理论的阐释入手，介绍该理论的产生背景、理论基础、形成过程、核心议题以及研究进展；其次，说明该理论在中国政策情境中的引入和使用状况，进一步分析该理论的具体应用；接着，阐述中国政策实践在促进该理论发展方面所发挥的作用，指出丰富多样的中国政策实践是推动该理论更新和发展的经验沃土；最后，评估该理论在中国政策过程研究中应用的整体情况，总结既有的知识积累、剖析当前的研究困境并展望未来的发展方向。

# 第一节  间断均衡理论的主要内容

间断均衡理论是在批评传统理性模型和渐进主义决策理论的基础上形成的，通过对多种相关理论的积极借鉴与有机整合，间断均衡理论将研究范围扩展到对整个政治过程的分析，而不是局限于对政策子系统的分析，这使得间断均衡理论成为重要的政治理论之一，其在政策过程研究领域具有广泛的影响力和较高的关注度。全面阐述间断均衡理论的核心命题，是对该理论在中国政策过程研究中的应用情况进行评估的前提和基础。

## 一  产生背景：对渐进主义的审视与批判

### （一）渐进主义面临的新挑战

20 世纪 50~90 年代，在批判传统理性决策模型的基础上，渐进主义模型开始得到发展并在政策制定与政策变迁的研究中占据主导地位。这一时期的政策过程模型将政策的决策过程看作是循序渐进的，并且具有稳定的政治秩序（B. 盖伊·彼得斯、菲利普·齐图恩，2024），强调渐进、子系统的长期存在以及政治秩序的稳定性，政策制定被视为是对既有政策的边际调整和细微修正的过程，政策变迁因此呈现"不断试错"和"渐进发展"的特征（Lindblom，1959）。在渐进主义模型的视角下，每个政策调整都是将以前的行动作为替代方案选择的基础，之前的行动为替代方案提供了大致的选择空间，替代方案则是对之前行动的修修补补（Jones et al.，1997）。基于此，有学者将渐进主义模型运用到预算过程的研究中，认为预算制定过程也遵循渐进主义的逻辑（Wildavsky，1964）。直到 20 世纪 70 年代，随着美国内部和外部环境的急剧变化，尤其是在经济危机的影响下，很多政策领域发生了重大变革，部分政策表现出的非渐进性和突变性的特征，使传统渐进主义模型面临经验和理论的双重批判，其理论解释力和实践适用性受到质疑。

## （二）政策变迁研究的新视角

在对渐进主义决策模型进行重新审视的基础上，鲍姆加特纳和琼斯（1991）发现，政策制定通常遵循稳定和渐进的逻辑，但偶尔也会出现重大变迁。较之传统政策过程理论强调的稳定、规则、渐进等特征，政策变化往往是不连续的、时断时续的和难以预测的（弗兰克·鲍姆加特纳、布赖恩·琼斯，2011）。琼斯指出了渐进主义模型存在"现状偏见"，即相信绝大部分依旧没有变化，小的局部调整可以通过改变规范或规则来实现，或者通过参与者同意的党派之间相互调整实现（Eissler et al.，2016）。实际上，尽管渐进主义模型认识到政策过程中的稳定性和现状偏好，但也忽略了非常关键的内容——政策过程中稳定和均衡重要，而不稳定和动态变迁也同样重要，政策过程中的稳定与变迁同样是需要进行解释的现象（Jones and Baumgartner，2012）。因此，政策过程中的稳定与变迁是同一现象的两种不同表现形式，不能完全割裂，而应该纳入统一的框架予以解释。在此基础上，鲍姆加特纳和琼斯基于议程设置视角提出了间断均衡理论，来重新解释政策过程中的稳定与突变现象。

## 二　理论基础：多种理论的借鉴与整合

## （一）议程设置理论

议程设置理论是间断均衡理论解释政策变迁的主要途径。议程设置理论是由美国传播学者唐纳德·肖（Donald Shaw）和麦克斯威尔·麦克姆斯（Maxwell McCombs）于1972年所提出，旨在探讨大众传播如何通过信息提供和议题安排影响人们的思考，阐明媒体议程影响公众议程、公众议程影响政策议程的逻辑。议程设置理论注重从议程视角理解政策的稳定与变迁，认为将政策问题纳入议程是推动政策变迁的前提，而纳入议程则需要先对问题进行界定。议程设置理论为政策过程研究提供了新的视角。问题界定和议程设置构成了间断均衡理论讨论政策过程的两个主要环节（Baumgartner et al.，2014）。间断均衡理论认为，打开"决策黑箱"可以从议程开始，因为议程构成了"前决策"的过程，而议程变迁是政策变迁的前提和基础。间断均衡理论在议程设置理论的基础上，对政策过程中的稳定与变迁进行了研究，开发了公共政策议程项目，进一步推动了公共政策实证研究和定量研究的展开。

### （二）有限理性理论

有限理性理论构成了间断均衡理论这一大厦的微观基石。有限理性理论是在对理性决策模型进行批判的基础上提出的，该理论认为传统经济理论中"经济人"的假定过于理想化，"与现实中人的真实或可能行为之间几乎没有多大关系"（赫伯特 A. 西蒙，2013），在现实中，人们的决策行为受知识、能力、信息等因素的影响，只能是有限理性的产物。有限理性理论阐明了人们决策时总是意图理性而难以完全理性的现实，剖析了有限理性的认知和社会基础，较为符合人类的实际决策情景（Simon，1985）。正是基于有限理性的假设，个人或组织由于无法同时处理所有问题，而必然面临注意力分配的难题。该理论强调有限理性是注意力政治学和信息政治学的基础，也是影响政策稳定与变迁的微观机制（Jones and Baumgartner，2005）。间断均衡理论吸收了有限理性理论中有关注意力分配和信息处理的研究成果，强调这些有限理性机制所带来的"政策后果"，即有限理性对于政策过程的影响（李文钊，2024）。

### （三）人工科学理论

人工科学理论为间断均衡理论理解政策变迁提供了参考。相较于自然科学是关于自然物体和自然现象的知识，赫伯特·西蒙（Herbert A. Simon）提出了关于人工物和人工现象的人工科学理论，该理论认为，人工物既要符合自然法则又要适应人的目标和目的，人工物可视为其自身物质与组织所构成的内部环境，与其所在工作环境所构成的外部环境之间的结合点（Simon，1996）。因此，可从功能、界面、内部环境和外部环境四个方面来理解人工物，将任何人工物都视为实现某种功能的界面，充分考虑其与内外环境之间的关系。受人工科学理论的影响，间断均衡理论将政策过程视为人工物，非常重视作为界面的内部环境和外部环境的研究，在此基础上，开发了不成比例信息处理模型，并强调信息和反馈在政策过程中的重要作用。

### （四）生物演化理论

生物演化理论是间断均衡理论解释政策变迁的概念来源。古生物学家艾尔德里奇（Niles Eldredge）与古尔德（Stephen Jay Gould）在批判达尔文生物进化学说的基础上，提出了生物演化变迁的新理论，并将其称为间断均衡理论。该理论认为生物的进化并非缓慢的连续渐变的积累过程，而是一种长期处于停滞或平衡状态，但中间夹杂着短暂的和爆发性的大规模灭绝和替代的过程（Eldredge and Gould，1972）。基于古生物学的间断均衡理论，鲍姆加特纳和琼斯将这一概念引入政策变迁研究，把间断均衡视为长期相对渐进的政策变迁过程，强调公共政策并不总是呈现稳定、规则、渐进调整抑或僵局状态，相反，随着外部刺激物的进入破坏政策垄断，进而引发剧烈的、脱节的、片段的政策变迁过程（Baumgartner and Jones，2009）。

### （五）制度理论

制度理论是间断均衡理论解释政策变迁的结构基础。制度理论认为，制度会对公共政策产生影响——制度既是均衡的基础，也是打破均衡的手段（Shepsle，1979）。间断均衡理论试图建立政策过程的制度基础，将制度理论和政策过程理论有机结合，从经验出发对制度与政策过程之间的关系进行分析。鲍姆加特纳和琼斯指出，政治制度是理解政策变迁过程的制度背景和结构基础。从美国的政治制度来看，其建立的初衷在于设立一个保守的宪法基础，以限制激进的行动；事实上这一制度却不断地被政策变化所席卷，这些变化在渐进的缓流和现存制度安排的快速改变之间不断地交替（弗兰克·鲍姆加特纳、布赖恩·琼斯，2011）。究其原因，美国的三权分立、交叉管辖和动员的相对开放性，创造了政策子系统、国会与总统宏观政治之间的有效互动，使美国政治呈现较长时期的稳定与偶尔的变化（Baumgartner and　Jones，2009）。因此，制度理论构成了比较研究的主要基础，基于制度的关注和研究，间断均衡理论重视比较政策议程设置和比较政策变迁，强调不同政治制度情境下的议程设置和政策变迁模式，认为间断均衡理论可适用于更广泛的政治制度情境（Baumgartner et al.，2011）。

### （六）反馈理论

反馈理论是间断均衡理论解释政策变迁的机制基础。作为系统论和控制论的重要组成内容，反馈理论强调结果对系统输入产生的影响，对人工系统具有重要意义。鲍姆加特纳和琼斯阐述了正反馈和负反馈机制在政治科学和政策过程中的角色与作用，认为政治系统共享负反馈和正反馈过程的一些共同特点，尽管这两个过程不同，但可能同时对同一议题发挥作用（Baumgartner and Jones，2002）。间断均衡理论证明了宏观注意力的变化如何同时引发政策制定过程中的负反馈和正反馈循环，前者产生于日常性政策制定权被委托给次级政府，而次级政府作为核心的制度行动者团体，通过对政策作出边际性调整来回应主导性政策形象；后者产生于广泛政治注意力对特定政策问题新维度的系统性关注（Boushey，2012）。间断均衡理论基于反馈理论，将反馈划分为正反馈和负反馈，认为不同的政策制定系统遵循不同的反馈原理，进而形成了不同的政策制定过程；负反馈与政策稳定联系在一起，正反馈与政策突变联系在一起，正负反馈环境可同时解释政策过程中的间断-均衡（李文钊，2024）。

## 三 形成过程：理论体系的起源与演进

自20世纪50年代起，渐进主义提出之后，逐渐成为理解政策过程的主导理论。渐进主义认为政策的决策是一个循序渐进的过程，是对现行政策的修正和补充。这种关于政策过程中稳定性和现状偏好的认识，虽然符合政治和政策的大部分具体实践，但政策变迁中的不稳定和动态变迁同样重要（B. 盖伊·彼得斯、菲利普·齐图恩，2024）。于是，新的议程设置模型开始挑战基于偏好的、渐进式和理性选择范式下的政策变化研究，强调虚假注意力和信息的潜在机制，为间断均衡理论的产生奠定了坚实的基础。自此，间断均衡理论在保持内核不变的同时，注重微观基础和宏观模式，不断演进发展。

### （一）理论产生阶段

间断均衡理论在20世纪90年代初被正式提出并迅速形成雏形。鲍姆加特纳和琼斯在1991年发表的论文《议程动态性和政策子系统》中指出，从历史视角看，很多政策经历长时期的稳定和短时期的剧烈反转，并试图用同一过程对这种现象进行解释，进而将该过程定义为"关于特定政策的信念和价值与现存政治制度互动的产物，前者被称为政策图景，后者被称为政策行动场所"，在此基础上，以美国民用核电政策为例进行了分析（Baumgartner and Jones，1991）。进一步地，鲍姆加特纳和琼斯在1993年出版的专著《美国政治中的议程与不稳定性》中，将政策过程中的稳定和变迁概括为"间断均衡"，同时将这一新的政策过程理论称为间断均衡理论，并将其运用到民用核电、杀虫剂、城市事务等不同的政策领域，开展比较研究（Baumgartner and Jones，1993）。间断均衡理论通过对议程变迁的关注来解释政策过程中的稳定与变迁，突出了政策图景和政策行动场所两个要素的解释力，为理解政策过程提供了新的理论模型。

### （二）理论跨越阶段

间断均衡理论认为，政策过程中的稳定与变迁不能完全割裂，需要纳入统一的分析框架，由此发展出"一般性间断假设"，实现了理论的跨越。"一般性间断假设"强调不仅议程设置和政策变迁遵循"间断-均衡"的逻辑，而且"框架和注意力分配"也遵循"间断-均衡"的模式，进一步讨论了政策图景和议程变迁的微观基础（李文钊，2024）。基于议程设置视角，鲍姆加特纳和琼斯于2005年出版了《注意力政治学：政府是如何应对问题优先性排序的？》一书，讨论了影响议程变迁的框架和注意力分配问题，阐明了"不成比例信息处理"的思想，为间断均衡理论建立了政策行为选择的模型，为间断均衡理论奠定了坚实的微观基础，使得间断均衡成为信息处理、决策、议程和政策变迁的基本特征（Jones and Baumgartner，2005）。进一步地，为论证政策图景和议程变迁的影响，鲍姆加特纳和琼斯发展了注意力政治学，讨论信息和框架如何通过注意力分配产生影响，并进一步对议程和政策变迁发挥作用，运用预算支出变化、死刑政策、关于穷人的框架建构及其政策效应等案例进行了具体分析。

### （三）理论拓展阶段

间断均衡理论通过发展基于信息处理的政府信息理论实现了理论的拓展。政府信息理论认为，信息是决策的基础。在政策实践中，政策制定者要应对不同来源的大量信息并作出决策，而信息处理则是所有环节都需要考虑的共同要素，为此，需要理解个人和组织的信息处理过程。然而，根据有限理性模型，受认知、时间、精力、制度等因素的影响，人类在处理信息的过程中，不可能同等对待所有的信息，通常会对信息采取"过高"或"过低"的处理方式。因此，鲍姆加特纳和琼斯讨论了信息处理、框架和注意力之间的关系，提出了"不成比例信息处理"模型，阐明了信息处理是注意力分配的前提，而注意力分配是信息处理的结果。借助"不成比例信息处理"模型，间断均衡理论的倡导者们开始研究政府的信息处理过程，围绕信息搜索、信息处理与政府决策之间的关系展开了探讨，尝试构建一般性的政府信息处理理论——政府需要搜索机制来发现问题并对问题优先性进行排序以便采取行动，搜索机制的绩效提升，可能会使政府针对特定问题采取更多的政策行动（Baumgartner and Jones，2015）。

## 四 核心议题：政策变迁的理解与诠释

### （一）不成比例信息处理

不成比例信息处理是间断均衡理论的行为模型，该模型指出，出于个人和组织的原因，他们在处理来自环境的信息时通常会遵循"不成比例信息处理"模型，注意力分配的不成比例最为明显，在界定问题和提供方案过程中也同样存在不成比例信息处理的现象。不成比例信息处理模型是对传统理性选择模型关于"成比例信息处理"的挑战，即认为系统会对来自环境的输入进行持续监测，决策也会随着环境的变化进行成比例调整；问题则会直接根据其严重性成比例界定，解决方案也会根据解决问题的效率进行排列（Jones and Baumgartner，2005）。

为了对不成比例信息处理模型进行深入刻画，并讨论该模型对注意力分配的影响，鲍姆加特纳和琼斯发展了从信息到注意力分配的隐含指数模型，进一步阐述了不成比例信息处理模型的运作过程，并分析了不成比例信息处理的主要原因（见图6-1）。鲍姆加特纳和琼斯指出，决策信息的来源是多方面的，决策者在收到不同来源的信息之后要进行整合；不同来源的信息在转化为相应指标的过程中，以及对不同指标进行整合的过程中，都可能存在噪声（Jones and Baumgartner，2005）。决策者在决策时会遵循非线性逻辑，只有当决策者将某些紧急或特殊的新指标带入指数时，才可能推动政策变迁；而一旦某些指标事先已经被知晓则只会进行渐进调整。具体的指标类型以及对指标的解释，都会导致不成比例信息处理（李文钊，2018）。

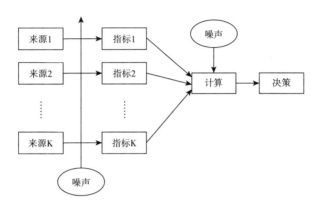

**图 6-1　隐含指数模型：从不同来源整合信息**

资料来源：Jones，Bryan D.，and Frank R. Baumgartner.（2005）. *The politics of attention*. Chicago：University of Chicago Press，59。

## （二）政治制度和政策图景

政治制度和政策图景是间断均衡理论的结构基础。政治制度是政策行动的场所，政策图景是关于政策的价值和信仰，政策变迁是政治制度和政策图景互动的结果（Baumgartner and Jones，1993）。在政策实践中，试图维护政策现状的人员，会通过限制政策行动的参与人员数量和树立政策的"正面形象"，实现"政策垄断"的目的，基于政治制度和政策图景的相互作用而构建政策子系统。只要政策子系统维持稳定和不被打破，议题以及对议题的理解就不会改变，现有的政策自然会维持原状。试图改变政策现状和推动政策变迁的人员，则可以通过向不同政策场所推销他们的议题，或者通过树立不同的政策形象，实现政策变迁的目的。

政治制度主要包括机构和决策规则，构成了政策行动的主要场所。鲍姆加特纳和琼斯指出，社会中有一些机构或集团，拥有相关议题决策的权威，被称为"政策议定场所"；它们可能是垄断的也可能是分享的，因此，同一个议题可能同时归属好几个机构管辖，也可能只归属某个单一机构管辖（弗兰克·鲍姆加特纳、布赖恩·琼斯，2011）。政治制度会将变化的偏好、新参与者、新信息以及对之前信息的突然关注等一系列输入，转化为相应的产出，以体现政治制度在政策行动过程中的作用（Jones，2003）。在不同国家中，基本都会存在多样性的政策场所，并且以不同的机构名称呈现于实践中，如美国联邦政府、国会、法院、地方政府等。多样性政策场所的存在，使得政策场所具备了"购买场所"的性质，不同政策行动者可以在不同政策场所进行政策推销和游说。政治制度会通过增加政策行动的制度成本和制度摩擦力，提升政策变迁的难度。而为了对变化的环境做出反应，决策系统制定决策时就需要承担决策成本、交易成本、信息成本和认知成本（Jones and Baumgartner，2005）。

政策图景是关于政策的价值和信仰，构成了政策行动的观念结构。政策图景即一个政策是如何被理解和讨论的（Baumgartner and Jones，2009）。作为经验信息和情感呼吁的综合，政策图景是基于事实的价值判断，包含经验性内容和评估性内容两个方面的构成要素。经验性内容是政策图景的基本事实，涉及政策的描述性内容；评估性内容是政策图景的语调，涉及政策的规范性内容，通常以简单的和符号性的词汇进行概括。不同群体和人员会关注政策的不同事实维度，并对这些维度给出差异化的评价，因此不同群体和人员对同一政策会有不同的政策图景。即便人们关注政策的同样事实维度，也可能会给出完全不同的评价。因此，同一项公共政策可能会存在多个维度的政策图景，政策的赞成者会关注其中一个维度，而政策的反对者则关注另外一个维度，不同的政策图景之间存在竞争关系。政策垄断的建立与维护，总是与支持性的政策图景相联系，并且这些支持性的政策图景通常也是正面的形象。一旦政策图景从正面形象向负面形象转变，政策反对者就可能有机会利用负面政策图景对现有政策发起攻击，促进政策议程建立和政策变迁。政策图景的形成通常也被称为框架效应，为政策的存在提供了合法性基础。

## （三）随机过程模型

随机过程模型是间断均衡理论的运行机制。间断均衡理论以不成比例信息处理模型为基础，发展出了政策过程的随机模型，尝试对"决策黑箱"进行剖解。信息处理途径是间断均衡理论关注政策过程的主要视角，认为决策过程是信息处理的过程，而信息在其中发挥着重要作用。琼斯等人甚至将间断均衡理论看作是一般性政府信息处理理论的一个特例和表现形式，提出了政策变迁的信息处理理论，认为信息的优先性和信息供给是信息处理理论的两个核心要素，前者涉及对信息的注意力分配，后者涉及信息的来源（Workman et al.，2009）。间断均衡理论重视系统内部结构在政策过程中的作用，认为信息输入、系统内部动态逻辑和政策产出三者的互动，构成了理解"决策黑箱"的关键变量。鲍姆加特纳和琼斯指出，政策变迁的信息处理途径强调政策过程中内部因素和来自政治与经济环境中外部事件的互动（Jones and Baumgartner，2005）。

进一步地，间断均衡理论用传统的渐进主义模型、成比例信息处理模型、不成比例信息处理模型三种理论模型来描述随机过程模型的运作机制。不成比例信息处理模型描述的政策过程也被称为随机过程，重视随机性和不确定性在决策过程中所发挥的重要作用，并且从系统层面讨论政策变迁的结果分布情况。随机过程模型非常重视这三种政策变迁的自我强化过程。这三种过程共同构成了随机过程模型处理复杂性的运作机制，三种机制不一定会同时出现，但可以对复杂性情境下的政策变迁进行解释。一是瀑布效应，即正反馈发挥主导作用的过程，强调每一个变化都会产生更大的变化。二是筛效应，即决策者对决策过程实施更为严格的限制，从而排除一些限制的可能性，而一旦调整发生，就会产生更大幅度的变迁。三是摩擦效应，即制度阻碍变迁，而一旦这些阻碍被克服就会产生跳跃式的巨大变迁。在政策过程实践中，上述三种效应最终都会产生尖峰态分布。随机过程是复杂性的表现形式，而复杂性意味着系统中不同要素之间存在较强的相互依赖性，复杂性结果不会以正态分布的方式呈现，而是呈现为厚尾性分布，因为实践之间不是相互独立的，而是具有较强的相互依赖性（李文钊，2018）。

**（四）正反馈和负反馈**

正反馈和负反馈是间断均衡理论的反馈机制。正反馈和负反馈分别对应政策选择的稳定与变迁，对稳定与变迁具有强化作用，同时也是解释稳定与变迁的重要机制。鲍姆加特纳和琼斯在阐述正反馈与负反馈在政策过程中的作用时，将反馈机制与很多理论模型联系在一起，讨论了不同理论模型所包含的反馈机制，指出政治系统中负反馈和正反馈过程的一些共同特点，即两者可能同时针对某一议题发挥作用（Baumgartner and Jones，2002）。因此，政策过程同时包含着稳定与变迁的双重特点，有时会抵制变迁，遵循标准操作程序，按照共识原则，不引起公众注意，而将政策制定过程局限在政策子系统；有时会加速变化，随着新问题进入议程，政府采取新的政策，公众也会给予关注，政策制定过程从政策子系统进入宏观政治领域。正反馈和负反馈两种机制将政策过程划分为两个子系统，负反馈机制与政策稳定相联系，正反馈机制则与政策变迁相联系。

负反馈机制是促进均衡的系统。负反馈机制的关键要素很简单，其对来自环境的任何变化，采取抵消而非强化的应对措施。几乎所有制度模型总会涉及收益递减这一关键要素，因为它是均衡分析的必要组成部分（Baumgartner and Jones，2002）。负反馈机制包含着自我平衡系统，是政策子系统运行的重要基础，可以诱发公共政策的稳定与渐进主义模式（Baumgartner and Jones，2002）。有限理性、渐进主义和行政行为都会涉及负反馈机制。一旦政策反馈系统和政治制度、政策图景有机结合，就会使得一项政策能够维持较长时段的稳定，如美国农业政策子系统就通过负反馈机制对政策变迁进行抵制，不让民权维度影响农业政策的制定过程（Worsham and Stores，2012）。

正反馈机制是促进变迁的系统。正反馈机制包含自我增强机制，是强化而非抵消的一种趋势，其过程具有易变性和不稳定的特点，在经济和金融领域中表现突出。在政策实践中，有两种机制可以促进正反馈的形成。一种是模仿，个人观察他人行动，进而根据他人行动自身采取行动。这表明，一旦达到某个临界点或阈值，某种行为就会出现自我强化从而成为一种趋势。另一种是序列信息处理，当人们从一种注意力转向另一种时，会迅速改变自身行为。这意味着，一旦人们开始关注某一议题或同一议题的不同维度，就会出现自我强调现象，进而引起更多人关注，推动政策变迁（李文钊，2018）。

### （五）一般间断假设

一般间断假设是间断均衡理论的重要跨越。从间断均衡假设发展出一般间断假设，将间断均衡理论的运用扩展到对整个政治过程的分析，而非局限于政策子系统内，这是间断均衡理论的一次跨越。一般间断假设与间断均衡假设共享基本分析逻辑和框架，将认知模型和制度规则作为解释间断均衡的主要变量，从注意力分配的视角出发，关注它们对整个政策过程和政治过程的影响，并通过扩大其适用范围，提升理论的外部有效性（李文钊，2024）。一般间断假设包含三个基本命题，即人类决策的间断性、正式规则导致的间断性、决策和正式规则相互作用导致的间断性的程度存在差异，上述命题的具体内容包括：第一，涉及人类决策的所有分布都会呈现稳定和间断的模式；第二，治理政策制定过程的正式规则的运行也会导致间断，这些正式规则体现了美国民主所具有的制约和均衡特征；第三，决策的认知属性和正式规则与程序的互动，会使我们能够对间断的严重性进行排序（Jones and Baumgartner，2005）。

这三个基本命题分别讨论了认知、制度和两者之间的相互关系对间断均衡的影响（李文钊，2018）。具体来讲，可以将上述命题进一步细化为六个方面：一是人类决策的结果分布会呈现间断均衡模式，并以尖峰分布的形式展现出来；二是人类会采取不成比例信息处理的方式，使得决策结果和产出以间断均衡模式展现并呈现尖峰分布正态；三是处理复杂问题的人类决策机构的产出变化，会呈现正向尖峰分布状态；四是由于制度成本的摩擦力作用，政策制定和政治过程会展现随机过程的特点；五是决策的认知属性和正式规则与程序的互动，会使不同机构的间断性存在差异；六是制度施加更多的摩擦力时，其产出会呈现更明显的尖峰分布状态。

## 五 研究进展：理论发展的动态与挑战

### （一）理论的广泛应用

首先，间断均衡理论在不同政策领域中得到广泛应用。自20世纪90年代产生以来，间断均衡理论经过了30余年的发展，关注度和影响力不断提升。大量研究显示了将间断均衡作为政策变迁特征的稳健性，这体现为间断均衡理论在不同政策领域、政治制度和比较领域中的适用（Workman et al., 2009）。鲍姆加特纳和琼斯等梳理总结了1991~2014年间断均衡理论的相关研究，发现间断均衡理论得到了广泛接受（Baumgartner et al., 2014）。其中，间断均衡理论在预算领域的应用是最多的，既有研究发展了基于议程和注意力分配的预算模型，提出了关于预算变化分布模式、状态及其原因的假设，并通过不同国家、部门、领域和层次的预算数据对假设进行了检验（Jones et al., 1998）。环境领域也是间断均衡理论应用较多的领域，包括土地、森林、能源、气候等诸多方面（Repetto, 2006）。此外，间断均衡理论还被运用到教育、农业、贫困、移民、道路交通、医疗保障等众多领域，用于解释政策扩散的原因（Boushey, 2012）、框架建构对政策过程的影响（Max and Baumgertner, 2013）等。

其次，间断均衡理论在不同政治制度中也得到了有效检验。间断均衡理论强调从议程设置和注意力分配的视角来探讨政治系统，认为政治制度中行动者的互动与反应也符合间断均衡模型。间断均衡理论在选举结果、政党议程、国会立法等政治制度中都具有适用性，而且制度差异性会导致制度摩擦力的不同，进而使得间断均衡的峰度产生差异。鲍姆加特纳等人专门分析了倡导组织对政策议题的影响，关注不同政治制度中议程设置和政策变迁的问题（Baumgertner et al., 2009）。2006年以来，间断均衡理论在比较研究中得到新发展，并试图成为一般性的法则和定律（Baumgartner et al., 2009）。间断均衡理论被应用到美国以外的地方，应用于对不同国家和不同政策领域的比较研究，这极大地提升理论的外部效度，并成为间断均衡理论研究的新生增长点（Christoffer and Walgrave, 2014），如琼斯等人运用间断均衡理论分析了美国、法国、德国、英国等不同国家的预算数据变化，并提出了公共预算的一般性经验法则（Jones et al., 2009）。

最后，间断均衡理论的要素、机制和方法在相关研究探索中得到了持续验证和推进。间断均衡理论观察到很多政策议题中存在较长时期的稳定和较短时期的重大间断，发现了政策过程中存在间断均衡模式，提供了一种证据导向的隐喻（Prindle, 2012），是对渐进主义模式的替代性选择。在探讨结果变量方面取得进展的基础上，间断均衡理论尝试对政策结果进行解释，提出导致政策变迁的因果逻辑，实现了制度研究与决策研究的有机结合，阐明了间断均衡模式的认知和制度基础，有效扩展了政策过程理论研究的视角和方法。当前，间断均衡理论在与政策实践经验不断互动的过程中试图发展基于信息处理的一般性政策过程理论，和基于行为的政策过程理论（Jones，2017），以提升政策过程理论的科学化水平以及体系化程度（Workman et al.，2009）。

**（二）理论的现实挑战**

一方面，间断均衡理论的研究者们关注理论的不同层面，因而在该理论的核心构成要素方面并未达成共识。间断均衡理论产生之初，鲍姆加特纳和琼斯等人非常重视政策图景和政策场所之间的互动，继而尝试从信息处理过程视角对政策过程展开研究，随着理论进一步发展，则呈现关注微观、中观和宏观的不同路径。鲍姆加特纳重视政策图景的作用，关注框架对政策变迁的影响（Frank et al.，2008）；而琼斯则更加强调间断均衡理论的微观基础，探索对行为理论的政策研究（Jones，2003）。上述分歧的存在，对间断均衡理论整合不同研究视角并与政策过程进行协调，进而发展出统一的分析框架，都提出了新的挑战。

另一方面，间断均衡理论关于因果机制的探讨仍存在缺陷。当前，研究者们对于政策历史呈现模式究竟如何产生这一问题并没有一个清晰的解释机制，因为他们未能在非人格化的过程与个人选择之间建立联系（Prindle，2012）。作为政策过程理论的重要组成，间断均衡理论更加重视制度、微观模型和结果，对打开政策变迁的"过程黑箱"还是重视不够（李文钊，2024）。同时，间断均衡理论将决策过程视为随机过程，但如何从经验和实证角度对这一过程进行观察并实施验证，还需要进一步探索和研究。此外，间断均衡理论以公众议程和决策议程作为过程观察的切入点，进而讨论议程变迁对政策变迁所产生的影响，并对两种议程都采取了简单的线性类比，而实践中议程之间的关系更加错综复杂，同样需要更为细致的经验观察和实证研究，以增强间断均衡理论的解释力。

## 第二节　中国政策情境中的间断均衡理论

新中国成立以来，尤其是改革开放后，中国的公共政策在所有的政策领域、所有的问题领域以各种方式发生了深刻的变化（唐贤兴，2020），这一大国治理的独特景象引发了研究者们的持续关注和广泛探讨，推动了中国政策变迁研究的迅速发展。作为政策过程理论的构成内容，间断均衡理论也被运用到中国政策变迁的研究中，为观察和解释中国政策变迁的丰富实践提供了重要的理论支持与方法参考。以下将通过文献回顾的方式对间断均衡理论的引入和使用情况进行总结，展现间断均衡理论与中国政策变迁实践的互动交融。

## 一 文献资料收集与编码说明

### （一）文献选择标准

一是期刊的权威性。综合考虑了期刊的专业领域、学术声誉和社会影响等多重因素，本章在学术期刊的选择方面坚持权威性标准，以 2022 年 SSCI 和 CSSCI 收录的政治学、公共管理学、公共政策学等领域的 48 本英文期刊和 169 本中文期刊，作为分析间断均衡理论应用情况的资料来源。

二是主题的相关性。为实现文献资料的高效和准确收集，本章在文献资料选择方面注重主题的相关性，紧紧围绕"中国政策变迁与间断均衡理论"这一中心议题，选取运用间断均衡理论探讨中国政策变迁问题的相关文献，剔除虽然运用间断均衡理论但与中国政策过程无关的文献，以及虽然属于政策过程议题范畴但与中国情境无关的文献。

三是时间的连续性。通过对国内外文献的检索可以发现，关于中国政策过程的研究，国外期刊从 20 世纪 90 年代就已开始刊发相关成果，而国内研究成果在 2000 年后才逐渐增多。考虑到成果追踪的连续性和全面性，文献资料选择方面，英文期刊以 1990～2022 年为检索区间，中文期刊以 2000～2022 年为检索区间，筛选出与"中国政策变迁与间断均衡理论"相关的文献资料作为基础数据。

### （二）文献收集过程

初步检索阶段（2023 年 10 月至 2023 年 11 月）。以 2022 年 SSCI 和 CSSCI 收录的政治学、公共管理学、公共政策学等领域的 48 本英文期刊和 169 本中文期刊为基础，通过人工浏览期刊官网的方式，对"中国政策变迁与间断均衡理论应用"相关的学术论文进行初步检索和筛选，共获得文献

65 篇（中文 61 篇、英文 4 篇）。

精准筛选阶段（2023 年 12 月）。以"中国政策变迁"+"间断均衡理论"作为标准，对初步检索所得的文献进行精准筛选，剔除了议题或内容不在中国政策变迁范畴的文献 13 篇（中文 11 篇、英文 2 篇），如介绍制度变迁的文献、探讨公司治理或组织演化的文献等，筛选后留存文献 52 篇（中文 50 篇、英文 2 篇）。

回溯补充阶段（2024 年 1 月）。在完成文献初步检索和精准筛选的基础上，为防止遗漏相关研究文献，保证文献收集的完整性和有效性，对中英文期刊进行了回溯检查，并补充中文文献 1 篇。至此，关于中国政策变迁与间断均衡理论应用的文献资料收集工作正式完成，最终确定文献 53 篇（中文 51 篇、英文 2 篇）。

### （三）文献编码方式

在完成文献资料收集后，本章根据之前的编码模式以及经验设计了编码框。编码项目主要包括作者基本信息（人数、职称、学历、机构），文献基本信息（题名、刊发时间、来源期刊、基金支持），文献研究内容（研究的问题、目的、范式、主体），政策领域（教育文化、社会政策、环境政策、经济和创新政策、"三农"政策、其他政策、跨政策领域），文献理论评估（理论框架、理论贡献），文献研究方法（量化、质性、混合、其他），文献数据资料（收集渠道、分析方法、容量状况、时间跨度），为对相关文献资料进行统一处理和深入分析奠定了基础。

本章按照文献编码的要求，对所收集并最终确定的文献进行了统一编码。在完成文献资料的精准筛选工作后，本章对确定的相关文献资料进行了初步编码，并于 2024 年 1 月底完成编码工作。2024 年 2 月上旬，本章对文献资料编码情况进行了检查与核对，确保编码过程中所选文献资料没有遗漏、编码信息完整无缺。2024 年 4 月初，本章对编码情况进行了全面回顾并重新编码，对编码结果存在分歧的文献资料进行了反复品读和讨论，以提升编码的规范性、准确性和一致性。经过编码结果的对照和比较发现，前后编码完全一致的文献在所选文献数量中的占比为 90.2%，体现出编码工作具有较高的信度。

## 二 间断均衡理论的应用分析

### （一）理论关注的持续性

间断均衡理论研究成果不断增加。研究者们积极开展间断均衡理论的引介，尝试运用该理论对中国政策实践进行分析和探讨，并产生了一定数量的研究成果，促进了间断均衡理论在中国的传播和应用。从发文时间来看，2010 年后中国政策变迁的间断均衡分析得以发展，发文量呈现上升的趋势；尤其是 2018 年以来，研究者们对该理论的中国实践呈现高度、持续的关注（见图 6-2）。

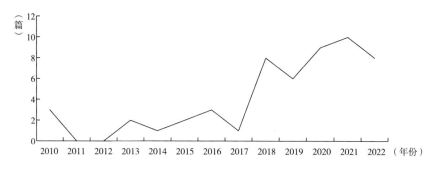

**图 6-2 研究成果年度分布**

资料来源：作者自制。

### （二）研究人员的集中性

间断均衡理论研究主体高度集中。通过对现有研究成果作者信息的整理可以发现，运用间断均衡理论探讨中国政策过程的研究者主要集中在高校（人数占比为 93.4%），来自党校（行政学院）、政府部门及其他机构的研究者，数量相对较少（人数占比之和不足 7%）。在高校研究者中，开展合作研究的人员较多，其研究成果中，有 62% 的成果为合作成果，显示出知识生产方式的协作性特征（见图 6-3）。

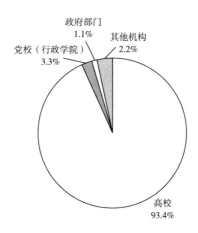

政府部门
1.1%

其他机构
2.2%

党校（行政学院）
3.3%

高校
93.4%

**图 6-3 研究人员单位分布**

资料来源：作者自制。

## （三）研究目标的明确性

在运用间断均衡理论探讨中国政策实践的研究中，绝大多数成果都具有科学的研究问题和清晰的理论追求。根据本章收集整理的文献资料（见表 6-1），目前的相关成果中，有 30.2% 的研究关注"中国政策过程研究的一般问题"，有 69.8% 的研究关注"中国特定具体政策议题"，体现了当前研究对具体政策实践的主动关切和积极回应。同时，上述研究成果中，约 67.9% 的研究具有鲜明的理论指向，约 32.1% 的研究旨在阐明政策实践问题，彰显了当前研究以注重理论诉求作为主流的形势。此外，现有研究的议题领域焦点清晰，主要集中在中国政策变迁相关问题的探讨。

**表 6-1 研究问题属性及研究目的**

| 项目 | 研究问题属性 | | 研究目的 | |
|---|---|---|---|---|
| | 中国政策过程研究的一般问题 | 中国特定具体政策议题 | 实践指向 | 理论指向 |
| 数量（篇） | 16 | 37 | 17 | 36 |
| 比例（%） | 30.2 | 69.8 | 32.1 | 67.9 |

资料来源：作者自制。

### （四）研究范式的实证性

在运用间断均衡理论探讨中国政策实践的研究中，实证研究范式是主流。根据本章对相关研究文献的整理发现（见表6-2），92.5%的现有成果为实证性研究，而规范性研究在现有研究成果中的占比仅为7.5%，体现出研究者对中国政策实践的重视和关注，也折射出间断均衡理论在中国政策情境中的应用是密切联系实际的。

表6-2 研究范式类型构成

| 范式类型 | 实证性研究 | 规范性研究 | 倡导性研究 | 合计 |
|---|---|---|---|---|
| 数量（篇） | 49 | 4 | 0 | 53 |
| 比例（%） | 92.5 | 7.5 | 0 | 100 |

资料来源：作者自制。

现有研究涉及的政策领域较为广泛，探讨较多的政策领域为社会政策、经济和创新政策、教育文化政策以及环境政策，如房地产、社会救助、出租车规制、科技创新、科研管理、少数民族教育、农村环境治理、食品安全监管等相关政策（见图6-4）。现有研究所涉议题政策领域的广泛性，既表明了中国政策变迁发生的范围较大，也意味着间断均衡理论在中国政策变迁研究中，具有普遍的适用性和解释力。

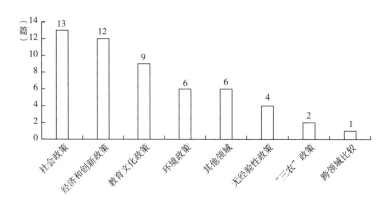

图6-4 政策议题领域分布

资料来源：作者自制。

### （五）研究方法的多元性

不同类型的研究方法被运用于探讨中国治理场景下政策变迁的间断均衡问题。质性研究方法居于主导地位，采用质性研究方法的成果约占现有研究成果的 77.4%，其中绝大多数研究是基于单案例分析的方式展开的。而采用量化研究的成果，在现有研究成果中的比例仅为 13.2%（见表 6-3）。

表 6-3　研究方法分布

| 类型 | 量化研究 | 质性研究 | 混合研究 | 理论阐释 | 其他 | 合计 |
| --- | --- | --- | --- | --- | --- | --- |
| 数量（篇） | 7 | 41 | 1 | 4 | 0 | 53 |
| 比例（%） | 13.2 | 77.4 | 1.9 | 7.5 | 0 | 100 |

资料来源：作者自制。

在资料收集方面，现有研究主要基于二手数据展开，约有 88.7% 的研究运用了特定领域的相关政策文本、统计数据、管理制度等作为资料来源（见表 6-4）；但也有部分研究在二手数据的基础上，同时还运用了访谈、问卷调查等方法开展研究资料的收集（文宏，2014）。在数据资料容量方面，约有 9% 的研究没有相应的数据，约 53% 的研究具有的数据适中（0~100 份政策文本/10 万字以内访谈资料/10 位以下访谈对象/百份问卷样本/单案例），约 38% 的研究具有较为丰富的数据（100 份以上政策文本/10 万字以上访谈资料/10 位以上访谈对象/千份问卷样本/多案例）。

表 6-4　研究资料收集方式

| 类型 | 二手数据 | 二手数据+问卷调查+访谈 | 二手数据+访谈 | 无方法 | 合计 |
| --- | --- | --- | --- | --- | --- |
| 数量（篇） | 47 | 1 | 2 | 3 | 53 |
| 比例（%） | 88.7 | 1.9 | 3.8 | 5.7 | 100 |

资料来源：作者自制。

在资料分析方面，大部分研究没有采用专门性的资料分析方法，而是对所获取的资料进行总结和概括，这类研究数量较多，目前约占现有研究成果的 62.3%；只有少部分研究运用了统计分析法（蒋俊杰，2015）或内容分析法（王洛忠等，2019），也有部分研究同时运用了统计分析和内容分析两种方法（黄扬、李伟权，2018）（见图 6-5）。

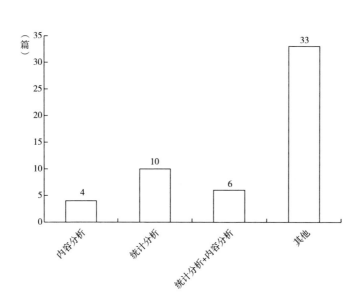

**图 6-5　研究资料分析方式**

资料来源：作者自制。

## （六）理论贡献的差异性

在理论框架的运用方面，约 34% 的研究使用间断均衡理论作为分析框架（范广垠，2010；万卫，2013），约 32.1% 的研究旨在修正和完善间断均衡理论（刘开君，2016；李金龙、王英伟，2018），约 24.5% 的研究是以间断均衡理论为基础修订或建构新的理论框架（龙立军，2020；高跃、王家宏，2020），自己建构分析框架研究的相对较少（约为 1.9%）；另外也有 7.5% 的研究是没有理论框架的。这反映出间断均衡理论在中国政策过程中的应用，已经逐步从理论借用走向理论反思和理论修正（见图 6-6）。

在核心理论贡献方面，有 50.9% 的现有研究在间断均衡理论的运用中，实现了理论的生产和更新（刘鑫、汪典典，2021；魏署光、吴柯豫，2022）；有 32.1% 的现有研究通过间断理论的借用和拓展（缪燕子，2017；李文钊等，2019），对中国政策实践进行了观察，并对政策变迁的问题做出了解释；也有 9.4% 的研究在建构概念模型方面做出了积极探索（范晓东、郭彤彤，2019；龙立军，2020）。此外，少数研究促进了方法论的丰富与创

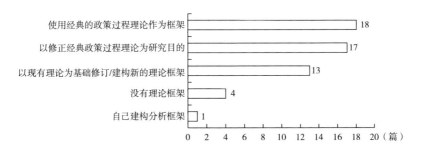

图 6-6　理论框架运用

资料来源：作者自制。

新（黄扬、李伟权，2019）、研究视角－范式创新（连宏萍、陈晓兰，2019）（见表6-5）。

表6-5　核心理论贡献

| 类型 | 无贡献 | 研究视角－范式创新 | 方法论丰富与创新 | 建构概念模型 | 借用和拓展 | 生成理论 | 合计 |
| --- | --- | --- | --- | --- | --- | --- | --- |
| 数量（篇） | 1 | 1 | 2 | 5 | 17 | 27 | 53 |
| 比例（%） | 1.9 | 1.9 | 3.8 | 9.4 | 32.1 | 50.9 | 100 |

资料来源：作者自制。

# 第三节　间断均衡理论发展中的中国政策经验

作为政策过程研究的重要理论工具，间断均衡理论在中国的应用日益广泛，显示出较强的影响力和解释力，对于间断均衡理论而言，丰富多样的中国政策实践，既构成了理论传播的载体，也提供了理论检验的平台，成为推动理论更新和发展的经验沃土。

## 一　作为"使用者"的中国经验：在理论借用中开展阐释

在中国治理场景下，国内外研究者积极引入间断均衡理论并尝试围绕中国政策实践进行观察和展开探讨，形成了相对较为充分的作为"使用者"的中国经验，这对于解释中国公共政策的变迁问题做出了重大的贡献。研究者们在借用间断均衡理论的基础上展开了中国政策变迁的解释性研究。

### （一）间断均衡理论的阐释

国内公共政策研究者从不同角度着手，围绕间断均衡理论的产生背景、形成过程、核心概念和主要内容等问题，展开了全面阐释，促进了国内理论研究者和实践工作者对间断均衡理论的认知。国内研究相对较为关注议程设置动态变迁的研究视角，认为政策过程会在政策子系统和宏观政治系统之中交替转换，前者构成了政策稳定的政治基础，后者构成了政策变迁的政治基础（李文钊，2018）。在间断均衡理论的引介下，国内学者开始采用长期演化的视角分析政策议程的变迁，这是中国政策议程研究的新里程碑（曹堂哲、郝宇华，2019）。

### （二）中国政策变迁的阐释

在对间断均衡理论进行引介和理解的基础上，研究者尝试运用该理论对中国政策变迁的实践做出阐释，并尝试将其应用在不同的政策领域。例如，有研究以中国的房地产政策为例，指出间断均衡模型能够给予房地产政策较为满意的解释（范广垠，2010）；改革开放以来的医改政策，也体现出从政策均衡走向政策间断的特征（徐媛媛，2010）。在教育政策领域，有研究运用间断均衡理论，对我国民办教育的产权政策进行分析，认为集权政治的限制、捐资办学的逻辑、核心价值的理想等决定了其稳定，教育需求的旺盛、投资办学的盛行等使其发生了变迁（万卫，2013）。在环境政策领域，有研究者以间断均衡理论为基础，指出我国环保支出政策变迁呈现间断均衡的模式（邝艳华，2015）。

## 二 作为"追随者"的中国经验：在实践检验中进行调适

在"使用"间断均衡理论观察和理解中国政策实践的过程中，研究者立足中国政策实践，着眼间断均衡理论的适用条件和解释逻辑，积极开展理论的验证和调适。这种检验和调适，验证了间断均衡理论在中国的适用情况，也结合中国政策实践对间断均衡理论进行了相应的调整和完善，在很大程度上提升了间断均衡理论在中国政策场景下的解释力和影响力。

### （一）间断均衡理论的实践检验

间断均衡理论被运用到不同政策领域的过程，既为理解中国政策实践提供了理论工具，也需要接受中国政策实践的检验。当前，有关中国光伏产业（徐璇等，2022）、科技规划（蔺洁、王婷，2022）、救灾捐赠（徐媛媛、武晗晗，2022）等政策领域的分析表明，间断均衡框架与中国的政策变迁规律基本吻合，但学者们同样注意到，基于西方政策实践的间断均衡框架在解释中国政策问题时存在局限：中国官方权威决策系统主导型与非官方决策系统参与型相结合的政策运行机制，有别于西方子系统政治与宏观政治互动型的运作模式；中国社会组织、民众等行动者的参与同西方利益集团和第三方议事机构的动议存在显著差异，具有明显的中国特征（李金龙、王英伟，2018）。

### （二）间断均衡理论的调适完善

由于关注到间断均衡框架的理论背景与预设，不少研究者意识到间断均衡理论与中国政策情境之间的张力，积极探索对该理论的调适和完善。间断均衡模型是在美国政治体系的运行中构建出来的，必然受到美国政治权力结构、两党竞争、媒体运行特点以及利益集团等因素的深刻影响，在将间断均衡模型引入中国问题的分析时，要比较中美政治制度差异（蒋俊杰，2015）。间断均衡理论中关于媒体注意力与议程之间的因果关系的分析并不适用于中国，但议程设置的长期演变符合间断均衡模式，且议程设置与媒体注意力的关系有范围限制，源于国家层面的媒体注意力与源于地方层面的媒体注意力相比，同议程设置的相关度更高（曹堂哲、郝宇华，2019）。

## 三　作为"重构者"的中国经验：在理论反思中实施修正

随着中国政策实践的不断发展和政策过程研究的逐步深入，研究者们对西方政策理论在中国政策情境中的适用性进行重新审视和深入反思，并进一步修正西方政策理论以提升其理论解释力。在中国政策变迁领域的研究中，间断均衡理论的适用性反思和本土化修正，成为研究者们关注的焦点。

### （一）间断均衡理论的适用性反思

在"追随"间断均衡理论的过程中，研究者们逐渐认识到发源于西方的政策过程理论不可能完全适切于我国的国情，必须通过扬弃的办法对其进行修订和改造，构建模型的中国化表达方式（范晓东、郭彤彤，2019）。间断均衡理论植根于西方公共政策变迁的土壤，与中国情境下的政策变迁并不完全契合，基于我国不同的社会环境和条件，必须对其进行必要的修订（龙立军，2020）。尤其是，在我国缺乏子系统政治与宏观政治这一制度基础的特定的政策环境中，利用政策议定场所的变化来界定间断与平衡存在很高的不适用性（孙欢，2016）。

### （二）间断均衡理论的本土化修正

有研究者将间断均衡理论置入中国具体公共政策的变迁过程，修正间断均衡理论中的制度性结构因素，提出宏观层面的价值倾向、地方领导班子的态度以及公民的反应是影响政策变迁的重要动力因素，使之更符合中国实际（文宏，2014）。也有研究者将社会建构与政策设计框架嵌入间断均衡理论进行本土化修正，构建了一个以行动者的社会建构为主体的政策变迁分析框架（武晗、王国华，2020）。有学者尝试整合政策范式与间断均衡理论框架，将政策情境、政策场域、政策形象、政策目标、政策工具、行动者价值理念等变迁分析的核心要素有机整合，构成完整的政策变迁分析系统，有效阐述中国政策变迁如何发生和为何发生（孟溦、张群，2020）。有研究者尝试从适用条件、理论假设、变迁过程和根本原因等维度对间断均衡分析框架予以修正，将修正后的分析框架的适用条件扩大为稳定的政治制度结构（刘开君，2016）。也有研究者充分结合新媒体和网络舆情的特征及其作用机制，对原有理论框架进行适当的修正和改造，从而推导出新媒体环境下网络舆情对政策间断式变迁的影响机制（黄扬、李伟权，2018）。

## 第四节 中国政策过程研究中间断均衡理论的应用评估

对中国政策过程研究中间断均衡理论的应用情况进行评估，总结知识积累并剖析现实困境，有助于明确该理论发展的方向，这对于不断增强理论的解释力和影响力、加快构建中国公共政策自主知识体系都具有重要意义。

## 一　既有的知识积累

### （一）进行了系统的理论阐释

在中国政策过程研究中，间断均衡理论获得了持续关注和系统阐释。作为政策过程研究的重要理论工具，间断均衡理论 2010 年开始在中国得到迅速传播（徐媛媛，2010；范广垠，2010），并引发了公共政策研究者的持续关注。根据中国知网的检索，截至 2023 年 12 月，运用间断均衡理论探讨中国政策过程的相关文献约 175 篇，其中期刊论文共 118 篇、硕士和博士学位论文共 57 篇。[①] 此外，也有一些运用间断均衡理论对中国政策实践的特定领域或议题，进行专门研究的著作（李梦瑶，2024；陈潭，2018；谭宁，2020）。研究者们对间断均衡理论的产生背景、基本概念、核心内容进行了全面阐释（杨涛，2011；李文钊，2018a、2018b），并分析了间断均衡理论的优点以及不足（杨冠琼，2017），形成了关于间断均衡理论的整体性认知。

### （二）开展了广泛的实践应用

在中国政策过程研究中，间断均衡理论在不同政策领域中得到了广泛应用。在教育文化领域，研究者们运用间断均衡理论对我国民办教育的产权政策变迁、新中国成立以来农村职业教育政策的演进、我国教育议程设置变迁、新中国成立 70 年来学前教育政策变迁等问题进行了分析（万卫，2013；彭华安，2013；曹堂哲、郝宇华，2019；范晓东、郭彤彤，2019）。在社会政策领域，研究者们基于间断均衡理论对我国医疗改革、出租车管理政策变迁、人口生育政策变迁、新中国成立以来的社会救助政策变迁、户籍政策变迁、卫生防疫政策变迁等问题（徐媛媛，2010；文宏，2014；

---

① 为保证检索结果的全面性和准确性，本章分别以"间断均衡""间断平衡""中断平衡""中断均衡""PET"等作为检索词，进行主题检索，并剔除与中国政策过程不相关的研究文献。

孙欢，2016；缪燕子，2017；李金龙、王英伟，2018；武永超，2021）展开了探讨。在环境保护政策领域，研究者们运用间断均衡理论分析了各省份环保支出决策的变化、改革开放以来我国环保政策的变迁、农村环境治理政策的演进（邝艳华，2015；王颖、王梦，2020；高新宇、吴尔，2020；祁凡骅，2021）等问题。此外，间断均衡理论也被运用到经济创新、"三农"问题等其他政策领域中（范广垠，2010）。间断均衡理论的广泛应用，既显示出该理论在中国政策实践中具有适用性，也反映了在中国政策变迁中，间断均衡现象的存在具有普遍性，在拓展理论应用范围的基础上，也检验了间断均衡理论在中国政策场景下的解释力。

### （三）实施了自觉的反思修正

在中国政策过程研究中，间断均衡理论在研究者的不断反思中得到修正完善。研究者们立足中国政策实践，对间断均衡理论的适用条件和解释框架进行了审视，并尝试对间断均衡理论模型进行修正和重构，以实现间断均衡理论的本土化改造。间断均衡理论植根于西方政策变迁的土壤，是对美国政策变迁经验的抽象总结，与中国的具体情境存在一定差距（李金龙、王英伟，2018）。虽然间断均衡理论在中国制度环境下具有较强的解释力，但呈现明显的制度差异，比如间断均衡理论作为我国社会救助政策的分析工具，其适用性在于对变迁特征的描述，而不在于对变迁动力因素的解释（缪燕子，2017）。为此，间断均衡理论的本土化发展需要结合中国的政治制度特性和实践经验，引入间断均衡理论的中国情景（文宏，2014）。我们必须舍弃间断均衡理论中的宏观政治与子系统政治的制度结构等基础变量，寻求对间断与均衡的新的划分标准（孙欢，2016）。

## 二 当前的研究困境

### （一）理论修正的共识度有待提高

研究者对间断均衡理论在中国政策过程研究中的应用，呈现从借用到修正的转变。在此过程中，理论修正的积极探索与结果共识的认同不高形成鲜明对比。一方面，不同研究者立足特定政策领域的实践，尝试对间断均衡理论进行本土化改造，构建更具解释力和包容性的理论模型，以更好地理解中国政策变迁的逻辑；另一方面，不同研究者对间断均衡理论修正结果的认同程度较低，基于不同领域政策实践的理论修正成果数量较多，但不同成果之间缺少理论性的互动与融合。上述问题在很大程度上折射出：间断均衡理论在中国政策过程研究中，还存在应用领域的广泛性、理论修正的积极性与结果共识的缺失性并存的问题，这些碎片化的知识亟待在理论的层面进行进一步整合。

### （二）方法运用的丰富性有待提升

在运用间断均衡理论分析中国政策实践的现有成果中，研究方法的运用相对单一。总体上看，质性研究方法是当前研究的主流方法，量化研究和混合研究较少。而在质性研究成果中，单案例研究成果的数量较多，在现有研究中居主导性地位。采用单案例研究方法，对特定领域的政策变迁问题进行分析，虽然可以进行系统回顾和深入阐释，但也容易导致研究过程的政策区隔和结果适用的范围限制。此外，在现有研究中，资料收集和处理的方法相对单一。在资料收集方面，绝大多数研究都采用了二手数据，而问卷调查、深度访谈和观察法等方法的运用较少。在资料分析方面，内容分析和统计分析是适用较多的方法，但还有很多研究并没有使用明确的研究方法开展资料的处理和分析，在很大程度上降低了研究过程的科学性和研究结果的可信度。研究方法运用的丰富性、规范性和有效性都亟待提升。

### （三）理论对话的国际化程度有待提升

纵观将间断均衡理论应用于中国政策过程研究的现有成果，国际理论对话相对薄弱。一是国内研究者在运用间断均衡理论分析中国政策问题时，非常注重对理论来源和核心内容的阐述，但对该理论运用的最新动态与结果关注不足，集中体现在现有研究中，间断均衡理论相关的经典文献引述较多，而前沿文献的引述相对较少。二是基于间断均衡理论的中国政策过程研究成果，国际发表的成果数量比较少。一方面是国外研究者运用间断均衡理论对中国政策过程进行的研究较少，另一方面是国内研究者关于间断均衡理论的研究成果在国外学术期刊上的发表较少，既影响到间断均衡理论与中国政策实践的互动交融，也制约了公共政策知识生产的国际交流，不利于间断均衡理论研究的"中国检验"，难以阐明公共政策变迁的"中国逻辑"。因此深入开展国际理论对话，在推动间断均衡理论发展方面做出中国贡献的工作亟待加强。

### （四）自主知识的累积性有待提升

运用间断均衡理论分析中国政策过程时，公共政策自主知识的积累性有待提升。间断均衡理论在中国政策问题研究中的应用正逐步从直接借用转变为修正重构，这体现出了清晰的本土意识和鲜明的理论追求。在理论贡献方面，以理论构建为指向的研究居于主导地位，部分研究在方法论的丰富与创新、研究视角与范式创新方面，做出了积极探索。总体上看，现有研究对间断均衡理论在中国政策场景中的检验和修正，给予了较多的关注，并进行了相应的探索，但对中国政策变迁的发生环境、运作机制和运转过程的剖析与挖掘，还缺乏系统性和深入性，导致中国政策变迁的理论分析不够充分。当前研究亟待立足中国政策实践，在检验和修正间断均衡理论的基础上，实现公共政策自主知识的积累和建构。

# 结　语

新中国成立以来，尤其是改革开放以来，波澜壮阔的发展历程展现了大国治理的非凡实践，不同领域的治理改革催生了政策变迁的丰富形态。中国政策变迁的实践成为世界瞩目的焦点，引发了国内外研究者的持续关注和广泛讨论，为国外政策变迁理论的引入和应用提供了经验沃土，也为国内政策变迁研究创造了有利条件，做出了公共政策知识生产的中国贡献。作为政策过程研究的重要理论工具，间断均衡理论在中国不同政策领域中得到广泛运用，在理解中国政策和解释中国政策变迁方面为我们提供了理论指导和方法参考。

间断均衡理论在中国的应用与研究具有以下几点较为明显的特征。一是理论关注度呈现持续性、发展性的态势，有关间断均衡理论的研究成果不断增加。二是研究人员较为集中，运用间断均衡理论探讨中国政策过程的研究者主要集中在高校。三是研究目标较为明确，绝大多数成果都具有科学的研究问题和清晰的理论追求。四是研究范式具有较为明显的实证转向，相较于早期研究的理论探讨，实证研究范式是运用间断均衡理论开展中国政策实践研究的主流。五是研究方法较为多元，研究者运用不同方法探讨中国政策变迁的间断均衡问题。六是理论贡献存在较大的差异性，已经逐步从理论借用走向理论反思和理论修正。

可以看出，丰富的中国政策经验促进了间断均衡理论的发展。多样化的中国政策实践既构成了间断均衡理论的传播载体，也提供了理论的检验平台，有力地推动了理论的更新和发展。在中国治理场景下，国内外研究者积极引介间断均衡理论，为其在中国政策研究中的应用奠定了基础；而中国政策经验也成为促进间断均衡理论融入中国实践、实现理论自身拓展和知识更新的重要推动力；在中国政策变迁领域的研究中，对间断均衡理论进行适用性反思和本土化修正，是不断完善间断均衡理论和深入理解中国政策实践的重要路径。

需要注意的是，中国政策过程研究中间断均衡理论的应用虽然取得了显著进展，但也面临着现实困境。具体来讲，国内外研究者运用间断均衡理论分析中国政策实践过程时，进行了系统的理论阐释，形成了间断均衡理论的整体性认知；开展了广泛的实践应用，检验了间断均衡理论的适用性和解释力；实施了自觉的反思修正，探索了间断均衡理论的本土化和重构性改造。但是，间断均衡理论在中国政策过程研究中的应用，也面临着诸多困境，具体体现为理论修正的共识度有待提高、方法运用的丰富性有待提升、理论对话的国际化程度有待提升、自主知识的累积性有待提升。

总体而言，间断均衡理论在中国政策过程研究中的应用，还需要进一步做出方向调适。一是立足中国政策实践，加强不同政策领域政策变迁的经验比较与理论整合，有效增强理论共识。二是注重研究方法运用，努力丰富研究方法和类型，提升研究方法运用的规范性和有效性，保证研究过程的科学化和研究结果的可信度。三是加强国际理论对话，重视中国公共政策过程研究的国际发表，在公共政策知识生产中发出中国之声、阐明中国之理，为世界公共政策研究做出中国贡献。四是加快构建中国公共政策自主知识体系，深入挖掘中国政策变迁的环境条件、发生过程和运行机制，实现公共政策自主知识的积累和建构。

# 第七章 中国政策过程研究中的案例研究

## 引 言

案例研究最早源于 20 世纪早期人类学研究（Alison，2014），20 世纪 60 年代晚期，公共行政学者们开始重视案例研究的严谨性和科学性（朱德米，2004）。20 世纪 80 年代，科特指出公共管理研究是建立在案例研究方法基础上的（Kettl，1990）。1944 年，案例研究方法被运用到公共政策研究中（贺东航、孔繁斌，2011），公共政策的个案研究在美国的政治和社会学研究中非常普遍，其学术成果层出不穷。

案例研究方法引入中国已长达 40 余年，国内学者将其广泛应用于社会学、管理学、人类学、心理学等学科（王建云，2013；王永贵、李霞，2022；Priya，2021；臧雷振等，2022），在学术界占据了十分重要的地位（杨立华、李志刚，2022；Jennifer et al.，2022），可谓是解释中国之制与中国之治的最佳方法之一（侯志阳、张翔，2021）。1996 年中国行政学研究的回顾与展望中强调了案例研究方法的重要性。随后，案例研究方法逐渐获得公共管理和公共政策领域学界的认可。运用叙述性的研究范式，案例研究方法在公共管理和公共政策学中发挥了重要作用，为机制提炼和检验提供了更为科学的方法支撑（杨立华、李志刚，2022）。由 26 家核心期刊共同组建的"中国案例研究期刊联盟"于 2021 年成立，致力于推动中国特色、中国风格、中国气派的案例研究及学术成果的发表工作，旨在加强具有高学术价值的案例研究。

作为重要的定性研究方法，案例研究能够精准洞悉复杂的政策现象及运作机制，深入发掘政策过程的深层机理。在中国转型发展的宏大背景下，案例研究对理解新兴政策实践样态、构建本土化政策过程理论话语具有重要意义。本章旨在对文献梳理、综述和评估的基础上，对案例研究的基本知识进行简要回溯，重点厘清在政策过程研究中的案例研究方法应用的知识图景，评估该方法在政策过程研究中的运用是否恰当，并对案例研究未来的发展做出展望，寻找良好的发展路径，供读者学习参考。

为了能够系统性、整体性和基础性地梳理中国政策过程研究中使用案例研究方法的实况，本章的行文逻辑如下：一是引言，阐释案例研究方法在中国公共管理和政策过程研究中的重要性；二是对案例研究与中国政策过程进行概述，对案例研究下定义，阐述案例研究与政策研究、中国政策过程之间的关系；三是分析政策过程中案例研究方法使用的现状，先是介绍该研究使用的研究方法与数据来源，进而对公共政策案例研究论文的知识图景展开全面分析；四是对案例研究在中国情境下使用频率较高的政策议题进行分析，主要从政策执行、政策创新与扩散、政策制定与决策三个方面进行分析，并对理论贡献进行整体评估；五是对案例研究方法本身在中国政策分析过程中使用的情况缺陷进行评估，主要从理论和方法论两个方面进行评估，并对案例研究未来走向进行展望；六是结论。本书通过对案例研究进行全面的评估，不仅有助于提高研究的可信度，还可以为未来的研究提供指导和改进的方向。

# 第一节　案例研究与中国的政策过程：概述

## 一　案例研究概述

案例研究方法是一种解释社会现象的研究方法，采用小样本的分析策略（郭小聪、琚挺挺，2014），注重通过多种数据来源探究研究对象的内在运作机制。案例研究设计涉及对单个案例或少量案例的深入分析，旨在揭示更大范围案例群体的特征（John and Christenson，2017）。它具有量身定制方法的能力，可以解决一系列广泛的问题，并帮助研究人员探索、解释、描述、评估复杂问题，进一步实现理论化（Helena et al.，2017）。

什么是案例研究？众多文献对此问题进行了探讨，Ruzzene 从二维空间角度去定义，认为"案例研究是一种实证方法，包括对空间和时间限制的现象进行详细分析"（Ruzzene，2011）。Harrison 等（2017）提出，案例研究的重点是在其背景内对一个有界系统（案例）的分析单元进行全面、深入的描述和分析，即案例研究是在一定场域内展开的。约翰·格宁、朱世平（2007）则从研究目的来定义，认为案例研究是集中研究某一个单元，目的在于将该研究推广到众多单元（约翰·格宁、朱世平，2007）。综合各学者的观点，本书认为案例研究是一种灵活的实证研究方法，它基于具体的情境化对象，对现实中一个或多个事件进行"近距离观察"，通过定性、定量和混合方法的策略去探索特定现象，以检验、发展或细化理论。

案例研究分为实证主义和诠释主义两种典型研究范式（井润田、孙璇，2021；侯志阳、张翔，2021），实证主义范式注重嵌入案例故事的具体问题、特征等，了解事物的差异性与多样性以便更好地理解经验现象。诠释主义范式聚焦案例研究的现象，探索公共事务发展的一般规律，进而阐释治理对象内在的因果机制（于水、范德志，2024）。

为什么要使用案例研究？从功能角度来看，案例研究具备探索性、解释性和检验性功能（苏敬勤等，2023）。从目标来看，目标为建构理论、产出知识，促进知识发展——包括解释（原因）性知识、理解（特征）性知识和规范（原则）性知识（苏敬勤等，2023；张静，2018）。毫无疑问，案例以其实践性与承载性的属性和优势，有助于改变当前公共管理学科研究范式单一、定量研究泛化的问题（于水、范德志，2024；苏敬勤等，2021）。

作为定性研究的一种，案例研究与定量研究之间并非对立关系，而是互补性关系（张静，2018）。在后实证社会科学研究框架的指导下，案例研究可以进一步融合定性和定量两种研究策略以实现对案例资料的深入理解。案例研究中涵盖了很多情节和细节。对案例研究的不断深入理解与解读能够发掘出具有理论意义的量化研究假设（毛基业、陈诚，2017；于文轩，2020；黄欣卓、李大宇，2022）。定量研究侧重于因果推断，建构和提出概念相对困难。相反，案例研究具有独特的优势，具备"以小见大"的关系性以及挖掘"黑箱"的实证性，既可以通过严谨的案例筛选进行比较研究，实现因果推断，还能够通过对案例细节的深描来展现因果关系的作用机制。在量化研究无法解决问题的情况下，深入的案例研究同样可以实现因果关系的适当外推（吴晓林，2019；苏敬勤等，2021；蒙克、李朔严，2019；耿曙、陈玮，2013）。

## 二　案例研究和政策研究

为了进一步确保政策的科学性和有效性，把案例研究方法引入政策研究领域具有重要的意义。政策研究对于一个国家或组织的决策过程至关重要。由于其涉及的问题具有复杂性，政策过程总是留给学者诸如"为什么"和"怎么样"之类的研究问题。案例研究因其独特的深度和细节，提供了一种深入探讨个别政策问题的方法，允许研究者细致地分析特定的政策背景、实施过程及其影响，从而对政策研究做出独特的贡献。

在政策过程的研究中，我们不仅需要了解某项政策实施的必要性和有效性，还需要认识它对行为的激励后果，以及这些后果是否对社会整体有益。因此，案例研究方法成为政策研究中不可或缺的一部分，为理解和改进政策提供了重要的实证基础。

## 三　案例研究与中国政策过程

随着政策科学和公共管理学科的发展，案例研究在中国政策过程中的关注度逐渐提高。案例研究作为中国政策过程研究的基础，越来越多的学者认识到其在政策分析和评估中的价值。案例研究不仅可以提供深入理解中国复杂政策环境的机会，还能够揭示政策背后的动机、决策过程和实施细节，从而为政策调整和优化提供依据，帮助政策制定者根据实际情况进行精准施策。这有助于发展和完善中国政策过程理论，推进对中国特色政策过程的理解。

中国政策过程研究需要特别注意对经典案例的挖掘，对其进行长期跟踪研究，观察政策效果的持续性和演变过程。结合定量和定性研究方法，利用统计数据和深入访谈等手段，才能凸显中国政策过程的实践样态，从而推动公共政策本土化理论和知识的积累（贺东航、孔繁斌，2011）。

# 第二节　案例研究在中国政策过程研究中的应用

## 一　研究方法与数据来源

为全面回溯中国政策分析过程研究中案例研究方法的应用现状，本书采用系统文献综述法，遵循数据收集、筛选、分析、编码、整合等步骤，对政策过程研究领域中案例研究方法的使用情况进行全面分析，并对现有的研究成果进行总结和述评。

首先，本书在第一卷本的样本文献中通过浏览标题、摘要，进行初步筛选，得到案例研究的文献共 779 篇，其中中文文献 606 篇，英文文献 173 篇。但是，许多文献只采用了文件和档案资料作为基础的研究资料，这很难满足案例研究资料收集的标准。正如罗梁波所言，依托二手文字资料的个案研究为文本案例研究，依托二手数据的研究只能称为文本量性研究，二者都不能称为严格意义上的实证研究（罗梁波，2023）。

为提升研究效度与信度，确保研究的实证性和深入性，本书对案例研究文献进行了进一步筛选：只有通过实地案例调查，包含作者实地调研的一手数据和材料的研究才能称为严格的案例研究。一手资料可以是对关键人物的访谈、对任务完成过程的观察和记录，甚至在某个研究阶段采用问卷调查（孙海法等，2004）。按照上述标准对初步入选的样本文献进行第二轮筛选，最终确定样本为 325 篇，其中中文文献 250 篇，英文文献 75 篇。

## 二　分析结果

### （一）基本情况评估

#### 1. 年发文量

年发文量是一个关键指标，它不仅体现了该领域的学术成果产出，也反映了学者们的研究活跃度和进展。通过观察年发文量的变化，可以对一个学科的研究热度和发展趋势有直观的了解。1997~2023 年，中国政策分析过程研究中的案例研究的发文情况如图 7-1 所示，中英文发文量如图 7-2 所示。整体来看，案例研究方法在中国政策过程研究中的使用呈递增趋势。从图 7-1 可以看出，在 2004 年之前，中国政策分析过程中使用案例研究方法的论文，除 1997 年发表的 1 篇论文外，基本上处于空白状态。2004~2022 年，案例研究方法在中国政策过程分析中的使用平稳增长，并于 2021 年达到峰值（发文量 51 篇）。这说明案例研究方法在中国政策过程研究中的应用日趋成熟，案例研究方法越来越受到研究者们的青睐。①

---

① 但是，在 2023 年时，发文量骤降至 1 篇，这可能是课题组收集数据的时间节点所致，或者是设定的筛选标准将不属于一手资料的案例研究排除所致。

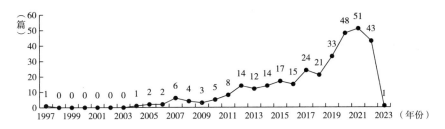

**图 7-1　案例研究的发文总量**

资料来源：作者自制。

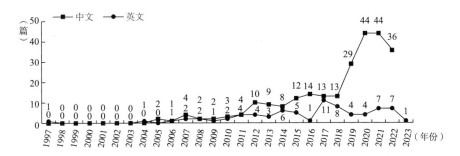

**图 7-2　中英文发文量**

资料来源：作者自制。

**2. 核心作者**

　　学者论文的引用情况是体现学术成果的关注度和影响力的重要指标。在所有作者的论文发表中，发文量在 2 篇及以上的作者有 41 位（见表 7-1）。由于发文量为 2 篇的作者过多，本书主要对 3 篇及以上的 9 位作者进行详细分析。如表 7-2 所示，其中，朱亚鹏（Yapeng Zhu）发文最多（5 篇）。发文排名前九的作者还有蔡文轩（Wen-Hsuan Tsai）、Anna L. Ahlers、崔晶、王辉、熊烨、杨志军、岳经纶、左停，这 8 位作者的发文量都是 3 篇。被引总数和被引平均值最高的是左停，分别为 430 次和 143.33 次。被引总数紧随其后的是朱亚鹏（Yapeng Zhu）和 Anna L. Ahlers，依次为 354 次和 350 次，被引平均值排第二、第三位的为 Anna L. Ahlers 和熊烨，分别为 116.67

和 101.67。核心作者近两年的发文数量明显增多，说明案例研究方法在中国政策分析过程中应用的研究热度趋增。

表 7-1　中国政策分析过程中案例研究方法应用的核心作者情况（2 篇及以上）

| 发文量/篇 | 作者 |
| --- | --- |
| 5 | 朱亚鹏（Yapeng Zhu） |
| 3 | 蔡文轩（Wen-Hsuan Tsai），Anna L. Ahlers，崔晶、王辉、熊烨、杨志军、岳经纶、左停 |
| 2 | Gang Tian, Xiaojiong Ding, Wanxin Li，蔡长昆、陈继、陈天祥、丁煌、郭小聪、梁晨、王春晓、韩万渠、李娉、刘志鹏、何文盛、李元珍、吕德文、黄六招、林雪霏、苗丰涛、黄扬、刘鹏、王法硕、杨宏山、吴春梅、杨正喜、叶敏、袁方成、张克、张翔、周建国、刘升、吕芳 |

资料来源：作者自制。

表 7-2　中国政策分析过程中案例研究方法应用的核心作者情况（3 篇及以上）

| 序号 | 作者 | 作者机构 | 发文量（篇） | 被引平均值 | 被引总数（次） |
| --- | --- | --- | --- | --- | --- |
| 1 | 朱亚鹏（Yapeng Zhu） | 中山大学政治与公共事务管理学院 | 5 | 70.80 | 354 |
| 2 | 蔡文轩 Wen-Hsuan Tsai | 新加坡国立政治大学东亚研究所 | 3 | 41.00 | 123 |
| 3 | Anna L. Ahlers | 马克斯·普朗克科学史研究所（Max Planck Institute for the History of Science） | 3 | 116.67 | 350 |
| 4 | 崔晶 | 中央财经大学政府管理学院 | 3 | 87.00 | 261 |
| 5 | 王辉 | 上海交通大学国际与公共事务学院 | 3 | 100.67 | 302 |
| 6 | 熊烨 | 南京信息工程大学法政学院 | 3 | 101.67 | 305 |
| 7 | 杨志军 | 贵州大学公共管理学院/中国海洋大学国际事务与公共管理学院 | 3 | 8.00 | 24 |
| 8 | 岳经纶 | 中山大学中国公共管理研究中心/政治与公共事务管理学院 | 3 | 39.00 | 117 |
| 9 | 左停 | 中国农业大学人文与发展学院 | 3 | 143.33 | 430 |

资料来源：作者自制。

3. 期刊来源

分析期刊来源可以直观地反映出案例研究的分布领域和核心期刊群来

源情况。本书对样本文献中发文量在 4 篇及以上的期刊进行了详细分析。如表 7-3 所示，《中国行政管理》是在中国政策分析过程中使用案例研究方法发文量最多的期刊，高达 33 篇；排名第二位的是《公共管理学报》，发文量为 31 篇。此外，The China Quarterly、《公共行政评论》《甘肃行政学院学报》《行政论坛》的发文量均为 10 篇及以上，分别发表了 24 篇、19 篇、17 篇和 10 篇，对推广案例研究方法做出了积极贡献。

表 7-3　中国政策分析过程中使用案例研究方法论文的期刊来源

| 序号 | 期刊 | 数量（篇） |
|------|------|-----------|
| 1 | 中国行政管理 | 33 |
| 2 | 公共管理学报 | 31 |
| 3 | The China Quarterly | 24 |
| 4 | 公共行政评论 | 19 |
| 5 | 甘肃行政学院学报 | 17 |
| 6 | 行政论坛 | 10 |
| 7 | Journal of Chinese Governance | 7 |
| 8 | 中国农村观察 | 6 |
| 9 | 社会学研究 | 6 |
| 10 | 南京社会科学 | 5 |
| 11 | 广东社会科学 | 5 |
| 12 | The China Journal | 5 |
| 13 | The China Quarterly | 5 |
| 14 | 政治学研究 | 4 |
| 15 | 广东社会科学 | 4 |
| 16 | 北京行政学院学报 | 4 |
| 17 | Public Administration and Development | 4 |

资料来源：作者自制。

4. 议题领域

从表 7-4 可见，政策执行议题的研究达到 190 篇，超过全部研究的二分之一（52.05%）。政策创新与扩散（学习、试验、试点）和政策制定与决策两类议题则分别以 15.62% 和 11.78% 的占比位于第二和第三。除此之外，政策变迁议题成果和整体的政策过程（解释两个及以上政策议题间相互影响、作用、关系和机制以及总体政策过程的文献）成果数量相同，约占4.66%；政策设计议题成果约占3.29%；政策评估议题成果约占3.01%；其他议题成果和政策议程设置成果数量一致，约占2.47%。除政策执行、政策创新与扩散（学习、试验、试点）和政策制定与决策这三类之外的议题，其余议题都有着较大的挖掘空间，有待学界进一步探索和持续关注。

表7-4 议题领域分布

| 议题领域 | 数量（篇） | 占比（%） |
| --- | --- | --- |
| 政策执行 | 190 | 52.05 |
| 政策创新与扩散（学习、试验、试点） | 57 | 15.62 |
| 政策制定与决策 | 43 | 11.78 |
| 政策变迁 | 17 | 4.66 |
| 整体的政策过程 | 17 | 4.66 |
| 政策设计（整合、工具） | 12 | 3.29 |
| 政策评估（包括效果、反馈、态度等，以及终结） | 11 | 3.01 |
| 其他 | 9 | 2.47 |
| 政策议程设置 | 9 | 2.47 |

资料来源：作者自制。

注：议题领域维度由于统计方式是多选题，总篇数大于325篇，根据实际情况为365篇。

5. 政策领域

从政策领域分布来看，如图7-3所示，中国政策分析过程中案例研究方法多使用在社会政策、"三农"政策、环境政策、经济和创新政策以及其他政策领域。其中，案例研究方法使用最多的是社会政策领域，使用较少的是国防外交政策领域和教育文化政策领域。

具体而言，中国政策分析过程中，使用案例研究方法进行研究的政策问题包罗万象。社会政策是案例研究方法触及最多的政策领域，高达86篇，占比约为26.46%，涵盖了学位分配、农村低保、人才住房、传染病、"城中村"流动人口、医改制度、水价调整、共有产权住房政策、征地拆迁、公益园建设等方面；"三农"政策领域相关文献有78篇，占比约为24%，具体包括产业精准扶贫、精准扶贫政策、草地承包政策、地票政策执行、易地扶贫搬迁、农村宅基地改革、农地流转政策和农业生产托管政策等；

环境政策领域的使用也比较广泛，覆盖了农村垃圾治理、河流污染防治、生态环保政策、建筑垃圾治理、大气污染防治、退耕还林和水土保持生态补偿政策等方面，这类文献有 57 篇，占比约为 17.54%；经济和创新政策领域包括数字经济发展政策、企业整合重组政策、人才政策创新和中小企业支持政策等，研究成果有 33 篇，占比约为 10.15%；其他政策领域包括食品安全监管执法、信访维稳属地管理和社会组织的有效政策参与等，此类研究有 31 篇，占比约为 9.54%；无经验性政策领域如"耿车绿色转型"政策、基层党政体制适应性治理和政策下乡等，相关文献有 16 篇，占比约为 4.92%；跨政策领域的比较分析主要有示范城市建设、渐进式政策调适等，这类文献有 15 篇，占比约为 4.62%；教育文化政策包括托育政策、民族地区教育政策等，共计 8 篇，占比约为 2.46%；国防外交政策则仅有 1 篇，占比约为 0.31%。

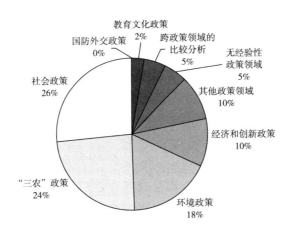

**图 7-3 政策领域分布**

资料来源：作者自制。

## （二）理论目标评估

### 1. 理论框架运用

理论框架为案例研究提供了分析和解释现象的概念结构，它帮助研究者系统地组织数据、识别关键变量和关系，以及构建对案例的深入理解。

从图 7-4 来看，没有理论框架的文献有 63 篇；自主建构分析框架的文献有 106 篇，这表明许多研究者倾向于根据研究需求自主开发理论框架；使用经典的政策过程理论作为框架的文献有 55 篇；使用其他学科理论作为框架的文献有 31 篇；以现有理论为基础修订或建构新的理论框架的文献有 69 篇；而以修正经典政策过程理论为研究目的的文献仅有 1 篇。可见，中国政策分析过程对现有理论进行修正的尝试并不普遍，理论研究及以理论为基础的研究方面还有较大的提升空间。

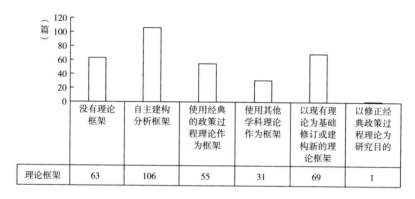

**图 7-4　理论框架**

资料来源：作者自制。

2. 理论核心贡献

案例研究在核心理论贡献方面呈现多样性，从借用和拓展现有理论到生成新理论，再到建构概念模型和提炼新概念。由表 7-5 可以发现，借用和拓展理论、生成理论和建构概念模型排名较为靠前，论文发表数量分别是 98 篇、55 篇和 43 篇，占比分别是 30.15%、16.92% 和 13.23%；提炼概念（如选择性执行）和研究视角-范式创新的论文发文数量分别为 39 篇和 26 篇，占比分别为 12% 和 8%；方法论丰富与创新的研究最少，论文数量是 3 篇，占比是 0.92%；没有理论贡献的论文数量是 61 篇，占比是 18.77%。从数据中可以看出，在中国政策分析过程中，理论贡献的类型在不同研究中分布不均，有很大一部分研究成果都是借用和拓展已有的学科理论，方法论丰富与创新的研究较少。

表 7-5　理论核心贡献

| 理论核心贡献 | 数量（篇） | 占比（%） |
|---|---|---|
| 借用和拓展理论 | 98 | 30.15 |
| 无 | 61 | 18.77 |
| 生成理论 | 55 | 16.92 |
| 建构概念模型 | 43 | 13.23 |
| 提炼概念（如选择性执行） | 39 | 12.00 |
| 研究视角-范式创新 | 26 | 8.00 |
| 方法论丰富与创新 | 3 | 0.92 |

资料来源：作者自制。

## （三）研究设计评估

### 1. 研究问题属性

在社会科学研究中，研究问题可以根据其属性被分为不同类型，包括一般性问题和特定具体议题。中国政策过程中研究的一般问题指的是关于中国政策过程的普遍性理论问题，它们可能涉及政策制定、执行、评估和反馈等各个阶段。中国特定具体政策议题指的是针对某个具体政策领域或案例的问题，如教育政策、环境保护政策、医疗保健政策等。由表 7-6 可以发现，在中国政策过程的研究中，使用案例研究方法分析一般问题的文献有 71 篇，占比 21.85%；使用案例研究方法分析特定具体政策议题的文献多达 254 篇，占比 78.15%。这说明，在中国政策分析过程中，案例研究方法主要被用于分析特定的具体政策议题。

表 7-6　研究问题属性

| 研究问题属性 | 发文量（篇） | 占比（%） |
|---|---|---|
| 中国政策过程中研究的一般问题 | 71 | 21.85% |
| 中国特定具体政策议题 | 254 | 78.15% |

资料来源：作者自制。

### 2. 案例研究类型

案例研究可以被进一步分为单案例研究和多案例研究，其中多案例研究包括比较案例研究和跨案例研究。如图 7-5 所示，在中国公共政策过程的研究中，使用单案例研究的文献有242篇，占比74%；使用多案例研究的文献为83篇，占比26%。从统计数据来看，单案例研究是国内大多数学者较为青睐的研究方法。

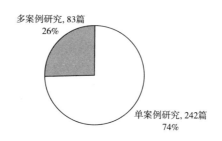

多案例研究, 83篇
26%

单案例研究, 242篇
74%

**图7-5　案例研究类型**

资料来源：作者自制。

3. 研究目的

案例研究是一种定性研究方法，通过深入分析特定的实例来理解某些现象或问题。案例研究可以根据研究目的和方法分为不同的类型，其中最常见的是描述性案例研究、探索性案例研究和解释性案例研究。具体而言，探索性案例研究通常在缺乏明确的理论预设的情况下进行，目的是探索现象、识别研究问题或发展理论；描述性案例研究旨在详细描述一个现象或案例的特征；解释性案例研究则试图解释为什么某个现象会发生或为什么特定的关系会存在。如表7-7所示，在中国公共政策过程研究中，使用解释性案例研究的文献有162篇，占比49.85%；其次是探索性案例研究，相关文献有118篇，占比36.31%；最后是描述性案例研究，使用该研究方法的研究者相对较少，相关成果只有45篇，占比约13.85%。从统计的数据来看，解释性案例研究是国内大多数学者较为青睐的研究路径。

**表7-7　研究目的**

| 研究目的 | 数量（篇） | 占比（%） |
| --- | --- | --- |
| 探索性案例研究 | 118 | 36.31 |
| 描述性案例研究 | 45 | 13.85 |
| 解释性案例研究 | 162 | 49.85 |

资料来源：作者自制。

4. 数据资料搜集

在中国政策分析过程中，本书中选取的样本以一手数据为主，二手数据为辅。由表7-8可以发现，使用案例研究方法的数据资料搜集主要是访谈法（包括集体访谈、深度访谈、结构化访谈和半结构化访谈等），相关文献有282篇，占比39.06%；观察法的成果有158篇，占比21.88%；问卷调查法的文献有24篇，占比3.32%；其他搜集方法的成果有4篇，占比0.55%，而实验法为0。虽然本书的筛选标准是依据一手资料，但并不排除研究者在其案例研究中使用二手资料。其中，使用二手数据的文献高达254篇，占比约为35.18%，这说明研究人员还是会借助官方媒体的报道、政策文件、政府工作报告、学术文献以及档案记录等具有客观性的资料开展案例研究。

表 7-8　数据资料搜集

| 资料搜集 | 数量（篇） | 占比（%） |
|---|---|---|
| 其他 | 4 | 0.55 |
| 实验 | 0 | 0.00 |
| 问卷调查 | 24 | 3.32 |
| 二手数据 | 254 | 35.18 |
| 访谈 | 282 | 39.06 |
| 观察 | 158 | 21.88 |

注：数据资料搜集维度由于统计方式是多选题，总篇数大于325篇，根据实际情况为722篇。
资料来源：作者自制。

5. 数据资料分析

如表7-9所示，在中国政策分析过程研究中案例研究的资料分析方法使用最多的是其他分析法，这主要包括案例分析、主观分析以及未使用数据分析方法等，相关文献多达271篇，占比约为80.18%；其余依次是采用内容分析法（字频统计、词频统计、聚类、分类等）（26篇），统计分析法（统计描述、多元回归、多元变量分析、方程模型等）（24篇），扎根理论（10篇），主题分析方法（4篇）和话语分析方法（3篇），占比依次为7.69%、7.10%、2.96%、1.18%、0.89%。显然，该领域的资料分析方法亟待科学化和多元化。

表 7-9 数据资料分析

| 资料分析 | 数量（篇） | 占比（%） |
|---|---|---|
| 其他 | 271 | 80.18 |
| 统计分析 | 24 | 7.10 |
| 内容分析 | 26 | 7.69 |
| 扎根理论 | 10 | 2.96 |
| 主题分析 | 4 | 1.18 |
| 话语分析 | 3 | 0.89 |

注：数据资料分析维度由于统计方式是多选题，总篇数大于 325 篇，根据实际情况为 338 篇。

资料来源：作者自制。

6. 经验对象

由表 7-10 可以发现，以地方政府作为研究主体的论文共有 205 篇，以 63.08% 的占比位居第一，说明在中国政策过程研究中使用案例研究方法的关注对象以地方政府为主体。以政-经/社主体和央-地关系为研究主体的成果分别为 29 篇和 28 篇，占比依次为 8.92%、8.62%。紧随其后的是经济-社会主体，其研究成果为 24 篇，占比约 7.38%。相对来说，以中央政府为主体的研究成果较少，相关成果只有 6 篇，占比约为 1.85%。这说明中央政府层级的数据和信息不如地方政府层级容易获取，特别是涉及敏感政策或决策过程时，这限制了研究者能够进行案例研究的范围。

表 7-10 研究主体

| 研究主体 | 数量（篇） | 占比（%） |
|---|---|---|
| 无明确指向 | 33 | 10.15 |
| 中央政府 | 6 | 1.85 |
| 地方政府 | 205 | 63.08 |
| 经济-社会主体 | 24 | 7.38 |
| 央-地关系 | 28 | 8.62 |
| 政-经/社主体 | 29 | 8.92 |

资料来源：作者自制。

7. 经验区域

案例研究涵盖了中国的多个地区，包括匿名区域、跨区域以及中国七大地理分区中的所有区域（华东、华南、西南、华中、华北、西北、东北），显示了研究的多样性和广泛性。从表7-11的数据来看，在中国政策分析过程研究中，案例研究倾向于使用匿名和跨区域案例，同时表现出对不同地区案例研究的偏好。其中，匿名经验区域的样本文献有95篇，占总样本的将近三分之一（29.23%），而使用跨区域案例的成果有58篇，占比约为17.85%。案例研究具体的区域分布以华东地区的研究最多，有46篇，占比14.15%；随后依次为华南地区（26篇/8%）、西南地区（24篇/7.38%）、华中地区（20篇/6.15%）、华北地区（18篇/5.54%）、西北地区（15篇/4.62%）。以东北地区为经验的研究仅有2篇，约占0.62%。可见，当前中国政策过程研究成果在案例选择的地域分布上呈现不均衡性，特别是对西北和东北地区的关注较少。

**表7-11 经验区域**

| 经验区域 | 数量（篇） | 占比（%） |
|---|---|---|
| 匿名 | 95 | 29.23 |
| 跨区域 | 58 | 17.85 |
| 华东（上海、江苏、浙江、安徽、福建、江西、山东、台湾） | 46 | 14.15 |
| 华南（广东、广西、海南、香港、澳门） | 26 | 8.00 |
| 西南（四川、贵州、云南、重庆、西藏） | 24 | 7.38 |
| 无 | 21 | 6.46 |
| 华中（河南、湖北、湖南） | 20 | 6.15 |
| 华北（北京、天津、山西、河北、内蒙古） | 18 | 5.54 |
| 西北（陕西、甘肃、青海、宁夏、新疆） | 15 | 4.62 |
| 东北（黑龙江、吉林、辽宁） | 2 | 0.62 |

资料来源：作者自制。

## 第三节 政策议题评估

案例研究因其独特的优势，成为中国政策过程研究的基础性研究方法，但在不同政策过程研究议程中的使用并不均衡。其中，使用最为频繁的政策议题领域依次是政策执行、政策创新与扩散和政策制定与决策。在这些政策议题领域中，使用单案例研究的成果数量是多案例研究成果的两倍以上。为了进一步分析案例研究方法在不同政策议题中的使用情况，接下来，本章将对案例研究在政策执行、政策创新与扩散以及政策制定与决策三个议题领域中的使用情况进行系统的分析与评估。

## 一 政策执行

在采纳案例研究探讨政策执行议题的研究中，不仅关注政策本身，还关注了政策执行主体、执行环境、目标群体等多个维度。在 190 篇关于政策执行议题的文献中，从案例研究分类来看，单案例研究 146 篇，多案例研究 44 篇；从研究目的来分析，政策执行议题主要是解释性案例研究（101篇），其次是探索性案例研究（61 篇），最后是描述性案例研究（28 篇）。

研究方法是为研究问题和内容服务，是研究过程中用来探索、分析和解答研究问题的工具和程序。中国的政策执行强调"在地化"，中国经验可以通过案例研究方法去揭示政策如何根据不同地区的具体情况进行调整和修订。具体来看，中国政策执行研究基于案例研究方法推进了以下 4 个研究议题。

一是政策执行模式。中国的政策执行模式通常表现出明显的层级性，其中高层政府对下级政府施加压力以确保政策的执行，具有层级推动与策略响应、自上而下的政策执行过程、集中与分散相结合的特点。同时上级政府不仅分配任务，也直接参与某些关键政策的执行，显示出重点主抓的特征。例如，薛立强、杨书文（2011）以"十一五"期间成功关停小火电机组为例，基于压力型体制的制度特征概括了我国政策执行模式的核心特质，具有"层级加压+重点主抓型"的体制架构。中国的政策执行模式兼具集中性和分散性，需要构建有效的政策制定参与机制和政策执行沟通协调机制。为了得出更稳健有效的结论，并允许作者在不同情境下探索和比较政策执行的异同，王佃利、唐菁阳（2019）采用类型学方法对社区政策进行分类，通过分析这些案例，文献揭示了不同政策类型在实际执行中所呈现的执行模式（合作执行、行政性执行、变通执行和探索性执行）和行动逻辑。

二是政策执行策略。政策执行策略研究主要探讨地方政府、基层政府或其他具体的政策执行主体会采取何种策略应对上级政府部署的政策任务，以及如何实现政策目标的问题。例如，李元珍（2014）通过分析重庆地票政策执行的两个不同阶段，来解释政策执行顺利与否的关键因素。该文章指出，政策执行主体是一个由多种府际关系构成的复杂网络，必须通过利益交换、行政考核、资源调配、统筹兼顾等政策工具的综合运用，才有可能实现整个政策网络的互动，最终推动政策的顺利执行。为验证在不同情境下政策执行的一致性和差异性，刘佳佳、傅慧芳（2021）进行了多案例的比较分析，研究者能够从中理解生活垃圾分类政策的执行过程与执行效果，挖掘政策执行偏差，并探讨地方政府如何运用政策执行策略来实现生活垃圾分类治理效果的有效性和延续性。

三是政策执行偏差。研究者更多地关注政策执行偏差的经验问题。在我国的政策实践中，政策执行并不总能按照政策制定的既定安排进行，政策执行偏差普遍存在。例如，政策执行偏差的出现是诸多因素综合作用的结果（王洛忠、李建呈，2020），部门之间的博弈（齐杏发，2007）、"共谋""备考""规避"等执行样态（唐丽萍、章魁华，2019），以及复杂多元的政策执行环境等则是执行偏差的背后成因。黄六招、李茜茜（2021）通过单案例研究方法探讨了基层政府购买服务中的政策执行偏差，揭示了基层政府购买服务中的非预期结果，如行政化、内部化、形式化等，并分析了形成这些结果的原因。为更全面地理解政策执行偏差的复杂性，颜克高、唐婷（2021）选取东、中、西部地区的 10 个典型社区作为案例样本，系统考察执行主体、政策品质、执行资源及执行环境等关键因素，分析它们如何影响"三社联动"政策的执行偏差。基于案例分析的结果，提炼出"三社联动"政策执行偏差的普遍模式和特点，以及导致这些偏差的关键因素。

四是政策执行差异。政策在执行过程中会呈现多种差异，包括同一政策、不同策略，同一主体、不同策略以及政策执行波动。吕德文（2022）基于城管执法的经验，深入探讨了政策执行波动的现象、原因及其内在机制。政策执行波动不应被视为反常现象，而是政策执行过程中的一种正常现象，具有其内在的合理性和必要性。政策执行波动是上下级政府根据制度和任务环境的变化及政策类型的不同，选择不同政策执行模式的动态过程。因此，在政策实践中应避免将政策执行波动反常化理解，避免在常规化和规则化的导向下，摒弃各种行之有效的治理模式。与吕德文采用单案例研究方法去深入分析一个具体案例来探究政策执行的波动和治理周期不同，刘琼、梁凤波（2019）则通过五个案例城市的医疗保险支付方式改革，分析了地方政府在政策响应上的差异。研究基于注意力竞争理论，探讨了地方政府如何因应中央政策，并解释了不同地方政府在政策执行上的差异。

中国政策过程研究运用单案例研究对上述四个政策执行议题进行解释、验证并发展相关理论。由于单案例研究具有一定局限性，如深度与广度的失衡，研究者无法全面了解所有相关因素和背景，从而影响对现象的全面理解。为了弥补单案例研究的不足，研究者会选择合适的关键案例进行比较分析，通过相似案例间的差异比较和差异案例间的相似比较来检验和发展理论。

## 二 政策创新与扩散

政策创新与扩散是政策过程研究的前沿领域。在 57 篇政策创新与扩散议题的文献中，从使用案例研究的数量（研究分类）来看，单案例研究 37 篇，多案例研究 20 篇；从研究目的来看，政策创新与扩散议题中解释性案例研究（28 篇）和探索性案例研究（27 篇）的研究成果数量相差无几，描述性案例研究（2 篇）相对较少。从政策创新与扩散议题研究的具体政策领域来看，主要关注社会政策领域（18 篇）、经济和创新政策领域（11 篇）、环境政策领域（8 篇）、"三农"政策领域（8 篇）以及国防外交政策领域（8 篇）等。

政策创新与扩散已成为国内政治学和公共管理学界日益重视的研究领域，被视为当代政策科学理论发展中的一个充满活力和潜力的新领域（朱旭峰，2015），相关研究使用案例研究方法对政策创新与扩散过程、影响因素与机制进行了深入讨论。

一是政策创新与扩散的过程与特征。政策创新与扩散往往是一个连续且不可分割的过程，胡占光（2022）通过单案例研究方法深入探讨了"三治结合"（自治、法治、德治）这一政策创新及其在全国的扩散过程和特征，从微观与宏观结合的角度展示"三治结合"创新扩散的机理和动态过程。胡威（2018）通过深度访谈人才政策制定参与者，从内因、外因、制约因素三个角度构建了地方政府人才政策创新的动因模型，对每个地区的人才政策创新过程进行了详细的描述和分析，包括政策的产生、学习和竞争中的策略形成以及政策的不断完善。

二是政策创新与扩散的影响因素。有关政策创新与扩散影响因素的研究是为了探求政策创新扩散的变量，回答"政策创新扩散何以发生？""以何发生？"的基本问题。从中国政策创新扩散研究出发，主要从个人、组织、环境和政策属性四个层面对政策创新扩散的影响因素进行探析。例如，三明医改经验的扩散受到政策企业家、政策情景、政治结构等因素的影响（岳经纶、王春晓，2017）。为确保案例研究的效度和信度，采用"差异复制"的方法，控制其他自变量对因果机制的干扰，张克（2015）选择房产税改革试点和营业税改增值税试点作为比较案例。根据案例分析，提炼出利益一致性是政策试点扩散的关键影响因素，并指出政策行动者之间的利益整合是保障从试点到全面扩散的重要条件。

三是政策创新与扩散的机制。在中国的政策实施过程中，一个常见的推广新政策的方法是：权威机构首先将某个成功的政策实践打造成一个标杆或模范案例，然后通过宣传和推广，促使其在更广泛的地区或领域中得到应用和实施（刘兴成，2022）。刘伟（2015）以中国公共部门绩效管理政策为例，具体分析了政策试点过程中的组织机制、制度安排和政策工具的设计与实施，揭示了政策试点如何在中国特定的政治和行政体制内发生和发展。张海柱和林华旌（2022）运用清晰集定性比较分析方法对16个案例进行研究，发现了两种促进政策再创新的路径：权威引导型和自主优化型。同时，提出了"创新擂台赛"概念框架，用以解释地方政府在政策再创新中的行为逻辑。

在中国的政策实践中，案例研究作为一种重要的研究方法，对于理解和推动政策创新与扩散具有重要的理论和实践意义。从理论贡献来说，通过案例研究可以深入理解政策创新与扩散的具体过程和内在机制，为政策科学和公共管理理论提供实证支持；从实践经验来说，案例研究揭示的政策创新与扩散的规律和经验，可以为政策制定者和实施者提供实际操作的指导和参考。

## 三　政策制定与决策

政策制定与决策阶段关乎如何将社会需求和问题转化为具体的行动计划，其核心在于政策供给既需要解决实际问题又必须得到社会的广泛支持（王祥州、张成福，2024）。案例研究可以提供政策制定者和决策者的第一手资料和见解，提升研究的深度和可信度。在43篇政策制定与决策议题样本文献中，从使用案例的数量（研究分类）来看，单案例研究31篇，多案例研究12篇，前者的成果是后者的将近三倍；从运用案例的研究目的来分析，在政策制定与决策议题相关文献中解释性案例研究21篇，探索性案例研究16篇，描述性案例研究6篇。从政策制定与决策议题研究的具体政策领域来看，主要关注跨政策领域的比较分析（8篇）、其他政策领域（8篇）、环境政策领域（7篇）、经济和创新政策领域（6篇）以及社会政策领域（5篇）等。

中国政策过程中的案例研究从政策制定与决策的行动主体、特征、模式三个维度分析了政策形成过程。

一是政策制定与决策的相关主体，包括政策制定者、执行者、受影响群体等不同利益相关者。吕芳（2019）通过深入分析公共文化服务政策的制定过程，探讨了公共服务政策制定过程中的主体间互动机制。在政策制定与决策的行动主体中，除了运用单案例研究深入勾勒相关主体的互动场景，还可以通过比较不同案例，来揭示政策制定过程中的共性与差异性。Li Wanxin（2012）通过分析环境信息透明度和环境违规制裁两个案例，展示了不同的政策倡导策略和它们在政治体系中的作用；Wu Yipin（2020）通过多案例研究来探讨私营和政府资助的智库在人才政策制定中的崛起及其影响力；陈剩勇、吴兴智（2007）选取浙江省温岭市民主恳谈会的两个具体案例来探讨中国地方公共政策制定中公民参与的有效途径和方式。基于案例分析，对托马斯模型进行了修正和调适，以期寻求更适合中国国情的公民参与地方公共决策的模式。

二是政策制定与决策的特征。中国政策制定具有"高层驱动、行政主导、央地互动"的特征。苏利阳、王毅（2016）通过单案例研究方法，揭示了中国节能政策制定过程中的央地互动特征，还指出了这种互动模式在提高政策科学性和民主性方面的积极作用。关于政策制定与决策的特征，样本文献中仅有单案例研究对此议题进行了探讨，多案例研究文献尚待补充。

三是政策制定与决策的模式。政策制定与决策的模式不是单一的，而是根据政策的性质、地区的实际情况和政策制定的具体阶段不同而有所不同。黄振威（2015）通过对比X市和Z市在PX项目上的决策过程，分析了不同决策模式下的政策参与空间，包括开放型、封闭型、政府主导的有限开放型和商会主导的有限开放型。其不仅揭示了不同城市在相似环境下可能采取的不同政策策略，而且提出了一种新的决策模式，为理解和改进中国地方政府的决策过程提供了新的视角。

### 四　理论贡献的整体评估

案例研究方法在中国政策过程理论中确实带来了一些突破，有助于理论的本土化发展。通过深入的案例分析，学者们基于中国情境发展出了具有独特贡献的政策过程理论，如"共识型政策执行"模式（丁煌等，2022）、"恰适性联结"（夏志强、田代洪，2022）、"运动式应对"（崔晶，2020）、"调适性联结"（郭劲光、王杰，2021）、"松散关联式"（崔晶，2022）、"政策空传"（李瑞昌，2012）、"捆绑式政策执行"（邓燕华、张莉，2020）、"逆向动员"（鹿斌、沈荣华，2021）、"折中治理"（耿言虎、王少康，2022）、"半公众参与决策模式"（黄振威，2015）等，为理解中国政策过程提供了新的视角。

## 第四节　案例研究的不足与展望

### 一　理论评估

#### （一）不均衡的议题分布

案例研究方法在中国政策过程研究中呈现极不均衡的分布状态，主要集中于政策执行、政策创新与扩散、政策制定与决策议题，其他议题领域的研究较少，导致这些议题领域的研究对象宽度有限、研究问题的深度不足。

议题领域分布不均衡的主要原因有以下几点。第一，案例选择样本筛选的标准不够明确。本章的议题分布之所以存在不均衡性的样态，部分原因在于样本筛选标准的影响，在样本文献中，初筛出仅使用二手资料的研究成果，故而政策变迁、政策工具等议题就会被排除在本章之外。第二，研究方法的适用性。案例研究更适合于具有可操作性、可接触性的议题，例如具有明显个案特征、需要深入分析具体情境的议题。政策执行、创新与扩散以及制定与决策这些议题相对而言更容易获取案例数据，因为它们通常有明确的事件、过程和结果，而其他议题可能因为数据敏感性或保密性而难以获取。第三，跨学科研究的挑战。政策过程研究是一个跨学科领域的研究，涉及政治学、管理学、经济学等多个学科。不同学科的研究者可能有不同的研究兴趣和方法，这也可能导致议题研究的不均衡。

### （二）概念"内卷"以及理论进展有限

案例研究在众多研究议题中虽然具有理论目标，但其主要作用在于提炼和构建自身的理论概念和模型。例如，在探讨"恰适性联结"和"调适性联结"时，研究者往往关注于理论概念的深化。特别是在有限的研究议题中，相似的经验和现象被赋予了不同的概念名称，如在不同地区的农村低保政策执行情况研究中，出现了"过度化执行"（寇浩宁、李平菊，2017）和"政策吸纳"（雷望红，2019）等不同的执行概念。此外，"行动者转移偏差"这一概念虽然强调了政策执行过程中行动者个体的重要性，但在不同案例中的重复出现并未带来进一步的理论创新。

在中国政策分析的过程中，以单案例为主的设计限制了基本理论命题的发展。由于单案例研究仅关注一个特定的案例，无法充分代表整个现象或政策过程，很难捕捉到多个变量之间的复杂相互作用，研究结果缺乏普遍性，难以推广到其他情境或政策领域。在中国式政策语境下，政策执行者的合作行为机制尚缺乏深入描绘，且尚未形成一个能够统摄不同研究视角的本土性概念，以增强对执行者合作行为逻辑的解释力。这些方面表明，在中国政策过程的案例研究中，对于政策执行波动、政策执行者行为的内在动力和逻辑等方面的理论进展还相对有限。

为了克服这些限制，研究者可以采用多案例研究设计，通过比较不同案例来提升理论的普适性和深度。此外，结合定量和定性研究方法，以及跨学科的研究视角，可以逐步解决案例研究中的"内卷"问题，有助于更全面地理解和分析中国政策过程，推动中国政策过程研究的理论进展和知识创新。

## 二 方法论评估

### （一）案例研究设计

案例研究不是方法的"避风港"。好的案例研究和稳健的理论结论的获得特别依赖于优质的案例研究设计。好的案例研究设计需要建构逻辑清晰的研究问题，建构有效的概念性分析框架，并将研究的核心概念、理论框架与实证分析"勾连"起来。评估案例研究设计的质量，可以从研究问题的清晰度、理论框架的明确性、案例研究的数量以及分析单元的确证性等维度进行。遗憾的是，我国政策过程中的案例研究设计总体上较为薄弱。

一是研究问题的明确性。研究问题构成了案例研究设计的基础（Yin，2009），研究问题设置的清晰度也决定了研究中实际的分析单位。由表7-6可以发现，在中国政策分析过程中，案例研究方法既被用于分析一般性问题，也被用于分析特定具体政策议题，而研究后者的成果比前者多。前者侧重于探讨更为广泛的政策过程议题，如政策议程设置的机制、政策制定过程中的参与者互动、政策执行中的挑战等，后者聚焦于特定的政策议题，探讨该议题下的具体问题、挑战、解决方案和政策效果。这进一步说明，当下的案例研究没有在政策过程研究领域提出明确和清晰的研究问题，导致研究目的不明确，研究缺乏方向性和针对性，限制了研究对现有理论的挑战、发展或验证，从而减少了研究的理论贡献。因此，在实际研究中，研究者在研究设计阶段，应确保研究问题具有明确性和针对性，能够直接关联到研究目的和理论框架。

二是理论框架的使用。评估理论框架的运用可以帮助确定理论的普适性（即理论在不同情境下的适用性）和特殊性（即理论在特定情境下的独特应用）。使用理论框架（自主建构分析框架、使用经典的政策过程理论作为框架、使用其他学科理论作为框架、以现有理论为基础修订或建构新的理论框架等）的文献数量是未使用理论框架文献的四倍有余，由此可推论，当研究基于广泛接受的理论时，其结果更容易被学术界和实践界接受。从样本文献来看，在中国政策分析过程中，使用理论依据与假设的案例研究方法可以帮助研究者解释案例中观察到的现象，提供深入的见解和理解，为研究者提供了一个分析和解释现象的框架，帮助研究者系统地组织数据和信息。相反，缺乏理论支持的研究可能在深度、解释力和可信度方面存在不足，研究可能只停留在描述现象的层面，缺乏对现象背后原因和机制的深入分析，导致理论对知识体系的贡献有限。

为了更易于理解使用理论框架的情况，将对自主建构分析框架、使用经典的政策过程理论作为框架、使用其他学科理论作为框架、以现有理论为基础修订或建构新的理论框架逐一进行举例说明。第一，自主建构分析框架。"客体模糊-弹性空间-行动策略"分析框架是学者郭忠兴、张亚玲（2022）构建的，该框架是基于现有政策过程理论、街头官僚理论和实证研究自行构建的，并结合中国的具体政策执行情境进行了适用性检验。通过案例分析，作者发现模糊的政策客体为基层工作者提供了解释和自由裁量的弹性空间，而不同的行动策略对政策执行的效果有直接影响。第二，使用经典的政策过程理论作为框架。施生旭、陈浩（2021）对多源流理论框架进行了修正和适配，以更好地适用于中国社区语境下的社区政策议程设置。他们提出了一个"两阶段多源流"的解释性框架，将问题流根据居民需求偏好的强弱和行政任务的紧迫程度分为四种类型，并对政治流进行了调整，以反映中国政策过程中的特点。第三，使用其他学科理论作为框架。例如，周孟珂采用"国家与社会互构"的理论框架来分析"村改居"政策的实践逻辑。这种理论框架并非来自单一学科，而是一种跨学科的分析视角，它综合了社会学、政治学、经济学等多个学科的理论成果。关于"适配度"问题，文献指出，"村改居"的政策理想与实践现实之间存在一定的反差和悖论。这表明，虽然"国家与社会互构"的理论框架为分析"村改居"提供了有益视角，但在具体应用时也需要根据实际情况进行适当的调整和修正，以提高其适配度和解释力。第四，以现有理论为基础修订或建构新的理论框架。基于现有理论建构了一个新的理论框架，即"议程超载-分散响应"框架。该理论框架涉及压力型体制视角、社会参与视角、双重压力视角以及政策议程设置等理论，其适配度体现在能够解释地方政府在特定情境下的行为模式和治理结果，同时也指出了在治理能力与外部压力不匹配时可能出现的问题（蔡长昆、沈琪瑶，2021）。第五，以修正经典政策过程理论为研究目的。钟裕民、陈宝胜以修正和扩展现有的公民参与理论，特别是托马斯（John Clayton Thomas）的"公共决策有效参与模型"，来构建一个更适合中国国情的地方公共政策有效参与模型（钟裕民、陈宝胜，2015）。

三是单案例研究和多案例研究。案例研究的具体路径的选择取决于研究目的、研究问题以及人力、财力和时间等因素。在中国政策过程研究中，案例研究方法的使用情况是多样化的，既有单案例研究，也有多案例研究。但是国内大多数研究主要采取单案例研究方法。从样本文献看，单案例研究允许研究者深入探讨一个特定政策过程的细节，提供详尽的描述和分析，有助于构建和验证理论，特别是当案例具有独特性或代表性时，可以提供深刻的理论见解；多案例研究可以识别政策过程的共性和差异性，提升研究的普适性，能够更好地应对政策问题的复杂性，通过不同案例的比较来揭示多维度的因素。通过对样本文献的梳理和编码，我们发现比较案例分析的设计相对较少。特别是在探讨政策制定与决策特征的领域，多案例研究的文献更是稀缺。故而在分析这一政策议题时表现出不全面性和不完整性，限制了对政策制定与决策特征多样性和复杂性的理解。"如果可以选择（并有资源），多案例研究设计可能会比单案例研究设计的效果更好"（罗伯特·殷，2007）。中国政策过程的复杂性和多变性为多案例研究提供了丰富的素材，但同时也增加了研究的难度。多案例研究能够提供丰富的经验数据和深入的比较分析，但如果缺乏理论创新，可能会导致研究陷入重复和内卷。同时，会出现对某些概念的过度使用和泛化，使这些概念失去了原有的精确性和解释力。

四是分析单位的明确性。具体从研究主体和经验区域两方面来探析本书中案例研究的选择情况。一是研究主体，在中国政策分析过程研究中，学术界和研究机构可能更倾向于研究地方政府，而针对中央政府的研究成果相对来说较少，这是因为中央政府层面的政策和决策涉及更高的政治敏锐性，研究受到更多限制，而地方政府的研究开放性相对更高。与中央政府相比，研究者能够更容易地获取地方政府的政策文件、执行记录和官员访谈等数据。尽管地方政府是政策分析研究的热点，但中央政府在政策制定和宏观调控中的作用同样重要，未来的研究可能会更加平衡地关注中央与地方两个层面的政策过程。二是经验区域，在中国政策分析过程中，案例研究的选择受多种因素影响，如地理位置、经济发展水平、政治重要性及特定政策实施情况。华东地区案例最多，显示研究集中于经济发达和政策活跃地区。东北和西北地区案例少，可能是出于地理位置等原因，增加了数据收集和田野调查的难度，降低了研究者的兴趣。

## （二）资料收集与资料分析

在中国政策过程研究文献中，案例研究方法的数据资料收集和分析需要遵循一定的规范和标准，才能保证研究的质量和可信度。在资料收集方面，如前所言，本书的案例研究样本文献筛选标准要求资料来源需要以一手资料为主，因此，本章所讨论的文献主要使用的数据资料收集方法包括访谈法、观察法和问卷调查法等。这些方法能够帮助研究者深入理解政策过程的细节和复杂性。然而，有些研究并未清晰交代资料收集的方法。一些研究用类似于"由于对案例关键人物的访谈存在难度，深度访谈数量较少，主要依靠网络舆情和报纸报道获取实证资料"这样的话语来呈现资料搜集的过程，这种不清晰的资料搜集方法的介绍导致研究缺乏深度，无法充分展现政策过程的复杂性和动态性。同时，当资料收集过程不明确时，研究成果的信度和效度都会受到影响，弱化了理论结论的稳健性，也影响了其对实践的指导作用。

案例研究中的资料分析方法多样，其中有定性分析方法、定性和定量相结合的混合分析方法，这两种分析方法各有其独特的优势。如表 7-9 所示，在中国政策过程研究中，案例研究中使用定性分析方法的文献最多，包括其他分析法（案例分析、主观分析以及未使用数据分析等方法），以及扎根理论、主题分析和话语分析。这类文献基本上是对一手资料的访谈记录、观察和二手资料的政策文件、政府报道等信息进行深入挖掘，提取关键信息。例如，陈宇、孙枭坤（2020）使用 Nvivo 12 软件辅助完成资料的编码工作，通过三级编码过程，提炼出低碳城市试点政策执行的关键信息和模式。但是这类文献缺乏量化数据来支持研究发现，使得研究结果难以用统计方法进行检验，这在一定程度上影响了研究的可靠性。

"混合分析是针对特定的研究问题，为了激发不同研究方法的互补优势而将多种方法聚合起来的分析"（张春满，2017）。相关文献中使用混合分析方法的比较少，主要有以下几个。糜皛（2018）以江苏省农村地区的土地流转政策为例，进行问卷调查，搜集数据，运用相关性分析和回归分析等统计方法讨论了乡村治理水平与国家土地流转政策执行之间的关系，从宏观政策和微观执行两个层面对土地流转政策进行了综合评估。吴群芳、刘清华（2021）以天津市滨海新区为例，依托史密斯政策执行过程模型，通过问卷调查、访谈和观察法收集数据，探究生活垃圾分类政策执行中目标群体政策规避行为的形成机理。结合定性描述和定量分析有助于深入理解居民行为背后的复杂因素。王亚华（2013）采用案例研究（福建省 M 市的典型灌区）和实证检验（统计分析和独立样本 t 检验方法）相结合的方法，同时结合理论分析和实地调研数据分析用水户协会改革的政策执行过程和效果，探讨政策执行的层级推动—策略响应模式。这些文献通过定量数据的统计分析和对定性信息的深入探讨，研究者能够验证假设，揭示变量间的关系，并提出相应的政策建议。

## 三　未来展望

### （一）更丰富的政策议题

公共政策议题是政策科学研究的核心领域，案例研究在中国政策过程研究中占据着重要地位，但从数据分析来看，案例研究在政策议题领域的研究分布极其不均衡，除了样本文献中经常研究的政策议题之外，研究者应该如何丰富和拓展其他政策议题呢？在研究政策议题领域时，以中国场景为切入点，鼓励研究者探索多样化的政策议题，不仅包括政策执行、政策创新与扩散和政策制定与决策，还可以涵盖政策评估、政策反馈、政策调整等议题，深入分析具体的政策实践案例，从中提炼出具有普遍意义的规律和模式，以促进理论与实践的结合，从而推动本土化问题的挖掘和理论提炼，形成更好的积累性理论。

针对"不均衡的议题"存在的问题，接下来提出相应构想。第一，放宽样本筛选标准。在筛选文献时，不局限于一手资料的文献，而是只要符合案例研究内涵的研究即可纳入作为样本文献，这样就可以更全面、更完整地进行评估，评估结果就会更精准、更科学。第二，提升研究方法的多样性。议题领域不同，需要使用的研究方法就会不一样，譬如，政策评估、政策反馈倾向于定量研究分析方法，政策执行、政策变迁等青睐于定性研究分析方法，因此，培养研究者运用多种研究方法，以满足不同议题的研究需求。第三，增强跨学科合作。鼓励不同学科背景的研究者合作，以多角度、多方法研究政策过程。除此之外，公开研究数据和方法，增加其他研究者对较少关注议题的了解和研究兴趣，政府也应通过提高政策制定过程的透明度，为研究者提供更多研究机会。

### （二）更完善的案例研究设计

Yin 将案例研究设计称为"工艺"（Yin，2014）。"在运用案例研究方法时，除了要遵循案例研究操作流程外，还有一些注意事项，比如进行严谨的案例研究设计、考虑与其他研究方法混合以及注意研究伦理问题等"（杨立华、李志刚，2022）。对于中国的政策过程研究来说，更好的研究设计是实现案例研究方法在中国政策过程研究中理论抱负的基础。

具体来看，第一，政策分析应该根据研究目的和实际需要，灵活运用不同的研究方法和视角，综合考虑一般性问题和特定性问题，以实现对政策议题的深入研究和全面把握。第二，优化理论框架的使用。理论框架可以帮助研究者明确研究问题、研究目的和研究方法，确保研究的方向和焦点，为研究提供分析和解释现象的逻辑结构。一旦缺乏理论框架，案例研究就只能停留在现象层面的描述，无法深入分析和解释现象背后的原因和机制。因此，选择或发展一个适当的理论框架来指导案例研究，以确保研究有坚实的理论基础，是提高研究的深度和解释力的前提。第三，根据研究目的，优化案例研究路径的选择。单案例研究的局限在于其结果的普适性问题；因此，通过多案例的比较分析，对更多同质性和异质性案例进行交叉检验（李文彬，2009），可以提高研究结果的普适性和可靠性。进行更优的比较案例研究，进而推动案例研究和定量研究的互动，是优化案例研究设计的重要方向（熊烨，2019）。第四，确保分析单位的选择与研究问题和目标相匹配。未来的案例研究需要选择具有不同特征的研究主体，如不同规模、类型或来自不同地理位置的组织，或不同背景的个体，以提升研究的代表性和广度。

## （三）更丰富的资料收集和分析方法

"案例研究方法需要通过多种渠道收集资料，并把所有资料汇合在一起进行交叉分析"（罗伯特·K.殷，2017）。公共政策理论因多样化的政策实践而得到发展，政策过程的实践经验是公共政策理论发展的养分，因此，为了深化公共政策的案例研究，我们需要构建更加完善的案例库，并采用更丰富的资料收集与分析方法。这将为政策研究提供更充分的准备，从而提高研究的质量和效果。在资料收集时，为了保证资料的信度和效度，实施案例调研前需要制定详尽的计划，强调多渠道和多角度地获取信息。要形成更丰富的资料收集方法，可以从以下三个方面形成一条完整的证据链。第一，获取一手资料。研究者要与政策制定者、执行者、受益者和其他利益相关者进行深入访谈，从而获取完整的一手资料和信息。第二，收集二手资料。通过书籍、学术文献、新闻报道、统计数据、政策文件、领导人讲话等官方渠道（如政府部门、公共档案）和非官方渠道（如社交媒体、非政府组织）收集资料，以获取更全面和系统的资料。第三，比较不同来源和类型的数据，以提升研究结果的可靠性和有效性。

案例研究的内在效度主要依赖于案例资料的深入分析，这一环节是案例研究方法的核心和关键所在。在资料分析过程中，依照案例研究的规范流程，应遵循"案例编号整理-形成案例库-单个分析单位分析-跨分析单位分析-尊重案例整体、反复比较"的逻辑（Eisenhardt，1989）。结合定量和定性的研究方法，利用定量数据的统计分析与定性资料的深入解读，相互补充，提高研究的准确性和可靠性。

**（四）多学科融合，方法论创新**

案例研究方法将越来越多地与其他学科的理论和方法相结合，形成跨学科的研究视角，以应对复杂和多样的社会现象。随着社会科学的发展，案例研究方法本身也会不断创新，以适应新的研究需求和科技条件。例如，通过引入新的数据分析技术和工具，大数据、人工智能、机器学习等现代技术的发展将为案例研究提供新的分析工具，使研究者能够处理和分析大规模的数据集。案例研究将更多地与定量方法相结合，形成混合方法研究，以利用定性与定量数据的优势，提供更全面的分析。未来的研究可以采用多案例研究方法、定量研究方法对不同政策领域或类型的创新扩散进行研究，开展对发展型社会政策、经济政策和社会政策的扩散模式与机制的比较研究；也可以深入研究其他政策特质或属性对政策扩散的影响（朱亚鹏、丁淑娟，2016）。质性和定量研究捕捉现象的角度不同，各有优劣（卫旭华等，2024），应运用定性研究（如深度访谈、参与观察、文本分析）、定量研究（如统计分析、计量经济学模型）多种研究方法互补，促使研究结论更加普适化和科学化，以获得更全面的研究结果（见图7-6）。

# 第五节　结论

作为重要的定性研究方法，案例研究能够精准洞悉复杂的中国政策现

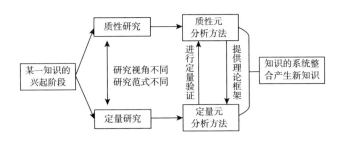

**图 7-6　质性元分析与定量元分析结合的逻辑说明**

资料来源：卫旭华，陈义，汪光炜. 管理研究中的质性元分析方法：适用问题、操作策略与应用展望 [J]. 管理学报，2024.

象及运作机制，深入发掘中国政策过程的深层机理。本章深入探讨了案例研究方法在中国政策过程中的应用和发展，从多个维度对案例研究的实践和理论贡献进行了系统的评估和反思。

案例研究作为一种重要的社会科学研究方法，在中国政策过程研究中发挥着不可替代的作用。它通过深入分析具体的政策实践，揭示了政策背后的动机、决策过程和实施细节，为政策调整和优化提供了依据。案例研究的应用现状：案例研究在中国政策分析中的应用总体上呈现递增趋势，尤其在政策执行、政策创新与扩散、政策制定与决策等议题领域。研究方法的多样性和研究设计的精细化，为案例研究的深入提供了坚实的基础。理论贡献与局限：案例研究对中国政策过程理论的本土化发展做出了贡献，发展出了具有中国特色的政策过程理论。但同时，存在议题分布不均、理论进展有限等问题，需要进一步拓展研究议题、深化理论创新。方法论的评估与展望：案例研究设计需要更加严谨和明确，包括研究问题的提出、理论框架的构建、案例的选择和分析单位的确定。未来案例研究应更注重多学科融合和方法论创新，结合定量和定性研究方法，提高研究的科学性和实用性。案例研究的展望：案例研究应进一步丰富政策议题，优化研究设计，采用更多样化的资料收集和分析方法，并推动多学科融合和方法论创新。通过这些改进，案例研究能够更好地服务于中国政策过程的理论和实践发展。

"精妙藏于细微，匠心独运难量"，作为方法的案例研究关乎我们对研究对象的认知和理解。对于中国公共政策研究而言，真实世界中的公共政策仍然是一个"黑箱"，并且严重制约了我们的理论建构，因此，案例研究者要聚焦公共政策前沿，服务现实需求。通过对当前中国政策分析实践过程中涌现出来的典型案例进行总结，不仅能够为公共政策实践的发展提供经验和教训，也能构建起符合中国语境和时代发展要求的系统化的本土化政策过程理论全景，从而推动国内政策过程理论和实践的发展。

# 第八章　中国政策过程研究中的量化研究

## 引　言

本章在文献梳理和整合的基础上，对量化分析方法的意义和应用进行分析，重点厘清在政策过程研究中量化分析方法的适用情景和应用条件，并对量化分析方法未来的发展走向做出预测，供读者学习参考。

量化分析方法作为一种科学研究方法，在政治学和公共管理领域的应用可以追溯到 20 世纪初，但真正开始大量使用并成为主流是在 20 世纪中叶以后。特别是在第二次世界大战之后，随着计算机技术的发展和统计方法的进步，量化分析方法在社会科学领域的应用迅速增加。在政治学领域，量化分析方法的应用促进了对政治现象的深入分析和理解，如选举行为、政策制定和政治参与等。而在公共管理领域，量化分析方法则帮助研究者评估政策效果、优化资源分配和管理公共项目。具体到量化分析方法在政治学和公共管理中大量使用的起始时间，并没有一个明确的时间点，但可以观察到的是，在 20 世纪 50 年代至 60 年代，随着行为主义革命的兴起，量化分析方法开始在政治学研究中占据重要地位（祁玲玲，2016）。在公共管理领域，随着新公共管理运动的推进，量化分析方法在 70 年代和 80 年代得到了更广泛的应用。需要注意的是，量化分析方法的广泛应用并不意味着它没有受到批评和挑战。实际上，关于定量与定性方法的优劣，以及它们在社会科学研究中的融合趋势，一直是学术界讨论的热点话题。

在中国的公共管理研究中，量化分析方法的使用具有以下几个特点。①多元化趋势。中国公共管理研究方法正逐渐走向多元化，量化分析方法与传统的规范研究和质性研究并存，共同构成了研究方法的多样化格局（马亮，2018）。②量化趋势明显。近年来，中国公共管理研究中的量化研究趋势日益明显，量化分析方法得到了广泛应用，特别是在实证研究领域。③技术引入与创新。中国公共管理研究中引入了一些最新的分析技术，如内容分析法、文献计量、网络分析等，这些技术在量化研究中发挥了重要作用（黄萃等，2015）。④案例分析。案例分析作为一种重要的研究方法，在公共管理领域中得到了广泛使用，与量化分析方法相结合可以提供更深入的洞察。⑤政策文献量化研究。政策文献量化研究作为一种新兴的研究方向，旨在通过量化分析政策文本，揭示政策变迁、政策工具选择等研究问题。⑥量化评估方法的应用。公共政策量化评估方法在中国的应用逐渐增多，这表明中国公共管理研究者开始更多地关注政策效果的量化评估。⑦主题和方法变化。通过对 2000~2023 年中国主流公共管理期刊登载的论文进行编码分析，发现中国公共管理研究的主题和方法都发生了明显的变化，量化分析方法的使用比例有所上升。⑧研究方法的科学化。定量研究在公共管理学科中占据了重要地位，其所占比例的上升反映了公共管理学科研究方法的多样化和科学化趋势。由此可见，中国的公共管理研究正在积极吸纳和融合量化分析方法，以期达到更深入地理解和解释公共管理现象的目的。

本章的目的是对当前量化分析方法在政策过程领域的应用进行全面的梳理和评估，并对未来的走向和议题提出建议。以下是对这一目的的具体展开。①整体性描述。描述量化分析方法在政策过程研究中的应用现状，包括使用频率、主要研究领域以及量化分析方法的类型（如回归分析、时间序列分析、结构方程模型等）。②评估量化分析方法的有效性。评估量化分析方法在政策过程研究中的有效性，包括它们在解释政策制定、执行和评估过程中的作用，以及量化分析方法在揭示政策影响和预测政策结果方面的能力。③识别量化分析方法的优势与局限。研究量化分析方法的优势，如客观性、可重复性和普适性；同时指出其局限性，如可能忽视政策过程中的定性因素和微观动态。④方法论的创新与发展。探讨量化分析方法的创新途径，如结合新兴的数据分析技术（大数据分析、机器学习等），以及如何与其他研究方法（如案例研究、比较研究）相结合。⑤未来研究方向。基于当前的研究趋势和政策需求，提出未来量化分析方法可能关注的议题，如政策制定的动态过程、政策执行的效率评估、政策结果的多维度评价等。⑥跨学科的视角。鼓励采用跨学科的视角来丰富量化分析方法，结合经济学、社会学、心理学等领域的理论，以获得更全面的分析框架。⑦国际比较与本土化。要考虑量化分析方法在不同国家和文化背景下的应用，评估其普适性和本土化的必要性，并探讨如何在不同政策环境中调整量化分析方法。⑧技术与伦理问题。要讨论量化分析方法中可能遇到的技术问题，如数据质量和分析工具的选择，以及伦理问题，如数据隐私和研究透明度。通过上述分析，本章旨在为量化分析方法在政策过程领域的应用提供一个全面的视角，并为未来的研究提供方向性的指导。

# 一　量化分析方法概述

## （一）什么是量化分析方法

量化分析方法是一种科学研究方法，它侧重于使用数学和统计工具来收集、分析和解释数据，主要特点包括以下几个（见表8-1），梳理总结如下。①数值化数据。量化分析方法通常涉及对现象进行数值化测量，以便于进行统计分析。②客观性。量化分析方法旨在通过标准化的测量和分析来减少主观性，提高结果的可靠性和可重复性。③统计分析。量化分析方法使用统计方法来检验假设、分析变量之间的关系以及预测未来趋势。④假设检验。量化分析方法通常基于预先设定的假设，通过收集数据来检验这些假设是否成立。⑤可重复性。量化分析方法的结果应该能够在相同条件下被其他研究者重复，以验证其有效性。⑥普适性。量化分析方法的结果往往试图推广到更广泛的群体或情境中，具有一定的普适性。⑦结构化研究设计。量化分析方法通常采用结构化的研究设计，如实验设计、调查问卷等。⑧数据收集。量化分析方法的数据收集方法包括实验、调查、观察等，且数据收集过程通常是标准化的。⑨结果的量化表示。量化分析方法的结果通常以数值形式呈现，如平均数、标准差、相关系数等。⑩计算机辅助分析。现代量化分析方法常常依赖计算机软件来进行数据分析，如SPSS、Stata等统计软件。

量化分析方法广泛应用于社会科学、自然科学和医学研究等领域，是现代科学研究中非常重要的一种方法。然而，量化分析方法也有其局限性，如可能忽视了现象的定性特征和背景因素，因此在某些情况下，研究者可能会选择定性研究方法或将量化研究与定性研究相结合，以获得更全面的研究视角。

**表 8-1 量化分析方法的特点**

| 维度 | 特点 |
| --- | --- |
| 哲学基础 | 实证主义 |
| 研究范式 | 科学范式 |
| 逻辑过程 | 以演绎逻辑为主；大数据兴起后，也常用归纳逻辑 |
| 理论模式 | 理论驱动、数据驱动 |
| 主要目标 | 确定相关关系、因果联系，进行描述、解释和预测 |
| 资料收集 | 实验与准实验、调查、大数据 |
| 分析方法 | 统计分析技术、大数据分析技术 |
| 核心技术 | 测量、统计、计算机模拟、人工智能 |
| 研究特征 | 客观、价值中立 |

资料来源：风笑天. 社会研究方法（第 4 版）［M］. 北京：中国人民大学出版社 2013；孟天广，郭凤林. 大数据政治学：新信息时代的政治现象及其探析路径［J］. 国外理论动态，2015.

### （二）为什么要使用量化分析方法

1. 发现社会现象之间的普遍规律

量化分析方法的一大显著优势，源于其深厚的数据基础与强大的分析能力。这种方法能够依托海量的观测数据，为社会现象的探索提供强有力的支撑。在多数情况下，量化分析方法能够揭示出社会现象之间普遍存在的规律，这些规律不仅有助于我们理解社会运作的机理，还能为未来的预测和决策提供科学依据。例如，量化分析方法经常采用抽样调查，这是一种通过精心设计的样本选择过程，以较小的样本群体来代表整个未知总体的策略。这种方法的妙处在于，它允许研究者以有限的资源，获取对庞大总体特征的可靠估计。通过对样本的观测数据进行深入分析，研究者能够推断出更大范围内社会现象的特征和趋势。

更为重要的是，量化分析方法利用统计分析这一强大工具，深入探索社会现象或事物之间的关系。通过构建各种数学模型和统计模型，研究者可以系统地分析数据中的模式、趋势和关联性，从而揭示出社会现象背后的深层机制。这一过程不仅提升了研究的科学性和严谨性，还为我们提供了一个全新的视角来审视和理解社会现象。

综上所述，量化分析方法凭借其基于大量观测数据的分析能力，以及揭示社会现象之间普遍规律的能力，成为社会科学研究领域中不可或缺的一部分。它不仅为我们提供了丰富的数据和洞见，还为我们理解复杂多变的社会现象提供了有力的支持。

2. 为从宏观层面理解政策执行特征提供分析思路

从政策文本这一核心视角出发，量化研究为我们提供了一个独特的窗口，让我们能够更全面地剖析政策背后的利益博弈。政策制定与执行往往涉及多方利益的交织与博弈，这些复杂的利益关系难以通过传统的定性研究方法得到完全揭示。而量化研究凭借其精确的数据分析和统计手段，能够精准捕捉政策文本中的细微差异和模式，从而揭示出这些利益关系背后的动态和趋势。运用政策文献量化的方法，我们可以对政策文本进行细致的分析解读。这种方法不仅关注政策文本的表面信息，如政策立场、政策倾向等，更重要的是，它能够深入挖掘政策文本背后的深层内涵，如政策价值、政策情感等。通过对政策文本中的关键词、主题、情感倾向等进行量化分析，我们能够更加准确地把握政策制定者的意图和态度，以及政策背后的社会、经济和政治背景。

此外，量化研究还为我们提供了进行广义政策比较分析的有力工具。在全球化和区域一体化的背景下，不同国家、地区之间的政策交流和借鉴变得日益频繁。通过运用量化分析方法，我们可以对不同政策进行量化比较，分析它们之间的异同，从而为政策制定者提供更具参考价值的建议。这种比较分析不仅有助于我们理解不同政策之间的内在联系和相互影响，还能够为我们提供制定更加科学、合理的政策思路和方法。

总之，从政策文本出发进行量化研究，不仅能够更好地揭示政策背后的利益博弈和解释政策执行逻辑，还能够更深层次地获知政策立场、政策倾向、政策价值和政策情感等深层政策内涵，并进行广义的政策比较分析。这种研究方法为我们理解政策制定和执行的复杂过程提供了更加全面、深入的视角，有助于推动政策科学的发展和进步。

3. 量化分析方法发展迅速

量化分析方法领域的发展日新月异，新技术和方法的涌现极大地增强了研究者探索和构建理论的能力。量化分析方法的快速发展催生了一系列创新的分析技术，这些技术迅速地提升了研究者的理论构建能力。在过去一个多世纪的历程中，量化研究已经孕育出众多的分析方法，其创新速度远远超过了定性研究。这些方法不仅在理论上丰富了我们对现象的解释，而且在实践中提高了研究的精确度和深度。以多水平模型为例，现代统计软件如 Stata 17 的帮助手册中，我们可以找到一系列高级的多水平分析技术，如分层线性模型、多水平 Logistic 回归模型、多水平计数变量回归模型、多水平结构方程模型、多水平事件史分析模型等。这些方法大多数是在近半个世纪内发展起来的，它们使得研究者能够处理更为复杂的数据结构，如多层次、多维度的数据集。

大数据的兴起和分析技术的革新，从根本上改变了量化分析方法的面貌。大数据技术使研究者能够处理前所未有的海量数据，这些数据的多样性和复杂性为研究提供了新的视角。大数据分析技术的应用，如机器学习算法、文本挖掘和网络分析，极大地扩展了研究对象的范围，提升了研究者的分析能力，并在理论和方法论上带来了新的突破。此外，量化分析方法的发展还促进了跨学科的融合。新兴的量化技术常常跨越传统的学科界限，被应用于经济学、社会学、心理学、政治学等多个领域，推动了这些领域研究方法的创新和理论的发展。同时，随着计算能力的提高和软件工具的完善，量化分析方法变得更加易于操作和普及，这不仅降低了研究的门槛，也使得更多的研究者能够利用这些强大的工具来探索社会现象，推动知识边界的拓展。

因此，量化研究新方法技术的迅速发展，不仅极大地丰富了研究者的分析工具箱，也为理论的创新和发展提供了强大的动力。同时，量化分析方法的不断进步，也对研究者提出了更高的要求，要求他们不仅要掌握传统的统计知识，还要不断学习新的技术和方法，以适应不断变化的研究环境。随着技术的不断进步，我们可以期待量化分析方法在未来社会科学研究中发挥更加重要的作用。

## 二　量化分析方法和政策研究

量化分析方法与政策研究是社会科学中两个紧密相连的领域，它们各自有着独特的研究方法和目标，同时又相互依赖和促进。量化分析方法是一种基于数字和统计数据的研究方法，它侧重于运用数学和统计技术来验证假设、分析变量之间的关系，并预测未来趋势。量化分析方法包括回归分析、实验设计、时间序列分析等，这些方法能够提供精确的测量和可重复的结果，有助于形成客观的结论（见表 8-2）。政策研究则更侧重于理解和评估政策的制定、实施和效果。它涉及对政策背景、目标、影响以及政策研究过程中的各种因素的分析。政策研究可能包括定性分析，如案例研究、话语分析等，但同样也广泛使用量化分析方法来评估政策的统计影响和效果。

量化分析方法与政策研究之间的关联在于，量化分析方法为政策研究提供了一种强有力的工具，对研究者具有以下作用。①评估政策效果。量化分析方法可以测量政策实施前后的变化，评估政策的成效。②预测政策影响。通过建立模型，量化分析方法可以预测政策变化可能带来的社会影响和经济影响。③比较政策方案。量化分析方法可以比较不同政策方案的预期效果，为决策提供依据。④识别政策问题。量化分析方法能够揭示数据中的模式和趋势，有助于识别政策问题和需求。

在中国，随着社会科学研究的深入和国际化，量化分析方法已经广泛地应用于政策过程研究。中国的政策研究者开始利用量化工具来分析政策问题，评估政策效果，并为政策制定提供数据支持。然而，尽管量化分析方法在中国政策研究中的应用日益增多，我们对于这些方法的具体使用状况和效果仍然缺乏全面的了解。为了更好地利用量化分析方法推动政策研究的发展，我们需要从以下几个方面开展工作。①方法使用评估。评估量化分析方法在中国政策过程研究中的使用频率、应用范围和效果。②研究质量分析。分析量化研究的质量，包括数据的可靠性、分析方法的适当性等。③国际比较。与国际上的量化政策研究进行比较，学习其先进的研究方法和经验。④方法培训与普及。加强对研究人员的量化分析方法培训，提高量化研究的普及率和应用水平。通过这些评估和分析工作，我们可以明确量化分析方法在中国政策过程研究中的现状和走向，进而明确我们的研究目的和思路。我们的目标是提高量化研究在政策制定和评估中的应用效果，促进政策研究的科学化和精确化发展，最终为制定更加有效的公共政策提供支持。

表 8-2　常用的采集定量数据的方法

| 方法 | 基本特点 | 优点 | 缺点 |
| --- | --- | --- | --- |
| 实验与准实验法 | 随机化分组（含抽样），前后两次或多次的重复测量（使用结构化问卷、物理测量工具），施加刺激（也称干预，即自变量），用统计技术分析变量之间的关系 | 容易进行因果推断；自变量可控（在现实中非普遍存在的自变量，通过调查法难以发现，可以通过实验法进行测量）；成本低于调查法 | 社会科学实验中控制其他影响因素较难；外部效度不易获得；实验威胁因素较多 |

续表

| 方法 | 基本特点 | 优点 | 缺点 |
|---|---|---|---|
| 定量问卷调查法 | 始于理论，针对随机抽样的样本进行测量（使用结构化问卷、物理测量工具），用统计技术分析变量之间的关系 | 以样本推断大规模总体，经济且有效；可测现象广泛 | 需要较大样本量，成本高于实验法和大数据法；调查过程中容易产生各种人为误差，质量控制难 |
| 大数据法 | 抽样（有时需要）、数据结构化或半结构化、海量数据的降维、计算、统计、人工智能和仿真模拟 | 全数据、数据量大、时间点密集；用计算机解决复杂问题 | 数据噪声多；有大数据的变量有限，分析多种现象之间关系受限；技术门槛高；成本高低取决于大数据源、软件和硬件的配置情况 |

资料来源：作者自制。

## 三　核心思路

量化分析方法的哲学基础是实证主义，其资料的收集方法主要有实验法、调查法和大数据法等，而资料分析的核心技术是统计。本章旨在全面回顾30年来中国政策过程研究中量化分析方法的应用现状，使用文献综述、文献编码和统计学等研究方法，分析这些研究的特征、核心议题以及科学性和规范性，从多个维度综合评估中国政策过程研究中使用量化分析方法的基本状况。在系统分析研究主题的基础上，对当前中国政策过程研究中使用量化分析方法的现状和核心议题进行深入探究，指出当前中国政策过程研究中量化分析方法亟须关注的地方，以期对中国政策过程研究中量化分析方法的使用形成较为系统的认识，并拓展量化分析方法在中国政策过程研究中的应用范围。最后，对量化分析方法在中国政策过程研究中的未来发展方向和趋势进行展望。通过量化分析方法在中国政策过程研究中的应用评估，本章希望能够为中国政策过程研究和以西方经验为基础的公共政策学的对话提供多重方法和思路，以进一步深化对中国政策研究的认识和理解。

## 第一节　研究方法与数据分析

### 一　研究方法与数据来源

为全面探讨在中国政策过程研究中量化分析方法的使用情况，本章主要通过系统性文献综述对使用量化分析方法研究中国政策过程的成果进行收集、筛选、编码和分析。同传统叙述性文献综述相比，系统性文献综述主要通过标准化程序识别、筛选和评估文献，能够在一定程度上避免主观标准选择样本偏差而导致的结果误差，具有可复制性和结构化特征。本章旨在通过系统性文献综述来解决中国政策过程研究中应用量化分析方法存在的问题。第一，20多年来，该领域取得了哪些研究成果，其特点是什么。第二，分析中国政策过程研究中应用量化分析方法的议题，了解研究现状，并根据研究成果对该领域的知识贡献进行评估。第三，以中国政策过程研究中应用量化分析方法的文献为基础，对其特征和议题进行分析，评估研究进展，并对该领域未来的研究议题进行展望。

本章以2023年SSCI收录的公共管理学、公共政策学、政治学和亚洲区域研究英文期刊（48本），以及CSSCI收录的政治学、管理学中文期刊（169本）为数据来源，中文文献的检索起止时间为2000～2023年，英文文献的检索起止时间为1990～2023年，对以上期刊中有关中国政策过程的文献进行了地毯式检索。检索的文献类型仅限于正式发表的研究论文，不包括评论、观点集、短论、书评、会议综述和博士学位论文摘要等。经过人工筛选，初步获得2239篇论文。其中，"政策过程量化分析方法"领域的论文有261篇（中文208篇，英文53篇），出自100本期刊（中文77本，英文23本）。在后续的分析过程中，为进一步验证数据准确性和全面性，本章建立了一套筛选标准。第一，剔除与量化分析方法不相关的中国政策过程文献。第二，剔除没有使用计量模型和数据描述的中国政策过程文献。第三，剔除发表时间不在规定年份的文献。根据以上标准，最终获得样本文献161篇（中文130篇，英文31篇）构成本章的数据来源，通过自制编码框对161篇文献进行编码。

从编码来看，本章借鉴国内外学者的研究评估指标，对中国政策过程研究中量化分析方法的应用进行编码，从11个指标出发构建编码框，即论文发表的时间、研究问题的属性、研究目的、研究议题、研究主体、研究领域、核心理论目标贡献、研究方法、资料收集、数据时间跨度和研究区域。进一步，本章将在统计描述分析的基础上系统总结中国政策过程量化分析方法应用的主要议题，包括核心理论目标、理论贡献、数据的时间跨度和研究区域等维度，揭示量化研究在中国政策过程研究中的现状，以期为国内外相关议题提供借鉴，明确未来的研究方向。

## 二　研究结果分析

### （一）基本情况评估

1. 年发文量

为了解中国政策过程研究中量化分析方法的应用现状，本章首先对二十多年来使用量化分析方法的论文分布情况进行了描述性统计分析。如图8-1所示，整体来看，2000~2023年中国政策过程研究中使用量化分析方法的论文数量呈增加趋势，说明量化分析方法在中国政策过程研究中日益得到学者们的重视和关注。具体来看，在2002年及以前，中国政策过程研究中使用量化分析方法的论文处于空白状态；从2003年开始才有相关研究论文发表，但是在2005~2006年又出现了空白，说明在该时期，量化分析方法在中国政策过程研究中的使用处于停滞状态；2007~2014年，每一年都会有或多或少的论文发表，说明量化分析方法逐步步入正轨，取得了一定程度的进步和发展；从2015年开始，量化分析方法在中国政策过程研究中的应用开始涌现，大部分年份的发文数量都在10篇以上，在2022年达到顶峰，年发文量达到26篇，说明量化分析方法在中国政策过程研究中的应用日趋成熟，量化分析方法不断完善；但是，在2023年，发文量跌落至2篇，这可能是由于课题组收集数据的时间节点所致。

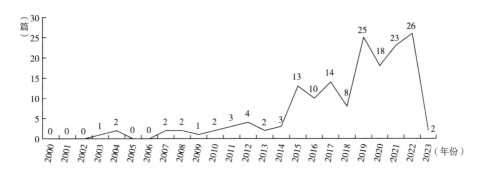

**图8-1　2000~2023年中国政策研究过程量化分析方法趋势**

资料来源：作者自制。

## 2. 核心作者

中国政策过程研究中量化分析方法应用的论文核心作者、发文量和被引情况在一定程度上反映了该领域哪些学者具有贡献和影响力。在所有作者的论文发表中，本书选择发文量在 2 篇及以上的 10 位作者进行详细分析，如表 8-3 所示。其中，黄萃、王班班、郑石明和张友浪（Zhang Youlang）的被引频次平均值位居前四位，黄萃的被引平均值和被引总数均排名第一位，说明黄萃在中国政策过程研究中使用量化分析方法的影响力较大，后来的很多学者都借鉴了黄萃的相关研究；朱旭峰（Zhu Xufeng）、张友浪和郑石明的发文量位于前三，朱旭峰的发文量最多，高达 10 篇，说明朱旭峰长期关注量化分析方法在政策过程研究中的使用情况，并不断深化和发展研究方法。此外，除了具有较高影响力和较多发文量的作者以外，很多青年学者也在关注量化分析方法在中国政策过程研究中的应用，丰富了中国政策过程研究中的方法，提升了中国政策研究的深度。

**表 8-3　中国政策分析过程中量化分析方法应用的核心作者情况**

| 序号 | 作者 | 作者机构 | 发文量（篇） | 被引平均值 | 被引总数（次） |
|---|---|---|---|---|---|
| 1 | Zhu Xufeng | Tsinghua Univ, Sch Publ Policy and Management, Beijing, Peoples R China | 10 | 39.2 | 392 |
| 2 | Zhang Youlang | Renmin Univ China, Sch Publ Adm and Policy, Beijing, Peoples R China | 6 | 39.83 | 239 |
| 3 | 郑石明 | 暨南大学公共管理学院/公共政策研究院 | 3 | 79.67 | 239 |
| 4 | 黄萃 | 清华大学公共管理学院 | 3 | 370 | 1110 |
| 5 | 程翔 | 北京联合大学管理学院 | 2 | 34 | 68 |
| 6 | 郭磊 | 同济大学经济与管理学院公共管理系 | 2 | 21.5 | 43 |
| 7 | 李文钊 | 中国人民大学公共管理学院 | 2 | 14.5 | 29 |
| 8 | 刘进才 | 苏州大学商学院 | 2 | 73 | 146 |
| 9 | 王班班 | 华中科技大学经济学院 | 2 | 272.5 | 545 |
| 10 | 吴宾 | 中国海洋大学国际事务与公共管理学院 | 2 | 20 | 40 |

资料来源：作者自制。

3. 期刊来源

在梳理了中国政策过程研究中使用量化分析方法的发文量和核心作者后，本书进一步分析了论文的期刊来源。本书选择发文量在 3 篇及以上的期刊作为样本进行详细分析，如表 8-4 所示。其中，《公共行政评论》《中国行政管理》《中国软科学》《公共管理学报》《管理世界》的发文量排名居前五位，分别发表论文 16 篇、12 篇、10 篇、6 篇、6 篇，《公共行政评论》的发文量最多。其他大多期刊的发文量是 3~5 篇，说明很多公共管理类的重要期刊都在关注量化分析方法在中国政策过程研究中的应用，但国际期刊对此的重视程度需要不断提高，其他社会科学期刊也应重视量化分析方法的使用，以期推动社会科学不断向前发展。

表 8-4　中国政策分析过程中使用量化分析方法论文的期刊来源

单位：篇

| 期刊 | 发文量 |
| --- | --- |
| 公共行政评论 | 16 |
| 中国行政管理 | 12 |
| 中国软科学 | 10 |
| 公共管理学报 | 6 |
| 管理世界 | 6 |
| 行政论坛 | 5 |
| Public Management Review | 4 |
| 城市问题 | 4 |
| 中国人口·资源与环境 | 4 |
| International Public Management Journal | 3 |
| The China Quarterly | 3 |
| 北京行政学院学报 | 3 |
| 甘肃行政学院学报 | 3 |
| 公共管理与政策评论 | 3 |
| 中国工业经济 | 3 |

资料来源：作者自制。

4. 议题领域

量化分析方法在中国政策过程研究中被应用于多种政策议题。为分析中国政策过程研究中量化分析方法的议题分布情况，本章对161篇样本数据进行政策议题分类，如表8-5所示。在中国政策过程研究中使用量化分析方法较多的议题领域是政策评估（包括效果、反馈、态度等，以及终结），政策创新与扩散（学习、试验、试点），政策设计（整合、工具）和政策执行，说明这些政策议题领域更加适合使用量化分析方法。在分析整体的政策过程和政策议程设置中使用量化方法的研究者相对较少，这表明量化分析方法还有待提高和完善。

表 8-5　政策议题分布

单位：篇

| 议题领域 | 发文量 |
| --- | --- |
| 政策评估（包括效果、反馈、态度等，以及终结） | 37 |
| 政策创新与扩散（学习、试验、试点） | 35 |
| 政策设计（整合、工具） | 29 |
| 政策执行 | 29 |
| 政策变迁 | 17 |
| 政策制定/决策 | 14 |
| 整体的政策过程 | 6 |
| 其他 | 6 |
| 政策议程设置 | 3 |

资料来源：作者自制。

5. 政策领域

从政策领域分布来看，如图8-2所示，中国政策过程研究中量化分析方法多使用在社会政策领域、经济和创新政策领域、环境政策领域、"三农"政策领域。其中，量化分析方法使用最多的是社会政策领域，使用较少的是教育文化领域和国防外交领域。

具体来看：第一，中国政策过程研究中量化分析方法的应用侧重于社会政策领域，研究的问题呈多样性，涵盖保障性住房、"城中村"流动人口环境、网约车、政府购买居家养老服务、垃圾分类、老旧小区加装电梯、社会医疗保险统筹、水价、分级诊疗、儿童照护、智慧城市和住房公积金缴存比例等方面；第二，中国政策过程研究中量化分析方法多应用于经济和创新政策领域，包括城市基础设施、人才竞争、政府购买服务、科技创新、金融产业数字化、经济高质量发展、科技金融、招商引资和区域创新等方面；第三，中国政策过程研究中量化分析方法的应用多分布于环境政策领域，包含大气污染、排污费征收、区域污染产业转移、大气污染防治、环境治理和耕地保护等方面；第四，中国政策过程研究中量化分析方法应用较少的是国防外交领域和教育文化领域，包括国防科技工业、教育财政支出、公共文化服务和随迁子女高考政策等方面；第五，中国政策过程研究中量化分析方法的应用还分布在无经验性政策领域、其他政策领域和跨政策领域的比较分析等方面，涵盖政策评估、政策试点和政策执行等议题。

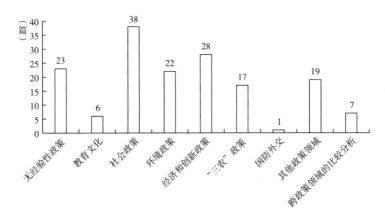

图8-2　中国政策过程研究中量化分析方法的政策领域分布

资料来源：作者自制。

## （二）理论目标评估

鉴于量化分析方法固有的规范性特质，其通常承载着清晰的理论指向。在过去的二十多年间，中国政策过程研究领域通过广泛运用量化分析方法，究竟在理论层面做出了哪些显著的贡献引人深思。这里简要说一下量化分析方法是如何在理论目标方面做出贡献的，具体内容如下。①量化分析方法中的借用和拓展理论是指在研究过程中，使用量化研究技术来吸收、应用现有的理论，并在此基础上进行扩展或深化。②量化分析方法生成理论，通常指的是使用量化研究手段来构建、发展或验证理论的过程。量化研究强调通过数值数据的收集和分析来理解现象、形成概念、建立关系和验证假设。③量化分析方法建构概念模型是指使用量化研究技术来建立和发展理论模型，这些模型通常包括变量之间的关系和相互作用。概念模型是理论框架的具体化，它帮助研究者理解复杂现象的内在结构和动态。④量化分析方法鼓励创新性的研究设计，如实验设计、调查设计等，以适应不同的研究问题和数据特性。⑤量化分析方法的应用跨越了多个学科领域，促进了不同学科间的交流与融合，为研究视角的创新提供了新的可能性。

由表8-6可以发现，借用和拓展理论、生成理论和建构概念模型排名较为靠前，论文发表数量分别是60篇、23篇和19篇，占比分别是37.27%、14.29%和11.8%；没有理论贡献的论文数量是36篇，占比22.36%；提炼概念（如选择性执行）的研究最少，论文数量是2篇，占比1.24%；方法论丰富与创新和研究视角-范式创新的论文数量是11篇和10篇，占比分别是6.83%和6.21%。在中国政策过程研究中，多数研究倾向于借用和深化既有的学科理论，而真正独创性地生成新理论或推动理论创新的研究则相对稀缺。这一趋势表明，当前中国政策过程研究在核心理论的发展和理论创新的道路上仍需砥砺前行。为了促进公共政策的长足进步，我们必须加强核心理论的构建，并积极推动新理论的诞生。这不仅需要研究者具备跨学科的视野和深厚的理论素养，还需要整个学术界形成鼓励创新、尊重原创的学术氛围。通过整合不同学科的知识和方法，以及持续探索新的研究视角和理论框架，我们有望在中国政策过程研究中取得更多具有创新性和影响力的理论成果。这将为中国政策制定提供更为坚实的理论支撑，同时也将为全球政策研究贡献中国智慧和中国经验。

表8-6  核心理论贡献

| 核心理论贡献 | 发文量（篇） | 占比（%） |
| --- | --- | --- |
| 借用和拓展理论 | 60 | 37.27 |
| 无 | 36 | 22.36 |
| 生成理论 | 23 | 14.29 |
| 建构概念模型 | 19 | 11.80 |
| 方法论丰富与创新 | 11 | 6.83 |
| 研究视角-范式创新 | 10 | 6.21 |
| 提炼概念（如选择性执行） | 2 | 1.24 |

资料来源：作者自制。

## （三）研究设计评估

### 1. 研究问题属性

在研究问题属性的维度中，"中国政策过程中研究的一般问题"是指论文的研究问题是整个中国政策过程整体性/一般性发展历程、理论与实践经验、运行规律和机制特点等。"中国特定具体政策议题"是指论文的研究问题侧重于某一个具体的政策议题，如政策制定、政策设计、政策执行、政策评估和政策变迁等。由表 8-7 可以发现，在中国政策过程研究中，使用量化分析方法研究一般问题的论文有 28 篇，占比 17.39%，使用量化分析方法研究特定具体政策议题的论文多达 133 篇，占比 82.61%。这说明，在中国政策过程研究中，量化分析方法主要被用于分析特定具体政策议题，研究问题更加具有针对性。

**表 8-7　研究问题属性**

| 研究问题属性 | 发文量（篇） | 占比（%） |
| --- | --- | --- |
| 中国政策过程中研究的一般问题 | 28 | 17.39 |
| 中国特定具体政策议题 | 133 | 82.61 |

资料来源：作者自制。

### 2. 研究目标

研究目标是指研究的主要目的。使用量化分析方法研究中国公共政策过程中的价值、责任、公共性、公平性、规范性、合理性、法治化和理念取向等问题的论文属于"公共价值"，分析政策实践的政策倡议类的论文属于"政策问题-倡导"，分析某一理论的修正或完善的论文属于"理论目标"，不属于上述分类的属于"其他"。由表 8-8 可知，以"政策问题-倡导"为研究目标的论文有 80 篇，占比 49.69%，以"理论目标"为研究目标的紧随其后，论文发表数量是 71 篇，占比 44.10%，以"公共价值"为研究目标的研究成果较少，论文发表数量是 9 篇，仅占总样本的 5.59%，"其他"类只有 1 篇。这说明在中国政策过程研究中，量化分析方法多应用于政策问题-倡导类和理论目标类分析，公共价值类的成果相对较少，发表的所有论文可谓都有明确的研究目标。

表 8-8 研究目标

| 研究目标 | 发文量（篇） | 占比（%） |
|---|---|---|
| 政策问题-倡导 | 80 | 49.69 |
| 理论目标 | 71 | 44.10 |
| 公共价值 | 9 | 5.59 |
| 其他 | 1 | 0.62 |

资料来源：作者自制。

3. 研究主体

研究主体是指研究所关注的对象，并非方法和经验中涉及的实际活动主体。由表 8-9 可以发现，以地方政府作为研究主体的论文共有 64 篇，占 39.75%，排名第一位，说明在中国政策过程研究中使用量化分析方法的关注对象以地方政府为主体，这与公共管理所关注的研究对象较为一致。此外，以经济-社会主体和中央政府主体为研究对象的论文发表数量是 22 篇和 15 篇，占比分别为 13.66% 和 9.32%，说明量化分析方法的使用范围逐渐扩大。最后，以央-地关系主体和政-经/社主体为研究对象的科研成果较少，论文发表数量是 11 篇和 8 篇，占比分别为 6.83% 和 4.97%，说明该领域需要深化和拓展量化分析方法，促使更多的成果发表。

表 8-9 研究主体

| 研究主体 | 发文量（篇） | 占比（%） |
|---|---|---|
| 地方政府 | 64 | 39.75 |
| 无明确指向 | 41 | 25.47 |
| 经济-社会主体 | 22 | 13.66 |
| 中央政府 | 15 | 9.32 |
| 央-地关系 | 11 | 6.83 |
| 政-经/社 | 8 | 4.97 |

资料来源：作者自制。

4. 研究方法

本章的研究方法主要是指在中国政策过程研究中使用的量化分析方法，量化分析方法一般可分为计量模型构建和数据描述分析。由表 8-10 可以发现，在中国政策过程研究中，使用计量模型构建的研究成果数量是 111 篇，占比 68.94%，使用数据描述分析的相对较少，论文发表数量是 50 篇，占总样本的 31.06%。这说明，在中国政策过程研究中，有很大一部分学者都是通过计量模型构建分析中国的政策议题，从而使研究结果更加具有科学性和合理性。

表 8-10 研究方法

| 研究方法 | 发文量（篇） | 占比（%） |
| --- | --- | --- |
| 计量模型构建 | 111 | 68.94 |
| 数据描述分析 | 50 | 31.06 |

资料来源：作者自制。

5. 数据资料搜集

数据资料搜集主要是指在中国政策过程研究中所使用的数据来源渠道，在一篇论文中作者有时候会使用多种数据获取方法而非采用单一的数据获取方法。由表 8-11 可以发现，在中国政策过程研究中，使用量化分析方法的数据主要是二手数据，实验法和问卷调查法较少。这说明作者主要还是使用具有客观性的统计年鉴或初具规模的大型数据库开展相关研究。关于系统的一手资料研究，尤其是利用大型调研数据进行的研究，目前显得相对稀缺。这种情况的出现，一方面是由于大型数据集的构建和维护成本高昂，许多研究机构或个人难以承担；另一方面，也反映出当前政策研究在理论体系、知识结构以及研究路径上存在一定的分散性。这种分散性导致了在设计和应用系统的一手大数据方法时，缺乏足够的理论和知识支撑。

表 8-11 数据资料搜集

单位：篇

| 资料搜集 | 发文量 |
| --- | --- |
| 其他 | 1 |
| 实验 | 18 |
| 问卷调查 | 29 |
| 二手数据 | 129 |

资料来源：作者自制。

6. 数据时间跨度

数据时间跨度是指研究中所使用数据的时间维度，这能够在某种程度上反映数据资料的丰富度和完善度。本章根据资料丰富度和完善度的体现程度，按照数据时间跨度依次分为单一时间点、5 年内、5~10 年和 10 年及以上。由表 8-12 可以发现，数据时间跨度在 10 年及以上的论文将近一半，发表数量是 70 篇，占总样本的 43.48%。单一时间点、5 年内和 5~10 年的论文发表数量分别是 37 篇、31 篇和 22 篇，占比分别是 22.98%、19.25% 和 13.66%。这说明在中国政策过程研究中，使用量化分析方法的数据以面板数据为主，时间序列数据为辅，横截面数据较少。由此可见，在中国政策过程研究中，使用量化分析方法所涉及的数据资料时间跨度大，但其时效性和丰富性仍有待提升。

表 8-12　数据时间跨度

| 数据时间跨度 | 发文量（篇） | 占比（%） |
| --- | --- | --- |
| 10 年及以上 | 70 | 43.48 |
| 单一时间点 | 37 | 22.98 |
| 5 年内 | 31 | 19.25 |
| 5~10 年 | 22 | 13.66 |
| 其他 | 1 | 0.62 |

资料来源：作者自制。

7. 经验区域

经验区域是指在中国政策过程研究中使用量化分析方法所关注的地理区域，本章以经济发展和行政区划为依据将其划分为东北、华东、华北、华中、华南、西南和西北地区。其中，东北地区包括黑龙江、吉林和辽宁，华东地区包括上海、江苏、浙江、安徽、福建、江西、山东和台湾，华北地区包括北京、天津、山西、河北和内蒙古，华中地区包括河南、湖北和湖南，华南地区包括广东、广西、海南、香港和澳门，西南地区包括四川、贵州、云南、重庆和西藏，西北地区包括陕西、甘肃、青海、宁夏和新疆。由表 8-13 可以发现，在中国政策过程研究中，使用量化分析方法对跨区域进行分析的论文最多，发表量是 100 篇，占比 62.11%。以东北、西北和华北地区为研究议题的相对较少，论文发表数量是 1~2 篇。需要指出的是，以西南地区作为研究议题的成果没有。由此可见，在中国政策过程研究中，使用量化分析方法分析研究区域的议题不均衡，跨区域研究最多，西南和东北地区较少。这说明在中国政策过程研究中量化分析方法应用的经验区域要有所拓宽，特别需要关注西南和东北地区的政策议题。

**表 8-13　经验区域**

| 研究区域 | 发文量（篇） | 占比（%） |
|---|---|---|
| 跨区域 | 100 | 62.11 |
| 无 | 39 | 24.22 |
| 华东 | 8 | 4.97 |
| 华中 | 4 | 2.48 |
| 华南 | 3 | 1.86 |
| 匿名 | 2 | 1.24 |
| 华北 | 2 | 1.24 |
| 西北 | 2 | 1.24 |
| 东北 | 1 | 0.62 |
| 西南 | 0 | 0 |

资料来源：作者自制。

## 第二节　政策议题评估

在中国政策过程研究中，量化分析方法被应用于多种政策议题当中，说明量化分析方法逐渐被研究者关注和重视，并得到发展和深化。其中，政策执行议题领域、政策创新与扩散领域和政策评估领域。在政策议题领域当中，政策评估（包括效果、反馈、态度等，以及终结）和政策创新与扩散（学习、试验、试点）使用量化分析方法的成果相对较多。量化分析方法主要是用来分析变量之间的因果关系或因果机制，政策评估本质上就是通过揭示因果机制以反映政策制定的有效性（Anderson，1976）。政策评估是政策过程的全过程评估，评估主体具有多元化，有着特定的评估标准和方法体系，侧重对政策效果、效能和价值的评价。

## 一 政策执行

### （一）政策执行效果

在政策执行中，量化分析方法主要被用于政策执行效果、政策执行偏差和政策执行意愿等方面的分析，其中，使用较多的政策议题是政策执行效果。在政策执行效果方面，学者们发现行动者（李燕等，2022）、组织制度（胡春艳、张莲明，2021）、政策动员（Sun，2020）和社会发展（孟天广等，2015）会影响政策执行的效果。

从行动者视角出发，政策执行的成效受到两个因素影响。首先是政策执行主体的构成和能力，其次是这些主体在执行过程中所展现的执行力度。政策执行主体不仅包括直接负责实施政策的政府官员和行政人员，还包括一系列辅助执行的行动者，如地方机构、社区组织、私营部门以及公民个体。这些行动者的专业素养、经验积累、资源调配能力以及对政策目标的认同度，均对政策执行的顺畅性和有效性具有至关重要的影响。

从组织制度视角出发，组织制度被视为影响政策执行效果的关键因素。执行监督机制和法规政策构成了影响政策实施成效的两个主要维度。执行监督机制确保政策在实施过程中的透明度、合规性和效率，通过持续监测、评估和反馈，为政策调整和优化提供依据。此外，组织制度的有效性还体现在其对政策执行主体的激励和约束机制上。一个健全的组织制度能够通过明确的职责分配、合理的激励措施和有效的问责制度，提升政策执行主体的积极性和责任感。从政策动员来看，政策动员策略对于确保政策目标的实现至关重要。政策宣传作为动员过程的关键组成部分，其有效性直接影响目标群体对政策的认知和接受度。

同时，目标群体的感知和解读对于政策执行的效果同样具有影响。目标群体对政策的理解程度，包括其对政策意图、内容和预期结果能否清晰认识，是决定政策能否顺利执行的重要因素。如果目标群体对某一政策的理解存在模糊性或歧义，就可能导致执行过程中的误解和抵触，从而阻碍政策的顺利实施。

从社会发展来看，社会发展的多维性对政策执行效果具有深远的影响。政策执行环境，包括政治、社会、文化和法律等多个层面，构成了政策实施的外部条件，这些条件对政策的接受度、适应性和有效性起着决定性作用。一个稳定、开放和包容的政策执行环境，有利于政策的顺利推广和实施，而一个动荡、封闭或排他的环境则可能阻碍政策的执行。同时，经济发展水平对政策执行效果同样具有重要影响。经济发展不仅为政策执行提供了物质基础和财政支持，而且影响了社会成员的生活水平、教育程度和健康状态，这些因素影响着政策的制定和执行。一个健康、均衡的经济发展态势，能够为政策执行创造有利条件，提高政策的可行性和有效性。

### （二）政策执行偏差

在政策执行偏差方面，学者们发现地方财政（张绍阳等，2018）、行动者（李珲，2020）、政策属性（吴宾、齐昕，2020）、社会环境（刘鹏等，2016）等是政策执行产生偏差的主要因素。从地方财政来看，地方财政状况对政策执行的一致性和有效性起着至关重要的作用。特别是土地财政的依赖性和中央政府的财政政策倾向，这些因素共同构成了影响政策执行偏差的关键动因。财政依赖性可能会在政策执行中引起目标置换，导致政策初衷与实际执行结果之间产生偏差。中央政府的财政政策倾向，通过转移支付和税收分配等手段，会对地方政府的财政自主性和政策选择产生影响。地方政府在响应中央政策时，可能需要在中央要求与地方实际之间寻求平衡，这种平衡过程可能会造成政策执行的变异或调整。

从行动者来看，土地引资行为和中央政府的监督机制会对执行结果产生显著影响。土地引资行为，作为地方政府推动地方经济发展的一种手段，往往与政策目标的实现紧密相关。然而，这种以土地资源为基础的引资模式可能会引发一系列问题，如土地使用效率低下、环境破坏、社会不公等，这些问题可能会导致政策执行结果与既定目标之间的偏差。中央政府的监督机制，旨在确保政策的一致性和有效性，但实际执行中可能存在监督不足或监督过度的问题。监督不足可能导致地方政府在执行政策时缺乏必要的指导和约束，而监督过度则可能抑制地方政府的创新性和灵活性，进而影响政策执行的适应性和有效性。

从政策属性来看，政策目标的明确性、政策工具的选择性以及政策衔接的连贯性，这三个维度共同决定了政策执行过程中可能出现的偏差。首先，政策目标的设定应当是清晰和可度量的，以便为政策执行提供明确的方向和评价标准。若政策目标过于模糊或宽泛，将导致执行者难以准确把握政策意图，从而在实施过程中产生目标置换或执行偏差。其次，有效的政策工具不仅应与政策目标相匹配，还应考虑到可行性、成本效益和潜在的社会影响。不当的政策工具选择可能会导致资源浪费、执行障碍或政策效果的不理想。最后，政策衔接涉及不同政策、不同层级政府以及不同部门之间的协调与合作。良好的政策衔接能够确保政策执行的连贯性和一致性，避免政策冲突和执行断层。缺乏有效的衔接往往会导致政策执行中的摩擦和效率低下。

从社会环境来看，社会环境对政策执行的准确性和有效性具有不可忽视的影响。特别是中央政府的政策信号强度以及社会中出现的一些与政策相关的负面事件。中央政府的政策信号，包括政策宣传、指导方针和行政指令等，其强度直接影响地方政府和执行机构对政策的理解和响应。一个明确、一致且强有力的政策信号有助于确保政策目标的清晰传达和执行的统一性。相反，若政策信号弱或含糊不清，会导致地方政府和执行机构在政策解读和实施上出现偏差，进而影响政策执行的效果。同时，社会环境中的负面政策事件，如政策实施中的失误、丑闻或争议，也会对公众对政策的信任和支持产生负面影响。这些事件可能会削弱政策的合法性，增加政策执行的阻力，甚至导致政策目标的偏离。

### （三）政策执行定量研究中的数据搜集

数据搜集是确保研究严谨性和可靠性的基石。学者们在进行政策过程研究时，普遍采用综合的数据搜集方法，即将主观与客观数据相结合。这种方法允许研究者从多个维度捕捉政策现象，拓展了研究的深度和广度。具体而言，数据的获取渠道包括但不限于：北大法宝等法律信息数据库，国务院及其各部委的官方网站，以及各省级和省会城市政府的官方发布平台。这些渠道提供了官方文件、政策文本、法规更新等客观资料，为研究者提供了权威的数据来源。除此之外，为了获取更为深入和具体的信息，研究者还会通过实地调研的方式，直接深入政策执行的现场，收集一手数据。实地调研不仅能够帮助研究者理解政策在实际操作中的复杂性，还能够揭示政策文本与实践之间的差异。

在数据类型上，学者们越来越多地采用面板数据进行分析。面板数据因其能够提供跨时间、跨个体的丰富信息，成为研究政策动态变化和长期效应的重要工具。通过面板数据分析，研究者能够控制不随时间变化的未观测异质性，更准确地评估政策的影响。

数据分析方法的选择对于揭示数据内在规律和科学论证研究假设至关重要。当前，学者们在公共政策分析领域广泛采用 PMC 指数和最小二乘回归法这两种定量分析工具。PMC 指数，作为一种综合性评价工具，能够量化政策的多维度特征，被广泛应用于不同政策领域的评估。国内学者对 PMC 指数模型的应用大体分为三类。一是经济政策，如对金融和众创等政策的量化评价（臧维等，2018）。二是产业政策，如国产芯片和机器人产业等（胡峰等，2020）。三是民生政策，方永恒和陈友倩（2019）对保障性住房政策进行分析，重点关注凹陷指数，以凸显一级变量的薄弱环节，拓展了该方法的应用视角。此外，最小二乘回归法作为一种经典的统计分析方法，因其在控制变量和预测结果方面的优势，同样在政策效应分析中发挥着重要作用。通过最小二乘回归法，研究者能够量化政策变量与其他经济社会指标之间的关系，评估政策效果。

## 二　政策创新与扩散

在政策创新与扩散领域，量化分析方法主要被用于分析影响政策创新与扩散的因素，学者们大多采用事件史分析方法进行研究，其因素可以分为内部因素和外部因素，内部因素涵盖经济发展水平、人口规模和资源禀赋等，外部因素包括政府的政策指令、政府间的区域竞争和各种压力等。

事件史分析是一种综合运用统计学和计量经济学原理的分析方法，它专注于研究个体或总体样本中特定事件的发生时间。与传统的横截面数据相比，历时性数据能够更精确地捕捉事物随时间的演变过程，从而为探讨因果关系提供了更为直接的视角（郭志刚，2021；埃里森，2017）。在研究中，事件史分析通常分为两类：离散型和连续型。离散型事件史分析采用的时间单位较为宽泛，如月、年或十年等，适用于那些事件频率较低、时间间隔较长的研究场景。而连续型事件史分析则使用更为精细的时间单位，如秒、分钟或小时，适用于高频事件的研究。在离散型时间事件史分析中，核心的统计量是风险率，它描述了在给定时间点，个体发生特定事件的概率。由于风险率本身不可直接观测，研究者通常会构建一个二元变量，该变量在事件发生时取值为 1，未发生时取值为 0。实证分析中，研究者常采用二元 logistic 回归模型来评估各个自变量对事件发生概率的影响，并在事件发生后将相关记录从风险集中移除，以考察自变量对事件进程的动态影响。相比之下，连续型时间事件史分析则更为关注事件在连续时间尺度上的分布特性。在这一模型中，研究者会使用如 Cox 比例风险模型等来分析事件的发生概率，并考虑时间的连续性对风险率的影响。这种方法能够更细致地揭示事件随时间变化的动态过程，为理解复杂现象提供了更为丰富的视角。随着数据科学和计算技术的发展，事件史分析法也在不断发展，包括但不限于多状态模型（允许个体在多个状态之间转换）、竞争风险模型（考虑多个可能事件对研究结果的影响）以及时间依赖性协变量模型等。这些方法的引入，使得事件史分析能够更全面地处理复杂的时间序列数据，为研究提供了更为强大的工具。总体而言，事件史分析不仅能够帮助研究者深入理解事件的发生机制，还能够揭示不同因素如何影响事件的进程和结果。

在探讨政策扩散的内部因素时，经济水平是一个关键维度，它可以进一步细分为区域财政能力、人均 GDP 和财政依赖度等多个方面。人均 GDP 作为衡量一个地区经济富裕程度的指标，其较高的水平通常意味着居民拥有更强的消费能力和更高的生活质量需求，这为政府购买居家养老服务政策提供了经济基础和市场需求方向（吕宣如、章晓懿，2022）。同时，较高的财政依赖度可能反映出地方政府在提供公共服务方面的财政压力，这可能促使政府寻求更有效的政策工具，如垃圾分类试点政策，以提升资源利用效率和环境可持续性（李欢欢、顾丽梅，2020）。进一步，经济发展水平、城镇化水平和工业化程度的提升，以及经济发展速度的加快和城乡收入差距的缩小，均为政策创新提供了肥沃的土壤。这些因素共同作用，增强了地方政府实施如复工复产（吴克昌、吴楚泓，2022）、社会医疗保险城乡统筹（侯小娟、周坚，2014）和省直管县财政改革（张克，2017）等政策的能力和意愿。这些政策的扩散不仅能够促进经济的快速恢复和发展，还能够提高社会保障水平并优化财政资源的配置效率。在人口规模方面，人口密度的大小直接影响政策实施的规模效应和成本效益。高密度的人口可能需要更精细化的管理和服务，而人力资本质量的高低则关系到政策执行的效率和质量。如在推广垃圾分类试点政策时，一个地区居民的教育水平和环保意识将直接影响政策的接受度和实施效果。资源禀赋也是影响政策扩散的重要因素。旅游资源丰富可以吸引更多的游客和投资，促进当地经济发展，公共交通系统的完善程度和人均道路面积则关系到居民出行的便利性和政策的可达性，社会组织数量的多少则体现了一个地区社会资本的丰富程度，这些因素共同作用于如城市公共自行车推广计划（马亮，2015）和省直管县财政改革（张克，2017）等政策的扩散过程。最后，在领导者能力方面，省长的县级主官经历和学历背景对政策推广具有不可忽视的影响。具有相关政策经验的领导者更能理解政策实施的难点和关键点，而高学历则通常意味着更强的学习能力和创新思维，这些领导者的特质有助于提高政策的适应性和有效性，从而促进政策的扩散和实施。

外部因素在政策扩散过程中起着不容忽视的作用。首先，政府的政策指令是推动政策变革和扩散的关键力量。省级政府的强制力和中央政府的指令为政策的实施提供了权威性和合法性基础，而中央政府早期信号的释放，通过预示政策方向和重点，对城市市场化改革和河长制政策等的扩散进程产生显著影响（张闫龙，2015；曾莉、吴瑞，2023）。在政府间的竞争层面，同级政府之间的学习与竞争效应能够激发政策创新和模仿的动力。来自相邻和结构对等性城市的竞争压力，以及自上而下和自下而上的竞争机制，为政策的传播和采纳提供了额外的推动力（刘佳、刘俊腾，2020）。这种竞争不仅促进了政策的横向扩散，也激励了地方政府在政策执行和创新方面的积极性。压力因素在政策扩散中同样发挥着重要作用。自上而下的新闻媒体压力和政策研究团体的规范性压力可以提高政策的公众认知度和合法性。同时，上级压力、社会压力、纵向层级压力和横向区域压力等多重压力源，通过不同的渠道和层面对地方政府施加影响，促进政策的采纳和执行。其次，地方问责力度和媒体关注度也是推动政策扩散的重要因素（郑石明、何裕捷，2022），它们通过提高政策透明度和公众参与度，提升了政策执行的紧迫性和有效性。在政策试点扩散方面，试点项目的成功与否受到多种因素的影响。试点经费来源的稳定性、试点实施方案的科学性、试点发起机构的专业性、试点批准机关层级的权威性、试点设置方式的合理性、试点的范围和试点经费的充足性等，都是决定试点成效的关键因素（姚连营，2019）。这些因素共同作用于试点政策的实施过程，影响其扩散的广度和深度。最后，在政策领导者的个人特质方面，"党政一把手"的年龄与政策扩散之间存在复杂的关系。研究表明，领导者年龄对政策扩散的影响可能呈现出 U 形相关，即在一定年龄段内，领导者的经验和成熟程度可能更有利于政策的推广和实施，而过于年轻或年长的领导者可能由于经验不足或观念固化，对政策扩散产生不利影响（吕宣如、章晓懿，2022）。

## 三 政策评估

在政策评估议题，学者们广泛采用一系列定量分析方法来评估政策的实施效果及其是否实现了预期目标。这些方法包括倾向评分匹配法（Propensity Score Matching，PSM）和多期双重差分法（Difference-in-Differences，DID），它们在经济、创新、环境和社会政策领域尤为常见。通过这些方法，研究者能够控制潜在的偏误，更准确地评估政策的净效果。

在科技和创新政策领域，政策的行政级别和地区的经济发展水平已被证实对政策效果有显著影响，并且这种影响在不同地区和行业之间表现出显著的差异性。具体来说，创新政策对信息产业、制造业以及科学研究和技术服务业的影响较为显著，而对金融服务业和批发零售业的影响则不那么明显。这种差异可能与这些行业的创新能力和对政策响应的敏感度有关。从区域层面分析，创新政策在经济发展水平较高的东部沿海地区和长三角地区的效应更为显著，如辽宁、江苏、天津和安徽等地。相比之下，海南、山西和新疆等经济发展水平相对较低的中西部地区受到的影响则较小（郭丕斌、刘宇民，2019）。这可能与地区间的资源分配、基础设施建设和创新环境的差异有关。进一步，从政策行政级别来看，省级开发区政策对创新的促进作用不明显，而当政策升级为国家级开发区后，其对当地创新的促进作用则显著增强。特别是在经济发展水平较高的东部地区和资源获取能力较弱的一般城市，国家级高新技术产业开发区的作用强度和持久性都优于经济技术开发区（陈翼然等，2021）。这表明，政策的层级和类型在创新促进中扮演着关键角色。此外，研究还发现，省级开发区和国家级开发区政策的叠加并没有产生预期的协同效应，反而可能导致资源的浪费。同时，国家级开发区的升级可能会对邻近地区产生"虹吸效应"，吸引人才和资本，但对本地的创新活动则有积极的"创造效应"。值得注意的是，国家级开发区对创新的促进作用在很大程度上依赖于持续的政策支持和资源投入。

在环境政策领域，政策的制定与实施是一个复杂而多维的过程。就政策试点而言，它是环境政策制定与实施过程中的重要环节。政府机构在推进城市试点政策时，应着重提炼和总结试点经验，以形成具有代表性和可复制性的典型案例。这些案例不仅能够为其他城市提供借鉴，而且能够持续优化和完善政策实施策略。在推行城市试点政策的过程中，多维路径的协同创新作用不容忽视。这意味着政策实施需要综合考虑经济、社会、文化等多个维度，通过跨部门、跨领域的合作与协调，共同推动政策目标的实现。针对不同特征城市的绿色发展水平提升，因地制宜地采取差异化策略和方式至关重要。每个城市都有其独特的资源禀赋、发展水平和环境容量，因此政策制定应充分考虑这些因素，制定符合当地实际的环境政策。同时，从产出端出台政策鼓励、激发绿色技术的研发和创新，也是提升城市绿色发展水平的重要途径（陈超凡，2022）。通过政策引导和市场机制，促进绿色技术的研发和应用，有助于推动城市绿色转型和可持续发展。从政策类型来看，环境政策的制定和实施需要综合运用多种手段。当国家制定某一强制性政策时，如污染排放控制政策，需要辅之以其他手段来确保政策的有效实施。例如，污染收费制度作为一种经济手段，在减少污染排放方面起到了显著效果。然而，这一效果的实现离不开邻近地区污染控制决策的协同和互动。相邻地区之间污染控制严厉程度的差异可能会对本地污染控制决策和政策产生溢出效应（李永友、沈坤荣，2008）。因此，在制定和实施环境政策时，需要充分考虑地区间的相互影响和联动效应。此外，相较于单一环境治理政策而言，采用多种环境治理政策组合往往能够取得更好的减排效果。如环保立法、生态补偿和环保约谈相结合的环境治理政策组合，不仅能够提高政策的针对性和有效性，而且能够降低政策执行成本。同时，这种政策组合对不同地区的影响效应存在异质性，需要根据当地实际情况进行灵活调整和优化（李强、王亚仓，2022）。因此，环境政策领域中的政策试点和不同类型的政策组合对政策效果具有重要影响。在政策制定和实施过程中，需要充分考虑多种路径的协同创新作用，因地制宜地采取差异化的策略和方式，从产出端出台政策鼓励绿色技术的研发和创新政策，并综合运用多种环境治理政策组合来确保政策的有效实施和目标的实现。

在社会政策领域，特别是在医疗服务体系改革的实践中，分级诊疗制度的推行成为优化资源配置、提升医疗服务效率的重要策略。通过对比福建、广东、江苏等地省属三甲医院与厦门市三甲医院在分级诊疗实施前后的数据，我们观察到厦门市在分级诊疗改革方面取得了显著的实质性成效（张兴祥、陈申荣，2019）。这一成效不仅体现在慢性病患者更加倾向于选择基层医疗机构进行首诊和后续治疗，还体现在基层医疗机构服务质量和患者满意度的提升。厦门市的分级诊疗改革有效地引导了医疗资源的合理配置，缓解了大型医院的就医压力，为慢性病患者提供了更为便捷、经济的医疗服务。在城市数字化转型的过程中，政策叙事作为一种重要的沟通手段，对公众的态度和行为倾向产生了显著影响。通过深入研究包含不同参与主体与收益感知描述的政策叙事，我们发现这两种叙事方式均对公众态度具有显著影响（张扬、秦川申，2022）。其中，收益感知的政策叙事尤为关键，它能够直接作用于公众的支持行为倾向。进一步的分析表明，结合专家参与和个人收益两种叙事内容的政策叙述在塑造公众态度方面的作用最为明显。这种政策叙事不仅提升了公众对数字化转型的认知和理解，还增强了公众对政策实施的支持和信任。智慧城市试点政策的实施效果显示，该政策能够显著提升城市发展的质量。通过深入分析智慧城市试点政策的实施机制和作用路径，我们发现该政策通过互联网集聚和绿色技术创新两大途径提高城市发展质量。对于不同城市特征和地区规模而言，智慧城市试点的政策效应具有显著的异质性。即使在基础设施相对薄弱的地方，也能通过智慧网络体系规划实现城市的高质量发展。这一政策不仅促进了城市经济、社会、环境的协调发展，还带来了显著的正向空间溢出效应，为周边地区乃至整个区域的发展提供了有力支撑（刘成杰等，2021）。

## 四 理论贡献评估

量化分析方法的引入为中国政策过程研究带来了进步，它不仅提供了新的研究视角，而且为政策研究提供了更为精确和有效的工具。通过量化分析，研究者能够更为客观地评估政策效果，精准预测政策趋势，并为政策制定提供坚实的数据支撑。以下是量化分析方法在中国政策过程研究中的主要突破。

第一，量化分析显著提升了政策研究的科学性和客观性。借助统计学和文献计量学等方法，研究者能够量化分析政策文本的内容与外部结构要素，有效避免了定性研究中可能存在的主观偏见和模糊性。这种方法使得政策研究的结果更为可靠，为政策制定提供了更为科学的依据。

第二，量化分析拓宽了政策研究的视野。除了关注政策文本的内容外，量化分析还关注政策发布主体的府际网络关系、政策工具的选择与组合、政策的主要关注点等，为研究者提供了更为全面的政策分析框架。这种全面的分析方法有助于我们更深入地理解政策过程，把握政策制定的关键因素。

第三，量化分析促进了政策研究的跨学科融合。其应用不仅涉及统计学、文献计量学，还涵盖了计算机科学等多个学科的知识和工具。这种跨学科的研究方式打破了传统学科的界限，促进了不同学科之间的交流和融合，为政策研究提供了更为丰富的理论和方法。

第四，量化分析推动了政策量化研究的创新。随着信息技术的飞速发展和数据资源的快速增加，量化分析在政策研究中的应用日益广泛。这种方法的不断创新和发展，为政策量化研究提供了新的思路和手段，推动了政策研究的深入发展。

然而，尽管量化分析方法在中国政策过程研究中实现了某种程度上的突破，但我们仍需认识到其局限性和现存的挑战。量化分析可能过于强调数据的客观性和可重复性，从而忽视了政策制定过程中的主观性和复杂性。此外，量化分析的应用对研究者的技术水平和数据处理能力提出了较高的要求，以防止盲目照搬模型。因此，在应用量化分析方法时，我们应结合实际情况进行综合考虑，充分发挥其优势并克服其局限性。

# 第三节　数据和模型评估

## 一　样本数据评估

在采用量化分析方法考察中国政策过程研究时，样本量的选取显得尤为关键。样本数据的选取通常从两个维度出发：研究区域和时间跨度。研究区域的选择直接影响到政策效应的广泛性和代表性，而时间跨度则决定了研究的深度和历史连续性。从跨区域分析的重要性来看，当前，量化分析方法在政策过程研究中，多采用跨区域分析。这种分析方式能够反映政策在不同地区间的传播和影响，即所谓的"涟漪效应"。政策的制定和实施往往在不同地区展现出不同的效果和反响，通过搜集和对比多个地区的政策数据，学者能够深入探究政策的深层含义和潜在影响。在地理分布上，华东地区作为我国改革开放的先行区和引路者，经济基础雄厚，基础设施完善，人口素质整体较高，成为学者们开展政策研究的热点区域。许多政策在华东地区先行试点，随后推广至中部和西部地区。这不仅反映了华东地区在国家政策制定中的重要地位，也为政策效果的评估提供了丰富的案例和数据。与华东地区相比，西南地区在政策研究中的关注度相对较低。西南地区地处边陲，地形以山地为主，交通不便，对外交往能力有限，这些因素可能导致学者们对该地区政策问题研究的忽视。

在量化分析方法中，数据样本量的类型和大小对于分析政策问题具有决定性作用。当前的研究多依赖于单一时间点的时间序列数据，而较少涉及横截面数据和面板数据。时间序列数据通过在不同时间点收集数据，揭示了现象随时间的演变，为理解政策变化提供了宝贵的视角。尽管时间序列数据能够反映某一事物或现象随时间的变化状态，但在政策研究中，学者们面临着数据收集的挑战。由于获取跨地区或跨层面数据的难度较大，研究者往往只能从同一地区或层面收集数据，这可能限制了研究结果的普遍性和深度。在确定研究的时间跨度时，学者们需要在反映问题内涵的深度和数据收集的可行性之间找到平衡。时间跨度过短可能无法充分揭示政策问题的复杂性，而时间跨度过长则可能增加数据收集的难度，甚至导致关键数据的缺失。因此，10 年左右的时间跨度常被视为一种折中的选择，但也有学者采用 5 年的时间跨度进行研究，尽管这可能带来研究结论的偏差。

在政策过程研究中，一手数据的量化分析扮演着不可或缺的角色。一手数据，即直接从研究对象或现象中收集的数据，能够为研究者提供最直接、最原始的信息，从而使得研究结果更加贴近实际，具有更高的可信度和解释力。然而，在当前政策过程研究中，通过一手数据进行的量化研究相对不足。这种不足可能源于多种因素，包括但不限于数据收集的难度、成本、时间和资源等。此外，政策制定和实施的复杂性也增加了一手数据收集的难度。尽管存在挑战，一手数据的收集也为政策研究提供了独特的机遇。通过深入政策实施现场，研究者能够捕捉到政策影响的细微变化，理解政策执行的实际情况，从而为政策评估和改进提供有力的实证支持。为了拓展政策过程研究的深度和广度，学术界和政策制定者应当共同努力，提高一手数据的收集和利用效率。一手数据在政策过程研究中具有不可替代的价值，通过克服收集过程中的挑战，利用现代技术和跨学科合作，可以显著提高政策研究的质量，为政策制定和实施提供更加科学、有效的依据。

## 二 模型设置评估

在中国政策过程研究中，学者们运用了多种模型来研究政策的执行、创新与扩散以及评估。这些模型的科学性和合理性是确保研究质量的关键。本书从不同的政策议题出发，评估模型设置的科学性和合理性。在政策执行的量化分析中，最小二乘法是学者们常用的一种模型。最小二乘法通过最小化误差的平方和来估计模型参数，从而为政策执行的效果提供量化的评估。回归分析是量化研究中的核心方法之一，它通过建立因变量 Y 与自变量 X 之间的数学模型，来衡量自变量对因变量的影响能力，并预测因变量的发展趋势。这种分析方法不仅帮助研究者理解变量间的数量变化关系，而且为政策制定提供了重要的参考。回归分析的名称源自 19 世纪生物学家高尔顿在遗传学研究中的使用，而其核心技术"最小二乘法"则更早，由 18 世纪的数学家高斯应用于行星轨道的测定。这一方法显示了其在不同领域中的广泛应用和重要性。在回归分析中，如果自变量是定类或定序测量尺度，通常需要将其转换成虚拟变量，以便在模型中使用。这一转换过程是确保模型准确性的重要步骤。研究者通过设定因变量和自变量来确定变量之间的因果关系，并尝试量化描述这种关系。通过求解模型参数并评价模型的拟合度，研究者可以检验各自变量的作用是否符合预期。然而，值得注意的是，统计分析本身并不能确证因果关系。回归分析的主要作用是确认变量间的统计关系，而非直接证明因果性。在理论驱动型的研究中，回归分析必须依赖于坚实的理论和经验支撑。研究者需要在明确的方法论指导下，运用回归分析来探索和验证政策议题。

政策创新与扩散是公共政策研究中的重要议题。学者们通过事件史分析模型来深入探讨这一领域。事件史分析，亦称为生存分析，是由 Berry 夫妇于 1990 年首次引入社会科学研究领域，并迅速得到广泛应用（Berry and Berry，1990）。事件史分析是一种统计方法，用于研究事件发生的时间和影响因素。在这里，"事件"指的是从一种状态到另一种状态的转变，如政策的采纳或创新的实施。该方法通过对个体或总体样本中事件的发生时间进行纵贯记录，来捕捉事件史数据。事件史分析运用离散状态、连续时间的随机模型来分析纵贯性数据。这种分析方法能够更真实地反映事物随时间的变化，并直接探讨因果关系问题（郭志刚，2001）。随着学术界对时间动态和因果机制的重视，事件史分析逐渐成为研究政策创新与扩散的重要方法（埃里森，2017）。

表 8-14 介绍了几种常用的事件史分析模型。事件史分析相比截面数据的一般线性回归分析，其优势在于可以处理删截的情况和随时间变化的解释变量。删截[①]是指有些样本尚未发生所研究的事件。例如，研究初婚年龄与教育、性别、收入之间的关系，如果做 OLS 回归分析，那么纳入分析的都是已经结过婚的人，那些未婚人士的信息则被浪费掉了。此外，如果结过婚的人的收入比未婚人士的收入高，那么 OLS 回归估计出来的收入对初婚年龄的影响就会有偏。基于截面数据的 OLS 回归的另一问题是不能很好地处理随着时间变化的解释变量。例如，收入在随时间而变化，这个变化对于因变量的贡献在 OLS 回归中无法很好地解析（郭志刚，2015）。在这种情况下，进行事件史分析就是必要的。

**表 8-14　常用事件史分析方法概要**

| | 适用情景 | 表达变量关系的主要指标 | 表达整体解释力的主要指标 | 应用注意事项 |
|---|---|---|---|---|
| 离散时间 Logit 模型 | 事件史分析方法之一，属于离散时间模型。因变量是每一个案例在所研究事件发生前经历的时间，即所谓的"生存时间"。$\log\left(\dfrac{p(t)}{1-p(t)}\right) = \beta_0(t) + \beta_1 x_1 + \beta_2 x_2(t)$ 其中，$p(t)$ 是一个案例在时间点 $t$ 发生事件的概率 | 回归系数；风险比（表示相对基准风险率的比例变化，基准风险率是指所有自变量为 0 的观测案例的风险） | 对数似然函数值；似然比卡方 | 依赖于事件史类型的数据。模型设定时要区分是离散时间型还是连续时间型 |

---

① 删截分为左删截和右删截。用 T 代表事件，C 代表调查时间，若 T>C，即事件发生于观察结束之后，也就是调查时很多样本尚未发生该事件，那么这些样本属于右删截。右删截在社会科学研究中比较普遍。左删截是指在研究开始之前，事件就已经发生过了；对于这些样本，研究者只知道事件发生了，但是不知道发生的时间。

续表

| | 适用情景 | 表达变量关系的主要指标 | 表达整体解释力的主要指标 | 应用注意事项 |
|---|---|---|---|---|
| Cox 比例风险模型 | 事件史分析方法之一，属于连续时间模型。因变量是某一事件发生前每一个案例所经历的时间，事件可以是失败、晋升、迁移、投票等。$log h(t) = \beta_0(t) + \beta_1 x_1 + \beta_2 x_2(t)$ 其中，$h(t) = \dfrac{t \text{和} s \text{之间事件发生的概率}}{(s-t)(\text{时间} t \text{以后事件发生的概率})}$ | 回归系数；风险比 | 对数似然函数值；似然比卡方 | 依赖于时间史类型的数据。模型设定时要区分是离散时间型还是连续时间型。事件发生的时间要转化为从观察起始时间点到事件发生时间点的间隔时间。许多文献中事件的发生称为"失败"。在数据格式方面，每一个样本的状态 1＝事件发生，0＝删截发生率＝发生人数／人／月 |
| Weibull 回归 | 事件史分析方法之一。属于连续时间模型。也是比例风险模型中的一类。至事件发生时的时间分布服从 Weibull 分布时使用。$log h(t) = \beta_0(t) + \beta_1 x_1 + \beta_2 x_2(t) + \beta_3 \ln t$ | 回归系数；风险比 | 对数似然函数值；似然比卡方 | 假定存活时间服从 Weibull 分布。与 Cox 回归的区别是对基准风险 $h_0(t)$ 的界定不同。不要求失败概率保持不变，允许其随时间均匀地提升或降低。当存活时间服从指数分布或 Weibull 分布时，指数回归和 Weibull 回归比 Cox 回归更可取。若不符合该分布，则会出现误导 |

資料来源：根据郭志刚．社会统计分析方法：SPSS 软件应用（第二版）[M]．北京：中国人民大学出版社，2015：386~388．和 戴维·K．希尔德布兰德等．社会统计方法与技术 [M]．社会科学文献出版社，2005：535~554．的研究整理。

在事件史分析中，还有风险集和风险率的问题。风险集表示一批可能在不同时点上经历某一事件风险的个体的集合。风险率也常简称为风险。对于离散时间的情况，风险率可解释为在特定时间某一特定的个体发生某一事件的概率；对于连续时间的情况，风险率可以解释为每一个体在时间 t 到 s 这一时间间隔内发生某一事件的概率。两种风险率的前提是这个特定的个体在这一时间有可能经历事件，即处于风险集中。离散时间与连续时间的区别主要表现在时间单位上；如时间单位很大，则称为离散时间；如时间单位小，则称为连续时间。离散时间通常是年或更长的时间单位。如果时间单位是月、星期或者更小的单位，则称为连续时间。确定了时间单位，就可以运用离散或连续的时间模型了。

在政策评估领域，PMC 指数模型已成为一种重要的评估工具。由 Ruiz Estrada 首次提出的 PMC 指数模型，通过一系列标准化步骤，包括多投入-产出表的构建、变量参数的设定、PMC 指数的计算以及 PMC 曲面的绘制，为政策效果的量化分析提供了一种新的视角。最初，PMC 指数模型主要应用于经济政策的评估（Estrada，2011）。随后，中国学者张永安将其引入国内（张永安、耿喆，2015），并结合文本挖掘技术，对新能源汽车补贴政策进行了量化评价（张永安、周怡园，2017）。这种结合文本挖掘的 PMC 指数模型方法，不仅提高了变量设置的客观性和精确性，也在研究中得到广泛应用，并逐步发展成熟。国内学者对 PMC 指数模型的应用主要分为三个领域：经济政策、产业政策和民生政策。在经济政策方面，如金融和众创空间政策的量化评价（臧维等，2018）；在产业政策方面，如国产芯片和机器人产业的发展研究（胡峰等，2020）；在民生政策方面，如对保障性住房政策的分析，都体现了 PMC 指数模型的广泛应用和深化（方永恒、陈友倩，2019）。PMC 指数模型的应用经历了由探索到深化、由单领域到多领域的发展过程。其整体应用流程现已初步规范，其优势也得到了学界的认可。首先，该模型能够全方位考虑各种影响因素，避免评估的片面性。其次，结合文本挖掘的方法确保了变量设置的客观性和精确性。最后，PMC 指数模型不仅可以反映政策内部的一致性水平，还可以直观展现政策的优势与不足，为政策量化研究提供了新的思路和方法。

## 第四节　量化分析方法的展望及未来走向：更好的数据，更好的理论

### 一　更好的数据

在中国政策过程研究中，学者们经常遭遇样本数据受限的困境，这一

限制阻碍了他们对研究问题的深入剖析，并可能导致结论的片面性，进而削弱研究的客观性和真实性。为了克服这一困境，提升研究设计的严谨性，并提升结论的说服力和可信性，拓宽样本数据的获取渠道显得尤为关键。可从以下方面优化数据获取渠道。首先，政府部门数据开放是至关重要的一环。政府部门在保护国家机密信息不受侵害的前提下，应积极推动数据开放政策，通过官方渠道向学术界提供更广泛、更深入的数据资源。这不仅有助于学者们从更加宏观和微观的层面剖析社会问题，还能提升政府的透明度和公信力，促进公众对政策决策过程的理解与信任。其次，一手数据的收集是不可或缺的。学者们应设计科学合理的调查问卷，针对政策制定或执行过程中的关键部门和人员展开深入的调查与访谈，以获取第一手资料。政府部门工作人员在遵守相关规章条例的前提下，应积极配合和支持学术研究工作，确保数据的真实性和研究的科学性。同时，建立一手数据系统对于政策研究具有长远意义。通过大数据集成或大型调查计划，可以系统地收集和分析数据，为政策研究提供强有力的支撑。

在建立一手数据系统的过程中，成熟的理论指导至关重要。完备的理论基础不仅为数据收集提供了明确的方向和方法，还为数据分析提供了有力的框架。理论能够指导研究者从复杂的现象中提炼出本质问题，并为解释数据背后的深层次关系提供有力支撑。同时，随着数据规模的不断扩大和复杂性的提升，传统的数据处理方法已经无法满足需求。因此，引入机器学习等现代数据处理技术对于提升数据分析的深度和广度具有重要意义。这些技术能够处理大规模数据集，发现数据间的复杂关系，为政策研究提供新的视角和深入见解。此外，还需要强调跨学科合作的重要性。政策研究涉及多个学科领域的知识和方法，因此加强跨学科合作有助于打破学科壁垒，实现资源共享和优势互补。通过跨学科合作，可以引入其他学科的理论和方法来丰富政策研究的视角和工具，提升研究的全面性和创新性。

总之，为了提升中国政策过程研究的严谨性和可信度，需要拓宽样本数据的获取渠道并提升数据处理和分析能力。政府部门数据开放、一手数据收集、跨学科合作以及现代数据处理技术的应用都是实现这一目标的重要手段。通过不断优化数据获取和处理策略，我们可以为政策研究提供更加可靠和有力的支持。

## 二 更丰富的方法

在中国政策过程研究中，量化分析方法的应用是不可或缺的，但当前学者们在使用这些方法时往往存在局限性，即一种方法经常仅针对某一特定的政策议题。为了更全面、深入地理解中国政策过程，我们需要对现有的量化分析方法进行拓展和丰富，并考虑使用混合研究方法。

首先，关于量化分析方法，普通最小二乘法、事件史分析法和PMC指数模型等是学者们常用的工具。普通最小二乘法在分析政策执行情况时，通过建立线性模型，研究自变量与因变量之间的关系，从而评估政策的实施效果。事件史分析法则侧重于分析政策事件的发生、发展和变化过程，特别适用于政策创新与扩散议题。PMC指数模型和多期双重差分模型则被应用于政策评估议题。然而，每种方法都有其局限性和适用范围。因此，学者们不应局限于使用某一种研究方法去分析某一政策议题。如在政策评估议题中，除了PMC指数模型和多期双重差分模型外，还可以考虑使用其他方法，如结构方程模型，以更全面地评估政策效果。在政策创新与扩散议题中，除了事件史分析模型外，还可以结合社会网络分析等方法，探讨政策创新在不同社会网络中的扩散机制和规律。

其次，混合研究方法也应被考虑在内。混合研究方法结合了量化研究和质性研究的优点，能够更全面地揭示政策过程的复杂性和多样性。具体而言，混合研究方法可以从以下方面进行考虑。第一，在量化分析方法中引入更多和更成熟的质性研究设计。这有助于将理论基础和机制与中国实际情况相结合，实现中国化和更新。如在使用OLS模型分析政策执行情况时，可以结合深度访谈和案例研究等质性方法，深入了解政策执行过程中出现的问题和挑战，为模型修正和优化提供实证依据。第二，进行案例研究和建立案例库。通过收集和分析大量案例数据，可以实现案例数据的结构化和大数据化，为政策研究提供丰富的实证素材。案例研究不仅可以揭示政策过程中的微观机制和细节，还可以为量化分析方法提供验证和补充。第三，引入更多的资料和数据分析方法。如网络分析、文本挖掘等现代数据分析技术，可以进一步拓展政策研究的数据分析模型。这些技术能够处理大规模、复杂的数据集，发现数据之间的潜在关联，为政策研究提供新的视角和见解。总之，在中国政策过程研究中，我们需要不断丰富和拓展量化分析方法，并考虑使用混合研究方法。这有助于我们更全面、深入地理解政策过程的复杂性和多样性，为政策制定和实施提供更加科学、有效的依据。

### 三　更多的政策领域

从当前来看，中国政策过程研究在量化分析方法的应用上确实存在一定的领域倾向性。当前，学者们在政策执行、政策创新与扩散以及政策评估等议题领域广泛采用量化分析方法，通过数据分析和模型构建来探寻政策效果，揭示政策背后的深层原因。然而，在政策变迁、政策制定、政策议程设置和政策设计等议题领域，量化分析方法的应用相对较少，这在一定程度上限制了我们对这些政策议题的深入理解和全面分析。为了更全面地理解中国政策过程，学者们有必要将量化分析方法拓宽到以上政策议题领域。这不仅可以提升政策研究的科学性和系统性，还有助于我们更准确地把握政策变迁的规律、政策制定的过程、政策议程设置的机制以及政策设计的原理。通过科学合理的量化分析，我们可以更深入地揭示政策问题的因果关系，为政策制定和实施提供更加精准和有效的指导。

然而，目前所存在的量化分析方法在研究政策变迁、政策制定、政策议程设置和政策设计等议题领域时可能存在一定的局限性。因此，学者们未来的研究方向可以部分地致力于拓宽量化分析方法的应用范围，以适应这些政策议题领域的特点和需求。这包括但不限于开发新的量化分析工具、完善现有的量化模型、构建适合这些政策议题领域的数据库等。特别值得强调的是，针对大量的政策建立数据库是拓展量化分析方法的重要基础。这包括文本库和数据库的建设，旨在收集、整理和分析与政策相关的各种数据和信息。通过构建完善的数据库，我们可以实现跨政策系统的比较分析，探索不同政策之间的共性和差异，为政策制定和评估提供更加全面和深入的参考。

总之，将量化分析方法拓宽到政策变迁、政策制定、政策议程设置和政策设计等议题领域，是提升中国政策过程研究水平的重要途径。学者们应积极探索和尝试新的量化分析方法，为政策研究提供更加科学、系统和有效的支持。同时，加强数据库建设也是实现这一目标的重要途径。

# 结　语

本章采用系统性文献综述的研究方法，对中国 20 多年来政策文献中量化分析方法的应用进行了全面回顾和深入评估。通过对当前文献的梳理，意在清晰揭示量化分析方法在中国政策过程研究中的应用现状，并把握最新的研究进展。这一努力旨在探索未来的研究方向，为推进中国政策研究领域提供有益的理论指导和启示。研究表明，在中国政策过程研究中，政策执行、政策创新与扩散以及政策评估等议题领域较为广泛地采用了量化分析方法，并取得了丰富的研究成果。这些研究不仅推动了中国政策的发展进程，也极大地丰富了政策研究的分析方法，提高了研究的科学性和系统性。然而，值得注意的是，在政策变迁、政策制定、政策议程设置和政策设计等议题领域，量化分析方法的应用相对较少，导致相关学术成果较为稀缺。这一现象可能限制了我们对这些政策议题领域的深入理解和全面分析。因此，未来的中国政策过程研究需要学者们进一步丰富和拓展量化分析方法的应用，使更多的政策议题领域能够借助科学的方法开展研究，从而推动公共政策科学的持续发展和进步。

当然，本章的研究也存在一些不足之处。首先，由于量化分析方法的政策文献数量庞大，在搜集过程中可能遗漏了部分文献。其次，在分析量化方法应用较为广泛的政策议题领域时，可能忽略了部分研究样本较少的议题领域。最后，在评估过程中，难以完全避免主观性的存在。针对这些不足，我们将继续改进研究方法和手段，提高研究的全面性和准确性。随着政策研究的不断深入和量化分析方法的不断完善，我们相信，量化分析方法将在中国政策过程研究中发挥更加重要的作用，为推动中国政策过程研究的发展做出更大的贡献。

# 第九章　中国政策过程研究中的文本分析法：整体评估

## 引　言

随着数据时代的快速进展，社会科学研究范式正在经历一场深刻的变革（Tansley and Tolle，2009）。在这波研究革新中，文本数据起到了尤为关键的作用。一方面，从政策文件、法律文件到历史档案、宣传材料，再到社交媒体文本、访谈记录和群众评论等，多样化的文本数据为研究者提供了更加多元化的实证研究素材和研究视角（黄萃、吕立远，2020）。另一方面，文本大数据技术的发展推动着社会科学理论与实证研究的发展，使以往缺乏数据证据或难以建立关联的领域又有了新的研究空间（陶鹏、初春，2022）。文本大数据技术的进步不仅使不同形式的知识和信息载体可以被有效地转换和处理，更为全面理解、深入挖掘政策文本的内涵提供了有效的技术保障（刘石、李飞跃，2021）。鉴于此，文本分析法为研究者提供了新的工具和视角，使得政策研究能够更加深入和全面，其在公共管理和公共政策领域的应用逐渐成为重要议题（吴泠茜、马海群，2023）。

在互联网时代，传统分析方法已无法有效应对一些社会科学研究问题。同时，无论是基于政策文本的分析还是对于区域性个案的研究都缺乏深入的实证分析。鉴于此，社会科学研究，特别是中国政策过程研究的方法变革十分必要。

在近十年，文本分析技术在政治学、公共管理学领域逐渐显出现其独特优势，特别是在基于自然语言处理技术的定量分析领域（Fréchet et al.，2020）。文本分析法在信息提取与分类中的应用展现了其强大的处理能力。利用自然语言处理（NLP）技术，研究人员可以从非结构化文本中自动提取关键信息（马宝君等，2018）。结合了计算机科学的文本分析法打破了政治科学研究的壁垒，为大规模政治政策文本文档的深入分析提供了可能（Hollibaugh，2019）。这些技术的进步为社会科学研究开辟了新天地。例如，文本分析法可以系统地识别政策文本中的主题、关键词和重要概念，有效提高数据处理的准确性和效率。这一方法不仅能有效整理和分析大量政策文本，还能帮助研究者更深入地理解政策内容及其演变过程（邓雪琳，2015）。更重要的是，由于对数据资料的非介入性，文本分析法在操作过程中不需要任何回应者。其也是所有社会科学研究方法中唯一不受时空限制的方法。分析者可以选择在更有利的时间和空间展开研究，因而在研究方法上独具优势（孙高峰，2018）。

同样，推动文本分析法在中国政策分析过程中的应用也具有重要意义。文本分析法能够系统、精准地处理和分析大量政策文本，填补传统方法在数据处理和实证分析方面的不足，为政策过程分析提供深层次的实证支持。这不仅增进了对中国政策内容和演变过程的理解，还推动了社会科学研究方法的创新和发展。通过自然语言处理技术，研究者可以对中国政策文本进行自动化和实时分析，准确把握政策方向、主题范畴及其变化，提供更为细致和全面的政策解释。这对于中国政策制定和公共管理实践具有重要的理论和实践意义，推动了政策研究系统性、科学性和前瞻性的提升。因此，深入探讨和评估文本分析法在中国政策研究中的应用，是提升政策研究质量和效能、支持科学决策和公共管理创新的关键途径。

本章通过文献梳理和整合，全面分析了文本分析法在中国政策过程研究中的应用，并对这些研究进行了综合评估，旨在明确文本分析法在中国政策分析中的适用场景和必要条件，同时对其未来的发展方向进行预测，为研究者和读者提供参考。

# 第一节　文本分析与政策过程研究：概述

## 一　文本分析法概述

文本分析法通过综合语言学的技术手段，深入挖掘文本的内涵和潜在意义，是一种高效的分析工具（孙壮志，2015）。其通过系统分析、比较和归纳文本所蕴含的内容，以实现文本阐释和评析（杨慧，2023）。从方法来看，对文本的分析已不算一种前沿的研究方法，传统的文献分析方法是人文社会科学研究"工具箱"中的成熟方法之一。而在公共政策研究领域，文本分析方法具有更强的主题针对性和方法普适特性（李钢等，2007），尤为适合政策文本内容的研究（Cardno，2018）。相较问卷调查法，文本分析采用二手资料，既能够保证研究资料的可靠性，又能够降低获取数据的时间与成本（吴建南等，2007）。同时，现代计算机技术的革新也为文本分析法的资料获取模式带来了创新。在此背景下，文本分析法正在改变政治、政策科学研究范式，学者们现在有能力使用更科学的工具来探索与政治相关的文本，也为新的研究问题打开了大门（Wilkerson and Casas，2017）。随着公共政策知识体系的复杂丰富，政策文本分析方法也会变得多样化、复杂化和具体化。

## 二　政策文本分析与公共政策研究

在政治世界，某些政治权力主体为了实现政治意图和自我保护，常常隐藏决策的真实信息（Chilton，2004）。政策制定与执行过程蕴含着政治目的真实的形成和运行"轨迹"。政策研究者渴望深入政策过程，打开决策和执行的过程和机制"黑箱"（杨慧，2023）。政策文本研究提供了一种有效探究公共政策过程的理想视角。同时，凡是能够反映公共政策的相关文献与文本数据皆可视为公共政策文本（任弢等，2017）。政策文本的形成与运行过程是观测政府意图的合理指标（Horkheime，1974）。政策文本作为可查阅的正式且全面的政府行为文字，记录了政策在面对内部或外部压力时所做出的调整与应对策略（涂端午，2009）。

从研究范式来看，可以将文本分析在公共政策研究领域的应用过程分为三个演变阶段：解释主义、实证主义和后实证主义。解释主义主要应用于政策文本分析的初期阶段，研究者使用基础的文本解读等质性研究方法进行政策分析（黄萃、吕立远，2020）。在解释主义范式的影响下，研究者通过在特定政策环境下进行文本观察和逻辑推理，深入理解政策制定者的真实意图。其中，研究者的主观意识不可避免地影响研究过程，从而可能影响理论建构的客观性和对社会事实真实性的反映（杨慧，2023）。20 世纪中叶，实证主义在社会科学研究中逐渐占据主导地位，学者开始针对政策文本的内容特征展开定量研究（米加宁等，2018）。通过将文本内容编码，复杂的信息被整理为系统化的类目数据，从而大幅提升了文本数据的有效性。在后实证主义阶段，研究者开始结合定量研究与定性研究，推动了混合研究方法的开展（阙祥才，2016）。混合方法给公共政策分析的科学性和合理性带来了突破式进展。

### 三　文本分析在政策分析过程中的应用

在政策分析领域，文本分析方法的应用日益广泛，为学者提供了强有力的分析工具。这些方法不仅提升了研究的效率和科学性，也丰富了对政策过程的理解。文本分析法在政策分析过程中常用的四种数据分析方法是政策话语分析、政策内容分析、政策文本计量分析和政策文本挖掘。本章通过深入探讨这些方法的理论基础及其在政策分析中的具体应用，可以更全面地认识和利用这些工具，从而为公共政策研究提供更有力的支持。

#### （一）政策话语分析

话语（Discourse）主要指语言在特定社会情境下的使用和表达形式（杨正联，2006）。话语分析建立在语言学基础之上，随后扩展到社会科学研究中。话语分析关注言说主体、言说对象以及语境之间的关联。与传统语言分析不同，话语分析不仅研究词句和语法规则，也关注语言所处的社会情境（吕源、彭长桂，2012）。其不仅揭示了语言使用特征及其与社会形态和活动的关系，也加深了对社会机制和变化规律的理解（朱永生，2003）。语言的结构、语法和文字的呈现方式反映了人们对于事物认知、重视和理解的变化（Carroll et al.，2012）。正确分析行动者的外在语言，就能合乎逻辑地推断出其潜在内涵与意义（陈振明、黄颖轩，2018）。

相应地，政策话语分析的应用逐渐在公共政策研究中呈现出来（White，1994）。公共政策话语是政治系统中重要的信息输出，其可以转化为固定文本，从而使得政策话语分析成为可能（姜晓萍、郭宁，2020）。按照弗兰克·费希尔（Frank Fischer）在《重塑公共政策：话语政治与协商实践》一书中的界定，政策话语分析以建构主义、现象学、诠释学为基础，通过对相关政策文本、口头表达、历史事件、辩论等一系列语言和非语言材料进行文本研究，展现政策问题的意义和建构过程（Fischer，2003）。政策话语分析通过对外在的话语符号——格式相对固定的政策文本进行分析，能较为直观地观察政策话语主体所体现的政策意图（李雪伟，2020）。其还可以结合政策文本与所处语境，让研究者"走进"文本内容的社会背景，剖析政策话语体系的建构过程。因此，政策话语分析可以有效揭示政策过程中"言语主体"所要达成的政策意涵，以及通过政策话语需要实现的"以言行事"和"以言取效"的政治目标（李雪伟，2020）。

### （二）政策内容分析

政策内容分析法是用于分析和解读政策文本内容和结构的一种系统性方法。近年来，公共管理领域的研究常常通过编码对政策文本内容的语义进行分析，揭示政策在某个特定领域或时间段的结构特征、演变规律以及发展趋势（吕志奎、刘洋，2021）。传统的内容分析法通过对所抽取的重要文本内容进行编码，将冗长、复杂的文本内容整理为具有特定类目系统化编码信息。传统内容分析法适用于那些元素清晰出现、可以直接计数、关键字词句明显、编码简单明了的文本。研究者只需关注相关内容是否出现，并进行词频、词与词之间的相关性及因子分析等统计性分析。

随着计算机技术的发展，政策内容分析法开始向科学化、高效化方向转变。自然语言处理（NLP）技术的发展是这一转变的核心驱动力之一。自然语言处理技术使得计算机能够理解和处理自然语言，通过分词、词性标注和命名实体识别等技术手段，将文本内容结构化，为进一步的量化分析奠定了坚实的基础。通过这些技术，计算机可以将非结构化的文本数据转化为结构化的数据形式，使得政策文本的内容能够被系统地分析和解读。

相比其他科学研究方法，如基于问卷调查进行的定量研究或基于田野调查的案例研究，政策内容分析法具有一些显著优势（吴建南等，2007）。首先，政策内容分析法是一种非直接介入的方法，帮助研究者保持客观中立。其次，它能够处理大量且长期的数据，帮助研究者解释研究对象在较长时期内的变化趋势。最后，内容分析法允许反复"试错"。问卷调查发出后难以修改问题，而内容分析中，研究人员可以多次使用不同的研究问题和分析框架对相同数据进行重新编码和分析。此外，政策内容分析法在资料和数据获取上具有优势，所需内容多为公开资料，获取方便。这些优势使政策内容分析法在社会科学研究中更加灵活，适应性强，拓展了研究的深度和广度。

同理，政策内容分析法在公共政策研究和公共管理领域尤为重要，其能够提供丰富的洞见和实用的建议。随着研究问题的多元化，政策文本内容分析将不仅依赖于传统的定性和定量分析方法，还需要借助混合方法研究的理念。这种方法在单一研究或调查过程中，同时使用定性和定量路径来收集和分析数据，并整合研究结果以得出结论。政策文本的混合分析需要基于自然科学与人文社会科学的融合，研究活动与实践情境的互动，以及多维联系的复杂性思维等理念，进行实际应用。

### （三）政策文本计量分析

政策文本计量分析起源于政策文献计量。1969 年"文献计量学"（Bibliometrics）出现，代替了文献统计学，随后，在发展的过程中，文献计量学广泛吸收了社会学、数学、物理等学科的理论与技术，不断完善自身理论基础和知识体系。2015 年，"政策文献计量"（Policimetrics）的概念开始出现，由文献计量学研究方法衍变而来的政策文献计量逐渐发展起来（李江等，2015）。政策文献计量法是一种量化政策文献的结构性分析方法，其实质是文献计量法在政策文献、文本分析中的运用，更侧重于考查政策文献文本的外部结构要素（李江等，2015）。因此，本章将政策文献计量法统称为政策文本计量分析法。

政策文本计量分析法主要是采用文献计量的基本理论与方法，基于已有政策文本数据库或政策文本语料库，从政策主题分布、政策发布时间序列分布、政策引证以及政策主体关系等维度对政策文本进行计量分析。政策文本计量分析可以深入挖掘政策文本的潜在含义，通过将不同时期非结构化的文本内容转化为定量数据，从而对政策文本进行客观系统的描述，以揭示政策文本各要素的结构化分布特征、政策的演变规律及发展特征（李少惠、王婷，2019）。近年来，政策文本计量分析法逐渐被应用于多个领域。与其他量化研究方法相比，政策文本计量分析较少受到研究者和被访者的主观影响，而且对非结构化资料具有可接受性（谭海波等，2021）。

总的来说，随着数据分析技术的不断进步，政策文本计量分析将更加精确和广泛地应用于各类政策研究领域，尤其是在应对复杂社会问题和多元治理结构方面。通过进一步优化和创新分析方法，可以期待政策文本计量分析在提升政策制定和实施的科学性和有效性方面发挥更大作用，推动公共管理和政策研究向数据驱动和精细化方向发展。

**（四）政策文本挖掘**

文本挖掘（Text Mining）是以信息系统领域中的语言学与数理统计中的基本统计分析为理论基础，结合机器学习和信息检索技术，通过对文本内容的策略性提取，最终转化为大众易于理解的"知识"的过程（马宝君等，2018）。文本内容挖掘方法遵循实证主义范式，对语言进行逻辑分析，关注语言用法、语言产生的经验场景和使用背景。它集成了自然语言处理中的文本表示模型以及计算机的多项技术，能够归纳文本的语法和语义类信息，在分析中根据上下文信息获取文本词语之间的关联度。文本挖掘和自然语言处理技术为分析数字政府计划和政策科学研究领域的政策文本提供了新的工具。作为对大规模文本集进行阅读和系统分析的自动化分析方法，文本内容挖掘可以借助一系列计算机手段对文本内的一些主题词进行结构化分析。虽然在主题词选取部分也延续了传统内容分析方法中依赖研究者对文本内容进行部分诠释的做法，但文本内容挖掘弥补了传统内容分析无法考查词语在文本环境中存在的语义结构关系这一缺憾。例如，想要知道当地新闻报道的态度是正向还是负向，就需要推断每篇报道的类别，了解不同类别文本的总体分布情况（Eshbaugh-Soha，2010）。

此外，文本内容挖掘方法可以实现大规模政策文本特征的自动归纳和演变趋势的自动分析。仅靠人工阅读文本并做出推断既耗费时间又耗费资源，而文本内容挖掘这种自动分析方法可以通过词典法和监督学习方法降低文本分类的成本。例如，K-means 聚类的应用能够按照不同的维度对政策文本数据进行主题分析，得出不同内容、性质和效力的政策在发展各阶段表现出的差异性和失配特征，并提炼政策演化规律（张宝建，2019）。相较于政策文本内容分析和政策文本计量分析，文本内容挖掘方法在政策领域中的应用能捕捉到政策文本所传达的潜在语义，特别是意识形态、政策倾向和态度。例如，李青和钱再见（2021）通过文本内容挖掘工具对 1949 年以来颁布的 669 项农业政策进行了分析。工具揭示了不同阶段政策文本中的高频词汇和核心议题变化，如集体化时期（1949~1977 年）的"农业""社员""土地"，和税费改革时期（2003~2012 年）的"农业""发展""建设""现代化"，这些变化反映了政策的意识形态和倾向。通过文本挖掘方法捕捉到的这些变化及其深层逻辑，如国家与农民利益的调整和政策环境的合力推进，充分体现了文本内容挖掘在政策研究中的优势。

文本挖掘在公共管理领域中的应用丰富而多样。政策文本挖掘方法已经在政府响应（王磊、易扬，2022）、公共政策研究（李青、钱再见，2021）、制度创新（李娉、杨宏山，2020）等领域得到了广泛的应用。然而，如何更好地在公共管理领域应用信息领域的研究方法，是否还存在更为有效的建模方式，这些问题有待学者们进行更深入的探索。

## 四 文本分析法与中国政策过程研究

21世纪初期，随着我国政府体系的日益复杂和多样化，传统的政策分析方法难以应对大量的政策文本和数据。政策文本是我国政府执政与治理过程中重要的政治现象，承担着政治控制、蓝图规划、行为规范、任务布置和信息传递的功能（程翔等，2021）。这些文本是理解政策制定主体、政策覆盖目标、政策意图和政策手段的依据，也为探索各类政策发展过程提供了新的视角，成为研究者观察政府行为和决策过程的合理切入点（王颖、王梦，2020）。与此同时，在国际上，文本分析法已经被广泛应用于政策研究和分析。中国的学者借鉴了这些国际经验，将文本分析法逐步应用到中国的政策分析过程中，为我们理解和分析多元化的政策文本提供了新的工具。

特别是针对政策文本内容的研究（Cardno，2018），研究者可以通过对政策文本中主体、客体、目标、工具等进行分析，整体把握该领域的政策趋向与发展脉络。因此，对政策文本的有效分析是提高我国政策研究科学性和精准性的关键。诸多学者分别从政策文本解读和政策文本量化的角度对各领域的政策进行了分析（吴泠茜、马海群，2023）。如在互联网信息服务治理机构间关系的研究方面，我国治理监管机构多元且复杂，不同的管理机构或独立或合作发布了一系列政策文件（Yang and Mueller，2014），因此给治理机构关系的系统化分析带来了挑战。文本分析法可以将这些文本中的结构性要素提取出来进行结构化编码，用以表明发文机构之间客观的关系数据；通过对关系数据的量化分析，进而考察不同发文机构之间的互动关系（魏娜等，2019）。这种应用不但能加深学界对互联网信息服务领域的研究，而且还可以进一步丰富机构间关系研究的政策文本分析方法。

现阶段，随着技术的进步，大数据文本挖掘技术已经可以在各种各样的获取平台上使用，包括城市留言板、微博、公众号和知乎等社交媒体平台上的文本，以及访谈记录、公开演讲、新闻稿和政策文件等相关文本。利用大数据，研究者可以在互联网平台上进行推断，建构具有代表性的在线调查样本（Zhang，2019）。这使得文本分析法在中国政策的全面分析过程中能够发挥更为显著的作用。通过整合多样化的数据来源，研究者可以更加全面、深入地理解政策文本的内涵和外延，识别政策制定和实施过程中的关键因素，从而更好地服务于政策制定和评估，推动政策研究的不断发展和创新。

鉴于此，在大数据时代，公共管理和公共政策领域的文本分析应充分利用现代计算方法与传统质性方法的优势，推动混合方法研究的深入发展，从而真正实现文本分析方法在公共政策过程研究中的应用价值最大化。我国公共政策研究正面临着学科建设和研究范式转型的挑战。公共政策发展实践不断要求有关政策的研究者拿出有说服力的实证分析方法，对政策发展的实际过程提供更为细致、精确和定量化的分析，以利于公共政策的决策者和制定者能够正确地把握施政方针运行的未来趋势。基于上述背景，接下来我们将重点评估文本分析方法在中国政策过程研究中的具体应用。我们将全面梳理和评估近年来使用文本分析法进行中国政策分析过程研究的成果。这一部分不仅展示了文本分析在中国政策研究中的具体应用，还评估了其在不同研究议题下的适用性和有效性，从而为进一步提升文本分析法在中国政策研究中的应用质量奠定坚实的基础。

# 第二节　研究方法与数据分析

## 一　研究方法与数据来源

为全面评估文本分析方法在中国政策过程研究中的应用，本章将通过系统性文献综述，对使用文本分析方法的中国政策过程研究成果进行收集、筛选、编码和分析。与传统叙述性文献综述相比，系统性文献综述通过标准化程序识别、筛选和评估文献，能够在一定程度上避免主观标准选择样本偏差而导致的结果误差，具有可复制性和结构化特征。通过系统性文献综述，本章拟解决以下问题：第一，20 多年来，该领域的研究具有什么样的特点；第二，分析中国政策过程中文本分析应用的议题，了解研究现状，评估研究成果的知识贡献；第三，基于中国政策过程中应用文本分析的文献，分析其特征和议题，评估研究进展，并展望该领域未来的研究方向。

本章以 2023 年 SSCI 收录的公共管理学、公共政策学、政治学和亚洲区域研究英文期刊（48 本），以及 CSSCI 收录的政治学、管理学中文期刊（169 本）为数据来源，中文文献以 2000~2023 年、英文文献以 1990~2023 年作为检索起止时间，对以上期刊中有关中国政策过程的文献进行了地毯式检索。检索的文献类型仅为正式发表的研究论文，不包括评论、观点集、短论、观点、书评、会议综述和博士学位论文摘要等。经过人工筛选，初步获得 2239 篇论文。其中，"政策过程文本分析"领域的论文有 213 篇（中文 196 篇，英文 17 篇），出自 81 本期刊（中文 69 本，英文 12 本）。根据以上标准，这 213 篇文献构成了本章的数据集。

本章借鉴国内外学者的研究评估指标，对中国政策过程文本分析研究的应用进行编码，从 11 个指标出发构建编码框，即论文发表的时间、研究问题的属性、研究目的、研究议题、研究主体、研究领域、核心理论目标贡献、研究方法、资料收集方式、数据时间跨度和研究区域。进一步，本章将在描述性统计分析的基础上系统总结中国政策过程文本分析研究应用的主要议题，包括核心理论目标和贡献、数据的时间跨度和研究区域等维度，揭示文本分析法在中国政策分析过程中的应用现状，以期为国内外相关议题提供借鉴，明确未来的研究方向。

## 二 数据分析结果

### （一）基本情况评估

1. 年发文量

为了解中国政策分析过程中量化研究方法的应用现状，本章首先对 20 余年来使用文本研究方法的论文分布情况进行了描述性统计分析（见图 9-1）。发文数量的变化清晰地表达了使用文本分析法研究中国政策过程的研究热度的变迁。2000~2007 年，发文量较低，这表明政策文本分析在中国的学术界尚处于初步探索阶段。在此期间，政策文本分析法逐步被学界认知与接纳。

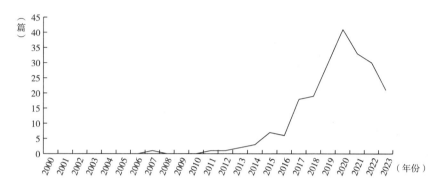

图 9-1　中国政策分析过程中使用文本分析法论文的年发文量

资料来源：作者自制。

2008～2014 年，发文数量呈上升趋势，这一时期标志着政策文本分析研究由初步探索过渡到系统发展阶段。研究者开始关注政策文本的深层意义及其在政策制定过程中的作用，研究视角逐渐从宏观政策解读转向微观文本分析，政策文本分析的研究方法也更加多样化。

2015～2019 年，发文量显著增长，达到研究的高峰，反映出学术界对政策文本分析的高度重视和广泛应用。在这一阶段，研究成果不仅数量增加，而且研究深度和广度均有显著提升。学者们开始采用更为复杂的定量分析技术与定性评述相结合的方法，以揭示政策文本中的隐含意义和潜在价值，深入探讨政策的影响力和效果。

2020 年的发文量达到顶峰，显示出该研究领域的极大热度和成熟度。在此之后，发文量开始逐渐下降。整体而言，文本分析法在中国政策过程研究中的应用显示了从初步探索到深入发展的全面进步，而这一趋势的未来发展将依赖于学术界对研究方法的不断革新与对现实政策问题的深入解读。

2. 期刊来源

本章进一步分析了论文的期刊来源。如表 9-1 所示，《中国行政管理》是该领域最活跃的期刊，共发表了 38 篇论文。这一数量不仅反映了该期刊在公共管理、公共政策研究领域中的领先地位，也表明了文本分析法在分析和解释政策文本方面的广泛应用及其重要性。《公共管理学报》和《公共行政评论》分别以 21 篇和 18 篇的发表量位居其后，显示出公共管理领域对于利用文本分析方法来分析政策研究的重视。在《公共管理与政策评论》《北京行政学院学报》和《中国软科学》等期刊中，虽然发文数量相对较少，但这些研究在特定的政策分析领域中展现了文本分析的独特应用。这表明在更为细分的研究领域中，文本分析方法同样具有较高的适用性和有效性。

国际期刊如 *Journal of Contemporary China* 虽然在发文数量上不多，但它们的研究为国际学术界提供了理解中国政策动态的新视角。通过在国际期刊中应用文本分析法，研究者不仅能够将中国的政策研究成果介绍给全球，还能在国际学术讨论中提供中国政策分析的重要视角。

总体而言，文本分析方法在中国政策研究中已成为一个重要的研究工具。从公共管理到政策研究，再到特定的政策问题分析，文本分析在各个层面上都显示了其强大的分析能力。随着技术的进步，特别是在自然语言处理和机器学习领域的发展，预计未来文本分析在政策研究中的应用将更加深入和广泛。这不仅将提高政策研究的质量和效率，还将促进政策制定过程的透明化和民主化。

表 9-1　中国政策分析过程中使用文本分析法论文的期刊来源

单位：篇

| 期刊 | 发文量 |
| --- | --- |
| 中国行政管理 | 38 |
| 公共管理学报 | 21 |
| 公共行政评论 | 18 |
| 公共管理与政策评论 | 12 |
| 北京行政学院学报 | 8 |
| 甘肃行政学院学报 | 6 |
| 东北大学学报（社会科学版） | 5 |
| 行政论坛 | 5 |
| 中国软科学 | 5 |
| *Journal of Contemporary China* | 3 |
| 南通大学学报 | 3 |

续表

| 期刊 | 发文量 |
|---|---|
| 深圳大学学报 | 3 |
| 中国人口·资源与环境 | 3 |

资料来源：作者自制。

### 3. 议题领域

文本分析方法在中国政策分析过程中被应用于多种政策议题。为分析文本分析方法在中国政策过程研究中的议题分布情况，本章对 213 篇样本数据进行了政策议题分类（如表 9-2 所示）。在中国政策分析过程中，文本分析方法应用较为广泛的议题领域包括政策变迁（87 篇），政策设计（整合、工具）（66 篇），政策评估（包括效果、反馈、态度等，以及终结）（44篇）和政策执行（41 篇）。此外，政策创新与扩散（36 篇）、政策制定-决策（32 篇）和政策议程设置（25 篇）等领域也有一定数量的研究。在其他议题（10 篇）领域和整体的政策过程（9 篇）中使用文本分析方法的研究较少。

表 9-2　中国政策分析过程中使用文本分析法论文的政策议题分布

单位：篇

| 议题领域 | 发文量 |
|---|---|
| 政策变迁 | 87 |
| 政策设计（整合、工具） | 66 |
| 政策评估（包括效果、反馈、态度等，以及终结） | 44 |
| 政策执行 | 41 |
| 政策创新与扩散 | 36 |
| 政策制定-决策 | 32 |
| 政策议程设置 | 25 |
| 其他 | 10 |
| 整体的政策过程 | 9 |

资料来源：作者自制。

### 4. 政策领域

从政策领域分布来看，如图 9-2 所示，文本分析法在中国政策过程研究中的应用领域分布存在明显差异。应用最广泛的领域是社会政策，占比

34.3%，其次是无经验性政策领域，占比 19.7%。应用最少的领域是跨政策领域的比较分析，占比 0.5%。

　　具体来看，第一，文本分析方法在社会政策领域的应用最为广泛，研究的问题涵盖了农民工社会保障、数字政府治理、应急管理、医疗改革、重大公共危机治理、农民工保障性住房、城市网格化管理、网约车监管、城市政务创新、城镇弱势群体就业、土地治理、智慧城市建设和市域社会治理现代化等。这些问题的多样性和复杂性使得文本分析方法成为社会政策研究的重要工具。第二，无经验性政策领域也是文本分析方法的重要应用领域，在这个领域中没有具体的政策对象，而是针对特定的政策议题进行研究，如政府决策注意力分配、党建政策工具优化和政策适配性研究，涉及政策变迁、政策工具和政策评估等方面。这充分体现了文本分析方法具有跨领域适应性、能动态追踪政策变迁、可多维度评估政策工具和客观评估政策效果等特点，使其成为研究复杂政策议题的强大工具。第三，在其他政策领域和环境政策领域，文本分析方法也得到了广泛应用。这些领域包括区域污染产业转移、垃圾分类、大气污染防治、区域环境治理和海洋生态保护等方面。通过对环境政策文本的分析，可以评估政策的实施效果，找出改进空间，促进环境治理的科学化和精准化，为政策制定和调整提供科学支持。第四，"三农"政策领域是文本分析方法的重要应用场景，涵盖土地流转、乡村流动人口治理、乡村振兴、农村治理和农民权益保障等方面。第五，文本分析方法在教育文化和国防外交领域的应用相对较少，但也涉及公共文化服务、义务教育、中外合作办学以及国际事务等方面。第六，文本分析方法在经济和创新领域的应用包括城市基础设施建设、科技创新、金融产业数字化、经济高质量发展、科技金融和区域创新等方面。文本分析方法能够帮助研究者从大量政策文件中提取出有价值的信息，支持经济和创新领域的政策研究。

　　综上所述，文本分析方法在中国政策过程研究中的应用广泛且深入，不同政策领域的研究重点和应用场景各有侧重。文本分析方法不仅提升了政策研究的效率和精准度，还为政策制定和优化提供了有力支持。

## （二）理论目标评估

　　从核心理论贡献维度来看（见表 9-3），文本分析法在中国政策过程中

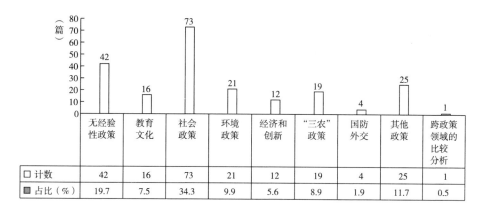

**图 9-2　中国政策分析过程中使用文本分析法论文的政策领域分布**

资料来源：作者自制。

的应用与评估研究中，理论贡献主要集中在建构概念模型和方法论丰富与创新两方面，各占比 20.7%。其次是借用和拓展理论，占比 18.3%，生成理论占比 17.8%。提炼概念和研究视角–范式创新的占比分别为 11.7% 和 10.8%。

具体来看，第一，建构概念模型和方法论丰富与创新是研究中最为突出的理论贡献，发表量均为 44 篇，占比均为 20.7%。这表明在文本分析法应用过程中，研究者们注重概念框架的搭建和方法的创新。这两方面的贡献不仅提升了文本分析法在政策研究中的应用广度和深度，也为进一步研究奠定了坚实基础。第二，借用和拓展现有理论也是研究中的重要维度，发表量为 39 篇，占比 18.3%。通过借用成熟的理论框架，研究者们能够更有效地解释和分析政策文本，同时也推动了理论的二次发展和应用。第三，生成理论的研究发表量为 38 篇，占比 17.8%。生成新理论的研究尽管较为复杂，但其对学科发展的推动作用显著。研究者通过对政策文本的深度分析，提出了新的理论观点和解释框架，为政策研究提供了新视角。第四，提炼概念的研究发表量为 25 篇，占比 11.7%。提炼关键概念和核心要素，有助于深化对政策文本的理解和解析，提升研究的理论高度和应用价值。第五，研究视角–范式创新的研究发表量为 23 篇，占比 10.8%。范式创新在研究中相对较少，但其重要性不可忽视。通过创新的研究视角，研究者能够从不同角度解读政策文本，提出新颖的理论假设和研究框架。

综上所述，文本分析法在中国政策过程中的应用与评估研究中，理论贡献主要集中在建构概念模型和方法论丰富与创新方面。这不仅反映了研究者对概念和方法的高度重视，也展示了文本分析法在政策研究中的巨大潜力和应用前景。同时，借用和拓展理论、生成理论、提炼概念和研究视角-范式创新等方面的研究也为进一步深化和拓展文本分析法在政策研究中的应用提供了重要支撑。未来的研究可以在现有基础上，进一步推动理论创新和方法创新，以促进中国政策分析研究的持续发展。

表 9-3　中国政策分析过程中使用文本分析法论文的核心理论贡献

| 核心理论贡献 | 发文量（篇） | 占比（%） |
| --- | --- | --- |
| 建构概念模型 | 44 | 20.7% |
| 方法论丰富与创新 | 44 | 20.7% |
| 借用和拓展 | 39 | 18.3% |
| 生成理论 | 38 | 17.8% |
| 提炼概念 | 25 | 11.7% |
| 研究视角-范式创新 | 23 | 10.8% |

资料来源：作者自制。

## （三）研究设计评估

### 1. 研究问题属性

在研究问题属性维度中，"中国政策过程中研究的一般问题"是指论文的研究问题是整个中国政策过程整体性/一般性发展历程、理论与实践经验、运行规律和机制特点等。"中国特定具体政策议题"是指论文的研究问题侧重于某一个具体的政策议题，比如政策制定、政策设计、政策执行、政策评估和政策变迁等。由表 9-4 可以看出，在中国政策分析过程中，使用文本分析法研究一般问题的论文有 43 篇，占比 20.2%。相比之下，使用文本分析法研究特定具体政策议题的论文数量更多，有 170 篇，占比 79.8%。这表明，在中国政策分析过程中，文本分析法主要被用于分析具体的政策议题，研究问题更加具有针对性和实践导向。

表 9-4 中国政策分析过程中使用文本分析法论文的研究问题属性

| 研究问题属性 | 发文量（篇） | 占比（%） |
|---|---|---|
| 中国政策过程中研究的一般问题 | 43 | 20.2 |
| 中国特定具体政策议题 | 170 | 79.8 |

资料来源：作者自制。

### 2. 研究目标

在研究目标维度中可划分为四个维度（见表 9-5），分别是政策理解与解释、议题探讨与分析、实践评估与建议和理论贡献与拓展。其中，以政策理解与解释为目标的论文数量最多，共有 74 篇，占比 34.74%。这类研究主要关注对政策文本的深入解读，解析政策的内涵、背景和意图，帮助政策制定者和执行者更好地理解政策内容和目标。以议题探讨与分析为目标的论文数量为 53 篇，占比 24.88%。这些研究集中于对具体的政策问题和议题进行深入分析和讨论，提供政策改进的理论依据和实践参考。以实践评估与建议为目标的论文数量为 45 篇，占比 21.13%。此类研究通过对政策实施效果的评估，提出改进建议和对策，直接服务于政策实践。以理论贡献与拓展为目标的论文数量为 41 篇，占比 19.25%。这类研究致力于在现有理论基础上进行补充和修正，推动理论的发展和完善。通过文本分析，研究者提出新的理论观点和解释框架，为政策研究提供了新的理论视角。

表 9-5 中国政策分析过程中使用文本分析法论文的研究目标

| 研究目标 | 发文量（篇） | 占比（%） |
|---|---|---|
| 政策理解与解释 | 74 | 34.74 |
| 议题探讨与分析 | 53 | 24.88 |
| 实践评估与建议 | 45 | 21.13 |
| 理论贡献与拓展 | 41 | 19.25 |

资料来源：作者自制。

### 3. 研究主体

研究主体是指研究所关注的对象，并非方法和经验中涉及的实际活动主体。根据表 9-6 可以发现，文本分析法在中国政策过程的应用研究中，第一，"无明确指向"的研究主体是指研究对象不特定于某一具体主体。这类研究数量最多，共有 81 篇，占比 38.03%。这表明，很多研究在进行文本分析时，关注的是政策文本本身，而非特定的实施主体或对象。第二，以地方政府为研究主体的论文共有51篇，占比23.94%。这类研究主要关注地方政府在政策制定和执行过程中的角色和作用，通过文本分析法深入探讨地方政策的实施效果和改进建议。第三，以中央政府为研究主体的论文数量为44篇，占比20.66%。这类研究主要集中在中央政府制定的政策文本上，分析其政策意图、实施效果以及对地方政府和社会的影响。第四，以央-地关系为研究主体的论文数量为23篇，占比10.79%。这类研究探讨中央和地方政府之间的政策互动和关系，通过文本分析揭示央地关系中的政策传导机制和实际效果。第五，以经济-社会主体为研究对象的论文数量为7篇，占比3.29%。这类研究主要关注经济和社会组织在政策过程中的角色，通过文本分析探讨其在政策实施中的参与和影响。第六，以政-经/社为研究对象的论文数量为7篇，占比3.29%。这类研究涉及政府与经济、社会组织之间的关系，分析其互动和合作机制，研究成果相对较少，表明该领域需要进一步拓展。

表 9-6 中国政策分析过程中使用文本分析法论文的研究主体

| 研究主体 | 发文量（篇） | 占比（%） |
| --- | --- | --- |
| 无明确指向 | 81 | 38.03 |
| 地方政府 | 51 | 23.94 |
| 中央政府 | 44 | 20.66 |
| 央-地关系 | 23 | 10.79 |
| 经济-社会主体 | 7 | 3.29 |
| 政-经/社 | 7 | 3.29 |

资料来源：作者自制。

4. 研究方法

在研究方法维度中（见表9-7），文本分析法在中国政策过程中的应用主要包括"政策内容分析""政策文本计量分析""政策文本挖掘""政策话语分析"四种方法。具体来看，第一，政策内容分析是使用最广泛的研究方法，共有131篇论文，占比61.5%。这种方法主要通过对政策文本的内容进行详细分析，以理解政策的核心内容、目标和实施策略。第二，政策文本计量分析是通过量化的方法对政策文本进行分析，共有59篇论文，占比 27.7％。这种方法利用统计和计量技术，对政策文本中的词频、主题分布等进行量化研究，帮助研究者从宏观层面把握政策文本的特点和变化趋势。第三，政策文本挖掘涉及从大量政策文本中提取有价值的信息，共有 38 篇论文，占比 17.8％。这一方法依托数据挖掘技术，深入分析政策文本中的隐含信息和潜在模式，有助于发现政策背后的深层次规律和趋势。第四，政策话语分析是研究政策文本中语言和话语的使用情况，共有 14 篇论文，占比 6.6％。此方法侧重于理解政策文本中的语言表达和话语策略，揭示政策制定者的意图和政策的潜在影响。

综上所述，文本分析法在中国政策过程的应用研究中，政策内容分析是最主要的方法。这说明研究者在进行政策分析时，主要通过详细解析政策文本内容来理解和评估政策。政策文本计量分析和政策文本挖掘也占有较高比例，反映了量化方法和数据挖掘技术在政策研究中的应用。政策话语分析占比相对较低，但它在揭示政策文本中的语言策略和意图方面具有独特的价值。

**表 9-7 中国政策分析过程中使用文本分析法论文的研究方法**

| 研究方法 | 发文量（篇） | 占比（％） |
| --- | --- | --- |
| 政策内容分析 | 131 | 61.5 |
| 政策文本计量分析 | 59 | 27.7 |
| 政策文本挖掘 | 38 | 17.8 |
| 政策话语分析 | 14 | 6.6 |

资料来源：作者自制。

### 5. 数据资料搜集

数据资料来源主要是指在中国政策分析过程中所使用数据的来源。根据表 9-8 可以发现，在中国政策过程研究中，文本分析法所使用的数据主要源于政府政策文件、媒体报道和评论、社交媒体平台、学术文献、城市留言板、访谈记录和公开演讲等渠道。

具体来看，第一，政府政策文件是最主要的数据来源，共有 170 篇论文使用，占比最高。这表明，研究者在进行政策分析时，主要依赖官方发布的政策文件和法规。这些文件提供了详细的政策内容和背景信息，是进行文本分析的基础。第二，媒体报道和评论是另一个重要的数据来源，共有

20 篇论文使用。这类数据反映了政策在实施过程中的舆论反应和社会影响，有助于研究者理解政策的实际效果和公众的态度。第三，使用社交媒体平台数据的论文有 18 篇。社交媒体提供了大量的实时数据，能够反映政策实施过程中公众的即时反应和互动，是研究者进行文本分析的重要数据源。第四，以学术文献作为数据来源的论文有 10 篇，占比相对较低。这类数据主要用于理论背景的构建和学术讨论，有助于研究者进行深入的理论分析和方法论探讨。第五，城市留言板数据被 8 篇论文使用，占比较低。这些数据通常反映公众在具体政策实施过程中的意见和反馈，具有一定的地方性和时效性。第六，访谈记录数据被 5 篇论文使用。访谈记录提供了深度的定性数据，有助于理解政策制定和实施过程中涉及的复杂问题和多方观点。第七，公开演讲数据被 4 篇论文使用，占比最低。公开演讲提供了政策制定者和相关专家的观点和解释，有助于研究者理解政策背景和未来发展方向。

表 9-8　中国政策分析过程中使用文本分析法论文的数据资料来源

单位：篇

| 资料搜集 | 发文量 |
| --- | --- |
| 政府政策文件 | 170 |
| 媒体报道和评论 | 20 |
| 社交媒体平台 | 18 |
| 学术文献 | 10 |
| 城市留言板 | 8 |
| 访谈记录 | 5 |
| 公开演讲 | 4 |

资料来源：作者自制。

6. 数据时间跨度

在数据时间跨度维度中（见表 9-9），数据跨度为 10 年及以上的研究最多，占比 51.2%，显示了文本分析法可能更适用进行于长期的政策分析。此外，5 年内和 5~10 年的数据分别占比 22.5% 和 12.2%，相较之下，单一时间点和无明确时间区间的数据使用较少，分别占比 8.5% 和 5.6%。由此可见，在当前阶段，学者们更倾向于采用文本分析法来剖析具有长时间跨度的政策文本数据。同时，短期与中期数据也占据了一定份额，这充分展现了文本分析法在政策分析中的多层次与全面性视角。

表 9-9　中国政策分析过程中使用文本分析法论文的数据时间跨度

| 数据时间跨度 | 发文量（篇） | 占比（%） |
| --- | --- | --- |
| 10 年及以上 | 109 | 51.2 |
| 5 年内 | 48 | 22.5 |
| 5~10 年 | 26 | 12.2 |
| 单一时间点 | 18 | 8.5 |
| 无明确时间区间 | 12 | 5.6 |

资料来源：作者自制。

7. 经验区域

经验区域是指在中国政策分析过程中使用文本分析方法所关注的地理区域。根据经济发展和行政区划，本书将其划分为东北、华东、华北、华中、华南、西南和西北地区。其中，东北地区包括黑龙江、吉林和辽宁；华东地区包括上海、江苏、浙江、安徽、福建、江西、山东和台湾；华北地区包括北京、天津、山西、河北和内蒙古；华中地区包括河南、湖北和湖南；华南地区包括广东、广西、海南、香港和澳门；西南地区包括四川、贵州、云南、重庆和西藏；西北地区包括陕西、甘肃、青海、宁夏和新疆。

由表 9-10 可以发现，在中国政策分析过程中，使用文本分析方法对无特定区域进行分析的论文最多，发表数量为 128 篇，占比 60.1%。其次是跨区域研究，发表数量为 44 篇，占比 20.7%。匿名区域的研究也有一定数量，发表数量为 11 篇，占比 5.2%。具体区域的研究中，华东地区的论文发表数量为 9 篇，占比 4.2%；华北和西南地区的论文发表数量都为 7 篇，占比为 3.3%；华南地区的论文发表数量为 4 篇，占比 1.9%；西北地区的论文发表数量为 2 篇，占比 0.9%；华中地区的论文发表数量为 1 篇，占比 0.4%；而东北地区没有相关研究。

由此可见，在中国政策分析过程中，使用文本分析方法分析的研究区域存在不均衡现象。这说明在中国政策分析过程中，文本分析方法的应用范围需要进一步拓宽，特别是需要加强对华中和东北地区政策议题的关注和研究。

表 9-10　中国政策分析过程中使用文本分析法论文的研究经验区域

| 研究区域 | 发文量（篇） | 占比（%） |
| --- | --- | --- |
| 无 | 128 | 60.1 |

| 研究区域 | 发文量（篇） | 占比（%） |
|---|---|---|
| 跨区域 | 44 | 20.7 |
| 匿名 | 11 | 5.2 |
| 华东 | 9 | 4.2 |
| 华北 | 7 | 3.3 |
| 西南 | 7 | 3.3 |
| 华南 | 4 | 1.9 |
| 西北 | 2 | 0.9 |
| 华中 | 1 | 0.4 |
| 东北 | 0 | 0 |

资料来源：作者自制。

## 第三节　政策议题评估

在中国的政策过程研究中，文本分析法已经逐渐在多种政策议题中得到了广泛应用。特别是在政策变迁、政策设计（整合、工具）以及政策评估（包括效果、反馈、态度等，以及终结）议题中，文本分析法的应用取得了显著成果。接下来，本章将对政策变迁、政策设计以及政策评估三个政策议题中文本分析法的应用进行综合评估，展示这些方法如何为政策研究提供新的视角和工具，推动政策过程研究的发展。

### 一　政策变迁

政策变迁研究是应用政策文本研究方法的热点议题（吴泠茜、马海群，2023）。政策文本是政策的档案化和物质载体。政策文本的行文用词方式、话语逻辑等信息都能够反映政策的变迁历程和演化逻辑，而政策文本的外在表现形式差异，如发布主体、发布数量等，也能在一定程度上表明政策的变迁和演进过程（敬乂嘉，2020），因此，对政策文本的剖析可以有效地分析政策变迁过程。在以往的研究中，对政策变迁的研究主要基于定性的政策文本梳理、解读，不可避免地带有主观性（吴光芸、万洋，2019）。随着政策研究逐渐朝着定量化和规范化方向拓展，以政策分析科学、计算科学、统计学为基础的政策文本内容分析、政策文本计量分析和以政策文本内容挖掘方法作为工具取向的研究日益兴盛（杨慧，2023），弥补了传统定性研究的某些不足。文本分析法可以持续处理大量且长期的数据，帮助研究者有效洞悉较长时间内的政策变化趋势（刘伟，2014），也可以为政策阶段的划分和演变逻辑的剖析提供更科学和客观的证据（李江等，2015）。

政策文本内容分析（50篇）和政策文本计量分析（30篇）是政策变迁议题研究中主要运用的文本分析工具。具体而言，前者通过提取文本高频词标为政策关键词，并与共词分析、聚类分析等具体方法结合来挖掘关键词之间的关系和主题变化，将不同阶段的政策主题置于时间序列以演示政策变迁情况（Callon et al.，1986）。后者在提炼关键政策文献数量、颁布时间、颁布部门、特征主题词等外部属性要素作为分析框架的前提下，通过结构化或半结构化的计量分析来推断某一领域政策的阶段特征或演变逻辑，勾勒政策主题并明确其相互联系，以反映政策过程的特征、变迁与趋势（罗敏、朱雪忠，2014）。此外，不同于传统的碎片式举证的分析路径，政策文本计量分析方法可以为社会演化理论提供更为全面系统的数据支撑，更好地揭示政策变迁过程（葛蕾蕾，2022）。

现阶段，政策文本分析法在政策变迁研究中已在养老（敬乂嘉，2020）、农民工（徐增阳、付守芳，2019）、社会保障（孙萍、刘梦，2015）、科技创新（黄萃等，2015）、污染治理（吴芸、赵新峰，2018）、互联网治理（魏娜、黄甄铭，2020）等多个政策领域得到应用。政策文本分析法主要用于阐释政策议题和政策内容的演变。例如，在政策议题演变研究领域，黄萃等（2015）提取了不同时期科技创新政策文本中的高频词，并通过共词分析和聚类分析，发现关键词之间的亲疏关系和主题变化，展示了不同时期科技创新政策的主题演变。其中，共词分析法有效揭示了政策文本中隐藏的结构和关系，以及中国科技创新政策议题的变迁过程。刘纪达和王健（2019）通过对1978~2019年310份退役军人安置保障政策文献进行共词分析和聚类分析，揭示了退役军人安置保障政策议题的变迁规律。研究结果表明，不同阶段的政策主题呈现多元化趋势，安置保障政策的重心也在不断调整。通过文本计量分析，该方法揭示了政策文本中的模式和趋势，为理解和解释政策变迁提供了系统化、客观化的证据支持，有助于揭示政策制定和演变背后的复杂机制和规律。

同理，在政策内容演变研究领域，葛蕾蕾（2022）通过定量处理1978~2020年的国家安全相关政策文本，揭示了我国国家安全治理政策的变迁逻辑。通过分词、词频统计、共词分析和聚类分析等步骤，建立了高频词共词矩阵，并结合社会网络分析方法，构建了治理机构间的合作网络。该研究分析了治理主体、治理工具和治理客体在不同阶段的动态互动与演变规律，提供了一个系统化、客观化的研究视角。这项研究的意义在于通过定量方法提供了一种新的视角来理解政策变迁的动态过程，进一步丰富了政策研究的方法论工具箱，有助于揭示政策制定和演变背后的复杂机制和规律。在方法层面上，与证伪逻辑不同，传统研究主要通过列举较为碎片化的经验材料来阐述相关政策的演变脉络，缺少实证层面的数据检验与验证。对此，本书通过文本计量分析的方法为社会演化范式提供了较为系统的实证检验；文本计量分析方法的初步融合也为国家安全政策研究提供了新的方法论视角。

总体来看，这些研究在不同领域中系统应用政策文本分析法，取得了显著的理论成果。通过研究对文本分析法的系统性运用，这些研究深入揭示了政策变迁的内在逻辑；同时，通过可视化工具展示结果，极大地提高了这些结果的可理解和解读性。尽管复杂的数据处理技术可能产生一定的误差，但总体而言，政策文本分析法在这些研究中的应用取得了显著的成果。

## 二　政策设计

在政策设计中，政策文本分析主要用于政策工具研究。政策文本分析作为一种研究方法，在政策工具研究中主要体现在揭示工具多样性、量化使用频率以及促进政策工具优化等方面。

首先，揭示政策工具的多样性（22篇）。政策文本能够系统性地解析政策文件，识别并分类各种政策工具，揭示工具多样性。通过分析文本中的关键词、主题和结构，可以全面了解政策工具的种类和应用场景。例如，向超等（2021）展示了宅基地"三权分置"政策中包括环境型、供给型和需求型工具的多样性。这种方法不仅能够揭示显性的政策工具，还能通过文本分析识别隐性工具。张晓杰等（2021）通过系统性分析，揭示了社区健康促进政策中的供给型、环境型和需求型工具。同时，依赖于自然语言处理技术和文本挖掘技术，政策文本分析能够处理和解析大量政策文件，提高了分析的广度和深度。例如，杨志军等（2017）通过对政策文本的深入解析，识别了环境治理中的法律工具、经济工具和信息工具等多种类型。此外，郑石明等（2019）通过对气候变化政策的分析，揭示了市场激励、法律规制和技术支持等多种政策工具的存在。总之，政策文本分析能够通过定量和定性方法全面揭示政策工具的多样性和应用情况。这种方法不仅提高了政策研究的准确性和全面性，还为政策设计和优化提供了重要依据。

其次，量化政策工具的使用频率（18篇）。政策文本分析能够通过系统分析政策文件内容和语言，揭示政策工具的使用频率，在政策工具研究中具有显著优势。一方面，政策文本分析能够将定性信息转化为定量数据。通过词频分析和主题分析，可以准确统计出不同政策工具的出现频率。例如，季飞和吴水叶（2019）通过对大扶贫背景下西部地区职业教育发展的政策工具进行量化分析，分析了不同类型政策工具在政策文本中的出现频率，揭示了这些工具的实际使用情况。另一方面，依赖于自然语言处理技术，政策文本分析能够处理大量政策文本数据，确保分析结果的客观性和可靠性。张再生等（2017）利用自然语言处理技术分析了协商民主的政策文本，量化了不同政策工具的使用频率和变化趋势。这种方法不仅提高了研究效率，还提升了结果的准确性。此外，政策文本分析能够高效地处理大量政策文件。例如吕志奎和刘洋（2021）通过对1999~2021年九龙江流域政策文本进行文本计量分析，揭示了政策工具的使用频率和分布情况。类似地，周付军和胡春艳（2019）通过分析长三角地区2001~2018年的政策文本，量化了管制型、经济型和信息型政策工具的使用频率，揭示了政策工具的变化趋势。总之，因为政策文本分析具有系统性、全面性和数据驱动特征，所以其能够量化政策工具的使用频率。这种方法不仅提高了研究效率，还确保了分析结果的客观性和准确性，为政策评估和优化提供了有力的数据支持。

最后，政策文本分析促进了政策设计的优化（13篇）。通过系统化分析政策文本，能够识别政策工具的优缺点，为政策改进提供实证依据。例如，谭海波等（2021）通过对2014~2018年贵州省大数据产业政策文本的量化分析，发现政策工具使用存在不平衡和匹配不合理的问题。地方政府更多依赖环境面和供给面的政策工具，而需求面的政策工具使用较少，导致政策工具与大数据产业链活动的不合理匹配，从而提出了优化大数据产业政策工具组合结构、促进地方政府政策工具与大数据产业均衡匹配等建议。翟磊（2021）分析了地方政府复工复产政策的工具选择，提出了优化政策工具结构和提升政策精准性的建议。另外，徐艳晴（2021）通过分析反贫困政策工具的使用情况和效果，提出了改进政策设计的具体建议，如提升政策工具的协调性和针对性。这种基于数据驱动的分析方法，有助于识别政策实施中的问题，为政策优化提供科学依据。

总之，政策文本分析通过系统化解析和定量分析，能够识别政策工具的优缺点，为政策设计提供实证支持，确保政策优化的科学性和有效性。这种方法在政策研究和制定中具有重要应用价值。

## 三　政策评估

现阶段，中国公共政策评估研究面临着分析结论冗余（宋蕾，2020）、数据来源多元（孙粤文，2017）、集成难度较高（陈一帆、胡象明，2019）等挑战。在海量、动态、多样的数据社会中，如何既充分利用政策文本、学术文献、统计资料、网络舆情、国际对比、专家访谈等文本数据，又有效避免数据来源多元性可能导致公共政策评估分析结论不协调等问题，成为公共政策领域创新评估思路的新命题和理论探索的新课题（王光辉等，2023）。

公共政策制定具有复杂性，其出台或实施涉及经济、社会、安全、环境等各个维度，需要迅速收集众多信息，分析变量之间的关联、交互、聚类关系等。传统评估手段在搜集数据和处理分析数据等方面的能力相对有限，仅能开展单维度、结构化数据分析，无法实现对大样本多元数据的批量化处理。基于大数据开展公共政策评估是"循数评估"，需要基于复杂的数据挖掘、文本分析等技术对繁杂的数据信息进行实时深度挖掘，可以有效促进评估技术手段的升级，破解传统评估由于信息匮乏以及技术手段限制而产生的评估结论滞后且主观的问题。例如，对于国家层面的重大政策实施成效评估，传统的公共政策评估需要耗费大量人力、物力、财力，而基于大数据技术的文本分析法可以使公共政策评估变得间接化、实时化、便利化。购房交易数据、交通出行数据甚至企业工商变更数据等所有记录在案的数据都可以被利用，即广大公众"用脚投票"的结果将成为政策有效实施的依据，不仅可以有效降低评估成本，还可以将传统定期评估转变为实时评估。

一方面，随着相关研究的深入，公共政策评估研究对象、研究视角及研究手段更加多元、交叉和融合，尤其是大数据技术逐渐成为相关研究实践的主要范式。另一方面，丰富的数字信息资源、完备的研究分析方法、先进的评估技术手段有效促进了评估研究工作的变革性发展。例如，邓卫华和吕佩（2021）以"上海'12·31'外滩拥挤踩踏"事件为例，通过在线文本情感分析评估政府在突发事件中的回应效果，有效揭示了公众情感波动与政府回应之间的关系，展示了政府回应在缓解公众负面情感中所起的作用。韩冬临和吴亚博（2018）通过对2009~2013年中国互联网舆情热点与地方政府回应的关系进行分析，通过量化舆论文本特征和政府回应特征，评估了政府回应的及时性和有效性，证实了政府对舆论的回应行为不仅取决于舆论的热度，还受政府层级和经济能力等因素影响，提供了政府回应行为的实证依据。文宏和郑虹（2022）通过文本情感分析，评估了"延迟开学"政策在重大突发公共卫生事件中的效果。该研究通过对微博数据的情感分析，量化了公众对该政策的情绪反馈，揭示了不同地区公众情绪反应的显著差异，为优化公共卫生政策提供了实证依据和方法支持。

这些应用展示了文本分析法在政策评估中的有效性和实用性。文本分析结合大数据技术，通过实时数据挖掘和情感分析等方法，显著提升了评估效率和精准度。这种方法不仅克服了传统评估手段的局限，还降低了评估成本，实现了实时评估。未来，随着研究的深入，公共政策评估将更加多元、交叉和融合，大数据技术将成为主要范式，推动评估方法的变革性发展，为政策优化提供科学依据。

## 第四节　政策文本分析法评估与展望

在前文中，本章详细探讨了文本分析法在中国政策分析过程中的具体应用，涵盖了政策变迁、政策设计以及政策评估等关键议题。这些讨论展示了文本分析法在推动政策研究发展方面的巨大潜力和广泛应用，然而在实际操作中，文本分析法也面临着诸多挑战和局限。为更全面地理解文本分析法的应用价值和局限性，本章将对其进行系统评估与展望。同时，这部分也将关注文本分析法在应用过程中面临的挑战，包括数据来源与质量、分析语境、技术滥用与严谨性、去理论化的技术依赖等问题。通过对这些问题的深度剖析，希望为未来的研究提供指导和参考，提出未来文本分析法在中国政策研究中的发展方向和潜在应用领域，从而推动文本分析法在学术研究和实际政策制定中的科学应用，为未来的研究提供有益的启示。

## 一 基于中国经验的应用评估

### （一）数据来源与质量

首先，文本数据质量问题是一个重要的挑战。政策文件的质量和完整性可能不一致，影响文本分析的准确性。某些政策文件可能存在语言模糊、表述不清等问题，增加了解读难度。一些地方政府的政策文件可能由于撰写者的水平不同，存在措辞和格式上的差异，这些差异也会影响文本分析工具的效果。例如，地方政府和中央政府的文件可能在表达方式和关注点上有显著差异，这种异质性会影响分析的整体性和一致性。以国务院发布的《"十四五"规划纲要》为例，该文件采用严谨、规范的语言，强调宏观经济发展和国家战略层面的内容。而某省政府发布的《省"十四五"经济社会发展规划》则可能更加注重地方经济特色和具体项目，语言上也可能更加灵活。这种文本数据的异质性不仅提升了分析的复杂性，还可能导致结果的偏差和不准确性。此外，政策文本的翻译问题也可能影响文本数据的质量。特别是在处理国际政策文件时，由于不同国家对术语的理解不同，政策文本分析工具在处理这些多语言文本时可能会提取到不一致的信息，从而影响数据的准确性。例如，联合国气候变化框架公约是应对全球气候变化的核心国际条约，其文本被翻译成多种语言。然而，在不同语言版本之间，关键术语的翻译存在差异。例如，英文版中"Climate Change Mitigation"被翻译为中文的"气候变化缓解"；但在一些其他语言中，这一术语可能被翻译为与"减轻"或"缓和"相关的词汇。这种差异可能导致在执行和解读政策时产生混淆，影响政策分析的效率和效果。

其次，尽管大数据时代为文本分析提供了丰富的数据资源，但数据质量和获取方式仍然是重要挑战。一方面，正规且全面的权威性政策文本数据库较为有限，目前主要依赖于北大法宝和知网等。然而，这些数据库在数据覆盖、更新及时性、一致性和规范性方面存在不足。例如，虽然这些数据库收录了大量的政策文件，但仍未能涵盖所有层级和类别的政策文件，特别是一些地方性政策、部门内部文件和临时性通知等。这种数据覆盖度问题影响了研究的全面性和代表性，研究者可能无法获取到完整的政策文本数据，从而影响研究结果的准确性。另一方面，不同地方政府的文本公开的程度、平台等也存在显著差异，影响了政策文本系统分析的可能性。有的地方政府可能积极响应中央的公开政策，及时发布和更新相关政策文件，确保公众和研究者能够获取最新信息，而有的地方政府可能出于行政效率、内部管理制度或其他原因，在信息公开上存在滞后或不完整的情况。这种信息透明度的差异直接影响了政策文本数据的完整性和时效性，进而影响了文本分析结果的准确性。

### （二）分析语境问题

中文政策文本的语言特性是文本分析面临的一大难题。当前的自然语言处理技术在理解复杂的政策语义和语境方面仍有不足。目前大多数文本分析工具主要基于英文开发，对中文的处理能力有限。这种语言复杂性大大增加了文本分析的难度和不确定性。政策文本往往包含复杂的专业术语和词汇，这些词汇在不同的语境下可能具有不同的含义。例如，在研究中国的经济政策时，尤其是在涉及宏观调控和市场监管的文件中，许多术语在不同的语境下亦有不同的含义。例如，"调控"在某些文件中可能指政府对市场的直接干预，而在另一些文件中可能指宏观经济政策的调整。自动化分析工具在处理这些复杂语境时往往难以准确区分不同类型的"调控"，将所有提到的"调控"均解释为市场干预，忽视了宏观经济政策调整的部分，导致对政策意图的误解以及对政策效果的不准确评估。

在涉及社会保障政策的文件中，专业术语和词汇的复杂性进一步提升了分析的难度。例如，"福利"一词在不同情境下可能具有多重含义。在讨论养老金政策时，"福利"可能指退休人员的养老金待遇；在描述低保政策时，"福利"可能指低收入家庭的补助。然而，自动化文本分析工具在处理这些复杂语义时常常出现误判。其有可能无法正确区分不同类型的"福利"，将所有提到的"福利"均归类为养老金相关，从而忽略了低保政策的重要内容，导致对政策执行效果的分析存在重大偏差。

### （三）技术滥用与严谨性问题

技术滥用的问题表现为研究者对文本分析工具的过度依赖。随着文本分析工具的普及，一些研究者可能倾向于依赖这些工具自动生成的结果，而忽视了必要的人为审查和分析。这种过度依赖会导致分析结果的偏差和误判。贾斯汀·格里默（Justin Grimmer）、玛格丽特·罗伯茨（Margaret Roberts）和布兰登·斯图尔特（Brandon Stewart）指出，自动化的工具在处理复杂语境和细微差异时可能不够准确，若不进行人工校对，容易导致结果的失真（Grimmer et al., 2021）。例如，在政治学研究中，情感分析工具可能无法准确捕捉政治演讲中讽刺或双关的语言，从而误判演讲的实际情感基调。研究者可能会因为工具的便利性而忽略了数据验证和结果校对的必要步骤，从而降低研究的可靠性。

研究方法使用不规范和不严谨的问题也较为普遍。部分研究者在选择和使用文本分析方法时，缺乏足够的理论基础和实践经验，导致方法选择不当和使用不当。文本分析方法的选择应基于数据特性和研究问题，盲目使用现有模型会导致结果失真（Lucas et al., 2015）。例如，在分析社交媒体数据时，一些研究者使用了适用于正式政策文档的传统文本分析方法，而忽略了社交媒体语言的非正式性和多样性。这导致分析结果出现偏差，无法准确反映公众的真实观点。同理，Latent Dirichlet Allocation（LDA）适用于主题建模，但在处理长文本和复杂语义时可能效果不佳，导致分析结果不准确。研究者需要了解不同工具的适用范围和局限性，选择最合适的工具进行分析。

### （四）去理论化的技术依赖

文本分析法在中国政策过程研究的应用中存在另一个较为显著的问题是过度依赖技术手段而忽视理论框架和研究设计的严谨性。这种"为方法而方法"的倾向在政策变迁和政策工具研究中尤为突出。

首先，政策变迁研究中，许多研究仅仅描述了政策的"表面"变化，而没有深入分析变迁的过程和机制。虽然文本分析法能够揭示政策变迁的趋势和"表面"现象，但它往往无法捕捉变迁背后的驱动因素、机制、关键节点以及利益相关者的行为和互动。这导致研究只能提供一种静态的、现象的描述，而无法深入揭示政策变迁的内在逻辑和动态过程。例如，文本分析可能会显示某一政策在某段时间内出现了频繁的变化，但无法解释这些变化是由于政治权力的转移、经济条件的变化还是社会需求的推动。这种缺乏深度分析的研究不仅妨碍了对政策变迁本质的深入和全面的理解，也限制了政策制定者从中获得有价值的借鉴和指导。

同理，在政策工具研究中，许多研究在描述和分类政策工具时，往往缺乏对工具选择和应用效果的深入分析。研究者过于依赖技术手段，忽略了对政策工具实际效能的实证检验和理论分析。文本分析法虽然可以有效地分类和统计政策工具的使用频率和类型，但它难以评估这些工具在不同情境下的真实使用状况，也无法对其适用性、有效性和相互影响进行深入的理解。例如，文本分析可以识别出某些政策工具在多个政策文件中频繁出现，但无法确定这些工具在实践中是否真正得到了实施，以及是否真正有效，或它们与其他政策工具之间是否存在协同作用或冲突。这种方法的局限性，使得研究无法为政策制定者提供关于如何优化和组合使用政策工具的科学依据。

总体来看，这些问题和局限性主要源于研究者过度依赖技术手段，而忽视了研究设计中理论框架的构建和理论目标的明确。文本分析法虽然在技术上先进，方法严谨，但如果缺乏理论的指导，研究结果就会显得片面和浅薄。研究者往往关注如何使用最新的技术和方法，而忽视了这些技术和方法是否真正适用于所研究的政策背景和问题情境，以及能否回答研究问题。政策研究的目标是为政策制定和实施提供科学依据，如果研究者过于依赖技术手段，忽视了理论框架和实证分析的重要性，研究结果可能会偏离实际需求，难以为政策实践提供有价值的指导。对于中国政策分析而言，这种问题尤为重要，因为中国的政策文本复杂多样，背后涉及的政治、经济和社会背景更为复杂，单纯依赖技术手段难以全面把握政策文本的深层含义和影响。

## 二　基于中国经验的文本分析发展路径

首先，需要使用更严谨和深入的方法论。随着技术的不断进步，研究者需要使用更先进的算法和更高质量的数据源。深度学习算法和自然语言处理技术的结合，将使得分析工具能够更准确地解析政策文本尤其是中文文本的复杂语法和语义关系，从而提高分析结果的准确性和可靠性。此外，研究者应注重数据的全面性和代表性，收集不同层级、不同地区、不同领域的政策文件，建立高质量的政策文本数据库。

其次，需要设定更合理的理论目标，避免成为方法论的"奴隶"。研究者应注重理论目标的设定而不是盲目追求方法论的复杂性和技术的先进性。政策文本分析法的最终目的是回答理论问题，获得理论进展，为政策制定和实施提供科学依据，因此，研究者应在分析过程中始终关注研究问题的实际需求和政策目标，避免陷入技术和方法论的迷宫。

最后，更严谨的研究设计同样是关键。单一的方法论往往难以全面揭示复杂的政策问题，因此，研究者可以采用混合研究方法，将定量分析与定性分析相结合。例如，通过文本分析揭示政策文本中的关键主题和趋势，再通过深入访谈和案例研究，对这些主题进行详细探讨和验证，从而提供更加全面和深入的政策分析。此外，政策文本分析法涉及多个学科的知识和方法，如计算机科学、语言学、社会学等。因此，研究者应加强跨学科的协作，借鉴不同学科的理论和方法，以提升研究的深度和广度。

### 三　结合中国经验的具体应用与应用领域的扩展

政策文本分析法在未来的发展中将会继续发挥重要作用，并且随着技术的进步和研究方法的改进，其应用前景将更加广阔。以下是政策文本分析法的未来展望及其潜在的发展方向。

首先，随着人工智能和大数据技术的不断发展，文本分析工具和算法将更加智能化和高效化。未来，人工智能驱动的文本分析工具将能够更好地理解和处理复杂的政策语义和语境，自动识别政策文件中的关键信息和隐含意义。例如，深度学习算法和自然语言处理技术的结合，将促使分析工具能够更准确地解析政策文本中的复杂语法和语义关系，从而提高分析结果的准确性和可靠性。

结合中国经验，文本分析法在具体应用中具有独特的价值和广阔的前景。通过对政府治理文本的分析，研究者可以揭示中国政策制定和实施过程中的关键环节和创新点。例如，分析中央政府和地方政府的政策文件，可以揭示不同层级政府在政策执行中的协同机制和创新实践，为优化政府治理提供借鉴。中国的政策制定和实施具有复杂性和多样性，文本分析法可以帮助研究者深入理解政策背后的逻辑和机制，为政策改进提供科学依据。

文本分析法在社会治理中的应用将有助于更好地了解公众意见和需求。通过对社交媒体和公共论坛的文本数据进行分析，研究者可以及时捕捉公众对政策的反应和建议，为政府改进社会治理提供参考。例如，分析公众对城市管理政策的反馈，可以帮助政府更好地应对城市治理中的问题，提升公共服务质量。文本分析技术可以处理大量的公众意见数据，快速识别关键问题和趋势，为政府决策提供及时和准确的信息支持。未来的文本分析也应更加注重实时动态分析，通过分析实时数据，及时捕捉政策变化和社会反响。例如，利用实时数据分析技术，对政策实施过程中的动态变化进行监测和评估，及时发现问题并提出改进建议。实时动态分析可以帮助研究者和政府及时把握政策实施中的问题和变化，提供及时和有效的政策建议。

其次，政策文本分析的应用场景将更加多样化。除了传统的政策制定和评估外，政策文本分析法还可以应用于公共舆论分析、政策传播效果评估、政策执行监测等领域。通过分析社会媒体、新闻报道等非正式政策文本，研究者可以更全面地了解政策在公众中的传播和公众的接受情况，评估政策的实际效果和影响。例如，通过对社交媒体上关于某一政策的讨论进行文本分析，可以及时发现政策实施过程中存在的问题和公众的反馈意见，从而为政策调整和优化提供依据。结合文本长度、文本结构等因素，采用长短期记忆网络（long short-term memory）等更加先进的分类（聚类）技术，可以对海量的政策文本、社会舆情文本进行更加精准的分类降维，更高质量地描绘特定问题背后的政策倾向与社情民意分布。

数据资源的丰富和开放将大大提升政策文本分析的效果。随着政府信息公开和大数据时代的到来，越来越多的政策文本将以数字化形式公开发布，这为文本分析提供了丰富的数据资源。未来，研究者可以利用更加全面和多样的数据源进行分析，从而扩大和提高研究的覆盖面和代表性。例如，建立高质量的政策文本数据库，收集和整理不同层级、不同地区、不同领域的政策文件，为文本分析奠定坚实的数据基础。

最后，政策文本分析法的伦理和隐私保护问题将受到更大关注。在未来的研究中，研究者需要更加重视数据的隐私保护和伦理问题，确保数据使用的合法性和合规性。例如，制定严格的数据使用规范和隐私保护措施，保护数据中涉及的个人信息和敏感信息，避免数据泄露和隐私侵犯的问题。

综上所述，文本分析法在未来的发展中将会更加智能化、跨学科、多样化和用户友好。随着数据资源的丰富和技术的进步，文本分析法将为政策研究提供更强大的支持，推动政策科学的发展和进步。研究者需要积极应对未来的挑战，抓住技术发展的机遇，不断创新和改进分析方法，在推动政策过程研究深入的同时，为政策制定和实施提供科学的依据和建议。

# 结　语

本章使用系统性文献综述的方法，对中国 20 多年来使用文本分析法的政策文献进行了整体性回顾，全面梳理和评估了当前的文献情况，以期厘清文本分析法在中国政策分析过程中的应用状况，把握最新的研究进展，从而探索未来的研究方向，为推动中国政策分析提供有益的参考和启示。

通过研究发现，在当前的中国政策分析过程中，文本分析法在政策变迁、政策设计、政策评估和政策执行等领域得到了广泛应用，并产生了丰富的研究成果，推动了中国政策分析的深入发展，丰富了政策分析的研究方法。然而，在某些领域，如政策制定与实施的微观过程、地方政府政策执行的动态分析等，文本分析法的应用仍然较少，自然相关研究所产生的学术成果也较为有限。因此，在未来的中国政策分析过程中，学者们需要进一步丰富文本分析的方法，以便在更多的政策议题领域使用更加科学的方法开展研究，推动公共政策学科的发展。

本章的研究仍存在一些不足之处。首先，由于文本分析法的政策文献较多，所以在搜集过程中难免存在一些遗漏的文献。其次，在分析文本分析法使用较多的政策议题领域当中，忽略了一些研究样本较少的政策议题领域。最后，在评估的过程中，难免存在一定的主观性。通过本章的研究，我们不仅梳理了当前中国政策分析中使用文本分析法的现状和进展，也提出了未来研究的方向和改进建议，希望能为学界和实务界提供有价值的参考。

# 结论　将"中国"更好地带入政策过程理论

十多年前政策科学已进入中国的研究领域，在政策实践问题的推动下，中国政策过程研究异常活跃。然而，由于政策理论的引介更多停留于照搬其他学科和西方理论体系，缺乏必要的本土化理论建树和创新。长期以来，政策理论使用的"暴涨"与"有限"的本土化实证或理论研究之间形成了巨大的"悖论"，这一理论困境导致中国政策过程研究整体上发展缓慢。面对中国政策过程研究的现状，我们亟须对现有文献进行一次全面、系统的梳理和评估，以便聚焦更具潜力、更有生命力的研究议题，从而推进中国政策过程的本土化理论建构工作。在中国政策实践日益开放、政策过程逐渐科学化和民主化的现代社会中，构建"更中国"的政策过程理论极其重要，这也是本书写作的目的、价值和意义所在。

本书的写作目标在于评估中国政策过程研究在不同政策过程理论或研究方法中所扮演的角色，从而探寻发展"更中国"的政策过程理论的指导性建议。要推进中国政策过程研究，就要先"清晰化"西方政策过程理论或方法在中国经验中的使用和发展状况。正如萨巴蒂尔认为，推进政策过程研究，需要一些更清晰的"透镜"，在简化的理论中观察世界（保罗·A.萨巴蒂尔，2004）。在构建"更中国"的政策过程理论的愿景下，首先，本书对不同理论框架或研究方法的理论源头、基本框架、核心议题以及当下的进展进行系统性的梳理；其次，评估了中国的政策过程研究分别在何种层次、多大程度上扮演理论的使用者、追随者、发展者或建构者的角色；最后，基于全面的文献评估，分别探索了不同理论框架或研究方法的未来理论建构方向，并提出了中国政策过程的研究展望。

作为第二卷的结论，本部分将简要地从总体上描述政策过程理论的研究进展，然后概括其在中国政策过程中使用的特征。随后，我们进一步对上述理论或方法在中国经验中取得的研究进展进行跨越性的比较，分析这些理论在中国政策过程研究中的发展特征。接着，我们基于现有研究进展，讨论这些理论或方法面临的内生困境。最后，本部分将尝试性地给出构建"更中国"的政策过程理论的路径和模式。

## 一 政策过程理论的跨越和特征

政策科学或政策分析被誉为当代社会科学的"科学革命"，在短短半个世纪的发展历程中就取得了巨大的成就。直到 20 世纪 80 年代后期，随着对改革开放前公共政策实践的深刻反思，我国政策实践才开始迫切追求公共政策的科学化、民主化、规范化和高效化的目标，至此，我国的政策科学理论继承与发展工作才开始起步。

### （一）理论跨越在多大程度上发生了？

自 21 世纪开始，政策工具、多源流、倡导联盟、间断均衡等理论框架通过著作的翻译得到正式的、大量的引介。2004 年，多本政策科学著作被翻译出版，掀起了对政策科学理论引介和使用的学术研究热潮。例如，政策工具理论由陈振明在 2004 年率先引介，同年，约翰·金登的著作《议程、备选方案与公共政策》由丁煌和方兴翻译成中文并出版，萨巴蒂尔的《政策过程理论》一书也由彭宗超翻译并在 2004 年出版。这些西方政策过程著作的翻译本出版掀起了倡导联盟、间断均衡、多源流等诸多政策过程理论的研究热潮。经过本书九章的系统性文献梳理和评估，本卷从中国的政策过程研究扮演的四种类型角色出发，总结了当下研究发展的总体特征（见表 1）。

**表 1　理论跨越比较分析**

| | | 设计反馈 | 政策工具 | 政策扩散 | 间断均衡 | 倡导联盟 | 多源流 |
|---|---|---|---|---|---|---|---|
| 理论使用 | 预设价值立场程度 | — | 将工具的结构性不均衡视为是不规范或坏的 | — | — | 对自己研究的对象预设性很强 | 过于强调媒体、民众、利益集团等存在的规范性价值 |
| | 理论使用规范性和完整性 | 低 | 低 | 中 | 较高 | 中 | 高 |

续表

| | | 设计反馈 | 政策工具 | 政策扩散 | 间断均衡 | 倡导联盟 | 多源流 |
|---|---|---|---|---|---|---|---|
| 理论使用 | 适用的政策阶段 | — | 宽 政策过程不同阶段所使用的各种治理工具或技术 | 窄 忽视在中国政策变迁的脉络中理解政策扩散的动态过程,缺乏历史纵深感 | 窄 议程设置、政策变迁 | 宽 政策制定、决策、政策执行、政策变迁 | 宽 决策阶段、整个政策制定和决策阶段、政策变迁、政策终结等众多阶段 |
| 理论追随、发展和重构 | 要素拓展或细化 | — | 低 仅提供了经验场域 | 中 集中于政策趋同、再创新,缺少异化 | 高 引入宏观层面的价值倾向、地方领导班子的态度、公民的反应等因素 | 较高 较多验证前提的适用性;要素嵌入:如"价值共识水平"和"政府现状偏好" | 高 整合核心要素、整合子要素、调适其他要素 |
| | 机制修正或拓展 | — | — | 较少修正或拓展机制 | 修正制度性结构因素、政策变迁动力分析的影响因素 | 一定程度的调整与修改 | 源流间独立性及顺序的修正、源流运行和生成机制的变化、特定概念的意义变更或扩展 |
| | 跨理论的对话 | — | — | — | — | — | 初步 |
| | 重构理论框架 | — | — | — | — | — | 初步 |
| 研究方法的使用 | 方法使用的多元化 | 以案例研究为主,其次是量化研究,少有理论阐述,其他研究方法几乎为零 | 规范研究主导,结构单一,收集数据类型有限 | 以单案例研究和事件史分析法为主,其次是内容分析法,缺乏主题分析法、话语分析法等 | 研究方法运用相对单一,质性研究方法为主流,而量化研究和混合研究较少 | 多数研究所采用的研究方法是定性研究,定量研究和混合研究相对缺乏 | 质性单案例研究的文献占绝大部分,理论阐释和比较案例分析的成果、计量和其他研究方法使用较少 |

| | | 设计反馈 | 政策工具 | 政策扩散 | 间断均衡 | 倡导联盟 | 多源流 |
|---|---|---|---|---|---|---|---|
| 研究方法的使用 | 方法使用的严谨性 | 资料收集以"二手数据"为主，少有"访谈"和"观察"；资料分析以"统计分析""内容分析"为主 | 资料分析方法适切性低，归纳性编码方式不科学；方法论的操作化不足，研究效度存在一定疑问 | 将内容分析法、访谈、观察等资料收集方法当作研究方法，使得研究规范性不足，一些研究的归纳性编码方式不够科学 | 很多研究并没有使用明确的研究方法开展资料的处理和分析 | 缺乏对实证数据来源的呈现，研究过程也不够精细和令人信服；资料分析方法过于依赖定性研究（表面的政策文本分析），缺乏定量数据的支持 | 大部分都能够提出较为科学和明确的研究问题 |

资料来源：作者自制。

首先，在"使用者"角色中，中国政策过程研究中的理论框架基本明确。不同领域各自确立了基本的研究框架，并广泛应用于不同政策领域和中国经验之中。例如，多源流理论中问题、政治和政策的三个维度，进入了不同政策领域，用以描述政策出台、变迁的过程，或者讨论未出台政策的原因。在政策工具理论中，主要直接应用西方主流工具的分类标准，填充中国经验中特定政策领域的次级工具内容。在倡导联盟框架的使用中，主要运用整体框架（包含外部事件、内部结构、相对稳定变量、政策子系统内部、政策取向学习、政策变迁等理论要素）去分析某一政策的变迁历程；同时，锚定某一倡导主体深入剖析，聚焦造成倡导困境的中国情境要素，以此揭示政策联盟的行动策略，及政策子系统中特定主体在政策变迁中的行为机理。在政策扩散理论框架中，中国经验直接应用该理论框架来分析政策扩散过程，包括社会政策、经济政策、环境政策、"三农"政策和创新政策等。这些理论在中国的发展过程中，都大量使用了理论框架中的要素，但也有一部分还存在不规范、不完整使用的情况。

其次，在"追随者"角色中，对理论的使用越来越注重与中国情境的适配，且基于中国经验进行了一些理论修补。多源流理论对在中国的适用性进行了反思，除了为框架寻找到更多中国情境外，还挖掘了一些关键的影响因素，重点讨论了执政党意识形态和执政理念对政策过程的作用，并反思了中国情境下三大源流的独立性，揭示了三源流之间存在某种相关性的可能。政策工具理论的研究致力于引介西方理论，并探究中国政策工具选择机制，主要围绕中国的政策属性、政策环境、观念和政治等复合因素讨论机制的选择，但"追随"西方理论的研究忽视了历史的因素，还尚未充分打开中国工具选择的内在机制。在倡导联盟框架中，伴随部分学者对哲学基础、理论脉络和演进发展等方面的理论引介，以及对倡导联盟框架的评估，现有研究基于中国经验拓展了新的变量，例如，探究中国情境下政策经纪人的类型，及其不同的偏好与规则意识等。中国的政策扩散研究一方面继续开拓新的政策领域，另一方面，提出了中国情境下的理论适用性思考，例如，揭示干部交流、府际关系、政策属性等变量的影响，揭示中国情境下自上而下的层级扩散模式、自下而上的吸纳-推广模式和横向扩散模式。

再次，对"发展者"角色来说，理论的积累性及知识生产的程度仍较低。多源流框架中的知识生产主要体现在对核心要素的增删和整合、理论机制的修正以及阶段拓展，例如，嵌入时间要素、风险要素、媒体要素等；对源流间独立性及顺序的修正、源流运行和生成机制的变化以及特定概念意义的变更或扩展；将多源流的运行过程向后拓展至政策执行、政策变迁等不同阶段，或将运行机制细分为多个阶段；此外，还包括整合不同的理论研究，如倡导联盟理论、阶段理论、政策移植、政策扩散和政策供给等。在政策工具中，中国研究还零散地"发展"了一些经验，添加了一些中国变量，但还未达到我们所预设的"发展者"角色的标准。此外，部分学者基于中国场景对倡导联盟框架进行了修正，增加了更多分析要素。例如，增添中央权威和社会组织对政策子系统扩张影响的分析，将政治背景与国际影响视为重要的理论前提，与新的政策变迁路径相结合，等等。中国经验对政策扩散理论的"发展"还存在较大的研究空白，研究方法也多相似，研究进展似乎陷入了格式化的困局之中。

最后，在"建构者"角色中，中国政策过程研究尝试带来了一些基于本土化修正的初步成果。例如，对多源流理论自身的局限进行了深度回应，也尝试对理论框架进行系统性重构，使得修正后的多源流框架可能在更广大的政策场域或制度结构中显现出生命力。在其他研究中，也基于中国经验零散地调适不同的政策过程理论，添加了中国变量，在一定程度上增强了政策理论的解释力，可称之为在中国情境下零散地发展了政策过程研究。

### （二）理论跨越的特征

如表1所示，随着理论的引介，不同的理论框架在中国政策过程研究中也在不同层面存在差异。从理论发展的差异性上来看，具有五方面的特征。

第一，不同程度地存在以理论要素的完备性对实践进行价值判断的问题。深受新公共管理及新治理范式的影响，大量中国政策研究在使用西方政策理论时可能会带有一定价值性预设，通常以理论框架中包含的所有分析要素作为"正确的实践标尺"，且带有要在实践中"找出弊病"的研究取向。这种"标尺"体现在，认为完备的理论要素等于制度安排的最优解，如在政策工具理论的使用中，默认特定领域政策中存在某种理论框架中强调的最优政策工具组合，而当实践中缺失市场化或社会化工具时，就"断章取义"地认为中国政策工具组合结构出现失衡、低效等问题。此外，多源流理论的使用也有类似状况，即过于标榜媒体、民众、利益集团等在政策议程中存在的"正确"价值。相较之下，在倡导联盟框架、间断均衡理论、政策扩散理论类似的价值判断研究中，在这种"最优解标尺"的取向下，中国研究的规范化、倡导性范式得到进一步强化。但是，更多描述性研究或评估性研究的出现也极大地限制了对政策模式、政策机制及其政策后果的因果关系的深入讨论。

第二，不同程度地存在理论不规范使用的现象。这种理论不规范使用现象体现为在研究中忽视对理论前提假设的推演或对其进行匹配性论证，忽视完整的理论推导逻辑链条，以及在不同的中国政策实践情境中被不加修正地使用。具体来说，一种是预设研究对象的价值立场而进行理论推演，典型例子如倡导联盟框架的使用，部分研究预设了某个联盟天然存在特定的信念体系，忽略了在中国经验情境下，对联盟的组建方式和核心信念体系形成机制的推理过程。另一种是直接用中国经验填充理论框架的次级内容，如政策工具理论就直接"拿来"某一工具分类框架，直接填充次级工具内容，导致对原有理论内涵的曲解或误用。还有一种是变通使用或忽略原理论中的前提或要素，如有些应用多源流框架的研究就出现有选择地运用要素且忽略理论前提的情况。

第三，理论积累的层次和水平参差不齐。随着不同理论被引介进入中国政策过程研究，这些理论在知识积累的水平、理论突破的层次上都存在较大差异，进行跨越性理论对话的程度也有较大区别。大部分政策过程理论停留在应用层面，或仅仅基于中国情境对理论要素进行拓展或细化。其中，政策工具理论、政策设计反馈理论、政策扩散理论、间断均衡理论在框架性理论突破上相对较少，基于中国经验的研究主要还是集中于使用这些理论，仅仅对理论本身的适用性进行了初步反思，还未出现突破性的本土化理论建构作品。而多源流框架、倡导联盟框架等理论则积累了相对较多的理论成果，对框架中的要素构成进行了深刻的反思，包括对核心要素的增删和整合、理论机制的修正，以及在不同理论对话中对政策过程阶段的拓展。

第四，方法使用的多样性和严谨性有待提升。总体的政策过程研究都存在以质性的案例研究为主流的趋势，在运用量化研究方法方面整体较为薄弱，对于比较案例分析的应用也较为零散，方法论的严谨性与多样性有待进一步提升。例如，政策扩散理论的方法论选择较为多元，包括采用多案例比较研究、定量研究以及混合研究方法等方式展开研究；倡导联盟理论、多源流理论中单案例研究占大多数，其他研究方法占比更少；还有一些理论仍更多选择规范研究策略，例如，当前中国的政策工具研究更多是对理论引介、工具分类和工具创新议题的理论性阐释。

第五，对中国政策实践的启示性价值显现程度不一。由于在西方政策理论引介中国的早期，知识精英对特定政治精英或政府部门有较强的依附性，他们的政策研究取向需要在一定程度上围绕政治性需要或所属部门的利益需要，这无疑导致政策分析结论会舍弃一部分客观性或中立性，减少对政策效果进行精细化评估的环节，从而忽视探究特定政策领域中影响政策后果的更多客观因素。伴随着中国社会政治经济结构的转型，大量政策问题，如地方保护主义、机构精简—膨胀的改革、扶贫、生态文明等问题的存在，促使中国研究者在从事政策分析工作时投入了更大的热情。最为明显的是当下对政策工具理论、政策设计反馈理论的中国研究，而相对开始关注中国情境因素的理论是多源流理论和倡导联盟理论。正因为研究者的价值立场或对理论框架的直接套用，在当下大部分中国研究中都相对缺失对政策实践效果的精细化评估，且缺乏对影响本土化政策后果的因素的探究，这导致中国真正的政策实践难以吸收具有启示性的政策结论。

## 二　为什么理论跨越难以实现？

如前所言，为什么面向中国政策过程经验的理论跨越没有很好地实现？本书认为，两个方面的原因制约了中国政策过程理论的本土化和理论跨越的实现：理论与中国政策过程的内生张力，以及中国政策过程研究的整体知识社群发展程度的制约。

一方面，可能是现有西方政策理论与中国情境不适配导致的。西方政策过程研究的兴起与西方政治情境密切相关。于是，大量的政策过程理论的产生常被视为过分集中于美国情境，这一现象与历史制度主义在美国的兴盛与发展紧密相关。自 20 世纪 70~80 年代以来，历史制度主义学者强调重新"将国家带回"，关注国家行动对政治环境和决策的影响（Pierson，1993；2004）。尽管随着西方政策理论的引入，近年来基于中国情境的政策过程研究激增，但西方民主国家与中国之间制度情境的差异导致理论解释力上的差距还没有被很好地弥合。具体而言，这种中国情境与西方政策过程理论之间的差距主要受到三个层面因素的影响。

第一，中国政治体制和政策体制差异较大，不同理论推演逻辑对政治体制要素的依赖性各不相同。这种差异体现在，美国情境中的政治场域较大程度上受到多党政治体制的影响，多党政治体制形成了党派与选民的"决策者-接受者"的逻辑（SoRelle and Shanks，2024），这使得美国情境下的政治体制与政策体制是匹配的。但是，这和中国情境中的单一体制存在本质的差别，中国政策的出台并非基于多党派竞争及以选举为目的所进行的政策决策，因此，公众对特定政策的支持与政治信任之间的关联未必是直接的。在不同的理论中，关于中国情境下的政治场域的特征及其对政策过程产生的影响的讨论仍然是模糊的。例如，政策设计反馈理论对政治体制要素的理论依赖性较强，因此必须纳入更多中国情境下的政治因素；相反，多源流理论则对政治体制要素依赖性较弱，因此对理论的重构是在内部进行而不是通过理论跨越实现。

第二，和理论框架本身的构成有关，理论要素联系越紧密越难以适配。

理论要素联系的紧密与松散体现在是否限定研究范围并指导分析者把注意力放到特定的要素特征以及理论推演的因果机制上。一般而言，更松散的理论结构仅仅为揭示现实经验提供变量及其相互之间一般关系的基础，且变量之间会关联性较弱地组成一个固有结构。多源流理论框架中的要素联系就较为松散，因此，更多的中国情境要素可以适配其理论要素和分析逻辑，相较而言，倡导联盟框架中由于因果机制和变量之间关系更紧密，原有的理论框架难以紧密适配中国情境，也因此需要基于中国经验进行较大的本土化尝试和理论重构工作。

第三，在整体的研究设计和方法论方面存在较大缺陷。西方政策理论是否在中国政策过程中具有分析力取决于其理论前提在中国情境中的适配性是否已经得到了充分的论证，也取决于理论框架中的要素是否都纳入研究设计前提并得到了充分论证。一些基于多源流理论的研究缺乏足够的解释力，其原因就在于，它们对理论的有限理性、模糊性等假设都进行了基础的论证，但对于理论应用的制度环境的适用性方面并没有进行充分的论证。还有类似政策工具理论的研究，不同的政策工具类型成为研究者可以依据个人偏好和研究设计进行调整的"标签"，而没有对经验与理论的匹配进行充分的验证或论证。

另一方面，中国在政策过程问题的分析上还没有形成良性的研究社群。具体与三个影响因素有关。

第一，研究问题的提出是否遵循本土化的价值伦理。研究问题的提出首先与学术社群成员的主观价值密切相关。由于学术成员生活在特定的文化和价值体系之中，完全客观中立的研究者可能不存在，因此需要强调不同制度情景下的研究者拥有本土化的学术意识。在与西方政策理论进行对话的过程中，西方政策理论占据"强势"的学术地位，一些中国学者以西方学者的研究取向为取向、以西方的价值观为价值判断的依据，导致长期以来，在一定程度上丧失了研究的自主性和研究问题中国化的意识。缺失本土化意识的后果，就是研究者在面对特定的政策现象和政策问题时，会"拿来"某一理论中的价值立场进行评判，难以确立本土化的研究定位和价值判断，更难以提出中国化的研究问题。

第二，理论引介的取向比实证研究更多。西方政策理论的研究在过去已经积累了大量经验性数据，进行了大量的实证研究，能够帮助我们更好地理解西方的政策实践过程。但是，在中国，大量学术社群成员沉迷于引介理论，或者用西方的政策理论框架直接"套用"中国经验，这使得实质性的政策分析工作难以取得明显进展，也难以帮助我们实质性地理解中国政府的政策过程。在中国政策过程研究中，学术社群中更多采取规范性研究策略而不是实证研究策略，导致从总体上看，更为丰富、扎实、长期的中国化实证研究的体量还远远不够。

第三，严谨使用研究方法的自觉性。研究方法的使用是否规范，资料处理的策略是否严谨都影响着政策分析成果的逻辑性和科学性。长期以来中国政策研究重理论轻实证，大量研究采用单案例方法而缺乏多案例比较、定量研究、文本分析等多元研究方法的使用，使研究结论更接近于缺乏科学分析的说教，严重影响了其研究结论的可信度，也阻碍了对真实中国政府实践的理解。同时，一些研究者将内容分析、扎根理论、访谈和参与式观察等技术作为主要的研究方法而非资料分析法，导致研究设计缺乏规范性，出现数据类型与数据分析方法不匹配的问题，从而引发对这些方法的不当使用或误用。实际上，研究方法及经验性资料处理方式上的落后和不规范，在很大程度上已成为制约中国公共政策学科进一步发展、进行本土化知识积累的重要因素。

## 三 西方与中国的交织：如何带回中国

对理论"祛魅"是推动中国政策过程研究发展的重要一步。为了推进中国政策过程理论的知识产生和理论积累，我们需要进行更好的研究设计，尤其是更符合中国情境的研究设计。这不仅涉及要深入田野调查和利用大数据等多元化的研究方法，还需要我们充分结合方法与数据来完成大量的基础性研究工作。其中，尊重并理解中国政府的决策过程是实现这一目标的基本前提。通过这样的努力，我们能够发展出更符合中国实际的理论，进而推动中国政策过程研究的进一步发展。

在未来的研究展望中，首先，我们需要寻求积极的理论适配。这意味着在中国政策过程的研究中，我们不仅要深入理解中国特有的政治、经济和社会背景，还需要将这些独特的中国情境与西方政策过程理论进行有效的匹配和融合。通过这种跨文化的理论对话，我们可以更好地揭示中国政策制定过程中的内在逻辑和动力机制，同时为全球政策研究贡献独特的视角和见解。此外，这种适配过程也将推动中国政策过程理论的本土化发展，使其更加贴近实际，更具解释力和应用价值。最终，我们期望通过这种理论的本土化与国际化相结合的研究路径，为中国乃至世界的政策制定和实施提供更加科学、合理的指导和参考。

　　再者，我们需要促进中西方研究的对话和重构，这构成了本书第三卷的内容。为了实现中西方研究的对话和重构，我们需要采取一系列具体措施来加强双方的学术交流并推动理论创新。首先，我们应该鼓励组建跨学科的研究团队，这些团队应由具有不同文化背景和学术训练背景的学者组成，共同探讨和解决中西方政策过程中的关键问题。其次，通过组织国际研讨会、工作坊和出版学术期刊的特刊，为中西方学者提供一个交流思想、分享研究成果的平台。此外，我们还需要重视对本土知识的挖掘和利用，将中国的历史经验、文化传统和社会现实融入政策研究中，以形成具有中国特色的政策理论体系。同时，我们也应该开放地吸收和借鉴西方的先进理念和研究方法，通过比较分析，找出中西方政策过程的共性和差异，以及它们在不同情境下的适用性和局限性。在此基础上，我们可以对现有的理论进行批判性反思和创新性重构，以适应全球化背景下日益复杂多变的政策环境。最终，通过这种开放、平等、互惠的学术对话，我们不仅能够促进中西方研究的深度融合，还能够推动全球政策科学的发展和进步。

# 参考文献

## 中文文献

### （一）书籍

［1］B. 盖伊·彼得斯（B. Guy Peters），菲利普·齐图恩（Philippe Zittoun）. 当代公共政策研究路径：理论、议题与视角［M］. 张岌、郭春甫，译. 北京：社会科学文献出版社，2024.

［2］S. H. 林德尔，B. 盖伊·彼得斯. 政策工具研究：四个思想学派［C］//B·盖伊·彼德斯，弗兰斯·K. M. 冯尼斯潘. 公共政策工具——对公共管理工具的评价［M］. 顾建光，译. 北京：中国人民大学出版社，2007.

［3］安东尼·奥格斯. 规制：法律形式与经济学理论［M］. 骆梅英，译. 北京：中国人民大学出版社，2008.

［4］保罗·A. 萨巴蒂尔（Paul A. Sabatier）编，政策过程理论［M］. 彭宗超、钟开斌等，译. 北京：生活·读书·新知三联书店，2004.

［5］保罗·D. 埃里森. 事件史和生存分析［M］. 范新光，译. 上海：格致出版社，2017.

［6］保罗·萨巴蒂尔，汉克·詹金斯·史密斯. 政策变迁与学习——一种倡议联盟途径［M］. 邓征，译. 北京：北京大学出版社，2011.

［7］陈潭. 间断均衡与中国地方污染治理的逻辑［M］. 北京：中国社会科学出版社，2018.

［8］弗兰克·鲍姆加特纳（Frank R. Baumgartner），布赖恩·琼斯（Bryan D. Jones）. 美国政治中的议程与不稳定性［M］. 曹堂哲、文雅，译. 北京：北京大学出版社，2011.

［9］郭志刚．社会统计分析方法：SPSS 软件应用（第二版）［M］．北京：中国人民大学出版社，2015.

［10］赫伯特 A. 西蒙．管理行为［M］．詹正茂，译．北京：机械工业出版社，2013.

［11］赫伯特·西蒙．管理行为：管理组织决策过程的研究［M］．杨砺、韩春立，译．北京经济学院出版社，1988.

［12］黑尧．现代国家的政策过程［M］．赵成根，译．北京：中国青年出版社，2004.

［13］莱斯特·M. 萨拉蒙．政府工具：新治理指南［M］．肖娜，等译．北京：北京大学出版社，2016.

［14］李钢，蓝石等．公共政策内容分析方法：理论与应用［M］．重庆：重庆大学出版社，2007.

［15］李梦瑶．理解间断均衡：注意力、制度绩效与预算变迁［M］．北京：北京大学出版社，2024.

［16］李文钊．政策过程理论［M］．北京：中国社会科学出版社，2024.

［17］罗伯特·K. 殷（Robert K. Yin）．案例研究：设计与方法（原书第 5 版）［M］．周海涛、史少杰，译．重庆：重庆大学出版社，2017.

［18］罗伯特·殷．案例研究：设计与方法［M］．周海涛、李永贤、李虔，译．重庆：重庆大学出版社，2007.

［19］迈克尔·豪利特，M. 拉米什．公共政策研究：政策循环与政策子系统［M］．庞诗等，译．北京：生活·读书·新知三联书店，2006.

［20］米切尔·黑尧．现代国家的政策过程［M］．赵成根，译．北京：中国青年出版社，2004.

［21］欧文·E·休斯．公共管理导论［M］．北京：中国人民大学出版社，2001.

［22］孙壮志．新型城镇化与社会治理［M］．北京：社会科学文献出版社，2015.

［23］谭宁．"间断–平衡"理论框架下的中国城镇女性就业支持政策研究［M］．武汉：长江文艺出版社，2020.

［24］唐贤兴．大国治理与公共政策变迁：中国的问题与经验［M］．

上海：复旦大学出版社，2020.

[25] 杨冠琼. 公共政策学（第2版）[M]. 北京：北京师范大学出版社，2017.

[26] 约翰·W. 金登（John W. Kingdon）. 议程、备选方案与公共政策（第2版）[M]. 丁煌、方兴，译. 北京：中国人民大学出版社，2004.

[27] 风笑天. 社会研究方法（第4版）[M]. 北京：中国人民大学出版社 2013.

## （二）期刊论文

[1] Kim Y，Roh C，黄丽，等. 超越政策过程中的倡导联盟框架 [J]. 甘肃行政学院学报，2015.

[2] 安世遨，黄晓芳. 我国民办高等教育政策演变逻辑分析——基于间断-均衡的视角 [J]. 现代教育管理，2020.

[3] 白锐，吕跃. 基于修正多源流模型视角的政策议程分析——以《科学数据管理办法》为例 [J]. 图书馆理论与实践，2019.

[4] 柏必成. 改革开放以来我国住房政策变迁的动力分析——以多源流理论为视角 [J]. 公共管理学报，2010.

[5] 毕亮亮."多源流框架"对中国政策过程的解释力——以江浙跨行政区水污染防治合作的政策过程为例 [J]. 公共管理学报，2007.

[6] 蔡艳. 倡导联盟框架下"国家精品课程建设"的政策分析 [J]. 清华大学教育研究，2010.

[7] 蔡长昆，沈琪瑶."议程超载"下地方政府如何完成任务？——以A区建筑垃圾治理过程为例 [J]. 行政论坛，2021.

[8] 蔡长昆，王玉."政策建构政治"：理解我国"顶层设计-地方细则"——以网约车政策过程为例 [J]. 甘肃行政学院学报，2019.

[9] 蔡长昆，王玉. 制度、话语框架与政策设计：以网约车政策为例 [J]. 公共行政评论，2019.

[10] 操小娟，杜丹宁. 政策工具视角下的主体功能区土地政策研究 [J]. 求实，2020.

[11] 曹建云，李红锦，方洪. 基于目标偏差的政策组合效果评价 [J]. 预测，2020.

［12］曹龙虎，段然．地方政府创新扩散过程中的利益契合度问题——基于 H 省 X 市 2 个综合行政执法改革案例的比较分析［J］．江苏社会科学，2017．

［13］曹堂哲，郝宇华．间断均衡理论视角下媒体注意力与议程设置的因果关系——基于我国教育议程设置变迁的检验［J］．治理研究，2019．

［14］曹堂哲，郝宇华．中国公共预算变迁的间断均衡——基于中国各级预算支出面板数据的实证分析［J］．浙江大学学报（人文社会科学版），2020．

［15］曾盛聪，卞思瑶．走向大数据治理：地方治理的政策工具创新趋势——基于多个经验性案例的考察［J］．社会主义研究，2018．

［16］车峰．基于政策工具视角的我国健康服务业政策分析［J］．大连理工大学学报（社会科学版），2018．

［17］陈阿江，汪璇．耿车模式环境转型的社会逻辑——创新扩散视角下的产业转型分析［J］．河海大学学报（哲学社会科学版），2023．

［18］陈宝胜．邻避冲突治理政策工具的有效性评价：一个理论框架［J］．学海，2022．

［19］陈超凡，王泽，关成华．国家创新型城市试点政策的绿色创新效应研究：来自 281 个地级市的准实验证据［J］．北京师范大学学报（社会科学版），2022．

［20］陈芳．政策扩散理论的演化［J］．中国行政管理，2014．

［21］陈冠宇，巩宜萱．跨省流域横向生态补偿何以实现？——以汀江-韩江流域治理为例［J］．公共管理学报，2023．

［22］陈光，李良钰，明翠琴，等．基于倡导联盟框架的中国高校职务发明政策变迁机理［J］．中国科技论坛，2019．

［23］陈贵梧，林晓虹．网络舆论是如何形塑公共政策的？一个"两阶段多源流"理论框架——以顺风车安全管理政策为例［J］．公共管理学报，2021．

［24］陈华珊．数字时代的政务微博创新扩散及治理——基于效率机制和合法性机制的比较分析［J］．学术论坛，2021．

［25］陈建国．金登"多源流分析框架"述评［J］．理论探讨，2008．

［36］陈剩勇，吴兴智．公民参与与地方公共政策的制定——以浙江省

温岭市民主恳谈会为例 [J]. 学术界，2007.

[27] 陈世香，张静静. 基于"价值链-政策工具"框架的我国公共文化服务政策分析 [J]. 吉首大学学报（社会科学版），2021.

[28] 陈潭，李义科. 公共政策创新扩散的影响因素——基于 31 个省级居住证制度的数据分析 [J]. 中南大学学报（社会科学版），2020.

[29] 陈涛，牛帅. 由地方实践到国家政策——地方环境治理实践创新扩散的一项研究 [J]. 河海大学学报（哲学社会科学版），2023.

[30] 陈文博. 我国卫星导航政策文本的量化研究——基于政策工具的视角 [J]. 东南学术，2018.

[31] 陈雅倩，方永恒，贾周萍. 政策组合视角下科技成果转化政策的时间动态性分析 [J]. 中国科技论坛，2023.

[32] 陈一帆，胡象明. 大数据驱动型的公共决策过程创新及效果评估——基于 SSCI 和 SCI 的文献研究 [J]. 电子政务，2019.

[33] 陈翼然，张亚蕊，张瑞，等. 开发区政策的升级与叠加对创新的作用效果研究 [J]. 中国软科学，2021.

[34] 陈宇，孙枭坤. 政策模糊视阈下试点政策执行机制研究——基于低碳城市试点政策的案例分析 [J]. 求实，2020.

[35] 陈兆旺. 堡垒式政策倡议联盟与中国的重大政策调整——基于近年来计划生育政策变迁的分析 [J]. 中国行政管理，2020.

[36] 陈振明，和经纬. 政府工具研究的新进展 [J]. 东南学术，2006.

[37] 陈振明，黄颖轩. 中国公共政策的话语指向及其演化——基于改革开放以来历次党代会报告的文本与话语分析 [J]. 江海学刊，2018.

[38] 陈振明，薛澜. 中国公共管理理论研究的重点领域和主题 [J]. 中国社会科学，2007.

[39] 陈振明，张敏. 国内政策工具研究新进展：1998～2016 [J]. 江苏行政学院学报，2017.

[40] 陈振明. 寻求政策科学发展的新突破——中国公共政策学研究三十年的回顾与展望 [J]. 中国行政管理，2012.

[41] 陈振明. 政府工具研究与政府管理方式改进——论作为公共管理学新分支的政府工具研究的兴起、主题和意义 [J]. 中国行政管理，2004.

[42] 陈振明. 中国政策科学的话语指向 [J]. 国家行政学院学

报，2014.

[43] 程显扬. 基于政策工具的《健康中国行动（2019~2030 年）》文本分析 [J]. 东北大学学报（社会科学版），2020.

[44] 程翔，刘娅瑄，张玲娜. 金融产业数字化升级的制度供给特征——基于政策文本挖掘 [J]. 中国软科学，2021.

[45] 程中培. 目标群体、政策设计与城市低保救助水平——基于中国地级市的经验证据 [J]. 财政科学，2022.

[46] 丛鹂萱，王海银，金春林. 基于多源流理论的我国创新医疗技术支付政策研究 [J]. 中国卫生资源，2020.

[47] 崔晶. "运动式应对"：基层环境治理中政策执行的策略选择——基于华北地区 Y 小镇的案例研究 [J]. 公共管理学报，2020.

[48] 崔晶. 中国情境下政策执行中的"松散关联式"协作——基于 S 河流域治理政策的案例研究 [J]. 管理世界，2022.

[49] 崔先维. 渐进主义视阈中政策工具的选择 [J]. 行政论坛，2010.

[50] 戴卫东. 中国社会保障试点政策的落地逻辑 [J]. 社会保障评论，2022.

[51] 单菲菲. 政策工具视角下的城乡社区治理政策研究——以《关于加强和完善城乡社区治理的意见》为例 [J]. 西北师大学报（社会科学版），2020.

[52] 邓集文. 中国城市环境治理信息型政策工具效果评估的实证研究 [J]. 行政论坛，2015.

[53] 邓集文. 中国城市环境治理信息型政策工具选择的机理——基于政治学的视角 [J]. 湘潭大学学报（哲学社会科学版），2012.

[54] 邓集文. 中国城市环境治理信息型政策工具选择的政治逻辑——政府环境治理能力向度的考察 [J]. 中国行政管理，2012.

[55] 邓崧，巴松竹玛，李晓昀. 府际关系视域下我国数字政府建设创新扩散路径——基于"试验-认可-推广"模型的多案例研究 [J]. 电子政务，2021.

[56] 邓卫华，吕佩. 反转或缓解？突发事件政府回应有效性研究——基于在线文本情感分析 [J]. 中国行政管理，2021.

[57] 邓雪琳. 改革开放以来中国政府职能转变的测量——基于国务院

政府工作报告（1978~2015）的文本分析 [J]. 中国行政管理，2015.

[58] 邓燕华，张莉."捆绑式政策执行"：失地社保与征地拆迁 [J]. 南京社会科学，2020.

[59] 翟磊. 地方政府政策的精准性及其提升——基于"制定机构-政策工具-目标群体"互适框架 [J]. 南开学报（哲学社会科学版），2021.

[60] 翟文康，邱一鸣. 政策如何塑造政治？——政策反馈理论述评 [J]. 中国行政管理，2022.

[61] 翟文康，谭西涵. 多重委托代理关系下政策工具的选择逻辑——基于1069份突发性公共卫生事件的政策文本分析 [J]. 甘肃行政学院学报，2022.

[62] 翟文康，张圣捷. 政策反馈理论视域：中国医疗卫生政策钟摆式变迁及其逻辑 [J]. 中国卫生政策研究，2021.

[63] 丁煌，梁健. 话语与公共行政：话语制度主义及其公共行政价值评析 [J]. 上海行政学院学报，2022.

[64] 丁煌，杨代福. 政策工具选择的视角、研究途径与模型建构 [J]. 行政论坛，2009.

[65] 丁社教. 农民工子女义务教育政策工具选择研究综述 [J]. 西南民族大学学报（人文社科版），2010.

[66] 丁淑娟，朱亚鹏. 改革开放以来城市青年住房政策的演变及其动力机制研究——基于社会建构的视角 [J]. 青年探索，2022.

[67] 丁淑娟，朱亚鹏. 公共危机与卫生创新采纳变化——以互联网医院为例 [J]. 中国行政管理，2021.

[68] 丁淑娟. 目标群体的社会建构与中国住房政策设计研究 [J]. 公共行政评论，2019.

[69] 定明捷，张梁. 地方政府政策创新扩散生成机理的逻辑分析 [J]. 社会主义研究，2014.

[70] 董藩，雷童. 集体经营性建设用地入市的政策变迁考察与分析——动力机制视角下倡导联盟框架的应用 [J]. 农村经济，2021.

[71] 董石桃，翁宇阳，陈柏福. 工具结构和产业发展：政策工具视角下中国区块链政策的文本分析 [J]. 经济社会体制比较，2021.

[72] 凡志强. 垃圾分类政策的扩散机制与效果研究——基于42个试

点城市的定性比较分析 [J]. 地方治理研究, 2020.

[73] 樊晓杰, 林荣日. 扶贫视角下影响家庭教育支付的基础教育政策及其工具分析 [J]. 华中师范大学学报（人文社会科学版）, 2020.

[74] 范逢春, 姜晓萍. 农业转移人口市民化政策转型的多源流分析: 构成、耦合及建议 [J]. 四川大学学报（哲学社会科学版）, 2015.

[75] 范广垠. 我国房地产政策宏观分析的模型与方法——以 1998～2009 年房地产政策为例 [J]. 同济大学学报（社会科学版）, 2010.

[76] 范晓东, 郭彤彤. 建国 70 年学前教育政策变迁研究——基于间断均衡模型的视角 [J]. 教育发展研究, 2019.

[77] 范永茂. "异地高考": 倡导联盟框架视角下的政策变迁分析 [J]. 中国行政管理, 2016.

[78] 范梓腾, 谭海波. 地方政府大数据发展政策的文献量化研究——基于政策"目标-工具"匹配的视角 [J]. 中国行政管理, 2017.

[79] 方卫华, 周华. 新政策工具与政府治理 [J]. 中国行政管理, 2007.

[80] 方永恒, 陈友倩. 国务院保障性住房政策量化评价——基于 10 项保障性住房政策情报的分析 [J]. 情报杂志, 2019.

[81] 冯锋, 周霞. 政策试点与社会政策创新扩散机制——以留守儿童社会政策为例 [J]. 北京行政学院学报, 2018.

[82] 弗吉尼亚·格雷, 王勇兵. 竞争、效仿与政策创新 [J]. 经济社会体制比较, 2004.

[83] 付建军. 政策扩散研究如何扩散? ——政策扩散研究的三波浪潮与发展逻辑 [J]. 社会主义研究, 2022.

[84] 付建军. 作为治理创新的基层协商民主: 存量、调适与内核 [J]. 社会主义研究, 2020.

[85] 傅广宛. 中国海洋生态环境政策导向（2014～2017）[J]. 中国社会科学, 2020.

[86] 高聪颖. 多源流理论视角下的城市社区公共空间治理分析 [J]. 领导科学, 2019.

[87] 高恩新, 汪昕炜. 行为主义公共政策创新的助推框架与政策工具——以行为洞察力小组为例 [J]. 湘潭大学学报（哲学社会科学

版），2021.

[88] 高海珍，邢成举. 巩固拓展脱贫攻坚成果同乡村振兴有效衔接的政策文本分析——基于政策工具视角的 Nvivo 分析 [J]. 贵州社会科学，2022.

[89] 高鹏，杨翠迎. 中国家庭医生制度的政策变迁与启示——基于倡导联盟框架的分析 [J]. 东北大学学报（社会科学版），2022.

[90] 高瑞龙，胡晓舟. 政策工具视角下的乡村休闲旅游业发展 [J]. 西北农林科技大学学报（社会科学版），2021.

[91] 高新宇，吴尔. 间断－均衡理论与农村环境治理政策演进逻辑——基于政策文本的分析 [J]. 南京工业大学学报（社会科学版），2020.

[92] 高跃，王家宏. 新中国成立以来我国政府与体育社会组织关系的演变逻辑：一个基于间断均衡的政策分析框架 [J]. 武汉体育学院学报，2020.

[93] 葛蕾蕾. 改革开放以来我国国家安全治理政策变迁的社会演化论分析 [J]. 学术论坛，2022.

[94] 耿曙，陈玮. 比较政治的案例研究：反思几项方法论上的迷思 [J]. 社会科学，2013.

[95] 耿旭，喻君瑶. 政策工具一定会服务于政策目标吗——基于 23 份省级主体功能区政策文本的分析 [J]. 甘肃行政学院学报，2018.

[96] 耿言虎，王少康. 折中治理：高风险约束情境下基层政府政策执行的策略研究——以 G 镇粉浆水治理为例 [J]. 中国行政管理，2022.

[97] 耿云. 国外公共政策过程理论：反思与发展——读保罗·A·萨巴蒂尔《政策过程理论》[J]. 社会科学管理与评论，2013.

[98] 官晓辰，孙涛. 节能减排政策工具降低碳强度影响机制研究——基于 30 省（市、自治区）数据的模糊集定性比较分析 [J]. 城市问题，2021.

[99] 顾建光，吴明华. 公共政策工具论视角述论 [J]. 科学学研究，2007.

[100] 顾建光. 公共政策工具研究的意义、基础与层面 [J]. 公共管理学报，2006.

[101] 郭璨，陈恩伦. 我国网络教育政策变迁的多源流理论阐释 [J].

教育研究，2019.

[102] 郭劲光，王杰．"调适性联结"：基层政府政策执行力演变的一个解释 [J]．公共管理学报，2021.

[103] 郭凯．我国义务教育教师资源配置政策工具的历史变迁、基本特征与功能定位 [J]．华南师范大学学报（社会科学版），2022.

[104] 郭磊，胡晓蒙．住房公积金缴存比例的调整对谁有利？——基于社会建构理论的分析 [J]．公共行政评论，2020.

[105] 郭磊，秦酉．省级政府社会政策创新扩散研究——以企业年金税收优惠政策为例 [J]．甘肃行政学院学报，2017.

[106] 郭磊，苏涛永，秦酉．是否创新与如何创新：政策创新扩散机制的动态比较研究 [J]．中国软科学，2019.

[107] 郭磊．基本养老保险挤出了企业年金吗——基于政策反馈理论的实证研究 [J]．社会保障评论，2018.

[108] 郭丕斌，刘宇民．创新政策效果评价：基于行业和区域层面的分析 [J]．中国软科学，2019.

[109] 郭强，刘冬梅．基于 LDA 模型的农业农村科技创新政策扩散特征研究 [J]．中国软科学，2023.

[110] 郭沁，陈昌文．政策工具是否能有效改善水环境质量——基于 30 个省份的面板数据分析 [J]．社会科学研究，2023.

[111] 郭随磊，魏淑艳．政策工具研究的过程论视角：优势、逻辑与框架 [J]．东北大学学报（社会科学版），2017.

[112] 郭小聪，琚挺挺．案例研究与理论建构：公共行政研究的视角 [J]．江苏行政学院学报，2014.

[113] 郭跃，何林晟，苏竣．"工具-叙事-反馈"：一个行为公共政策的研究框架 [J]．中国行政管理，2020.

[114] 郭跃，洪婧诗，何林晟．政府采纳人脸识别技术的政策反馈解释：基于杭州与旧金山的案例比较 [J]．公共行政评论，2021.

[115] 郭志刚．历时研究与事件史分析 [J]．中国人口科学，2001.

[116] 郭忠兴，张亚玲．模糊的客体、弹性的空间与策略性的政策执行——以 N 市低保政策为例 [J]．学习与实践，2022.

[117] 果佳，周磊，郭跃．公众交通合规意愿的政策干预效果：基于

北京市行人违章治理的分析 [J]. 公共行政评论，2021.

[118] 韩博天，奥利佛·麦尔敦，石磊. 规划：中国政策过程的核心机制 [J]. 开放时代，2013.

[119] 韩冬临，吴亚博. 中国互联网舆情热点与地方政府回应——基于《中国社会舆情年度报告》（2009～2013）的分析 [J]. 公共行政评论，2018.

[120] 韩万渠. 决策咨询制度扩散机制及其区域差异：基于中国城市政府的实证（1983～2016）[J]. 公共管理与政策评论，2019.

[121] 韩晓慧，赵婧懿，陈喜乐. 倡议联盟框架视阈下我国环境政策变迁研究 [J]. 生态经济，2016.

[122] 韩啸，魏程瑞. 风险如何影响政策扩散？——以环境信息公开为例 [J]. 公共管理与政策评论，2021.

[123] 韩艺，刘莎莎. 绿色发展视域下公共政策多源流模型及其修正——以快递包装新国标的出台为例 [J]. 四川轻化工大学学报（社会科学版），2020.

[124] 郝亮，王毅，苏利阳，等. 基于倡导联盟视角的中国大气污染防治政策演变机理分析 [J]. 中国地质大学学报（社会科学版），2016.

[125] 郝涛，丁堃，林德明，等. 高校科技成果转化政策工具的选择偏好与配置研究——36 所"双一流"高校政策文本分析 [J]. 情报杂志，2021.

[126] 郝玉玲. 残疾形象建构对公共政策设计的影响——基于美国和德国残疾人福利政策的多案例研究 [J]. 社会保障评论，2022.

[127] 何继新，张晓彤，孟依浩. 中国新型基础设施建设政策供给特征与组合评估：一个三维框架的量化分析 [J]. 甘肃行政学院学报，2022.

[128] 何精华. 府际合作治理：生成逻辑、理论涵义与政策工具 [J]. 上海师范大学学报（哲学社会科学版），2011.

[129] 何明升，白淑英. 网络治理：政策工具与推进逻辑 [J]. 兰州大学学报（社会科学版），2015.

[130] 何小舟，刘水云. 教师道德形象建构与政策设计——基于目标群体社会建构与政策设计框架理论 [J]. 教育学报，2021.

[131] 何裕捷，郑石明. 中国气候政策扩散路径与机理 [J]. 中国人

口·资源与环境，2023.

[132] 何裕捷. 政策组合复杂程度如何影响政策效能——基于新能源汽车推广的分析 [J]. 公共管理学报，2024.

[133] 何志武，陈天明. 乡村振兴与"能人"回乡：农村产业转型观念的创新扩散机制研究 [J]. 西南民族大学学报（人文社会科学版），2022.

[134] 贺东航，孔繁斌. 公共政策执行的中国经验 [J]. 中国社会科学，2011.

[135] 贺鹏丽，何芳馨. 渐进均衡与间断革新：新中国托育师资政策变迁探析 [J]. 教育研究与实验，2022.

[136] 衡霞，陈鑫瑶. 我国农村扶贫政策的演进特征研究——基于中央一号文件的内容分析（1982~2019）[J]. 新疆社会科学，2020.

[137] 洪宇. 中国控烟政策变迁：基于支持联盟框架的分析 [J]. 中国卫生政策研究，2014.

[138] 侯军岐，杨艳丹. 改革开放以来政府推动扶贫减贫政策分析 [J]. 西北农林科技大学学报（社会科学版），2021.

[139] 侯小娟，周坚. 社会医疗保险城乡统筹：社会经济发展水平与政策选择——基于修正"贝瑞政策创新扩散模型"的实证研究 [J]. 华南师范大学学报（社会科学版），2014.

[140] 侯志峰. 政策联盟的注意力配置、互动策略与社会政策变迁——基于甘肃农村低保政策的分析个案 [J]. 甘肃行政学院学报，2019.

[141] 侯志阳，张翔. 作为方法的"中国"：构建中国情境的公共管理案例研究 [J]. 公共管理学报，2021.

[142] 胡春艳，张莲明. "好"政策的执行效果也好吗？——基于容错纠错政策的实证检验 [J]. 公共行政评论，2021.

[143] 胡春艳，周付军. 中国 PPP 政策工具选择及其选择模式研究——基于中央政策的文本分析 [J. 北京行政学院学报，2019.

[144] 胡峰，戚晓妮，汪晓燕. 基于 PMC 指数模型的机器人产业政策量化评价——以 8 项机器人产业政策情报为例 [J]. 情报杂志，2020.

[145] 胡剑锋，朱剑秋. 水污染治理及其政策工具的有效性——以温州市平阳县水头制革基地为例 [J]. 管理世界，2008.

[146] 胡宁生. 中国社会转型中战略变迁的公共政策学解释——西方

公共政策非线性过程理论的中国应用 [J]. 江海学刊，2006.

[147] 胡赛全，刘展余，雷玉琼，等. 公众对助推型减碳政策的偏好研究：基于联合实验与机器学习方法 [J]. 公共行政评论，2022.

[148] 胡世文，祁志伟. 政策工具视角下数字政府建设政策文本研究——基于省级政策文本（2019~2021）的分析 [J]. 西南民族大学学报（人文社会科学版），2023.

[149] 胡威. 我国地方政府人才政策创新动因研究——基于北京、上海和浙江的分析 [J]. 行政论坛，2018.

[150] 胡项连. 行动者认知、制度结构与政策工具选择——基于广东省J市低收入人口识别机制设计过程的分析 [J]. 求实，2024.

[151] 胡占光. "三治结合"何以得到全国性推广？——基于政策创新扩散的视角 [J]. 治理研究，2022.

[152] 虎剑刚. 论我国公平竞争审查制度的完善——基于间断平衡理论 [J]. 价格理论与实践，2018.

[153] 黄萃，吕立远. 文本分析方法在公共管理与公共政策研究中的应用 [J]. 公共管理评论，2020.

[154] 黄萃，任弢，张剑. 政策文献量化研究：公共政策研究的新方向 [J]. 公共管理学报，2015.

[155] 黄萃，苏竣，施丽萍，等. 政策工具视角的中国风能政策文本量化研究 [J]. 科学学研究，2011.

[156] 黄萃，赵培强，李江. 基于共词分析的中国科技创新政策变迁量化分析 [J]. 中国行政管理，2015.

[157] 黄栋，常鸣明. 我国风电产业发展政策的变迁研究——基于支持联盟框架分析 [J]. 工业技术经济，2014.

[158] 黄河. 聚焦度与国际化如何促进论文影响力提升 [J]. 情报杂志，2020.

[159] 黄红华. 政策工具理论的兴起及其在中国的发展 [J]. 社会科学，2010.

[160] 黄菁，张雨函. 我国体教融合政策工具的模型、特征与优化路径 [J]. 西南大学学报（社会科学版），2023.

[161] 黄俊辉，徐自强.《校车安全条例（草案）》的政策议程分

析——基于多源流模型的视角 [J]. 公共管理学报，2012.

[162] 黄六招，李茜茜. 双层逻辑与共生网络：基层政府购买服务何以出现政策偏离——基于 S 市 M 区的案例研究 [J]. 甘肃行政学院学报，2021.

[163] 黄伟. 试析政策工具研究的发展阶段及主题领域 [J]. 国家教育行政学院学报，2008.

[164] 黄文伟. 政策学习与变迁：一种倡导联盟框架范式——对我国高职院校招生政策变迁的解读 [J]. 清华大学教育研究，2012.

[165] 黄欣卓，李大宇. 中国场景公共管理案例研究的方法论与写作实践——"如何构建中国场景的案例研究"青年研讨会会议综述 [J]. 公共管理学报，2022.

[166] 黄新华，于潇. 环境规制影响经济发展的政策工具检验——基于企业技术创新和产业结构优化视角的分析 [J]. 河南师范大学学报（哲学社会科学版），2018.

[167] 黄新华，赵荷花. 食品安全监管政策变迁的非线性解释——基于间断均衡理论的检验与修正 [J]. 行政论坛，2020.

[168] 黄扬，李伟权. 网络舆情推动下的网约车规制政策变迁逻辑——基于多源流理论的案例分析 [J]. 情报杂志，2018.

[169] 黄扬，李伟权. 网络舆情下间断-均衡模型如何更好解释中国的政策变迁？——基于 30 个舆情案例的清晰集定性比较分析 [J]. 情报杂志，2019.

[170] 黄扬，李伟权. 新媒体环境下网络舆情对政策间断式变迁的影响研究——基于"间断-均衡理论"视角与案例分析 [J]. 电子政务，2018.

[171] 黄振威."半公众参与决策模式"——应对邻避冲突的政府策略 [J]. 湖南大学学报（社会科学版），2015.

[172] 季飞，吴水叶. 大扶贫背景下西部地区职业教育发展的政策工具选择——基于贵州省 21 份文件的文本量化分析 [J]. 贵州社会科学，2019.

[173] 季飞. 效率与合法性：我国政策扩散的双重逻辑——基于新高考综合改革的事件史分析 [J]. 江汉论坛，2020.

［174］贾路南．公共政策工具研究的三种传统［J］．国外理论动态，2017．

［175］贾义猛，张郁．模式的扩散与扩散的模式：行政审批局创新扩散研究［J］．求实，2022．

［176］江亚洲，郁建兴．重大公共卫生危机治理中的政策工具组合运用——基于中央层面新冠疫情防控政策的文本分析［J］．公共管理学报，2020．

［177］江永清．基于多源流模型的我国双创政策之窗开启分析［J］．中国行政管理，2019．

［178］姜国兵．对公共政策工具五大主题的理论反思［J］．理论探讨，2008．

［179］姜楠，曹现强．营商环境优化的政策工具选择与配置——基于中央层面政策文本的内容分析［J］．公共管理与政策评论，2023．

［180］姜晓萍，郭宁．我国基本公共服务均等化的政策目标与演化规律——基于党的十八大以来中央政策的文本分析［J］．公共管理与政策评论，2020．

［181］姜晓萍，吴宝家．疫情防控中的中小企业支持政策：扩散特征与核心议题——基于省级"助企纾困"政策的文献计量分析［J］．行政论坛，2020．

［182］姜艳华，李兆友．多源流理论在我国公共政策研究中的应用述论［J］．江苏社会科学，2019．

［183］蒋俊杰．焦点事件冲击下我国公共政策的间断式变迁［J］．上海行政学院学报，2015．

［184］金东日，鲍伟慧．发展型社会政策的演进机理与扩散逻辑研究——以易地扶贫搬迁政策为例［J］．求实，2023．

［185］靳永翥，丁照攀．城市"小区病"：特征、类型及治理工具［J］．武汉大学学报（人文科学版），2017．

［186］靳永翥，李春艳．危机何以化解：基于危机公关的政府工具研究——以环境型邻避事件为例［J］．北京行政学院学报，2019．

［187］靳永翥，赵远跃．公众参与背景下多源流理论如何更好解释中国的政策议程设置？——基于多案例的定性比较分析［J］．行政论

坛，2022.

　　[188] 井润田，孙璇. 实证主义 vs. 诠释主义：两种经典案例研究范式的比较与启示 [J]. 管理世界，2021.

　　[189] 敬乂嘉. 老龄社会的复合治理体系：对 1982～2015 年老龄政策变迁的分析 [J]. 中国行政管理，2020.

　　[190] 康晓玲，李朝阳，刘京，等. 高校创新创业教育政策扩散的影响因素研究——以中国"双一流"A 类高校为例 [J]. 软科学，2021.

　　[191] 孔娜娜，位利平. 新时代城市社区治安政策工具的优化选择与应用 [J]. 社会主义研究，2020.

　　[192] 寇浩宁，李平菊."过度化执行"：基层政府与农村低保政策的执行逻辑 [J]. 深圳大学学报（人文社会科学版），2017.

　　[193] 邝艳华. 环保支出决策：渐进还是间断均衡——基于中国省级面板数据的分析 [J]. 甘肃行政学院学报，2015.

　　[194] 雷望红. 政策吸纳：理解农村低保政策执行偏差的新视角——基于黔西南 M 县 Y 乡的田野调查 [J]. 西南大学学报（社会科学版），2019.

　　[195] 李波，黄忠敬，陈进林. 内地西藏班民族教育政策执行工具分析 [J]. 西藏大学学报（社会科学版），2008.

　　[196] 李超显，黄健柏. 流域重金属污染治理政策工具选择的政策网络分析：以湘江流域为例 [J]. 湘潭大学学报（哲学社会科学版），2017.

　　[197] 李储，徐泽. 改革开放以来长江经济带的政策变迁：脉络、机制与模式 [J]. 华东经济管理，2020.

　　[198] 李翠英. 政策工具研究范式变迁下的中国环境政策工具重构 [J]. 学术界，2018.

　　[199] 李大宇，黄欣卓. 新型案例研究的认识论与方法论 [J]. 公共管理学报，2024.

　　[200] 李东泉，王瑛，李雪伟. 央地关系视角下的城市规划建设管理政策扩散研究——以历史文化名城保护和城市设计为例 [J]. 城市发展研究，2021.

　　[201] 李欢欢，顾丽梅. 垃圾分类政策试点扩散的逻辑分析——基于中国 235 个城市的实证研究 [J]. 中国行政管理，2020.

［202］李健，成鸿庚，贾孟媛．间断均衡视角下的政社关系变迁：基于 1950~2017 年我国社会组织政策考察［J］．中国行政管理，2018．

［203］李健，顾拾金．政策工具视角下的中国慈善事业政策研究——以国务院《关于促进慈善事业健康发展的指导意见》为例［J］．中国行政管理，2016．

［204］李健，张文婷．政府购买服务政策扩散研究——基于全国 31 省数据的事件史分析［J］．中国软科学，2019．

［205］李健．公益创投政策扩散的制度逻辑与行动策略——基于我国地方政府政策文本的分析［J］．南京社会科学，2017．

［206］李江，刘源浩，黄萃，等．用文献计量研究重塑政策文本数据分析——政策文献计量的起源、迁移与方法创新［J］．公共管理学报，2015．

［207］李金龙，乔建伟．政府规制工具变迁逻辑及其与政策目标适配路径研究——基于出租车政策的内容分析［J］．大连理工大学学报（社会科学版），2023．

［208］李金龙，王英伟．"间断平衡框架"对中国政策过程的解释力研究——以 1949 年以来户籍政策变迁为例［J］．社会科学研究，2018．

［209］李金龙，王英伟．信仰的变革与回归：倡导联盟框架下中国医疗卫生政策变迁研究［J］．中国卫生政策研究，2018．

［210］李金龙，武俊伟．社会建构理论视域下我国基层政府政策执行的难题及其求解［J］．东北大学学报（社会科学版），2016．

［211］李珒．环境政策执行偏差的破解——基于信号传递理论的解释［J］．中国人口·资源与环境，2020．

［212］李林，黄璐．精神生活共同富裕目标下乡村文化振兴政策研究——基于中央一号文件的内容分析［J］．西南民族大学学报（人文社会科学版），2023．

［213］李玲玲．论政策工具与公共行政［J］．理论探讨，2008．

［214］李梦瑶，李永军．棚户区改造政策的创新与扩散——一项中国省级地方政府的事件史研究［J］．兰州学刊，2019．

［215］李梦瑶，李永军．中国省级预算变迁的间断均衡度测算［J］．统计与决策，2021．

［216］李明，姚乐野．重特大自然灾害舆情应对和引导政策的变迁——基于倡议联盟框架的分析［J］．新闻界，2018．

［217］李娉，杨宏山．中国试验治理的注意力转变与制度发展［J］．甘肃行政学院学报，2020．

［218］李强，王亚仑．长江经济带环境治理组合政策效果评估［J］．公共管理学报，2022．

［219］李强彬，支广东，李延伟．中央推进政策试点的差异化政策工具选择逻辑——基于 20 个案例的定性比较分析［J］．公共行政评论，2023．

［220］李青，钱再见．中国农业政策变迁的注意力分布及其逻辑阐释［J］．华中农业大学学报（社会科学版），2021．

［221］李瑞昌．中国公共政策实施中的"政策空传"现象研究［J］．公共行政评论，2012．

［222］李少惠，崔吉磊．中国地方政府现代公共文化服务体系建设的文本分析——政策创新扩散机制视角［J］．中国文化产业评论，2017．

［223］李少惠，王婷．我国公共文化服务政策的演进脉络与结构特征——基于 139 份政策文本的实证分析［J］．山东大学学报（哲学社会科学版），2019．

［224］李胜，周玲．碳中和政策创新扩散的行为机理与模式——基于行为公共管理的视角［J］．中国人口·资源与环境，2023．

［225］李胜兰，黎天元．复合型环境政策工具体系的完善与改革方向：一个理论分析框架［J］．中山大学学报（社会科学版），2021．

［226］李斯旸，朱亚鹏．目标群体社会建构的转型与政策变迁——基于两种传染病的比较研究［J］．公共管理与政策评论，2021．

［227］李文彬．财政收入偏好与地方政府政策执行——以广东省 A 市执行农民工子女教育政策为例［J］．甘肃行政学院学报，2009．

［228］李文钊，庞伟，吴珊．中国预算变迁遵循间断－均衡逻辑吗？——基于 2007～2019 年中国财政预算数据的实证研究［J］．公共行政评论，2019．

［229］李文钊．倡导联盟框架：探究政策过程中的子系统效应［J］．行政论坛，2023．

［230］李文钊．多源流框架：探究模糊性对政策过程的影响［J］．行政

论坛，2018.

[231] 李文钊. 间断-均衡理论：探究政策过程中的稳定与变迁逻辑 [J]. 上海行政学院学报，2018.

[232] 李文钊. 民主的政策设计理论：探究政策过程中的社会建构效应 [J]. 学海，2019.

[233] 李文钊. 认知、制度与政策图景：间断-均衡理论的三重解释逻辑 [J]. 南京社会科学，2018.

[234] 李文钊. 向行为公共政策理论跨越——间断-均衡理论的演进逻辑和趋势 [J]. 江苏行政学院学报，2018.

[235] 李文钊. 政策过程的决策途径：理论基础、演进过程与未来展望 [J]. 甘肃行政学院学报，2017.

[236] 李文钊. 制度分析与发展框架：传统、演进与展望 [J]. 甘肃行政学院学报，2016.

[237] 李雪伟. 改革开放以来我国扶贫政策话语研究——基于语用学理论的分析视角 [J]. 公共管理与政策评论，2020.

[238] 李燕，耿屿，苏一丹. 控制错觉、执法风格与公民政策遵从——基于"遛狗牵绳"政策情境的实验研究 [J]. 中国行政管理，2022.

[239] 李燕，苏一丹. 多源流理论在中国：基于期刊论文（2005～2018）的文献计量评估 [J]. 中共天津市委党校学报，2019.

[240] 李燕，苏一丹. 中国地方政府大数据政策扩散机制研究 [J]. 软科学，2022.

[241] 李燕，朱春奎. "政策之窗"的关闭与重启——基于劳教制度终结的经验研究 [J]. 武汉大学学报（哲学社会科学版），2017.

[242] 李尧磊. 运动式环境治理中的"环保军令状"——重塑地方环保责任的政策工具选择 [J]. 吉首大学学报（社会科学版），2023.

[243] 李毅. 社会建构类型转换与公共政策变迁——以中国网约车监管政策演变为例 [J]. 公共管理与政策评论，2019.

[244] 李永友，沈坤荣. 我国污染控制政策的减排效果——基于省际工业污染数据的实证分析 [J]. 管理世界，2008.

[245] 李元珍. 政策网络视角下的府际联动——基于重庆地票政策执行的案例分析 [J]. 中国行政管理，2014.

[246] 李政蓉，郭喜．民族地区基本公共教育政策变迁的演进逻辑——基于"间断-均衡"理论的视角 [J]．西南民族大学学报（人文社会科学版），2021．

[247] 李智超，于翔．中国跨界环境保护政策变迁研究——基于相关政策文本（1982~2020）的计量分析 [J]．上海行政学院学报，2021．

[248] 李智超．政策试点推广的多重逻辑——基于我国智慧城市试点的分析 [J]．公共管理学报，2019．

[249] 连宏萍，陈晓兰．央地关系视角下的土地增减挂钩政策变迁——基于间断均衡理论的考察 [J]．新视野，2019．

[250] 梁茜，崔佳峰．我国普通高中教育政策的演进脉络与变迁逻辑——基于支持联盟框架的分析视角 [J]．教育学报，2022．

[251] 廖慧卿，杨罗观翠．残障概念模型与残疾人集中就业政策工具研究 [J]．华南师范大学学报（社会科学版），2011．

[252] 林德明，罗宇晴，刘文斌．知识产权政策如何提升国家创新能力？——基于政策工具的组态分析 [J]．科学学研究，2023．

[253] 蔺洁，王婷．中国科技规划的演化规律——基于政策间断-平衡框架的分析视角 [J]．科研管理，2022．

[254] 刘成．省级政府数据开放共享政策动态扩散分析 [J]．电子政务，2018．

[255] 刘成杰，胡钰苓，李虹桥，等．中国智慧城市试点政策对城市发展质量的影响——基于韧性发展的视角 [J]．城市问题，2021．

[256] 刘传俊，杨建国，周君颖．适配均衡与多元协同：社区生活垃圾分类的政策工具选择 [J]．华中农业大学学报（社会科学版），2022．

[257] 刘大伟，周洪宇．《中华人民共和国家庭教育促进法》的政策议程分析——基于多源流模型的视角 [J]．教育学术月刊，2022．

[258] 刘芳．高等教育政策的创新过程：支持联盟框架的透视 [J]．高校教育管理，2007．

[259] 刘贵文，易志勇，魏骊臻等．基于政策工具视角的城市更新政策研究：以深圳为例 [J]．城市发展研究，2017．

[260] 刘河庆，梁玉成．政策内容再生产的影响机制——基于涉农政策文本的研究 [J]．社会学研究，2021．

[261] 刘红波，林彬. 人工智能政策扩散的机制与路径研究——一个类型学的分析视角 [J]. 中国行政管理，2019.

[262] 刘纪达，王健. 变迁与演化：中国退役军人安置保障政策主题和机构关系网络研究 [J]. 公共管理学报，2019.

[263] 刘佳，刘俊腾."最多跑一次"改革的扩散机制研究——面向中国 294 个地级市的事件史分析 [J]. 甘肃行政学院学报，2020.

[264] 刘佳佳，傅慧芳. 城市生活垃圾分类治理：政策过程与政策执行的多维分析——基于多案例的研究 [J]. 青海社会科学，2021.

[265] 刘杰，韩自强. 安全发展示范城市政策采纳与执行力度——基于 281 个地级市的比较分析（2010—2021） [J]. 公共管理与政策评论，2023.

[266] 刘金龙，傅一敏，赵佳程. 地方林业政策的形成与执行过程解析——以福建 Y 市重点区位商品林赎买为例 [J]. 贵州社会科学，2018.

[267] 刘开君. 公共政策变迁间断–平衡模型的修正及应用——兼论新中国科研政策变迁的渐进与突变规律 [J]. 北京社会科学，2016.

[268] 刘兰剑，许雅茹. 基于倡导联盟框架的我国科普政策变迁研究 [J]. 科学管理研究，2023.

[269] 刘蕾，史钰莹. 我国慈善捐赠政策的政策变迁与工具选择——基于中央层面的政策文本分析 [J]. 北京行政学院学报，2021.

[270] 刘培伟. 政策设计对执行行为的影响——基于 B 县 W 村干部对低保和新农保政策执行的比较 [J]. 贵州社会科学，2014.

[271] 刘鹏，马亮，刘志鹏. 央地关系与政府机构改革——基于中国地级食品安全监管机构改革进度的实证研究 [J]. 公共行政评论，2016.

[272] 刘鹏. 混合型监管：政策工具视野下的中国药品安全监管 [J]. 公共管理学报，2007.

[273] 刘琼，梁凤波. 基于注意力竞争理论的地方政府"政策响应差异"分析——以医疗保险支付方式改革为例 [J]. 甘肃行政学院学报，2019.

[274] 刘然. 网络舆论触发政策议程机制探讨——在对三起网络公共事件的比较中质疑多源流模型 [J]. 理论与改革，2017.

[275] 刘石，李飞跃. 大数据技术与传统文献学的现代转型 [J]. 中国

社会科学，2021.

［276］刘书君，乔友林，周彩虹．多源流理论视角下 HPV 疫苗纳入免疫规划政策分析［J］．中国公共卫生，2023.

［277］刘思宇．政策论证与共识建构的多源流嵌套——以"PM2.5 事件"和空气治理为例［J］．甘肃行政学院学报，2018.

［278］刘伟．内容分析法在公共管理学研究中的应用［J］．中国行政管理，2014.

［279］刘伟．政策试点：发生机制与内在逻辑——基于我国公共部门绩效管理政策的案例研究［J］．中国行政管理，2015.

［280］刘伟伟．政策终结的多源流分析——基于收容遣送制度的经验研究［J］．公共管理学报，2015.

［281］刘晓亮，侯凯悦，张洺硕．从地方探索到中央推广：政府创新扩散的影响机制——基于 36 个案例的清晰集定性比较分析［J］．公共管理学报，2019.

［282］刘鑫，汪典典．整合与转型：改革开放以来的知识产权公共政策演进研究［J］．中国软科学，2021.

［283］刘兴成．典型化：中国政策创新扩散的逻辑与机制［J］．学习与实践，2022.

［284］刘雪华，孙大鹏．政策工具视角下我国城镇化政策文本量化研究——基于 2014～2020 年的国家政策文本［J］．吉林大学社会科学学报，2022.

［285］刘耀．《独立学院设置与管理办法》的多源流理论分析［J］．现代教育管理，2010.

［286］刘义强，范静惠．公共议程设置的适应性转换何以实现？［J］．东南学术，2023.

［287］刘媛．西方政策工具选择理论的多途径研究述评［J］．国外社会科学，2010.

［288］刘兆鑫．特大城市功能疏解的政策工具及其选择［J］．中国行政管理，2017.

［289］柳发根，刘筱红．多源流理论视角下的农民工家庭离散问题［J］．理论月刊，2014.

［290］龙立军.间断平衡理论视角下70年中国少数民族教育政策变迁分析［J］.云南民族大学学报（哲学社会科学版），2020.

［291］芦彦清，赵建国.基于新媒体的网络舆情政策化议程设置研究——以多源流理论为视角［J］.电子政务，2018.

［292］陆学艺.中国社会阶级阶层结构变迁60年［J］.北京工业大学学报，2010.

［293］鹿斌，沈荣华.逆向动员：基层政策执行中的行动策略——基于苏南CT村"四好农村路"政策执行过程研究［J］.中国行政管理，2021.

［294］罗丹，黎江平，张庆芝.城市生活垃圾分类政策扩散影响因素研究——基于261个地级市的事件史分析［J］.资源科学，2022.

［295］罗峰，崔岩珠.行动者转译偏差：政策执行何以陷入"困局"？——以S市托育政策执行为例［J］.甘肃行政学院学报，2020.

［296］罗梁波.公共管理理论如何与实践相结合：从复合研究方式出发［J］.浙江学刊，2023.

［297］罗敏，朱雪忠.基于共词分析的我国低碳政策构成研究［J］.管理学报，2014.

［298］罗哲，单学鹏.研究共识与差异取向：国内外政策工具研究的比较分析［J］.西南民族大学学报（人文社会科学版），2022.

［299］骆苗，毛寿龙.理解政策变迁过程：三重路径的分析［J］.天津行政学院学报，2017.

［300］吕德文.治理周期与政策执行波动：基于城管执法的动态经验观察［J］.公共行政评论，2022.

［301］吕芳.公共服务政策制定过程中的主体间互动机制——以公共文化服务政策为例［J］.政治学研究，2019.

［302］吕芳.条块差异与公共服务政策的扩散［J］.政治学研究，2021.

［303］吕佩，邓卫华，李鑫.价值共创视角下的政策学习及其影响研究［J］.公共管理学报，2022.

［304］吕宣如，章晓懿.多重逻辑视角下政府购买居家养老服务政策扩散研究——基于中国省份数据的事件史分析［J］.东北大学学报（社会科

学版），2022.

［305］吕源，彭长桂．话语分析：开拓管理研究新视野［J］．管理世界，2012.

［306］吕志奎，刘洋．政策工具视角下省域流域治理的府际协同研究——基于九龙江流域政策文本（1999～2021）分析［J］．北京行政学院学报，2021.

［307］吕志奎．公共政策工具的选择——政策执行研究的新视角［J］．太平洋学报，2006.

［308］马宝君，张楠，谭棋天．基于政民互动大数据的公共服务效能影响因素分析［J］．中国行政管理，2018.

［309］马奔，高涵，组织学视角下政策文本流变的趋同现象研究——基于舆情回应政策文本分析［J1.电子政务，2019.

［310］马静，徐晓林．地方政府创新何以扩散全国——基于多案例的比较研究［J］．理论与现代化，2023.

［311］马亮．公共服务创新的扩散：中国城市公共自行车计划的实证分析［J］．公共行政评论，2015.

［312］马亮．公共管理研究方法走向多元化［J］．中国社会科学报，2018.

［313］满小欧，杨扬．"三孩"背景下我国生育支持政策体系建设研究——基于政策工具与生育友好的双重分析框架［J］．东北大学学报（社会科学版），2023.

［314］毛基业，陈诚．案例研究的理论构建：艾森哈特的新洞见——第十届"中国企业管理案例与质性研究论坛（2016）"会议综述［J］．管理世界，2017.

［315］毛寿龙，栗伊萱，杨毓康．地方政策创新如何上升为国家行动：一个政策属性的分析视角——基于河长制的案例观察［J］．北京行政学院学报，2023.

［316］蒙克，李朔严．公共管理研究中的案例方法：一个误区和两种传承［J］．中国行政管理，2019.

［317］孟伦，张雨杭，郭雅婷．乡村政策传播中农民信息反馈行为的生成因素与优化策略——基于扎根理论的探索性研究［J］．传媒观

察，2022.

[318] 孟天广，杨平，苏政．转型中国的公民意见与地方财政决策——基于对地方政府的调查实验 [J]．公共管理学报，2015.

[319] 孟溦，张群．公共政策变迁的间断均衡与范式转换——基于1978~2018年上海科技创新政策的实证研究 [J]．公共管理学报，2020.

[320] 孟薇，孔繁斌．邻避冲突的成因分析及其治理工具选择——基于政策利益结构分布的视角 [J]．江苏行政学院学报，2014.

[321] 糜晶．乡村治理水平与国家政策执行——基于农地流转政策的实证分析 [J]．江汉论坛，2018.

[322] 米加宁，章昌平，李大宇，等．第四研究范式：大数据驱动的社会科学研究转型 [J]．学海，2018.

[323] 苗丰涛，慈玉鹏．地方经验如何跃升为国家政策？——基于新农保政策创新的分析 [J]．公共管理学报，2022.

[324] 苗丰涛，叶勇．建构与对话：由下而上的政策传导机制分析——以国际贸易"单一窗口"为例 [J]．中国行政管理，2021.

[325] 苗丰涛．基层创新如何上升为国家政策？——府际关系视角下的纵向政策创新传导机制分析 [J]．东北大学学报（社会科学版），2022.

[326] 缪燕子．新中国成立以来社会救助政策变迁研究——基于间断-均衡理论的解释 [J]．中国行政管理，2017.

[327] 尼古拉斯·扎哈里尔迪斯，杨志军，欧阳文忠．德尔菲神谕：模糊性、制度和多源流 [J]．吉首大学学报（社会科学版），2017.

[328] 倪永品．食品安全、政策工具和政策缝隙 [J]．浙江社会科学，2017.

[329] 宁甜甜，张再生．基于政策工具视角的我国人才政策分析 [J]．中国行政管理，2014.

[330] 庞锐．采纳与内化：多重制度压力如何影响河长制创新扩散——基于省级政府的定向配对事件史分析 [J]．公共管理学报，2023.

[331] 彭勃，杨铭奕．合法性与有效性冲突及其化解：基层公共服务的政策工具选择 [J]．华中师范大学学报（人文社会科学版），2023.

[332] 彭川宇，刘月．城市科技创新人才政策扩散动力因素时空差异研究 [J]．科技进步与对策，2022.

[333] 彭华安. 新中国成立以来农村职业教育政策的演进逻辑 [J]. 教育理论与实践，2013.

[334] 彭小兵，龙燕. 基于政策工具视角的我国消费扶贫政策分析 [J]. 贵州财经大学学报，2021.

[335] 彭小兵，彭洋. 地方政府数字化转型创新扩散中的跟进应对与竞争策略——基于黔、鄂、渝、辽四地政务服务改革的探索性分析 [J]. 电子政务，2023.

[336] 齐杏发. 当代中国政策执行的内部运行机制研究——基于南方某党工委职能履行案例的微观分析 [J]. 理论探讨，2007.

[337] 祁凡骅. 基于间断-均衡理论的农村环境治理困境探究 [J]. 社会科学家，2021.

[338] 祁玲玲. 定量与定性之辩：美国政治学研究方法的融合趋势 [J]. 国外社会科学，2016.

[339] 祁占勇，王书琴，何佑石. 多源流理论视域下新职业教育法的修订过程研究 [J]. 教育与职业，2022.

[340] 钱再见. 论政策执行中的政策宣传及其创新——基于政策工具视角的学理分析 [J]. 甘肃行政学院学报，2010.

[341] 秦亚. 论政策工具的应用——结合中国控烟政策分析 [J]. 广西大学学报（哲学社会科学版），2009.

[342] 曲纵翔. 政策周期中废止理论的倡议联盟途径解析 [J]. 现代管理科学，2014.

[343] 阙祥才. 实证主义研究方法的历史演变 [J]. 求索，2016.

[344] 冉奥博，刘佳燕. 政策工具视角下老旧小区改造政策体系研究——以北京市为例 [J]. 城市发展研究，2021.

[345] 任彬彬，周建国. 地方政府河长制政策工具模型：选择偏好与优化路径——基于扎根理论的政策文本实证研究 [J]. 中南大学学报（社会科学版），2021.

[346] 任锋，朱旭峰. 转型期中国公共意识形态政策的议程设置——以高校思政教育十六号文件为例 [J]. 开放时代，2010.

[347] 任弢，黄萃，苏竣. 公共政策文本研究的路径与发展趋势 [J]. 中国行政管理，2017.

[348] 阮蓁蓁.食品免检制度终结分析——基于多源流理论的分析视角 [J].行政论坛，2009.

[349] 尚虎平，刘红梅，刘迪一.特色小镇过度扩散与治理研究——一个面向我国"特色小镇"政策扩散影响因素的实证探索 [J].甘肃行政学院学报，2022.

[350] 施生旭，陈浩."多源流框架"对社区政策议程设置的解释力——以福州市 H 老旧小区加装电梯为例 [J].城市发展研究，2021.

[351] 宋蕾.智能与韧性是否兼容？——智慧城市建设的韧性评价和发展路径 [J].社会科学，2020.

[352] 宋敏，龙勇.政策工具视角下我国碳达峰碳中和政策文本分析 [J].改革，2022.

[353] 宋小恒，廖晓明.从多源流理论视角看以药养医政策的终结 [J].中国卫生经济，2018.

[354] 宋心然.中国网约车监管政策变迁研究——以倡议联盟框架为分析视角 [J].中国行政管理，2017.

[355] 宋云鹏.基于倡导联盟框架的卫生政策研究述评 [J].中国卫生经济，2017.

[356] 苏敬勤，刘静，吕禾雨.案例研究为什么能为本土管理理论作出贡献——学理基础与构建路径 [J].财经问题研究，2023.

[357] 苏敬勤，王娜，高昕，等.案例学的构建——学理基础与现实可行性 [J].管理世界，2021.

[358] 苏利阳，王毅.中国"央地互动型"决策过程研究——基于节能政策制定过程的分析 [J].公共管理学报，2016.

[359] 孙高峰.从五年规划透析公共政策制定及其传播效果 [J].江淮论坛，2018.

[360] 孙海法，刘运国，方琳.案例研究的方法论 [J].科研管理，2004.

[361] 孙欢.间断平衡框架及在我国政策分析中的适用性：基于政策范式 [J].甘肃行政学院学报，2016.

[362] 孙婧婧，和经纬.作为溯因推理研究方法的因果过程追踪及其在公共政策研究中的应用 [J].公共管理评论，2020.

[363] 孙立平，王汉生，王思斌，林彬，杨善华．改革以来中国社会结构的变迁 [J]．中国社会科学，1994.

[364] 孙萍，刘梦．我国城市社区社会保障政策的演变与特征分析 [J]．东岳论丛，2015.

[365] 孙萍，刘梦．我国城镇弱势群体就业政策工具选择——基于政策文本的分析 [J]．东北大学学报（社会科学版），2017.

[366] 孙岩，刘红艳，李鹏．中国环境信息公开的政策变迁：路径与逻辑解释 [J]．中国人口·资源与环境，2018.

[367] 孙岩，刘红艳．知识型专家影响空气质量标准政策变迁的中美比较研究 [J]．科研管理，2019.

[368] 孙翊锋．出租车行业政府规制政策变迁轨迹与逻辑——基于间断-均衡理论的解释 [J]．湖湘论坛，2021.

[369] 孙粤文．大数据：现代城市公共安全治理的新策略 [J]．城市发展研究，2017.

[370] 孙志建．政府治理的工具基础：西方政策工具理论的知识学诠释 [J]．公共行政评论，2011.

[371] 孙志建．中国城市摊贩监管缘何稳定于模糊性治理——基于"新多源流模型"的机制性解释 [J]．甘肃行政学院学报，2014.

[372] 谈火生，于晓虹．"倡导-选择"型创新扩散——基于十八大以来人民政协制度创新扩散的多案例比较 [J]．政治学研究，2022.

[373] 谭兵．工具运用与选择偏好：发展机构养老服务政策研究 [J]．中山大学学报（社会科学版），2018.

[374] 谭春辉，谢荣，刘倩．政策工具视角下的我国政府信息公开政策文本量化研究 [J]．电子政务，2020.

[375] 谭海波，郑清清，王海函．地方政府大数据产业政策：工具偏好及其匹配——基于贵州省政策文本的分析 [J]．中国行政管理，2021.

[376] 谭爽，崔佳．环境 NGO 的政策倡导实践——基于"倡导联盟框架"的分析 [J]．南京工业大学学报（社会科学版），2019.

[377] 汤蕤蔓．中国共产党乡村治理政策的演进逻辑与内在机理 [J]．重庆社会科学，2022.

[378] 唐斌，席振华，曾镇坚．农村基本公共服务均等化政策的演进

逻辑及其实践工具——基于"中央一号文件"的质性分析 [J]. 甘肃行政学院学报，2021.

[379] 唐丽萍，章魁华. 压力型科层制下基层政府精准扶贫政策的执行样态 [J]. 上海行政学院学报，2019.

[380] 唐庆鹏，钱再见. 公共危机治理中的政策工具：型构、选择及应用 [J]. 中国行政管理，2013.

[381] 唐贤兴. 政策工具的选择与政府的社会动员能力——对"运动式治理"的一个解释 [J]. 学习与探索，2009.

[382] 唐贤兴. 中国治理困境下政策工具的选择——对"运动式执法"的一种解释 [J]. 探索与争鸣，2009.

[383] 唐兴霖，雷李念慈. 基于政策文本的数字平台治理工具配置逻辑研究 [J]. 理论探讨，2023.

[384] 陶鹏，初春. 领导注意力的传播效应：党政结构视角及环保议题实证 [J]. 公共管理学报，2022.

[385] 陶鹏，李欣欣. 突发事件风险管理的政策工具及使用偏好——以文本大数据为基础的扎根理论分析 [J]. 北京行政学院学报，2019.

[386] 田华文，魏淑艳. 政策论坛：未来我国政策变迁的重要动力——基于广州市城市生活垃圾治理政策变迁的案例研究 [J]. 公共管理学报，2015.

[387] 田华文. 生活垃圾强制分类是否可行？——基于政策工具视角的案例研究 [J]. 甘肃行政学院学报，2020.

[388] 涂成悦，刘金龙. 中国林业政策从"经济优先"向"生态优先"变迁——基于多源流框架的分析 [J]. 世界林业研究，2020.

[389] 涂端午. 教育政策文本分析及其应用 [J]. 复旦教育论坛，2009.

[390] 万健琳，杜其君. 生态扶贫政策创新扩散模式的情境机制分析 [J]. 中国行政管理，2022.

[391] 万卫. 我国民办教育产权政策的稳定和变迁——基于"间断-平衡"理论的分析 [J]. 江苏高教，2013.

[392] 万正艺，陈辉，李文娟. 政策工具视角下我国城市社区服务政策变迁分析 [J]. 城市发展研究，2020.

[393] 王班班，莫琼辉，钱浩祺. 地方环境政策创新的扩散模式与实施效果——基于河长制政策扩散的微观实证 [J]. 中国工业经济，2020.

[394] 王昶，周亚洲，耿红军. 本地能力视角下战略性新兴产业政策扩散研究——以中国内地 31 省份新材料政策为例 [J]. 科技进步与对策，2021.

[395] 王程韡. 从多源流到多层流演化：以我国科研不端行为处理政策议程为例 [J]. 科学学研究，2009.

[396] 王翀，严强. 对社会政策替代过程的新解释 [J]. 江苏社会科学，2012.

[397] 王春城，柏维春. 政策经纪人在政策变迁中的作用与机理 [J]. 行政论坛，2014.

[398] 王春城. 新公共政策过程理论兴起的背景探析——以倡导联盟框架为例 [J]. 行政论坛，2010.

[399] 王丛虎，马文娟. 公共资源交易政策扩散的行动策略研究 [J]. 治理研究，2020.

[400] 王佃利，唐菁阳. 约束性程度、损失嵌入性与社区政策执行模式 [J]. 深圳大学学报（人文社会科学版），2019.

[401] 王法硕，王如一. 中国地方政府如何执行模糊性政策？——基于 A 市"厕所革命"政策执行过程的个案研究 [J]. 公共管理学报，2021.

[402] 王法硕，张桓朋. 重大公共危机事件背景下爆发式政策扩散研究——基于健康码省际扩散的事件史分析 [J]. 电子政务，2021.

[403] 王福涛，张振刚，周丹丹. 中国国家创新系统政策议程设置过程研究 [J]. 自然辩证法通讯，2017.

[404] 王刚，王誉晓. 倡议联盟框架的理论验证与应用改进——基于典型邻避案例的分析 [J]. 公共管理与政策评论，2020.

[405] 王刚. 公共管理实证研究中的机制挖掘可行吗？ [J]. 探索，2023.

[406] 王光辉，刘开迪，王雨飞. 基于大数据的公共政策评估研究：机遇挑战、分析框架及对策建议 [J]. 中国行政管理，2023.

[407] 王国华，武晗. 从压力回应到构建共识：焦点事件的政策议程触发机制研究——基于 54 个焦点事件的定性比较分析 [J]. 公共管理学

报，2019.

[408] 王国华，朱代琼. 乡村振兴战略政策形成的影响要素及其耦合逻辑——基于多源流理论分析 [J]. 管理学刊，2018.

[409] 王红波. 社会保障政策反馈的研究进展及对中国的启示——基于文献综述的视角 [J]. 社会政策研究，2022.

[410] 王红梅，王振杰. 环境治理政策工具比较和选择——以北京PM2.5治理为例 [J]. 中国行政管理，2016.

[411] 王红梅. 中国环境规制政策工具的比较与选择——基于贝叶斯模型平均（BMA）方法的实证研究 [J]. 中国人口·资源与环境，2016.

[412] 王宏新，邵俊霖，张文杰. 政策工具视角下的中国闲置土地治理——192篇政策文本（1992~2015）分析 [J]. 中国行政管理，2017.

[413] 王厚芹，何精华. 中国政府创新扩散过程中的政策变迁模式——央地互动视角下上海自贸区的政策试验研究 [J]. 公共管理学报，2021.

[414] 王辉，刘惠敏. 政策整合的研究议题与本土展望 [J]. 上海行政学院学报，2023.

[415] 王辉. 政策工具视角下多元福利有效运转的逻辑——以川北S村互助式养老为个案 [J]. 公共管理学报，2015.

[416] 王辉. 政策工具视角下我国养老服务业政策研究 [J]. 中国特色社会主义研究，2015.

[417] 王辉. 政策工具选择与运用的逻辑研究——以四川Z乡农村公共产品供给为例 [J]. 公共管理学报，2014.

[418] 王家峰. 作为设计的政策执行——执行风格理论 [J]. 中国行政管理，2009.

[419] 王家庭. 国家综合配套改革试验区制度创新的空间扩散机理分析 [J]. 南京社会科学，2007.

[420] 王建云. 案例研究方法的研究述评 [J]. 社会科学管理与评论，2013.

[421] 王奎明，孙小淇. 邻避型街头抗议对社会稳定的影响趋向分析 [J]. 领导科学，2019.

[422] 王磊，易扬. 公共卫生危机中的数字政府回应如何纾解网络负

面舆情——基于人民网"领导留言板"回复情况的调查［J］．公共管理学报，2022．

［423］王立剑，邱晓东．政策组合对养老服务资源供给的影响研究［J］．西安交通大学学报（社会科学版），2022．

［424］王莉华，朱沛沛．从一元到多元：我国高校招生录取标准的变迁之路［J］．现代教育管理，2020．

［425］王璐璐．揭开政府管理型政策间断的"黑箱"——以政府内部控制政策为例［J］．财经问题研究，2021．

［426］王洛忠，陈宇，都梦蝶．中央政府对信息化的注意力研究——基于 1997～2019 年国务院《政府工作报告》内容分析［J］．理论探讨，2019．

［427］王洛忠，李建呈．政策执行缘何走样？——基于 L 市大气污染防治攻坚战的案例研究［J］．理论探讨，2020．

［428］王洛忠，李奕璇．媒介融合背景下的政策变迁及其多源流分析——以"独生子女"到"全面二孩"的政策变迁为例［J］．南京大学学报（哲学·人文科学·社会科学），2018．

［429］王洛忠，李奕璇．信仰与行动：新媒体时代草根 NGO 的政策倡导分析——基于倡导联盟框架的个案研究［J］．中国行政管理，2016．

［430］王洛忠，杨济溶．地方政府医药价格改革的时空演进机理——以政策创新扩散为视角［J］．北京行政学院学报，2020．

［431］王培杰，彭雨馨，张友浪．政策设计、政策认同和生育偏好——基于"独生子女"政策的反馈效应分析［J］．公共行政评论，2022．

［432］王沛，刘军军．倡议联盟框架对我国家庭医生政策发展的启示［J］．医学与社会，2020．

［433］王浦劬，赖先进．中国公共政策扩散的模式与机制分析［J］．北京大学学报（哲学社会科学版），2013．

［434］王清，王磊．政策工具创新：从强制到许可——以当代中国城市户口迁移制为例［J］．中国行政管理，2010．

［435］王庆华，张海柱．社会管理创新的政策学解读：基于社会建构论的理论探讨［J］．社会科学战线，2012．

［436］王茹．碳税与碳交易政策有效协同研究——基于要素嵌入修正

的多源流理论分析 [J]. 财政研究，2021.

[437] 王世强. 政府培育社会组织政策工具的分类与选择 [J]. 学习与实践，2012.

[438] 王婷. 情境-结构-行为：政策过程分析的维度识别与建构 [J]. 国外理论动态，2017.

[439] 王婷. 政策工具的权变主义研究——基于农村社会养老保险政策的考察分析 [J]. 社会科学，2018.

[440] 王伟，李牧耘，魏运喆，等. 政策链视角下国土空间规划实施配套政策设计与创新思考——基于既有主体功能区政策文本分析 [J]. 城市发展研究，2020.

[441] 王文琪，吴婧，张一心. 基于多源流框架的生态环境风险防范体系研究 [J]. 环境污染与防治，2019.

[442] 王喜雪. 我国中等职业教育学费政策变迁的动力因素分析 [J]. 中国职业技术教育，2014.

[443] 王祥州，张成福. 算法驱动公共决策：阶段、理路与困境 [J]. 电子政务，2024.

[444] 王晓红，陈云顺，赵美琳. 中国省域科技成果转化政策组合效应研究. 科学学研究，2023.

[445] 王亚华. 中国用水户协会改革：政策执行视角的审视 [J]. 管理世界，2013.

[446] 王妍妍，孙佰清. 间断均衡理论视角下中国应急管理政策的演进逻辑及其提升路径 [J]. 江淮论坛，2021.

[447] 王炎龙，刘叶子. 政策工具选择的适配均衡与协同治理——基于社会组织政策文本的研究 [J]. 四川大学学报（哲学社会科学版），2021.

[448] 王杨. 论新时代社会组织党建政策工具的优化——基于 2015 年至 2018 年部分省级政策文本的量化分析 [J]. 社会主义研究，2019.

[449] 王艺潼. 政策默契：危机情境下政策创新扩散的新机制 [J]. 行政论坛，2023.

[450] 王英伟. 权威应援、资源整合与外压中和：邻避抗争治理中政策工具的选择逻辑——基于（fsQCA）模糊集定性比较分析 [J]. 公共管理学报，2020.

[451] 王颖，何华兵．政策过程理论的多维分析——以广州市"禁摩"政策为例 [J]．中国行政管理，2008．

[452] 王颖，王梦．间断均衡理论视域下我国环保政策变迁研究——基于改革开放以来的政策文本分析 [J]．东北大学学报（社会科学版），2020．

[453] 王永贵，李霞．中国管理案例研究 40 年——系统回顾、问题反思、对策建议与展望 [J]．南开管理评论，2022．

[454] 韦彩玲，杨臣．政策工具理论的研究状况及其在我国的应用前景——以国内外文献为研究对象 [J]．江西社会科学，2012．

[455] 韦颖．改革开放以来我国大学生就业政策的变迁——基于支持联盟框架的分析 [J]．高等教育研究，2015．

[456] 卫建国，秦一帆，王虹，等．我国教师教育惩戒权政策议程探析——基于多源流理论的政策过程研究 [J]．黑龙江高教研究，2021．

[457] 卫旭华，陈义，汪光炜．管理研究中的质性元分析方法：适用问题、操作策略与应用展望 [J]．管理学报，2024．

[458] 魏景容．政策文本如何影响政策扩散——基于四种类型政策的比较研究 [J]．东北大学学报（社会科学版），2021．

[459] 魏娜，范梓腾，孟庆国．中国互联网信息服务治理机构网络关系演化与变迁——基于政策文献的量化考察 [J]．公共管理学报，2019．

[460] 魏娜，黄甄铭．适应与演化：中国互联网信息服务治理体系的政策文献量化分析 [J]．中国行政管理，2020．

[461] 魏娜，缪燕子．新中国成立以来社会救助政策变迁：历程、原因与趋势——基于间断-均衡理论的视角 [J]．教学与研究，2018．

[462] 魏淑艳，孙峰."多源流理论"视阈下网络社会政策议程设置现代化——以出租车改革为例 [J]．公共管理学报，2016．

[463] 魏署光，吴柯豫．间断均衡理论视阈下我国独立学院政策变迁审视 [J]．高校教育管理，2022．

[464] 文宏，崔铁．中国决策情境下的多源流模型及其优化研究 [J]．电子科技大学学报（社科版），2014．

[465] 文宏，李风山．地方政府危机学习的政策工具偏好及其异质性——基于 2012～2022 年 191 份事故调查报告的实证分析 [J]．理论探

讨，2023.

[466] 文宏，郑虹．重大突发公共卫生事件中公共政策制定的公众情绪反馈差异研究——基于"延迟开学"政策社交媒体数据的考察 [J]．北京工业大学学报（社会科学版），2022.

[467] 文宏．间段均衡理论与中国公共政策的演进逻辑——兰州出租车政策（1982~2012）的变迁考察 [J]．公共管理学报，2014.

[468] 文宏．危机情境中的政策扩散：一项探索性研究——基于 446 份复工复产政策的文本分析 [J]．四川大学学报（哲学社会科学版），2020.

[469] 翁士洪．民办医院网络结构与医药卫生体制改革政策扩散——一项社会网络分析 [J]．中国行政管理，2019.

[470] 乌小花，周辉．多源流视角下民族政策变迁理论分析框架研究——以台湾地区"原住民族"政策变迁为例 [J]．中央民族大学学报（哲学社会科学版），2016.

[471] 吴宾，齐昕．如何识别政策执行中的政策模糊性与冲突性？——基于政策文献量化分析方法的探索性研究 [J]．理论学刊，2020.

[472] 吴宾，徐萌．中国住房保障政策扩散的过程及特征 [J]．城市问题，2018.

[473] 吴宾，杨彩宁，唐薇．"人才新政"的政策创新扩散及风险识别 [J]．兰州学刊．2020.

[474] 吴成峡，邓正阳．农地产权政策演进的多源流理论分析——以家庭联产承包责任制为例 [J]．社会主义研究，2017.

[475] 吴法．论影响政策工具有效选择的因素 [J]．行政论坛，2004.

[476] 吴光芸，万洋．中国农村土地流转政策变迁的制度逻辑——基于历史制度主义的分析 [J]．青海社会科学，2019.

[477] 吴光芸，周芷馨．封闭式管理政策创新扩散的时空特征、路径模式与驱动因素——基于重大公共危机治理的研究 [J]．软科学，2022.

[478] 吴建南，马亮，杨宇谦．中国地方政府创新的动因、特征与绩效——基于"中国地方政府创新奖"的多案例文本分析 [J]．管理世界，2007.

[479] 吴建南，张攀，刘张立．"效能建设"十年扩散：面向中国省份的事件史分析 [J]．中国行政管理，2014.

［480］吴建南，张攀. 创新特征与扩散：一个多案例比较研究 ［J］. 行政论坛，2014.

［481］吴克昌，吴楚泓. 重大突发公共卫生事件背景下政策响应速度差异研究——基于 283 个城市复工复产政策的事件史分析 ［J］. 北京工业大学学报（社会科学版），2022.

［482］吴林海，陈宇环，陈秀娟. 食品安全风险治理政策工具的演化研究——中国与西方国家的比较及启示 ［J］. 江苏社会科学，2021.

［483］吴泠茜，马海群. 基于 CSSCI 的我国政策文本研究文献可视化定量分析 ［J］. 现代情报，2023.

［484］吴群芳，刘清华. 目标群体的政策规避与政策悬浮；生活垃圾分类何以不能落地生根？——以天津市滨海新区为例 ［J］. 城市发展研究，2021.

［485］吴松江，向文丽. 城市互助养老服务的社会建构；理论视角、多元表征与实践选择 ［J］. 学术交流，2023.

［486］吴文强，郭施宏. 价值共识、现状偏好与政策变迁——以中国卫生政策为例 ［J］. 公共管理学报，2018.

［487］吴文强，岳经纶. 分散化的行动者如何推动政策变迁？——广东省医疗控费过程中的"碎片化"政策反馈 ［J］. 经济社会体制比较，2022.

［488］吴文强. 政策协调机制何以失效？——对 F 省新版医疗服务价格目录"难产"的过程追踪 ［J］. 公共管理学报，2021.

［489］吴晓林. 什么是好的案例研究？——案例研究的目的、关联因素与理论价值生成 ［J］. 地方治理评论，2019.

［490］吴芸，赵新峰. 京津冀区域大气污染治理政策工具变迁研究——基于 2004~2017 年政策文本数据 ［J］. 中国行政管理，2018.

［491］武晗，王国华. 从资源利用、生态保护到公共卫生安全——野生动物保护政策中的焦点事件与社会建构 ［J］. 公共行政评论，2020.

［492］武永超. 新中国成立以来卫生防疫政策变迁审视——基于间断均衡理论视角 ［J］. 经济社会体制比较，2021.

［493］武祯妮，李燕玲，尹应凯. 区域污染产业转移治理的环境规制工具选择研究——基于新结构经济学视角 ［J］. 城市问题，2021.

[494] 席虎，汪艳霞. 政策兼容性与地方政府政策再发明——基于科技特派员制度的案例追踪与比较 [J]. 公共行政评论. 2021.

[495] 夏志强，唐慧. "自发式"政策爆发何以可能——基于中国大城市"人才新政"的扎根研究 [J]. 上海行政学院学报，2022.

[496] 夏志强，田代洪. 恰适性联结：政策认同如何促成政策变现——对"耿车绿色转型"政策执行过程的追踪分析 [J]. 甘肃社会科学，2022.

[497] 向超，温涛，任秋雨. "目标－工具"视角下宅基地"三权分置"研究——基于政策文本的内容分析和定量分析 [J]. 云南社会科学，2021.

[498] 向玉琼，李晓月. 我国大气污染防治政策变迁的动力分析——兼评多源流理论及其修正 [J]. 长白学刊，2017.

[499] 肖军飞. 选举机制创新的诉求：广水性别两票制的多源流理论分析 [J]. 云南行政学院学报，2012.

[500] 谢俊. 棚户区改造政策扩散因素分析 [J]. 中南财经政法大学学报，2018.

[501] 谢小芹，姜敏. 政策工具视角下市域社会治理现代化政策试点的扎根分析——基于全国 60 个试点城市的研究 [J]. 中国行政管理，2021.

[502] 谢小芹，张春梅. 我国数字乡村试点的政策工具偏好及区域差异——基于全国 72 个试点县域的扎根分析 [J]. 东北师大学报（哲学社会科学版），2024.

[503] 谢治菊，陈香凝. 政策工具与乡村振兴——基于建党 100 年以来扶贫政策变迁的文本分析 [J]. 贵州财经大学学报，2021.

[504] 邢华，胡潇月. 大气污染治理的政府规制政策工具优化选择研究——以北京市为例 [J]. 中国特色社会主义研究，2019.

[505] 邢华，邢普耀. 大气污染纵向嵌入式治理的政策工具选择——以京津冀大气污染综合治理攻坚行动为例 [J]. 中国特色社会主义研究，2018.

[506] 熊烨，赵群. 新医改中的政策工具组合结构：阶段性评估与发展前瞻 [J]. 安徽师范大学学报（人文社会科学版），2021.

[507] 熊烨. 我国地方政策转移中的政策"再建构"研究——基于江苏省一个地级市河长制转移的扎根理论分析 [J]. 公共管理学报，2019.

[508] 熊烨. 政策变迁中的反馈机制：一个"理念–工具"分层框架——以我国义务教育阶段"减负"政策为例 [J]. 公共管理与政策评论，2022.

[509] 徐国冲，江佳颖，刘燕娜. 制度约束、行动者与政策工具的引入——基于 X 市调查队"扫描数据应用"的案例追踪 [J]. 甘肃行政学院学报，2023.

[510] 徐宏宇，吴金鹏. 中国儿童照护预算变迁的间断–均衡模型——基于 2007~2019 年省级面板数据的分析 [J]. 公共行政评论，2022.

[511] 徐璇，黄俊灵，温珂. 我国光伏产业政策变迁的间断均衡性：基于政策过程理论 [J]. 科技管理研究，2022.

[512] 徐艳晴. 中国反贫困政策演变研究：基于政策文本的量化 [J]. 山东大学学报（哲学社会科学版），2021.

[513] 徐媛媛，武晗晗. 我国救灾捐赠的政策变迁及其内在逻辑——基于间断–均衡的框架分析 [J]. 中国矿业大学学报（社会科学版），2022.

[514] 徐媛媛，严强. 公共政策工具的类型、功能、选择与组合——以我国城市房屋拆迁政策为例 [J]. 南京社会科学，2011.

[515] 徐媛媛. 行政拆迁：从选择到废除——一种政策工具理论的解释框架 [J]. 经济体制改革，2011.

[516] 徐媛媛. 政绩困局与政策间断——以新医疗改革方案的出台为议题 [J]. 经济体制改革，2010.

[517] 徐增阳，蔡佩，付守芳. 社会建构是如何影响社会政策扩散的？——以积分制政策为例 [J]. 行政论坛，2021.

[518] 徐增阳，付守芳. 改革开放 40 年来农民工政策的范式转变——基于 985 份政策文献的量化分析 [J]. 行政论坛，2019.

[519] 徐自强，谢凌凌. 从重点建设到协同创新：我国建设世界一流大学的政策变迁 [J]. 现代教育管理，2014.

[520] 徐自强. 效率还是公平：高校毕业生就业政策的信念博弈——基于倡导联盟框架的分析 [J]. 现代教育管理，2012.

[521] 许阳. 中国海洋环境治理的政策工具选择与应用——基于 1982~2016 年政策文本的量化分析 [J]. 太平洋学报，2017.

[522] 薛二勇，周秀平. 中国教育脱贫的政策设计与制度创新 [J]. 教

育研究，2017.

[523] 薛立强，杨书文．论中国政策执行模式的特征——以"十一五"期间成功关停小火电为例 [J]．公共管理学报，2011.

[524] 薛阳，李曼竹，高云红，等．中国碳排放权交易制度的扩散机制研究——基于宏观—微观互动逻辑的事件史分析 [J]．城市问题，2023.

[525] 鄢一龙，王绍光，胡鞍钢．中国中央政府决策模式演变——以五年计划编制为例 [J]．清华大学学报（哲学社会科学版），2013.

[526] 闫建，娄文龙．我国住房限购政策变迁研究——基于对多源流理论修正的视角 [J]．理论探索，2018.

[527] 闫曼娇，陈利根，兰民均．集体建设用地建设租赁住房政策供给路径分析——基于北上广"三力作用模型"的实证研究 [J]．华中农业大学学报（社会科学版），2023.

[528] 闫曼娇，陈利根，兰民均．集体土地建设租赁住房政策供给缘起研究——基于要素嵌入的改进多源流分析框架 [J]．城市问题，2022.

[529] 严荣．公共政策创新与政策生态 [J]．上海行政学院学报，2005.

[530] 严荣．转型背景下政策创新的扩散与有限理性学习 [J]．上海行政学院学报，2008.

[531] 颜德如，张树吉．组织化过程中政策工具与组织协作的协同关系分析——基于1989~2019年城市社区服务的政策文本研究 [J]．上海行政学院学报，2021.

[532] 颜克高，唐婷．名实分离：城市社区"三社联动"的执行偏差——基于10个典型社区的多案例分析 [J]．湖南大学学报（社会科学版），2021.

[533] 杨斌．地方政府的政策整合如何促进政策有效执行——云南省S县政策"组合拳"的案例研究 [J]．公共管理学报，2024.

[534] 杨大瀚．基于"公众观念"突变的非常规政策变迁——高速公路省界收费站拆建之争 [J]．东北大学学报（社会科学版），2023.

[535] 杨代福，丁煌．中国政策工具创新的实践、理论与促进对策——基于十个案例的分析 [J]．社会主义研究，2011.

[536] 杨代福，刘新．美国社会治理创新扩散：特征、机制及对中国

的启示 [J]. 地方治理研究，2018.

［537］杨代福. 我国城市社区网格化管理创新扩散现状与机理分析 [J]. 青海社会科学，2013.

［538］杨代福. 西方政策创新扩散研究的最新进展 [J]. 国家行政学院学报，2016.

［539］杨代福. 政策工具选择的网络分析——以近年我国房地产宏观调控政策为例 [J]. 新疆社会科学，2009.

［540］杨代福. 政策工具选择理性分析的理论基础与实证检验 [J]. 华中科技大学学报（社会科学版），2009.

［541］杨复卫，张新民. 支持养老产业发展的财税政策工具选择与应用研究 [J]. 西南大学学报（社会科学版），2017.

［542］杨宏山，李娉. 政策创新争先模式的府际学习机制 [J]. 公共管理学报，2019.

［543］杨慧. 社会科学研究中的政策文本分析：方法论与方法 [J]. 社会科学，2023.

［544］杨静文. 我国政务中心制度创新扩散实证分析 [J]. 中国行政管理，2006.

［545］杨军. 多源流框架下刑法修正的议程设置逻辑 [J]. 四川大学学报（哲学社会科学版），2021.

［546］杨立华，李志刚. 公共管理案例研究方法的基本路径 [J]. 郑州大学学报（哲学社会科学版），2022.

［547］杨涛. 间断-平衡模型：长期政策变迁的非线性解释 [J]. 甘肃行政学院学报，2011.

［548］杨婷，唐鸣. 政策组合视角下中国政府黄河开发保护政策结构和逻辑研究——基于文本量化分析 [J]. 青海社会科学，2022.

［549］杨小锋，蔡建东. 数字教育资源公共服务政策变迁：影响因素与组态效应——基于 25 个政策案例的清晰集定性比较分析 [J]. 现代教育技术，2022.

［550］杨奕，张毅，李梅，等. 基于 LDA 模型的公众反馈意见采纳研究——共享单车政策修订与数据挖掘的对比分析 [J]. 情报科学，2019.

［551］杨正联. 公共政策文本分析：一个理论框架 [J]. 理论与改

革，2006.

[552] 杨正喜，曲霞．政策成本、条条差异与政策扩散——以清远村民自治单元改革试点为例［J］．甘肃行政学院学报，2020.

[553] 杨正喜．波浪式层级吸纳扩散模式：一个政策扩散模式解释框架——以安吉美丽中国政策扩散为例［J］．中国行政管理，2019.

[554] 杨志，魏姝．政策爆发：非渐进政策扩散模式及其生成逻辑——以特色小镇政策的省际扩散为例［J］．江苏社会科学，2018.

[555] 杨志，魏姝．政府考察学习如何影响政策扩散？——以县级融媒体中心政策为例［J］．公共行政评论，2020.

[556] 杨志军，耿旭，王若雪．环境治理政策的工具偏好与路径优化——基于43个政策文本的内容分析［J］．东北大学学报（社会科学版），2017.

[557] 杨志军，欧阳文忠，肖贵秀．要素嵌入思维下多源流决策模型的初步修正——基于"网络约车服务改革"个案设计与检验［J］．甘肃行政学院学报，2016.

[558] 杨志军，支广东．PET框架对政策变迁过程的再解释与新应用——以中华人民共和国成立以来植树造林政策为例［J］．甘肃行政学院学报，2021.

[559] 杨志军，支广东．完全还是有限：政策议程建立的型构条件与耦合机理——基于"关键个人"变量的新多源流模型解释［J］．中国行政管理，2020.

[560] 杨志军．从垃圾桶到多源流再到要素嵌入修正——一项公共政策研究工作的总结和探索［J］．行政论坛，2018.

[561] 杨志军．模糊性条件下政策过程决策模型如何更好解释中国经验？——基于"源流要素+中介变量"检验的多源流模型优化研究［J］．公共管理学报，2018.

[562] 姚海琳，张翠虹．政策工具视角下中国城市矿产政策效果评估［J］．城市问题，2018.

[563] 姚佳胜，方媛．基于倡导联盟框架的我国流动儿童教育政策变迁研究［J］．教育理论与实践，2020.

[564] 姚连营．政策试点成效的影响因素研究——基于浙江省417项

试点的实证分析 ［J］. 甘肃行政学院学报，2019.

［565］要蓉蓉，郑石明，邹克. 政策工具何以缓解环境不平等？［J］. 中国人口·资源与环境，2023.

［566］叶岚，王有强. 基层智慧监管的政策过程与创新机制——以东部沿海城市区级市场监管部门为例［J］. 中国行政管理，2019.

［567］叶林，李寅. 我国幼儿体育教育政策的多源流分析：政策之窗的开启与推动［J］. 学术研究，2020.

［568］尹明. 招商引资政策工具对区域创新能力的影响效应——以中山市为例的实证研究［J］. 学术研究，2017.

［569］尹文嘉，唐兴霖. 迈向共同治理：社会建构下的公共参与及模式转换［J］. 经济社会体制比较，2014.

［570］于水，范德志. 建构中国公共管理自主知识体系的案例研究路径［J］. 中国高校社会科学，2024.

［571］于文轩. 中国公共行政学案例研究：问题与挑战［J］. 中国行政管理，2020.

［572］于永达，药宁. 政策议程设置的分析框架探索——兼论本轮国务院机构改革的动因［J］. 中国行政管理，2013.

［573］余章宝. 政策科学中的倡导联盟框架及其哲学基础［J］. 马克思主义与现实，2008.

［574］余章宝. 政策理论中的倡导联盟框架及其应用［J］. 厦门大学学报（哲学社会科学版），2009.

［575］余子侠，李玉文. 建国以来我国大学生资助政策的变迁——基于倡导联盟框架的分析［J］. 现代教育管理，2019.

［576］於莉. 预算过程：从渐进主义到间断式平衡［J］. 武汉大学学报（哲学社会科学版），2010.

［577］俞立平，周朦朦，张运梅. 基于政策工具和目标的碳减排政策文本量化研究［J］. 软科学，2023.

［578］原光.“一窗受理”政策试验的创新扩散过程追踪——基于政策文件的研究［J］. 河海大学学报（哲学社会科学版），2023.

［579］约翰·格宁，朱世平. 案例研究及其效用［J］. 经济社会体制比较，2007.

[580] 岳经纶，惠云，王春晓．"罗湖模式"何以得到青睐？——基于政策创新扩散的视角 [J]．南京社会科学，2019．

[581] 岳经纶，王春晓．三明医改经验何以得到全国性推广？基于政策创新扩散的研究 [J]．广东社会科学，2017．

[582] 岳经纶，温卓毅．专项资金与农村义务教育：政策工具的视角 [J]．深圳大学学报（人文社会科学版），2008．

[583] 曾军荣．政策工具选择与我国公共管理社会化 [J]．理论探讨，2008．

[584] 曾莉，吴瑞．从弱激励到强激励：河长制政策创新扩散研究——基于省级数据的事件史分析 [J]．软科学，2023．

[585] 曾令发．政策溪流：议程设立的多源流分析——约翰·W. 金登的政策理论述评 [J]．理论探讨，2007．

[586] 曾美勤．我国高等教育评估政策变迁研究——基于支持联盟框架的分析 [J]．江苏高教，2013．

[587] 臧雷振，任婧楠．从实质性政策工具到程序性政策工具：国家治理的工具选择 [J]．行政论坛，2023．

[588] 臧雷振，徐榕，陈香妤．从规范化理念到规范化实践：透明度视域下案例研究方法新突破 [J]．经济社会体制比较，2022．

[589] 臧雷振，徐湘林．理解"专项治理"：中国特色公共政策实践工具 [J]．清华大学学报（哲学社会科学版），2014．

[590] 臧维，李甜甜，徐磊．北京市众创空间扶持政策工具挖掘及量化评价研究 [J]．软科学，2018．

[591] 湛中林，严强．交易成本视角下政策工具失灵的根源与对策 [J]．南京社会科学，2015．

[592] 湛中林．交易成本视角下政策工具的选择与创新 [J]．江苏行政学院学报，2015．

[593] 张宝建，李鹏利，陈劲，等．国家科技创新政策的主题分析与演化过程——基于文本挖掘的视角 [J]．科学学与科学技术管理，2019．

[594] 张秉福．论社会性管制政策工具的选用与创新 [J]．华南农业大学学报（社会科学版），2010．

[595] 张春满．比较政治学中的混合分析方法 [J]．学术月刊，2017．

［596］张海清，廖幸谬．领导挂点调研与政策扩散：中国改革过程的风险调控［J］．中国行政管理，2020．

［597］张海柱，林华旌．政策扩散中"政策再创新"的生成路径与内在逻辑——基于16个案例的定性比较分析［J］．公共管理学报，2022．

［598］张海柱．促进民主的公共政策：政策设计与社会建构理论述评［J］．甘肃理论学刊，2011．

［599］张海柱．政策议程设置中的社会建构逻辑——对"农村义务教育学生营养改善计划"的分析［J］．学术论坛，2013．

［600］张宏如，邓敏．健康中国背景下中医药健康服务领域政策工具研究［J］．河海大学学报（哲学社会科学版），2022．

［601］张继亮，张敏．横–纵向扩散何以可能：制度化视角下河长制的创新扩散过程研究——基于理论建构型过程追踪方法的分析［J］．公共管理学报，2023．

［602］张继颖，孙柏瑛．倡导联盟框架：动态演进、应用特征及其应用评价［J］．兰州大学学报（社会科学版），2020．

［603］张继颖．倡导联盟框架下我国大气污染防治政策变迁分析［J］．现代管理科学，2020．

［604］张佳丽，徐昌波，朱东剑，等．城市更新政策工具挖掘与量化评价研究——以京津冀为例［J］．城市发展研究，2022．

［605］张剑，黄萃，叶选挺，等．中国公共政策扩散的文献量化研究——以科技成果转化政策为例［J］．中国软科学，2016．

［606］张静．案例分析的目标：从故事到知识［J］．中国社会科学，2018．

［607］张军涛，马宁宁．城镇化进程中财政政策工具影响效应分析［J］．西南民族大学学报（人文社科版），2018．

［608］张克．地方主官异地交流与政策扩散：以"多规合一"改革为例［J］．公共行政评论，2015．

［609］张克．西方公共政策创新扩散：理论谱系与方法演进［J］．国外理论动态，2017．

［610］张克．政策扩散视角下的省直管县财政改革——基于20个省份数据的探索性分析［J］．北京行政学院学报，2017．

[611] 张克. 政策试点何以扩散：基于房产税与增值税改革的比较研究 [J]. 中共浙江省委党校学报，2015.

[612] 张敏，李伟权. 广东省政府应对人感染禽流感防控政策变迁分析 [J]. 中国卫生政策研究，2016.

[613] 张睿涵，王石玉. "有为政府" 如何促进中国产业政策演进——基于移动通信产业的案例分析 [J]. 公共管理学报，2024.

[614] 张绍阳，刘琼，欧名豪. 财政竞争、引资竞争与土地约束性指标管控政策执行偏差 [J]. 中国人口·资源与环境，2018.

[615] 张书维，梁歆佚，岳经纶. 行为社会政策："助推" 公共福利的实践与探索 [J]. 心理科学进展，2019.

[616] 张婉苏. 倡导联盟框架视野下的房产税法改革的政策过程评议 [J]. 求索，2015.

[617] 张玮. 人才居住证制度的地方实践及启示 [J]. 现代商贸工业，2011.

[618] 张玮. 政策创新的地理扩散——基于暂住证制度的地方实践分析 [J]. 南方人口，2011.

[619] 张玮. 中国户籍制度改革地方实践的时空演进模式及其启示 [J]. 人口研究，2011.

[620] 张晓杰，崔颖，杜泽. 政策工具视角下中国社区健康促进政策评价 [J]. 东北大学学报（社会科学版），2021.

[621] 张新文，杜春林. 政策工具研究路径的解构与建构——兼评《公共政策工具：对公共管理工具的评价》[J]. 公共管理评论，2014.

[622] 张新文. 政策工具中的志愿者途径浅谈 [J]. 学习与实践，2008.

[623] 张兴祥，陈申荣. 我国分级诊疗改革政策实施效果的量化评估——以试点城市厦门为例 [J]. 福建论坛（人文社会科学版），2019.

[624] 张亚明，赵科，宋雯婕，等. 区域科技成果转化政策工具的配置与优化分析——基于河北省的政策文本计量 [J]. 软科学，2024.

[625] 张闫龙. 城市基础设施领域公私合作政策的扩散 [J]. 公共行政评论，2015.

[626] 张扬，秦川申. 政策叙事、公众态度与支持行为倾向——基于

上海城市数字化转型的调查实验［J］．公共行政评论，2022．

［627］张永安，耿喆．我国区域科技创新政策的量化评价——基于 PMC 指数模型［J］．科技管理研究，2015．

［628］张永安，周怡园．新能源汽车补贴政策工具挖掘及量化评价［J］．中国人口·资源与环境，2017．

［629］张勇杰．目标群体的社会建构如何转化为公共政策——一个政策议程嵌套的解释框架［J］．甘肃行政学院学报，2019．

［630］张友浪，王培杰．公共政策反馈如何影响政府机构变迁？——基于生育政策的历史追踪分析（1949～2021）［J］．上海行政学院学报，2023．

［631］张友浪，王培杰．政策如何塑造大众？基于最近三十年国际政策反馈研究的元分析［J］．公共行政评论，2024．

［632］张玉容，陈泽鹏．网络舆情推动下政策议程设置的多源流分析——基于网络直播营销监管政策的案例研究［J］，人文杂志，2021．

［633］张韵君．政策工具视角的中小企业技术创新政策分析［J］．中国行政管理，2012．

［634］张再生，李鑫涛，孙雪松．政策工具视角下我国协商民主政策的量化研究［J］．理论探讨，2017．

［635］张兆曙．议题化与网络事件的社会建构［J］．学术研究，2021．

［636］张振改．义务教育师资均衡配置政策工具的演进历程与主要特征［J］．教育研究，2022．

［637］张振宇．高校教学改革政策的多源流分析：议程、方案与机制［J］．国家教育行政学院学报，2016．

［638］张志强，曹坤鹏．中国质量政策发展与变迁研究——基于 1978～2019 年质量政策文本［J］．经济体制改革，2021．

［639］章高荣．高风险弱激励型政策创新扩散机制研究——以省级政府社会组织双重管理体制改革为例［J］．公共管理学报，2017．

［640］赵德余．政策共同体、政策响应与政策工具的选择性使用——中国校园公共安全事件的经验［J］．公共行政评论，2012．

［641］赵海滨．政策工具视角下我国清洁能源发展政策分析［J］．浙江社会科学，2016．

［642］赵慧．政策试点的试验机制：情境与策略［J］．中国行政管理，2019．

［643］赵加强．中国太阳能光伏发电发展的法律政策问题——以政策工具优化为视角［J］．上海交通大学学报（哲学社会科学版），2014．

［644］赵静．执行协商的政策效果：基于政策裁量与反馈模型的解释［J］．管理世界，2022．

［645］赵娟，杨泽森，张小劲．趋同性与多样性：数字政府政策扩散模式与影响机制——一个事件史分析［J］．公共管理学报，2023．

［646］赵利堂，谢长法．我国民办职业教育政策变迁的内在逻辑——基于倡导联盟框架（ACF）的视角［J］．教育发展研究，2016．

［647］赵强．制度压力如何影响地方政府公共服务创新的扩散？——以城市网格化管理为例［J］．公共行政评论，2015．

［648］赵全军，林雄斌，季浩．地方政府参与人才竞争的政策工具选择研究——基于"人才争夺战"的分析［J］．浙江学刊，2022．

［649］赵新峰，蔡天健．政策工具有效改善了"九龙治水"困境吗？——基于1984～2018年中国水污染治理的政策文本研究［J］．公共行政评论，2020．

［650］赵新峰，袁宗威．区域大气污染治理中的政策工具：我国的实践历程与优化选择［J］．中国行政管理，2016．

［651］赵志远，刘澜波．非对等结构中地方政府创新的横向扩散——以行政审批制度改革为例［J］．中国行政管理，2021．

［652］甄美荣，江晓壮，杨晶照．基于多源流理论的中国国家高新区政策变迁动力分析［J］．南京工业大学学报（社会科学版），2019．

［653］郑石明，何裕捷．气候政策采纳的影响机制：基于省级面板数据的证据［J］．中国软科学，2022．

［654］郑石明，罗凯方．大气污染治理效率与环境政策工具选择——基于29个省市的经验证据［J］．中国软科学，2017．

［655］郑石明，宋悦，张美莲．危机学习、注意力分配与政策爆发：基于健康码的实证研究［J］．中国行政管理，2023．

［656］郑石明，薛雨浓．政策反馈理论：政策如何重塑政治过程与政策发展？［J］．经济社会体制比较，2023．

［657］郑石明，要蓉蓉，魏萌．中国气候变化政策工具类型及其作用——基于中央层面政策文本的分析［J］．中国行政管理，2019.

［658］郑石明，尤朝春．中国低碳城市试点政策扩散模式及减污效应［J］．中国软科学，2023.

［659］郑石明．嵌入式政策执行研究——政策工具与政策共同体［J］．南京社会科学，2009.

［660］郑晓齐，朱英．政策工具视域下我国高校科技成果转化政策研究［J］．民族教育研究，2022.

［661］郑永君．政策试点扩散的过程、特征与影响因素——以社区矫正为例［J］．内蒙古社会科学（汉文版），2018.

［662］钟光耀，刘鹏．动力-路径框架下的干部交流与政策扩散：基于多案例的比较研究［J］．经济社会体制比较，2022.

［663］钟裕民，陈宝胜．地方公共决策的有效参与：基于温州民间智库的经验研究［J］．中国行政管理，2015.

［664］周博文，张再生．基于政策工具视角的我国众创政策量化分析［J］．西南大学学报（社会科学版），2019.

［665］周付军，胡春艳．大气污染治理的政策工具变迁研究——基于长三角地区2001~2018年政策文本的分析［J］．江淮论坛，2019.

［666］周建青，张世政．网络空间内容治理中政策工具的选择与运用逻辑［J］．学术研究，2021.

［667］周建青，张世政．政策工具"理性"回归：突发公共卫生事件应对的逻辑进路与效用检视［J］．求实，2023.

［668］周进．我国高校教师聘任制政策行为过程透视——基于支持联盟框架的分析［J］．高教探索，2010.

［669］周立，罗建章．"上下来去"：县域生态治理政策的议程设置——基于山西大宁购买式造林的多源流分析［J］．中国行政管理，2021.

［670］周孟珂．国家与社会互构："村改居"政策"变通式落实"的实践逻辑——基于Z街道"村改居"的案例分析［J］．浙江社会科学，2016.

［671］周望．如何"先试先行"？——央地互动视角下的政策试点启动机制［J］．北京行政学院学报，2013.

［672］周望．政策扩散理论与中国"政策试验"研究：启示与调适

[J]. 公共管理学报，2019.

[673] 周英男，刘环环. 基于 AHP 的政策工具选择模型研究 [J]. 大连理工大学学报（社会科学版），2010.

[674] 周志忍，李倩. 政策扩散中的变异及其发生机理研究——基于北京市东城区和 S 市 J 区网格化管理的比较 [J]. 上海行政学院学报，2014.

[675] 朱春奎，舒皋甫，曲洁. 城镇医疗体制改革的政策工具研究 [J]. 公共行政评论，2011.

[676] 朱春奎，严敏，曲洁. 倡导联盟框架理论研究进展与展望 [J]. 复旦公共行政评论，2012.

[677] 朱德米. 公共行政的案例研究——对一种研究方法的限度探讨 [C] // 中国行政管理学会. 全国首次公共行政管理方法论创新学术研讨会资料文集. 同济大学公共管理系；2004.

[678] 朱多刚，郭俊华. 专利资助政策的创新与扩散：面向中国省份的事件史分析 [J]. 公共行政评论，2016.

[679] 朱多刚，胡振吉. 中央政府推进政策扩散的方式研究——以廉租房政策为例 [J]. 东北大学学报（社会科学版），2017.

[680] 朱光喜，陈景森. 地方官员异地调任何以推动政策创新扩散？——基于议程触发与政策决策的比较案例分析 [J]. 公共行政评论，2019.

[681] 朱光喜，王一如，朱燕. 社会组织如何推动政社合作型政策创新扩散？——基于“议程触发-实施参与”框架的案例分析 [J]. 公共管理学报，2023.

[682] 朱家德，李自茂. 我国高等教育收费制度 60 年的变迁逻辑——基于支持联盟框架的分析 [J]. 中国高教研究，2009.

[683] 朱敏，樊博. 网络舆情治理的议程设置研究 [J]. 行政论坛，2017.

[684] 朱旭峰，张友浪. 创新与扩散：新型行政审批制度在中国城市的兴起 [J]. 管理世界，2015.

[685] 朱旭峰，张友浪. 创新与扩散：新型行政审批制度在中国城市的兴起 [J]. 管理世界，2015.

[686] 朱旭峰，张友浪. 地方政府创新经验推广的难点何在——公共

政策创新扩散理论的研究评述 [J]. 人民论坛，2014.

[687] 朱旭峰，赵慧. 政府间关系视角下的社会政策扩散——以城市低保制度为例（1993~1999）[J]. 中国社会科学，2016.

[688] 朱旭峰. 专栏导语 [J]. 公共行政评论，2015.

[689] 朱亚鹏，丁淑娟. 政策属性与中国社会政策创新的扩散研究 [J]. 社会学研究，2016.

[690] 朱亚鹏，李斯旸. 目标群体社会建构与政策设计框架：发展与述评 [J]. 中山大学学报（社会科学版），2017.

[691] 朱亚鹏. 政策创新与政策扩散研究述评 [J]. 武汉大学学报（哲学社会科学版），2010.

[692] 朱永生. 话语分析五十年：回顾与展望 [J]. 外国语（上海外国语大学学报），2003.

[693] 卓越，郑逸芳. 政府工具识别分类新捋 [J]. 中国行政管理，2020.

[694] 宗宏，杨临宏. 多源流理论的应用探索——兼论《出境入境管理法》出台的动因 [J]. 学术探索，2014.

[695] 宗钰，蒋艳. 新时代教师队伍建设改革缘何成为国家行动——基于多源流理论的政策过程研究 [J]. 南通大学学报（社会科学版），2019.

[696] 邹东升，包倩宇. 环保 NGO 的政策倡议行为模式分析——以"我为祖国测空气"活动为例 [J]. 东北大学学报（社会科学版），2015.

[697] 蔡文伯，高睿. 支持联盟框架下中等职业教育免费教育政策的社会效应分析 [J]. 中国职业技术教育，2017.

[698] 成海燕，徐治立. 中国通用航空政策改革——倡议联盟框架视角下的政策变迁分析 [J]. 北京航空航天大学学报（社会科学版），2019.

[699] 丁煌，马小成，梁健. 从观念到行动：公共政策的共识型执行及其逻辑——以贵州数字经济发展政策为例 [J]. 贵州社会科学，2022.

[700] 董冰，陈文斌. 未成年人犯罪刑事政策变迁路径——基于倡导联盟框架的分析 [J]. 学术交流，2015.

[701] 傅一敏，刘金龙，赵佳程. 林业政策研究的发展及理论框架综述 [J]. 资源科学，2018.

[702] 高斌，施晓光，孙宏玉. 我国临床医学专业认证制度发展历程

及内在机制研究——基于支持联盟框架理论 [J]. 中国高教研究，2022.

[703] 高小军，黄健. 支持联盟框架视角下我国网络高等学历教育政策变迁研究 [J]. 高教探索，2022.

[704] 韩璐，吴昊，鲍海君. 基于多源流理论的国土空间规划政策评估：PMC 指数模型及其应用 [J]. 中国土地科学，2023.

[705] 韩鹏云. 改革开放以来农村五保供养政策变迁的公共政策分析 [J]. 社会保障研究，2014.

[706] 胡冲，蒋潮鑫. 多重局部耦合：政策制定因素何以影响执行结果——基于人工智能政策历程的两阶段多源流分析 [J]. 长白学刊，2022.

[707] 蒋馨岚. 建国以来中国师范教育免费政策的变迁——基于支持联盟框架的分析 [J]. 西北师大学报（社会科学版），2011.

[708] 李金龙，乔建伟. 改革开放以来出租车行业政府规制政策变迁及其启示——以倡议联盟框架为视角 [J]. 中国行政管理，2019.

[709] 李晓斌，孙岩，张聪聪，等. 倡导联盟框架下的河南省医养结合政策变迁原因分析 [J]. 中国卫生经济，2023.

[710] 梁会青，段世飞. 我国海外学术人才政策变迁研究——基于"倡议联盟框架"视角的分析 [J]. 中国高校科技，2022.

[711] 皮婷婷，郑逸芳，许佳贤. 垃圾分类何以强制？——多源流理论视角下的城市生活垃圾分类政策变迁分析 [J]. 中国环境管理，2021.

[712] 孙金铭. 我国高校艾滋病防控政策变迁的伦理学分析 [J]. 医学与哲学，2019.

[713] 索磊. 台湾职业教育产学合作政策变迁：基于倡议联盟框架的分析 [J]. 职业技术教育，2017.

[714] 唐行智. 国家高新区政策的变迁与学习——一个政策倡议联盟的解释途径 [J]. 中国青年政治学院学报，2014.

[715] 万爱莲. 我国教师资格考试制度变迁研究 [J]. 教育评论，2016.

[716] 徐帆，孟宪云. 改革开放以来学业负担政策变迁研究——基于支持联盟框架的分析 [J]. 当代教育科学，2017.

[717] 徐自强，黄俊辉. 高校自主招生政策信念的冲突研究 [J]. 国家教育行政学院学报，2012.

[718] 闫建璋，张婧．我国减负政策变迁研究——基于倡导联盟框架的分析 [J]．河北师范大学学报（教育科学版），2023．

[719] 阎琨，吴菡．从自主招生到"强基计划"——基于倡议联盟框架的政策嬗变分析 [J]．中国高教研究，2021．

[720] 杨金田，赵越强，贾文彤．从倡导联盟框架理论看我国体育产业政策变迁 [J]．经济与管理，2020．

[721] 杨正喜，周海霞．政策属性是如何影响农村改革试验区政策扩散的？[J]．农村经济，2022．

[722] 孟天广，郭凤林．大数据政治学：新信息时代的政治现象及其探析路径 [J]．国外理论动态，2015．

[723] 张克．从物业税设想到房产税试点——转型期中国不动产税收政策变迁研究 [J]．公共管理学报，2014．

[724] 张丽，刘明．我国出租车政策变迁的动力机制——基于倡导联盟框架的分析 [J]．长白学刊，2018．

[725] 郑宇冰．互联网金融的联盟冲突与监管政策学习——基于倡议联盟框架的分析 [J]．广西大学学报（哲学社会科学版），2017．

[726] 周群英，刘晓雪．我国本科教学评估政策变迁研究：基于支持联盟框架的分析 [J]．黑龙江高教研究，2019．

## 英文文献

### （一）书籍

[1] Anderson, James E. (1976). *Public Policy making*. New York: Praeger Publisher.

[2] Bandelow, N. (2015). *Advocacy Coalition Framework*. In: Wenzelburger, G., Zohlnhöfer, R. (eds) Handbuch Policy-Forschung.

[3] Bardach, Eugene. (1977). *The Implementation Game: What happens after a bill becomes a law*. Cambridge, Mass: MIT Press.

[4] Bason, Christian. (2010). *Leading Public Sector Innovation*. Bristol: Policy Press.

[5] Baumgartner, Frank R., and Bryan D. Jones, eds. (2002). *Policy*

*Dynamics*. University of Chicago Press.

［6］Baumgartner, Frank R., and Bryan D. Jones. （2009）. *Agendas and Instability in American Politics*. University of Chicago Press.

［7］Baumgartner, Frank R., and Bryan D. Jones. （1993）. *Agendas and Instability in American Politics*. University of Chicago Press.

［8］Baumgartner, Frank R., and Bryan D. Jones. （2015）. *The Politics of Information: Problem Definition and the Course of Public Policy in America*. University of Chicago Press.

［9］Baumgartner, Frank R., De Boef, Suzanna L., Boydstun, Amber E. （2008）. *The Decline of the Death Penalty and the Discovery of Innocence*. New York: Cambridge University Press.

［10］Baumgartner, Frank R., et al. （2009）. *Lobbying and Policy Change: Who Wins, Who Loses, and Why*. University of Chicago Press.

［11］Baumgartner, Frank R., Suzanna L. De Boef, and Amber E. Boydstun. （2008）. *The Decline of the Death Penalty and the Discovery of Innocence*. Cambridge University Press.

［12］Bemelmans-Videc, Marie-Louise, Ray C. Rist, and Evert Oskar Vedung, eds. （2011）. *Carrots, Sticks, and Sermons: Policy Instruments and Their Evaluation*. Chapter 2, Vol. 1. Transaction Publishers.

［13］Bobrow, Davis B., and John S. Dryzek. （1987）. *Policy Analysis by Design*. University of Pittsburgh Press.

［14］Boushey, Graeme. （2010）. *Policy Diffusion Dynamics in America*. Cambridge University Press.

［15］Callon, Michel, Arie Rip, and John Law, eds. （1986）. *Mapping the Dynamics of Science and Technology: Sociology of Science in the Real World*. Springer.

［16］Campbell, Andrea Louise. （2003）. *How Policies Make Citizens: Senior Political Activism and the American Welfare State*. Princeton University Press.

［17］Capano, G. Politics andPolicy. In D. Berg-Schlosser, B. Badie, and L. Morlino（Eds.）. （2020）. *The SAGE Handbook of Political Science*. Beverly Hills: Sage, 1071-1085.

［18］Capano, Giliberto, Michael Howlett, and Mishra Ramesh, eds. （2015）

*Varieties of Governance: Dynamics, Strategies, Capacities.* Springer.

[19] Chilton, Paul. (2004). *Analysing Political Discourse: Theory and Practice.* Routledge.

[20] Cushman, R. E. (1941). *The Independent Regulatory Commissions.* London: Oxford University Press.

[21] Edelman, Murray Jacob. (1964). *The Symbolic Uses of Politics.* University of Illinois Press.

[22] Edler, Jakob, Paul Cunningham, and Abdullah Gök, eds. (2016) . *Handbook of Innovation Policy Impact.* Edward Elgar Publishing.

[23] Eliadis, Pearl, Margaret M. Hill, and Michael Howlett. (2005). *Designing Government: From Instruments to Governance.* McGill-Queen's Press-MQUP.

[24] Fischer, Frank. (2003). *Reframing Public Policy: Discursive Politics and Deliberative Practices.* Oxford University Press.

[25] Forester, John, ed. (1987). *Critical Theory and Public Life.* MIT Press.

[26] Goggin, M. L., A. O. M. Bowman, J. P. Lester, and Larry J. O'Toole. (1990). *Implementation Theory and Practice: Toward A Third Generation.* Glenview: Scott, Foresman/Little, Brown.

[27] Green-Pedersen, Christoffer, and Stefaan Walgrave, eds. (2014). *Agenda Setting, Policies, and Political Systems: A comparative Approach.* University of Chicago Press, .

[28] Gunningham, Neil, Peter Grabosky, and Darren Sinclair. (1998). *Smart regulation: Designing Environmental Policy.* Oxford University Press.

[29] Hood, Christopher C. (1983). *The Tools of Government.* Chatham, NJ: Chatham House.

[30] Hood, Christopher, and Helen Margetts. (2007). *The Tools of Government in the Digital Age.* Bloomsbury Publishing.

[31] Horkheimer, M. (1974). *Eclipse of Reason.* 1. Bloomsbury Publishing.

[32] Howlett, Michael, ed. (2023). *The Routledge Handbook of Policy Tools.* No. 303349. Abingdon: Routledge.

[33] Howlett, Michael, M. Ramesh, and Anthony Perl. (2009). *Studying Public Policy: Policy Cycles and Policy Subsystems.* Oxford: Oxford University Press.

[34] Howlett, Michael, Michael Ramesh, and Anthony Perl. (1995). *Studying Public Policy: Policy Cycles and Policy Subsystems*. Toronto: Oxford university press, 163.

[35] John B. Carroll, Stephen C. Levinson, and Penny Lee(edited). (2012) *Language, Thought, and Reality: Selected Writings of Benjamin Lee, Cambridge*. Mass: The MIT Press, 2nd edition, 9-10.

[36] Jones, Bryan D., and Frank R. Baumgartner. (2005). *The Politics of Attention: How Government Prioritizes Problems*. University of Chicago Press.

[37] Kingdon J W. (1984). *Agendas, Alternatives, and Public Policies*. Boston, MA: Little, Brown.

[38] Lascoumes, P., and Le Galès, P. (2004). *Gouverner par les instruments*. Presse de la Fondation Nationale des Sciences Politiques.

[39] Lasswell, Harold D. (1971). *A Pre-View of Policy Sciences*. New York, NY: American Elsevier.

[40] Lindblom, Charles Edward, and David K. Cohen. (1979). *Usable knowledge: Social science and social problem solving*. Yale University Press, 21.

[41] Meyer, David S., Valerie Jenness, and Helen M. Ingram, eds. (2005). *Routing the Opposition: Social Movements, Public Policy, and Democracy*. University of Minnesota Press.

[42] Paul A. Sabatier. (2007). *Theories of the Policy Process*. Westview Press.

[43] Peters, B. G. And Van Nispen, F. K. M. (1998). *Public Policy Instruments: Evaluating the Tools of Public Administration*. Cheltenham, UK: Edward Elgar Publishing.

[44] Peters, B. Guy, et al. (2018). *Designing for Policy Effectiveness: Defining and Understanding a Concept*. Cambridge University Press.

[45] Pierson, Paul. (1994). *Dismantling the Welfare State?: Reagan, Thatcher and the Politics of Retrenchment*. Cambridge University Press.

[46] Pierson, Paul. (2004). *Politics in Time. History, Institutions, and Social Analysis*. Princeton University Press.

[47] Repetto. (2006). *Punctuated Equilibrium and the Dynamics of US Environmental Policy*. Yale University Press.

[48] Rogers E M, Singhal A, Quinlan M M. (2014). *Diffusion of Innovations*.

// An Integrated Approach to Communication Theory and Research. Routledge, 432-448.

[49] Rothwell, R. and W. Zegveld. (1985). *Reindusdalization and Technology*. Logman Group Limited.

[50] Ruzzene, Attilia. (2011). *The Case Study as Research Method: A Practical Handbook*. 293-296.

[51] Sabatier, Paul A., and Christopher M. Weible, eds. (2014). *Theories of the Policy Process*. Westview Press.

[52] Sabatier, Paul A., and Hank C. Jenkins-Smith. (1993). *Policy Change and Learning: An Advocacy Coalition Approach*. Boulder, CO: Westview Press.

[53] Salamon, Lester M. (1989). *Beyond Privatization: The Tools of Government action*. The Urban Insitute.

[54] Salamon, Lester M., ed. (2002). *The Tools of Government: A Guide to the New Governance*. Oxford University Press.

[55] Schattschneider, Elmer Eric. (1935). *Politics, Pressures, and the Tariff: A Study of Free Private Enterprise in Pressure Politics*. New York: Prentice-Hall.

[56] Schneider, Anne and Helen Ingram. (1997). *Policy Design for Democracy*. Lawrence: University Press of Kansas, 140-141.

[57] Sidney, Mara S. (2003). *Unfair housing: How national policy shapes community action*. University Press of Kansas.

[58] Simon, H. A. (1996). *The Science of the Artificial*. Cambridge: MIT Press, 5.

[59] Skocpol, Theda. (1992). *Protecting Soldiers and Mothers: The Political Origins of Social Policy in the United States*. Cambridge, MA and London, England: Harvard University Press.

[60] Speth, James Gustave. (2008). *Punctuated Equilibrium and the Dynamics of US Environmental Policy*. Yale University Press.

[61] Sterner, Thomas, and Jessica Coria. (2003). *Policy Instruments for Environmental and Natural Resource Management*. Routledge.

[62] Stokey, E., and R. Zeckhauser. (1978). *A Primer for Policy Analysis*. New York: W. W. Norton.

［63］Tansley, Stewart, and Kristin Michele Tolle. ( 2009 ) . *The Fourth Paradigm: Data-intensive Scientific Discovery.* Ed. Tony Hey. Redmond, WA: Microsoft Research, 1.

［64］Thelen, Kathleen. ( 2004 ) . *How Institutions Evolve: The Political Economy of Skills in Germany, Britain, the United States, and Japan.* Cambridge University Press.

［65］Turnpenny, John R., Andrew J. Jordan, and D. Benson. ( 2015 ) . *The Tools of Policy Formulation: Actors, Capacities, Venues and Effects.* UK: Edward Elgar Publishing.

［66］Vedung, E. ( 1998 ) . *Policy Instruments: Typologies and Theories.* In M. L. Bemelmans-Videc, R. C. Rist, and E. Vedung ( Eds. ), Carrots, Sticks, and Sermons: Policy Instruments and Their Evaluation, 21－58.

［67］Yin, Robert K. ( 2009 ) . *Case Study Research: Design and methods.* Sage, 5.

［68］Yin, Robert K. ( 2014 ) . *Case Study Research and Applications* ( 6th ed. ) . SAGE Publications, 28.

［69］Zahariadis, Nikolaos. ( 2003 ) . *Ambiguity and Choice in Public Policy: Political Decision Making in Modern Democracies.* Georgetown University Press.

［70］Bemelmans-Videc, Marie-Louise, Ray C. Rist and Evert Vedung( eds) . ( 1998 ) . Carrots, *Sticks and Sermons: Policy Instruments and Their Evaluation.* New Brunswick, NJ: Transaction Publishers.

［71］Peters B G, Zittoun P. ( 2016 ) . *Contemporary Approaches to Public Policy: Theories, Controversies and Perspectives.* Springer, UK: Palgrave Macmillan, 151.

［72］Phidd, R., and Doern, G. B. ( Eds. ) . ( 1983 ) . Canadian Public Policy: Ideas, Structure, Process. Methuen.

［73］Sabatier, Paul. ( 1993 ) . *Policy Change and Learning: An Advocacy Coalition Approach.* Boulder: Westview Press.

［74］Sterner, Thomas. ( 2003 ) . *Policy Instruments for Environmental and Natural Resource Management.* Washington, DC: Resources for the Future.

［75］Vedung E. ( 2011 ) . *Policy Instruments: Typologies and Theories* [ C]//in Marie-Louise Bemelmans-Videc, Ray C. Rist( eds) . Carrots Sticks and Sermons: Policy Instruments and Their Evaluation. Piscataway, NJ: Transaction Publishers, 21－55.

## （二）英文期刊文献

［1］Abel D.（2021）. "The diffusion of climate policies among German municipalities. "*Journal of Public Policy*, 41(1), 111-136.

［2］Acciai, Claudia, and Giliberto Capano.（2018）. "Climbing down the ladder: a meta-analysis of policy instruments applications. " IPPA International Workshops on Public Policy, University of Pittsburgh.

［3］Acciai, Claudia, and Giliberto Capano.（2021）. "Policy instruments at work: A meta-analysis of their applications. "*Public Administration,* 99(1), 118-136.

［4］Alcantara, Christopher, and Jason Roy.（2014）. "Reforming election dates in Canada: Towards an explanatory framework. "*Canadian Public Administration*, 57(2), 256-274.

［5］Allen, Mahalley D., Carrie Pettus, and Donald P. Haider-Markel.（2004）. "Making the national local: Specifying the conditions for national government influence on state policymaking. "*State Politics and Policy Quarterly*, 4(3), 318-344.

［6］Aluttis, Christoph, Thomas Krafft, and Helmut Brand.（2014）. "Global health in the European Union-a review from an agenda-setting perspective. "*Global Health Action,* 7(1), 23610.

［7］Ampe, Kasper, et al.（2021）. "Power struggles in policy feedback processes: incremental steps towards a circular economy within Dutch wastewater policy. "*Policy Sciences,* 54(3), 579-607.

［8］Balch, George I.（1980）. "The stick, the carrot, and other strategies: A theoretical analysis of governmental intervention. "*Law and Policy*, 2(1), 35-60.

［9］Bali, Azad Singh, Giliberto Capano, and M. Ramesh.（2019）. "Anticipating and designing for policy effectiveness. " *Policy and Society*, 38(1), 1-13.

［10］Bardach, Eugene S.（1980）. "Implementation studies and the study of implements. "Graduate School of Public Policy, University of California, Berkeley.

［11］Baumgartner, Frank R., and Bryan D. Jones.（1991）. "Agenda dynamics and policy subsystems. "*The Journal of Politics*, 53(4), 1044-1074.

［12］Baumgartner, Frank R., Bryan D. Jones, and John Wilkerson.（2011）.

"Comparative studies of policy dynamics. " *Comparative Political Studies,* 44 ( 8 ) , 947-972.

[ 13 ] Baumgartner, Frank R., Bryan D. Jones, and Peter Bjerre Mortensen. ( 2014） . "Punctuated Equilibrium Theory: Explaining Stability and Change in Public Policymaking. " *Theories of the Policy Process.* Westview Press, 59-103.

[ 14 ] Baumgartner, Frank R., et al. ( 2009） . "Punctuated equilibrium in comparative perspective. " *American Journal of Political Science*, 53( 3） , 603-620.

[ 15 ] Baybeck, Brady, William D. Berry, and David A. Siegel. ( 2011） . "A strategic theory of policy diffusion via intergovernmental competition. " *The Journal of Politics,* 73( 1） , 232-247.

[ 16 ] Béland, Daniel, and Edella Schlager. ( 2019） . "Varieties of policy feedback research: Looking backward, moving forward. " *Policy Studies Journal*, 47 ( 2 ) , 184-205.

[ 17 ] Béland, Daniel, and Michael Howlett. ( 2016） . "How solutions chase problems: Instrument constituencies in the policy process. " *Governance*, 29 ( 3 ) , 393-409.

[ 18 ] Béland, Daniel, Philip Rocco, and Alex Waddan. ( 2019） . "Policy feedback and the politics of the Affordable Care Act. " *Policy Studies Journal*, 47( 2） , 395-422.

[ 19 ] Bell, Elizabeth. ( 2019） . "Deserving to whom? Investigating heterogeneity in the impact of social constructions of target populations on support for affirmative action. " *Policy Studies Journal*, 49( 1） , 268-299.

[ 20 ] Bennett, Colin J. ( 1991） . "What is policy convergence and what causes it? " *British Journal of Political Science*, 21( 2） , 215-233.

[ 21 ] Bernstein, Steven, et al. ( 2000） . "God gave physics the easy problems: Adapting social science to an unpredictable world. " *European Journal of International Relations*, 6( 1） , 43-76.

[ 22 ] Berry F S, and Berry W D. ( 2007） . "Frameworks comparing policies across a large number of political systems: innovation and diffusion models in policy research. " *Theories of the Policy Process*, 223-260.

[ 23 ] Berry F S, Berry W D. ( 2018） . "Innovation and diffusion models in

policy research." *Theories of the Policy Process*, 253-297.

[24] Berry, Frances Stokes, and William D. Berry. (1990). "State lottery adoptions as policy innovations: An event history analysis." *American Political Science Review*, 84(2), 395-415.

[25] Berry, Frances Stokes, and William D. Berry. (2018). "Innovation and diffusion models in policy research." *Theories of the Policy Process*, 253-297.

[26] Blatter, Joachim, Lea Portmann, and Frowin Rausis. (2022). "Theorizing policy diffusion: From a patchy set of mechanisms to a paradigmatic typology." *Journal of European Public Policy*, 29(6), 805-825.

[27] Bobrow, Davis B. (1977). "Beyond markets and lawyers." *American Journal of Political Science*, 21(2), 415-433.

[28] Boehmke F J, Witmer R. (2004). "Disentangling diffusion: The effects of social learning and economic competition on state policy innovation and expansion." *Political Research Quarterly*, 57(1), 39-51.

[29] Boehmke, Frederick J., and Paul Skinner. (2012). "The determinants of state policy innovativeness." *Annual State Politics and Policy Conference*, Houston, TX.

[30] Borrás, Susana, and Charles Edquist. (2013). "The choice of innovation policy instruments." *Technological Forecasting and Social Change*, 80(8), 1513-1522.

[31] Boushey, Graeme. (2012). "Punctuated equilibrium theory and the diffusion of innovations." *Policy Studies Journal*, 40(1), 127-146.

[32] Boushey, Graeme. (2012). "The punctuated equilibrium theory of agenda-setting and policy change." *Routledge Handbook of Public Policy*. Routledge. 138-152.

[33] Braun, Dietmar, and Fabrizio Gilardi. (2006). "Taking 'Galton's Problem' Seriously: Towards a Theory of Policy Diffusion." *Journal of Theoretical Politics*, 18(3), 298-322.

[34] Bressers, Hans Th A., and Laurence J. O'toole. (2005). "Instrument selection and implementation in a networked context." *Designing government: From Instruments to Governance*, 132-153.

[35] Bressers, Hans Th A., and Laurence J. O'Toole Jr. (1998). "The selection of policy instruments: A network-based perspective." *Journal of Public*

Policy, 18(3), 213-239.

[36] Bressers, Hans, and Pieter-Jan Klok. (1988). "Fundamentals for a theory of policy instruments." *International Journal of Social Economics*, 15(3/4), 22-41.

[37] Bressers, Hans, Doris Fuchs, and Stefan Kuks. (2004). "Institutional resource regimes and sustainability: Theoretical backgrounds and hypotheses." *Integrated Governance and Water Basin Management: Conditions for Regime Change and Sustainability*, 23-58.

[38] Browne, Angela, and Aaron Wildavsky. (1999). "Implementation as Mutual Adaptation (1983)." Jeffrey L. Pressman and Aaron Wildavsky, *Implementation* (3rd. ed.) (Berkeley: University of California Press, 1984), 206-231.

[39] Bullock, Justin B. (2019). "Artificial intelligence, discretion, and bureaucracy." *The American Review of Public Administration*, 49(7), 751-761.

[40] Busemeyer, Marius R., and Achim Goerres. (2020). "Policy feedback in the local context: Analysing fairness perceptions of public childcare fees in a German town." *Journal of Public Policy*, 40(3), 513-533.

[41] Cairney, Paul, and Michael D. Jones. (2016). "K ingdon's multiple streams approach: what is the empirical impact of this universal theory?" *Policy Studies Journal*, 44(1), 37-58.

[42] Campbell, Andrea Louise. (2012). "Policy makes mass politics." *Annual Review of Political Science*, 15(1), 333-351.

[43] Campbell, Heather E., Ryan M. Johnson, and Elizabeth Hunt Larson. (2004). "Prices, devices, people, or rules: the relative effectiveness of policy instruments in water conservation 1." *Review of Policy Research*, 21(5), 637-662.

[44] Capano, Giliberto, and Andrea Lippi. (2017). "How policy instruments are chosen: Patterns ofdecision makers' choices." *Policy Sciences*, 50(2), 269-293.

[45] Capano, Giliberto, and Andrea Pritoni. (2019). "Exploring the determinants of higher education performance in Western Europe: A qualitative comparative analysis." *Regulation and Governance*, 1-23.

[46] Capano, Giliberto, and Elena Pavan. (2019). "Designing anticipatory policies through the use of ICTs." *Policy and Society*, 38(1), 96-117.

[47] Capano, Giliberto, and Jun Jie Woo. (2017). "Resilience and robustness in policy design: A critical appraisal. "*Policy Sciences*, 50(3), 399-426.

[48] Capano, Giliberto, and Maria Tullia Galanti. (2018). "Policy dynamics and types of agency: From individual to collective patterns of action. "*European Policy Analysis*, 4(1), 23-47.

[49] Capano, Giliberto, and Michael Howlett. (2020). "The knowns and unknowns of policy instrument analysis: Policy tools and the current research agenda on policy mixes. "*Sage Open*, 10(1).

[50] Capano, Giliberto, Andrea Pritoni, and Giulia Vicentini. (2019). "Do policy instruments matter? Governments' choice of policy mix and higher education performance in Western Europe. "*Journal of Public Policy*, 40 (3), 375-401.

[51] Capano, Giliberto, Michael Howlett, and Mishra Ramesh. (2015). "Rethinking governance in public policy: Dynamics, strategy and capacities. "*Varieties of governance: Dynamics, Strategies, Capacities*. London: Palgrave Macmillan UK, 3-24.

[52] Cardno, Carol. (2018). "Policy document analysis: A practical educational leadership tool and a qualitative research method. " *Educational Administration: Theory and Practice*, 24(4), 623-640.

[53] Cashore, Benjamin, and Michael Howlett. (2007). "Punctuating which equilibrium? Understanding thermostatic policy dynamics in Pacific Northwest forestry. "*American Journal of Political Science*, 51(3), 532-551.

[54] Cejudo, Guillermo M., and Cynthia L. Michel. (2021). "Instruments for policy integration: How policy mixes work together. "*SAGE Open*, 11(3), 21.

[55] Cejudo, Guillermo M., and Philipp Trein. (2023). "Policy integration as a political process. "*Policy Sciences*, 56(1), 3-8.

[56] Chan, Kwan Nok, and Shuang Zhao. (2016). "Punctuated Equilibrium and the InformationDisadvantage of Authoritarianism: Evidence from the People's Republic of China. "*Policy Studies Journal*, 44(2), 134-155.

[57] Checkel, Jeffrey T. (2005). "International institutions and socialization in Europe: Introduction and framework. " *International Organization*, 59(4), 801-826.

[58] Chen, Liang-chih Evans. (2018). "Stay There or Go Away? The

Revised Advocacy Coalition Framework and Policy Change onthe Petrochemical Projects in Taiwan. ”*International Journal of Organizational Innovation*, 10(4).

[59] Clark, Jill. (1985). “Policy diffusion and program scope: Research directions. ”*Publius: The Journal of Federalism*, 15(4), 61-70.

[60] Clark, Jill. (2000). “Policy attributes and state policy innovation. ” *Southeastern Political Review*, 28(1), 3-25.

[61] Clarke, Amanda, and Jonathan Craft. (2017). “The vestiges and vanguards of policy design in a digital context. ”*Canadian Public Administration*, 60 (4), 476-497.

[62] Clavier, Carole, Elisabeth Martin, and France Gagnon. (2020). “Issue Competition and the Social Construction of Target Populations: Alternative Suggestions for the Study of the Influence of Populist Radical Right Parties on Health Policy and Health Outcomes Comment on”A Scoping Review of Populist Radical Right Parties' Influence on Welfare Policy and its Implications for Population Health in Europe”. “*International Journal of Health Policy and Management*, 10(9).

[63] Cohen, Michael D., James G. March, and Johan P. Olsen. (1972). “A garbage can model of organizational choice. ”*Administrative Science Quarterly*, 1-25.

[64] Craig, Rebekah L., et al. (2010). “Public health professionals as policy entrepreneurs: Arkansas's childhood obesity policy experience. ”*American Journal of Public Health*, 100(11), 2047-2052.

[65] Dahl, Robert Alan, and Charles Edward Lindblom. (1953). “Politics, economics and welfare: planning and politico-economic systems resolved into basic social processes. ”New York, Harpers and Brothers.

[66] Damanpour, Fariborz, and Marguerite Schneider. (2009). “Characteristics of Innovation and Innovation Adoption in Public Organizations: Assessing the Role of Managers. ”*Journal of Public Administration Research and Theory*, 19(3), 495-522.

[67] Damanpour, Fariborz. (1991). “Organizational Innovation: A Meta-Analysis of Effects of Determinants and Moderators. ” *Academy of Management Journal*, 34(3), 555-590.

[68] Dang, Yuxuan., Zhao, Zhenting., Kong, Xiangbin., Lei, Ming., Liao,

Yubo., Xie, Zhen., and Song, Wei. (2023). "Discerning the process of cultivated land governance transition in China since the reform and opening-up-Based on the multiple streams framework. "*Land Use Policy*, 133, 106844.

[69] Davis, Brandon Rudolph. (2020). "Feeling Politics: Carceral Contact, Well-Being, and Participation. "*Policy Studies Journal*, 49(2), 591-615.

[70] De Rynck, Stefaan, and Katrien Dezeure. (2006). "Policy convergence and divergence in Belgium: Education and health care. "*West European Politics*, 29 (5), 1018-1033.

[71] DeLeon, Peter. (2005). "Social construction for public policy. "*Public Administration Review*, 65(5).

[72] DeMora, Stephanie L., Loren Collingwood, and Adriana Ninci. (2009). "The role of super interest groups in public policy diffusion. "*Policy and Politics*, 47 (4) 513-541.

[73] Desmarais, Bruce A., Jeffrey J. Harden, and Frederick J. Boehmke. (2015). "Persistent policy pathways: Inferring diffusion networks in the American states. "*American Political Science Review*, 109(2), 392-406.

[74] DiMaggio P. (1983). "Cultural policy studies: What they are and why we need them. "*Journal of Arts Management and Law*, 13(1), 241-248.

[75] Dobbin F, Simmons B, Garrett G. (2007). "The global diffusion of public policies: Social construction, coercion, competition, or learning?" *Annu. Rev. Sociol.*, 33(1), 449-472.

[76] Doern, G. Bruce, and Richard W. Phidd. (1988). "Canadian public policy: Ideas, structure, process. "Nelson Canada.

[77] Doern, G. Bruce, and V. Seymour Wilson. (1974). "Conclusions and observations. "*Issues in Canadian Public Policy*, 339, 337.

[78] Dolowitz, David, and David Marsh. (1996). "Who learns what from whom: a review of the policy transfer literature. "*Political Studies*, 44(2), 343-357.

[79] Drezner, Daniel W. (2001). "Globalization and policy convergence. "*International Studies Review*, 3(1), 53-78.

[80] Du, Coco Dijia, and Erik Baark. (2021). "The emergence of environmental policy in China: Multiple streams and the shaping of a technocratic

bias. ”*China: An International Journal*, 19(4), 32–51.

[81] Dudley, Geoffrey, and Jeremy Richardson. (1996). “Why does policy change over time? Adversarial policy communities, alternative policy arenas, and British trunk roads policy 1945–95. ”*Journal of European Public Policy*, 3(1), 63–83.

[82] Dunn, William N. (1988). “Methods of the second type: Coping with the wilderness of conventional policy analysis. ” *Review of Policy Research*, 7(4), 720–737.

[83] Durant, Robert F., and Paul F. Diehl. (1989). “Agendas, alternatives, and public policy: Lessons from the US foreign policy arena. ”*Journal of Public Policy*, 9(2), 179–205.

[84] Easterly, Bianca. (2015). “Playing politics with sex offender laws: An eventhistory analysis of the initial community notification laws across a merican states. ”*Policy Studies Journal*, 43(3), 355–378.

[85] Easton, David. (1957). “An approach to the analysis of political systems. ”*World Politics*, 9(3), 383–400.

[86] Eisenhardt, Kathleen M. (1989). “Building theories from case study research. ”*Academy of Management Review*, 14(4), 532–550.

[87] Eissler, Rebecca, Annelise Russell, and Bryan D. Jones. (2016). “The transformation of ideas: The origin and evolution of Punctuated Equilibrium Theory. ” *Contemporary Approaches to Public Policy: Theories, Controversies and Perspectives*. London: Palgrave Macmillan UK, 95–112.

[88] Eldredge, Niles, and Stephen Jay Gould. (1972). “Punctuated equilibria: an alternative to phyletic gradualism. ”*Models in Paleobiology*, 82, 115.

[89] Eshbaugh-Soha, Matthew. (2010). “The tone of local presidential news coverage. ”*Political Communication*, 27(2), 121–140.

[90] Estrada, Mario Arturo Ruiz. (2011). “Policy modeling: Definition, classification and evaluation. ” *Journal of Policy Modeling*, 33(4), 523–536.

[91] Etheredge, Lloyd S. (1995). “Lesson-Drawing in Public Policy: A Guide to Learning across Time and Space. By Richard Rose. Chatham: Chatham House, 1993. 176p. $14. 95 paper. ”*American Political Science Review*, 89(1), 235–236.

[92] Fay, Daniel L., Abby Kinch, and Frances S. Berry. (2022). “Explaining

interstate military friendly policy diffusion across US universities: uncovering vertical-diagonal diffusion. "*Public Management Review*, 24(12), 2053−2078.

[93] Fenger, Menno, and Pieter-Jan Klok. (2001). "Interdependency, beliefs, and coalition behavior: A contribution to the advocacy coalition framework. "*Policy Sciences*, 34(2), 157−170.

[94] Fernandez, Juan J., and Antonio M. Jaime-Castillo. (2013). "Positive or negative policy feedbacks? Explaining popular attitudes towards pragmatic pension policy reforms. "*European Sociological Review*, 29(4), 803−815.

[95] Figureau, A−G., M. Montginoul, and J−D. Rinaudo. (2015). "Policy instruments for decentralized management of agricultural groundwater abstraction: A participatory evaluation. " *Ecological Economics*, 119, 147−157.

[96] Fowler, Luke. (2019). "Problems, politics, and policy streams in policy implementation. "*Governance*, 32(3), 403−420.

[97] Fox, Ashley M., Wenhui Feng, and Rakesh Yumkham. (2017). "State political ideology, policies and health behaviors: the case of tobacco. "*Social Science and Medicine*, 181, 139−147.

[98] Francesch-Huidobro, Maria, and Qianqing Mai. (2012). "Climate advocacy coalitions in Guangdong, China. "*Administration and Society*, 44(6), 43S−64S.

[99] Fréchet, Nadjim, Justin Savoie, and Yannick Dufresne. (2020). "Analysis of text-analysis syllabi: Building a text-analysis syllabus using scaling. "*PS: Political Science and Politics*, 53(2), 338−343.

[100] Fulwider, John M. (2011). "Returning attention to policy content in diffusion study. "The University of Nebraska-Lincoln.

[101] Fundytus K, Santamaria-Plaza C, McLaren L. (2023). "Policy diffusion theory, evidence-informed public health, and public health political science: a scoing review. "*Canadian Journal of Public Health*, 114(3), 331−345.

[102] Gerring, John, and Dino Christenson. (2017). "Case Study Designs. " *Applied Social Science Methodology: An Introductory Guide*. Cambridge: Cambridge University Press, 139−155. Print.

[103] Gilardi F, Wasserfallen F. (2019). "The politics of policy diffusion. "

*European Journal of Political Research*, 58(4), 1245-1256.

[104] Gilardi, Fabrizio. (2010). "Who learns from what in policy diffusion processes?"*American Journal of Political Science*, 54(3), 650-666.

[105] Givens J. W., Mistur E. (2021). "The sincerest form of flattery: Nationalist emulation during the COVID-19 pandemic."*Journal of Chinese Political Science*, 26(1), 213-234.

[106] Glick, Henry R., and Scott P. Hays. (1991). "Innovation and reinvention in state policymaking: Theory and the evolution of living will laws." *The Journal of Politics*, 53(3), 835-850.

[107] Glor, Eleanor D. (2002). "Innovation traps: Risks and challenges in thinking about innovation."*Workshop on Public Sector Innovation.*

[108] Graham E R, Shipan C R, Volden C. (2013). "The diffusion of policy diffusion research in political science." *British Journal of Political Science*, 43(3), 673-701.

[109] Graham ER, Shipan CR, Volden C. (2013). "The Diffusion of Policy Diffusion Research in Political Science." *British Journal of Political Science*, 43(3), 673-701.

[110] Gray, Virginia. (1973). "Innovation in the states: A diffusion study." *American Political Science Review*, 67(4), 1174-1185.

[111] Grimmer, Justin, Margaret E. Roberts, and Brandon M. Stewart. (2021). "Machine learning for social science: An agnostic approach." *Annual Review of Political Science*, 24(1), 395-419.

[112] Guan, Ting, and Jørgen Delman. (2017). "Energy policy design and China's local climate governance: energy efficiency and renewable energy policies in Hangzhou."*Journal of Chinese Governance*, 2(1), 68-90.

[113] Gunningham, Neil, and Darren Sinclair. (1999). "Regulatory pluralism: Designing policy mixes for environmental protection."*Law and Policy*, 21(1), 49-76.

[114] Guo, Yu, et al. (2016). "What determines pension insurance participation in China? Triangulation and the intertwined relationshipamong employers, employees and the government." *The International Journal of Human*

*Resource Management*, 27(18), 2142-2160.

[115] Hacker, Jacob S., and Paul Pierson. (2019). "Policy feedback in an age of polarization." *The ANNALS of the American Academy of Political and Social Science*, 685(1), 8-28.

[116] Haelg, Leonore, Sebastian Sewerin, and Tobias S. Schmidt. (2019). "The role of actors in the policy design process: Introducing design coalitions to explain policy output." *Policy Sciences*, 53(2), 309-347.

[117] Hall, Peter A. (1993). "Policy paradigms, social learning, and the state: the case of economic policymaking in Britain." *Comparative Politics*, 25 (3), 275-296.

[118] Hall, Peter A. (2003). "Aligning ontology and methodology in comparative research." *Comparative Historical Analysis in the Social Sciences*, 373-404.

[119] Hall, Thad E., and Laurence J. O'Toole Jr. (2000). "Structures for policy implementation: An analysis of national legislation, 1965-1966 and 1993-1994." *Administration and Society*, 31(6), 667-686.

[120] Han, Heejin, Brendon Swedlow, and Danny Unger. (2014). "Policy advocacy coalitions as causes of policy change in China? Analyzing evidence from contemporary environmental politics." *Journal of Comparative Policy Analysis: Research and Practice*, 16(4), 313-334.

[121] Harrison, Helena, et al. (2017). "Case study research: Foundations and methodological orientations." *Forum Qualitative Sozialforschung/Forum: Qualitative Social Research*, 18(1).

[122] Hattke, Fabian, and Rick Vogel. (2023). "Theories and theorizing in public administration: A systematic review." *Public Administration Review*, 83 (6), 1542-1563.

[123] Hays, Scott P. (1996). "Influences on reinvention during the diffusion of innovations." *Political Research Quarterly*, 49(3), 631-650.

[124] He, Alex Jingwei, Kerry Ratigan, and Jiwei Qian. (2021). "Attitudinal feedback towards sub-national social policy: A comparison of popular support for social health insurance in urban China." *Journal of Comparative Policy Analysis: Research and Practice*, 23(3), 350-371.

[125] Heilmann, Sebastian. (2008). "From local experiments to national policy: The origins of China's distinctive policy process." *The China Journal*, 59, 1–30.

[126] Adam Douglas Henry, Karin Ingold, Daniel Nohrstedt, and Christopher M. Weible. (2014). "Policy Change in Comparative Contexts: Applying the Advocacy Coalition Framework Outside of Western Europe and North America." *Journal of Comparative Policy Analysis: Research and Practice*, 16(4), 299–312.

[127] Hermann, Charles F. (1982). "Instruments of Foreign Policy." In *Describing Foreign Policy Behaviour*, edited by P. Callahan, L. P. Brady, and M. G. Hermann, 153–174. Beverly Hills, CA: Sage.

[128] Hollibaugh, Gary E. (2019). "The use of text as data methods in public administration: A review and an application to agency priorities." *Journal of Public Administration Research and Theory*, 29(3), 474–490.

[129] Holzinger, Katharina, and Christoph Knill. (2005). "Causes and conditions of cross-national policy convergence." *Journal of European Public Policy*, 12(5), 775–796.

[130] Hood, Christopher. (2007). "Intellectual obsolescence and intellectual makeovers: Reflections on the tools of government after two decades." *Governance*, 20(1), 127–144.

[131] Hou, Yilin, and Gene A. Brewer. (2010). "Substitution and supplementation between co-functional policy instruments: Evidence from state budget stabilization practices." *Public Administration Review*, 70(6), 914–924.

[132] Howard, Christopher. (1995). "Testing the tools approach: Tax expenditures versus direct expenditures." *Public Administration Review*, 439–447.

[133] Howlett, Michael, Allan McConnell, and Anthony Perl. (2015). "Streams and stages: Reconciling Kingdon and policy process theory." *European Journal of Political Research*, 54(3), 419–434.

[134] Howlett, Michael, Allan McConnell, and Anthony Perl. (2017). "Moving policy theory forward: Connecting multiple stream and advocacy coalition frameworks to policy cycle models of analysis." *Australian Journal of Public Administration*, 76(1), 65–79.

[135] Howlett, Michael, and Benjamin Cashore. (2009). "The dependent variable problem in the study of policy change: Understanding policy change as a methodological problem. "*Journal of Comparative Policy Analysis*, 11(1), 33-46.

[136] Howlett, Michael, and Jeremy Rayner. (2013). "Design principles for policy mixes: Cohesion and coherence in'new governance arrangements'. "*Policy and Society*, 26(4), 1-18.

[137] Howlett, Michael, and Jeremy Rayner. (2016). "Patching versus packaging in policy formulation: Assessing policy portfolio design. "*Handbook of Policy Formulation*. Edward Elgar Publishing, 112-128.

[138] Howlett, Michael, and Michael Ramesh. (2016). "A chilles' heels of governance: critical capacity deficits and their role in governance failures. "*Regulation and Governance*, 10(4), 301-313.

[139] Howlett, Michael, and Raul P. Lejano. (2012). "Tales from the crypt: The rise and fall(and rebirth?) of policy design. "*Administration and Society*, 45(3), 357-381.

[140] Howlett, Michael, Ishani Mukherjee, and Jeremy Rayner. (2014). "The Elements of Effective Program Design: A Two-Level Analysis. " *Politics and Governance*, 2(2), 1-12.

[141] Howlett, Michael. (1991). "Policy instruments, policy styles, and policy implementation: National approaches to theories of instrument choice. " *Policy Studies Journal*, 19(2), 1-21.

[142] Howlett, Michael. (2000). "Managing the"hollow state": Procedural policy instruments and modern governance. "*Canadian Public Administration*, 43(4), 412-431.

[143] Howlett, Michael. (2004). "Beyond good and evil in policy implementation: Instrument mixes, implementation styles, and second generation theories of policy instrument choice. "*Policy and Society*, 23(2), 1-17.

[144] Howlett, Michael. (2005). "What is a policy instrument? Policy tools, policy mixes and policy styles. "*Designing Government: From Instruments to Governance*, 31-50.

[145] Howlett, Michael. (2014). "From the'old' to the 'new' policy design:

design thinking beyond markets and collaborative governance. " *Policy Sciences*, 47, 187-207.

[146] Howlett, Michael. (2019) . "Procedural policy tools and the temporal dimensions of policy design. Resilience, robustness and the sequencing of policy mixes. " *International Review of Public Policy*, 1.1(1) , 27-45.

[147] Hsu, Shu-Hsiang. (2005) . "Advocacy coalitions and policy change on nuclear power utilization in Taiwan. " *The Social Science Journal*, 42(2) , 215-229.

[148] Huang, Cui, et al. (2017) . "A quantitative study on the diffusion of public policy in China: evidence from the SandT finance sector. " *Journal of Chinese Governance*, 2(3) , 235-254.

[149] Husmann, Maria A. (2015) . "Social constructions of obesitytarget population: An empirical look at obesity policy narratives. " *Policy Sciences*, 48, 415-442.

[150] Ingram, H., Schneider, A. L., and Deleon, P. (2007) . Social Construction and PolicyDesign[C] // in Paul A. Sabatier. *Theories of the Policy Process*(Second edition). Boulder, CO: Westview Press, 93-126.

[151] Jacobs, Alan M., and R. Kent Weaver. (2015) . "When policies undo themselves: Self-undermining feedback as a source of policy change. " *Governance*, 28 (4) , 441-457.

[152] Jacobs, Lawrence R., Suzanne Mettler, and Ling Zhu. (2022) . "The pathways of policy feedback: How health reform influences political efficacy and participation. " *Policy Studies Journal*, 50(3) , 483-506.

[153] JamesG. March, Johan P. Olsen.(1996) . "Institutional Perspectives on Political Institutions. " *Governance*, 9(3) , 64-247.

[154] James, Thomas E., and Paul D. Jorgensen. (2009) . "Policy knowledge, policy formulation, and change: Revisiting a foundational question. " *Policy Studies Journal*, 37(1) , 141-162.

[155] Jansa, Joshua M., Eric R. Hansen, and Virginia H. Gray. (2019) . "Copy and paste lawmaking: Legislative professionalism and policy reinvention in the states. " *American Politics Research*, 47(4) , 739-767.

[156] Jenkins-Smith, Hank C., and Paul A. Sabatier. (1994) . "Evaluating the

advocacy coalition framework. "*Journal of Public Policy*, 14(2), 175-203.

[157] Jenkins-Smith, Hank C., et al. (2014). "The advocacy coalition framework: Foundations, evolution, and ongoing research. " *Theories of the Policy Process*, 3, 183-224.

[158] Jenkins-Smith, Hank C., et al. (2018). "The advocacy coalition framework: An overview of the research program. " *Theories of the Policy Process*, 135-171.

[159] Jenkins-Smith, Hank, Daniel Nohrstedt, and Christopher M. Weible. (2014). "The Advocacy Coalition Framework: Foundations, Evolution, and Ongoing Research. " *In Theories of the Policy Process*, 3rd ed., ed. Paul A. Sabatier, and Christopher M. Weible Boulder, CO: Westview Press, 183-223.

[160] Jenkins-Smith, Hank, et al. (2014). "Belief system continuity and change in policy advocacy coalitions: Using cultural theory to specify belief systems, coalitions, and sources of change. "*Policy Studies Journal*, 42(4), 484-508.

[161] Jones, Bryan D. (2017). "Behavioral rationality as a foundation for public policy studies. "*Cognitive Systems Research*, 43, 63-75.

[162] Jones, Bryan D. (2003). "Bounded rationality and political science: Lessons from publicadministration and public policy. "*Journal of Public Administration Research and Theory*, 13(4), 395-412.

[163] Jones, Bryan D., and Frank R. Baumgartner. (2012). "From there to here: Punctuated equilibrium to the general punctuation thesis to a theory of government information processing. "*Policy Studies Journal*, 40(1), 1-20.

[164] Jones, Bryan D., et al. (2009). "A general empirical law of public budgets: A comparative analysis. " *American Journal of Political Science*, 53 (4), 855-873.

[165] Jones, Bryan D., Frank R. Baumgartner, and James L. True. (1998). "Policy punctuations: US budget authority, 1947-1995. " *The Journal of Politics*, 60 (1), 1-33.

[166] Jones, Bryan D., James L. True, and Frank R. Baumgartner. (1997). "Does incrementalism stem from political consensus or from institutional gridlock? " *American Journal of Political Science*, 1319-1339.

[167] Jones, Bryan D., Tracy Sulkin, and Heather A. Larsen. (2003). "Policy punctuations in American political institutions."*American Political Science Review*, 97 (1), 151-169.

[168] Jones, Michael D, Peterson, Holly L., Pierce, Jonathan J., Herweg, Nicole; Bernal, Amiel; Lamberta Raney, Holly; Zahariadis, Nikolaos (2016). "A River Runs Through It: A Multiple Streams Meta-Review."*Policy Studies Journal*, 44(1), 13-36.

[169] Jordan, Andrew, and Elah Matt. (2014). "Designing policies that intentionally stick: Policy feedback in a changing climate." *Policy Sciences*, 47, 227-247.

[170] Joshua B. Horton, Kerryn Brent, Zhen Dai, Tyler Felgenhauer, Oliver Geden, Jan McDonald, Jeffrey McGee, Felix Schenuit and Jianhua Xu. (2023). "Solar geoengineering research programs on national agendas: a comparative analysis of Germany, China, Australia, and the United States."*Climatic Change*, 176(4), 37.

[171] Karch A. (2006). "National Intervention and the Diffusion of Policy Innovations."*American Politics Research*, 34(4), 403-426.

[172] Karch, Andrew. (2006). "National intervention and the diffusion of policy innovations."*American Politics Research*, 34(4), 403-426.

[173] Karch, Andrew. (2007). "Emerging issues and future directions in state policy diffusion research."*State Politics and Policy Quarterly*, 7(1), 54-80.

[174] Karch, Andrew. (2007). "Emerging issues and future directions in state policy diffusionresearch."*State Politics and Policy Quarterly*, 7(1), 54-80.

[175] Kay, Adrian. (2007). "Tense layering and synthetic policy paradigms: The politics of health insurance in Australia."*Australian Journal of Political Science*, 42 (4), 579-591.

[176] Kettl, Donald F. (1990). "The Perils and Prospects of Public Administration."*Public Administration Review*, 50(4).

[177] Kim, Young-Jung, and Chul-Young Roh. (2008). "Beyond the advocacy coalition frameworkin policy process." *International Journal of Public Administration*, 31(6), 668-689.

[178] Kingdon, John W., and Eric Stano. (1995). "Agendas, alternatives, and

public policies. "Boston: Little, Brown.

[179] Kirschen, E. S., J. Benard, H. Besters, F. Blackaby, O. Eckstein, J. Faaland, F. Hartog et al. (1964). "Economic Policy in Our Time. "Chicago, IL: Rand McNally.

[180] Klingler-Vidra, Robyn, and Philip Schleifer. (2014). "Convergence more or less: Why do practices vary as they diffuse? "*International Studies Review*, 16 (2), 264-274.

[181] Koebele, Elizabeth A. (2018). "Integrating collaborative governance theory with the Advocacy Coalition Framework. "*Journal of Public Policy*, 39(1), 35-64.

[182] Koski, Chris, and Paul Manson. (2024). "Policy design receptivity and target populations: A social construction framework approach to climate change policy. "*Policy Studies Journal*, 52(2), 211-233.

[183] L. R. Craig, C. H. Fellx, F. J. Walker, et al. (2010). "Public Health Professionals as Policy Entrepreneurs: Arkansas's Childhood Obesity Policy Experience. "*American Journal of Public Health*, 100(11), 2047-2052.

[184] Landry, Rejean, Frédéric Varone, and Malcolm L. Goggin. (1998). "The determinants of policy design: The state ofthe theoretical literature. "Midwest Political Science Association, Chicago.

[185] Larsen, Erik Gahner. (2018). "Welfare Retrenchments and Government Support: Evidence from a Natural Experiment. "*European Sociological Review*, 34(1), 40-51.

[186] Larsen, Erik Gahner. (2019). "Policy feedback effects on mass publics: A quantitative review. "*Policy Studies Journal*, 47(2), 372-394.

[187] Lascoumes, Pierre, and Patrick Le Galès. (2007). "Introduction: Understanding public policy through its instruments-From the nature of instruments to the sociology of public policyinstrumentation. "*Governance*, 20(1), 1-21.

[188] Lasswell, Harold. (1954). "Key symbols, signs and icons. "*Symbols and Values: An Initial Study*, 77-94.

[189] Lavee E, Cohen N. (2019). "How street-level bureaucrats become policy entrepreneurs: The case of urban renewal. " *Governance*, 32(3), 475-492.

[190] Le Galès, Patrick. (2011). "Policy instruments and governance." *The SAGE Handbook of Governance*, 142−159.

[191] Lee, Anna Ka-yin. (2016). "Heritage conservation and advocacy coalitions: the state-society conflict in the case of the Enning Road redevelopment project in Guangzhou." *International Journal of Heritage Studies*, 22(9), 729−747.

[192] Leipold, Sina, and Georg Winkel. (2017). "Discursiveagency: (re-) conceptualizing actors and practices in the analysis of discursive policymaking." *Policy Studies Journal*, 45(3), 510−534.

[193] Leong, Ching. (2015). "Persistently biased: The devil shift in water privatization in Jakarta." *Review of Policy Research*, 32(5), 600−621.

[194] Li X., Lv Y., Sarker M. N. I., et al. (2022). "Assessment of Critical Diffusion Factors of Public-Private Partnership and Social Policy: Evidence from Mainland Prefecture-Level Cities in China." *Land*, 11(3), 335.

[195] Li xiufeng and Zhang, Li. (2019). "Policy agenda setting for legalization of Car-hailing services Based on the coalition-oriented multiple-streams model." 중국사회과학논총, 1(1), 188−209.

[196] Li, Wanxin. (2012). "Advocating environmental interests in China." *Administration and Society*, 44(6), 26S−42S.

[197] Li, Wei, and Christopher M. Weible. (2021). "China's policy processes and the advocacy coalition framework." *Policy Studies Journal*, 49(3), 703−730.

[198] Li, Wei, et al. (2024). "The politics of China's policy processes: A comparative review of the Advocacy Coalition Framework's applications tomainland China." *Politics and Policy*, 52(4), 728−756.

[199] Li, Xiaohan, et al. (2022). "Assessment of Critical Diffusion Factors of Public-Private Partnership and Social Policy: Evidence from Mainland Prefecture-Level Cities in China." *Land*, 11(3), 335.

[200] Li, Zhichao, Xihan Tan, and Bojia Liu. (2023). "Policy Changes in China's Family Planning: Perspectives of Advocacy Coalitions." *International Journal of Environmental Research and Public Health*, 20(6), 5204.

[201] Lindblom, Charles E. (1959). "The Science of Muddling Through." *Public Administration Review*, 19(2), 79−88.

[202] Linder, Stephen H., and B. Guy Peters. (1990). "The design of instruments for public policy."*Policy theory and policy evaluation: Concepts, knowledge, causes, and norms*, 103-119.

[203] Linder, Stephen H., and B. Guy Peters. (1989). "Instruments of government: Perceptions and contexts."*Journal of Public Policy*, 9(1), 35-58.

[204] Linder, Stephen H., and B. Guy Peters. (1998). "The study of policy instruments: four schools of thought."*Public Policy Instruments: Evaluating the Tools of Public Administration*, 33-45.

[205] Lister C, Payne H, Hanson C L, et al. (2017). "The public health innovation model: merging private sector processes with public health strengths."*Frontiers in Public Health*, 5, 192.

[206] Liu, Helen K. (2017). "Crowdsourcing government: Lessons from multiple disciplines."*Public Administration Review*, 77(5), 656-667.

[207] Liu, Weixing, and Hongtao Yi. (2023). "Policy diffusion through leadership transfer networks: Direct or indirect connections?"*Governance*, 36(2), 359-378.

[208] Liu, Zejin, and Steven Van de Walle. (2020). "Understanding Policy Instruments for Steering Nonprofit Organizations in China: Only Carrots and Sticks?"*VOLUNTAS: International Journal of Voluntary and Nonprofit Organizations*, 31(4), 736-750.

[209] Liu, Zejin, and Steven Van de Walle. (2023). "What determines the government's policy instrument choice for steering nonprofit organizations? The role of government capacity and contextual complexity."*Journal of Asian Public Policy*, 16(2), 182-198.

[210] Lowi, Theodore J. (1966). "Distribution, regulation, redistribution: The functions ofgovernment."*Public Policies and Their Politics: Techniques of Government Control*, 27-40.

[211] Lowi, Theodore J. (1972). "Four systems of policy, politics, and choice."*Public Administration Review*, 32(4), 298-310.

[212] Lowi, Theodore. (1963). "Toward functionalism in political science: The case of innovation in party systems."*American Political Science Review*, 57(3),

570-583.

[213] Lucas, Christopher, et al. (2015). "Computer-assisted text analysis for comparative politics." *Political Analysis*, 23(2), 254-277.

[214] Luxon, Emily Matthews. (2017). "What do advocates know about policymaking? Revealing process in the Advocacy Coalition Framework." *Journal of European Public Policy*, 26(1), 106-125.

[215] Ma, Janaina, and Diego Mota Vieira. (2020). "Policy learning and policy change: exploring possibilities on the Advocacy Coalition Framework." *Revista de Administração Pública*, 54(6), 1672-1690.

[216] Maggetti, Martino, and Fabrizio Gilardi. (2016). "Problems (and solutions) in the measurement of policy diffusion mechanisms." *Journal of Public Policy*, 36(1), 87-107.

[217] Maggetti, Martino, and Philipp Trein. (2021). "More is less: Partisan ideology, changes of government, and policy integration reforms in the UK." *Policy and Society*, 40(1), 79-98.

[218] Makse, Todd, and Craig Volden. (2011). "The role of policy attributes in the diffusion of innovations." *The Journal of Politics*, 73(1), 108-124.

[219] Mallinson D J. (2021). "Growth and gaps: a meta-review of policy diffusion studies in the American states." *Policy and Politics*, 49(3), 369-389.

[220] Mallinson D J. (2021). "Policy innovation adoption across thediffusion life course." *Policy Studies Journal*, 49(2), 335-358.

[221] Manwaring, Rob. (2016). "From New Labour to Rudd/Gillard-transferring social policy." *Policy Studies*, 37(5), 426-439.

[222] Maor, Moshe. (2012). "Policy overreaction." *Journal of Public Policy*, 32(3), 231-259.

[223] Maor, Moshe. (2014). "Policy persistence, risk estimation and policy underreaction." *Policy Sciences*, 47, 425-443.

[224] Marsh D, Sharman J C. (2009). "Policy diffusion and policy transfer." *Policy Studies*, 30(3): 269-288.

[225] Marsh, David, and Jason C. Sharman. (2013). "Policy diffusion and policy transfer." *New Directions in the Study of Policy Transfer*. Routledge, 32-51.

[226] May, Peter J. (2005). "Regulation and compliance motivations: Examining different approaches."*Public Administration Review*, 65(1), 31-44.

[227] May, Peter J., et al. (2005). "Policy coherence and component-driven policymaking: Arctic policy in Canada and the United States."*Policy Studies Journal*, 33(1), 37-63.

[228] Mayntz, Renate. (1979). "Public bureaucracies and policy implementation."*International Social Science Journal*, 31(4), 633-645.

[229] Mayntz, Renate. (1983). "The conditions of effective public policy: A new challenge for policy analysis."*Policy and Politics*, 11(2), 123-143.

[230] McCann, Pamela J. Clouser, Charles R. Shipan, and Craig Volden. (2015). "Top-down federalism: State policy responses to national government discussions."*Publius: The Journal of Federalism*, 45(4), 495-525.

[231] McDonnell, Lorraine M., and Richard F. Elmore. (1987). "Getting the job done: Alternative policy instruments."*Educational Evaluation and Policy Analysis*, 9(2), 133-152.

[232] Meckling, Jonas, et al. (2015). "Winning coalitions for climate policy." *Science*, 349(6253), 1170-1171.

[233] Meng, Qingguo, and Ziteng Fan. (2022). "Punctuations and diversity: exploring dynamics of attention allocation in China's E-government agenda."*Policy Studies*, 43(3), 502-521.

[234] Menon, Aravind, and Daniel J. Mallinson. (2022). "Policy diffusion speed: A replication study using the state policy innovation and diffusion database." *Political Studies Review*, 20(4), 702-716.

[235] Menzel, Donald C., and Irwin Feller. (1977). "Leadership and interaction patterns in the diffusion of innovations among the American states." *Western Political Quarterly*, 30(4), 528-536.

[236] Meseguer, Covadonga. (2005). "Policy learning, policy diffusion, and the making of a new order."*The Annals of the American Academy of Political and Social Science*, 598(1), 67-82.

[237] Meseguer, Covadonga. (2006). "Rational learning and bounded learning in the diffusion of policy innovations."*Rationality and Society*, 18(1),

35-66.

[238] Mettler, Suzanne, and Joe Soss. (2004). "The consequences of public policy for democratic citizenship: Bridging policy studies and mass politics." *Perspectives on Politics*, 2(1), 55-73.

[239] Mettler, Suzanne. (2002). "Bringing the state back in to civic engagement: Policy feedback effects of the GI Bill for World WarII veterans." *American Political Science Review*, 96(2), 351-365.

[240] Michael, Howlett. (2005). "What Is a Policy Instrument? Tools, Mixes, and Implementation Styles." In P. Eliadis, M. Hill and M. Howlett(Ed.), *Designing Government: From Instruments to Governance*, 31-50.

[241] Millar, Heather, et al. (2021). "Self-reinforcing and self-undermining feedbacks in subnational climate policy implementation." *Environmental Politics*, 30 (5), 791-810.

[242] Mintrom M, Vergari S. (1998). "Policy networks and innovation diffusion: The case of state education reforms." *The Journal of Politics*, 60 (1), 126-148.

[243] Mintrom, Michael, and Phillipa Norman. (2009). "Policy entrepreneurship and policy change." *Policy Studies Journal*, 37(4), 649-667.

[244] Mintrom, Michael, and Sandra Vergari. (1996). "Advocacy coalitions, policy entrepreneurs, and policy change." *Policy Studies Journal*, 24(3), 420-434.

[245] Mintrom, Michael. (1997). "Policy entrepreneurs and the diffusion of innovation." *American Journal of Political Science*, 738-770.

[246] Mitchell J L, Stewart L S M. (2014). "Emulation, learning, or competition? Examining inter-county anti-smoking laws in the state of Missouri." *Public Administration Quarterly*, 317-346.

[247] Mooney C Z. (2001). "Modeling regional effects on state policy diffusion." *Political Research Quarterly*, 54(1), 103-124.

[248] Moynihan, Donald P., and Joe Soss. (2014). "Policy feedback and the politics of administration." *Public Administration Review*, 74(3), 320-332.

[249] Mu, Rui. (2018). "Bounded rationality in the developmental trajectory of environmental target policy in China, 1972~2016." *Sustainability*, 10(1), 199.

[250] Mu, Rui. (2018). "Coupling of problems, political attention, policies and institutional conditions: explaining the performance of environmental targets in the national five-year plansin China. "*Sustainability*, 10(5), 1477.

[251] Mucciaroni, Gary. (1992). "The Garbage Can Model and the Study of Policy Making: A Critique, "*Polity*, 24, 459–482.

[252] Mukherjee, I., and M. Howlett. (2015). "Who Is a Stream? Epistemic Communities, Instrument Constituencies and Advocacy Coalitions in Public Policy-Making. "*Politics and Governance*, 3(2), 65–75.

[253] Mukherjee, Ishani, and Azad Singh Bali. (2019). "Policy effectiveness and capacity: two sides of the design coin. " *Policy Design and Practice*, 2 (2), 103–114.

[254] Nicholson-Crotty, Sean C., et al. (2014). "Policy innovativeness and interstate compacts. "*Policy Studies Journal*, 42(2), 305–324.

[255] Nicholson-Crotty, Sean. (2009). "The politics of diffusion: Public policy in the American states. "*The Journal of Politics*, 71(1), 192–205.

[256] Nohrstedt, Daniel, and Kristin Olofsson. (2016). "A review of applications of the advocacy coalition framework in Swedish policy processes. " *European Policy Analysis*, 2(2), 18–42.

[257] Nohrstedt, Daniel. (2011). "Shifting resources and venues producing policy change in contested subsystems: a case study of Swedish signals intelligence policy. "*Policy Studies Journal*, 39(3), 461–484.

[258] Nowlin, Matthew C. (2016). "Policy change, policy feedback, and interest mobilization: The politics of nuclear waste management. "*Review of Policy Research*, 33(1), 51–70.

[259] Nwalie, Martin Ike. (2019). "Advocacy Coalition Framework and Policy Changes in a Third-World Country. "*Politics and Policy*, 47(3), 545–568.

[260] Oakley, Maureen R. (2009). "Agenda setting and state policy diffusion: The effects of media attention, state court decisions, and policy learning on fetal killing policy. "*Social Science Quarterly*, 90(1), 164–178.

[261] O'Toole Jr, Laurence J. (2000). "Research on policy implementation: Assessment and prospects. "*Journal Of Public Administration Research and Theory*, 10

（2），263-288.

[262] Pacheco J, Boushey G. (2014). "Public health and agenda setting: Determinants of state attention to tobacco and vaccines."*Journal of Health Politics, Policy and Law*, 39(3), 565-589.

[263] Pan, Taiting, and Bo Fan. (2023). "Institutional pressures, policy attention, and e-government service capability: evidence from China's prefecture-level cities."*Public Performance and Management Review*, 46(2), 445-471.

[264] Park, Kyudong, and Christopher M. Weible. (2018). "Developing policy theories inSouth Korea: Lessons from the advocacy coalition framework."*Journal of Asian Public Policy*, 11(2), 136-150.

[265] Patashnik, Eric M., and Julian E. Zelizer. (2013). "The struggle to remake politics: Liberal reform and the limits of policy feedback in the contemporary American state."*Perspectives on Politics*, 11(4), 1071-1087.

[266] Peters, B. Guy, and John Pierre. (1998). "Governance without government? Rethinking public administration."*Journal of Public Administration Research and Theory*, 8(2), 223-243.

[267] Peterson, Holly L., Mark K. McBeth, and Michael D. Jones. (2020). "Policy Process Theory for Rural Studies: Navigating Context and Generalization in Rural Policy."*Politics and Policy*, 48(4), 576-617.

[268] Pierce, Jonathan J., et al. (2017). "There and back again: A tale of the advocacy coalition framework."*Policy Studies Journal*, 45(S1), S13-S46.

[269] Pierce, Jonathan J., et al. (2022). "Common approaches for studying advocacy: Review of methods and model practices of the Advocacy Coalition Framework."*The Social Science Journal*, 59(1), 139-158.

[270] Pierce, Jonathan J., Holly L. Peterson, and Katherine C. Hicks. (2020). "Policy change: An advocacy coalition framework perspective."*Policy Studies Journal*, 48(1), 64-86.

[271] Pierce, Patrick A., and Donald E. Miller. (1999). "Variations in the Diffusion of State Lottery Adoptions: How Revenue Dedication Changes Morality Politics 1."*Policy Studies Journal*, 27(4), 696-706.

[272] Pierson, Paul. (1993). "When effect becomes cause: Policy feedback

and political change. "*World Politics*, 45(4), 595−628.

[273] Pierson, Paul. (2000). "Increasing returns, path dependence, and the study of politics. "*American Political Science Review*, 94(2), 251−267.

[274] Polman, Daniel, and Gerry Alons. (2021). "Reap what you sow: implementing agencies as strategic actors in policy feedback dynamics. " *Policy Sciences*, 54(4), 823−848.

[275] Prindle, David F. (2012). "Importing concepts from biology into political science: The case of punctuated equilibrium. "*Policy Studies Journal*, 40(1), 21−44.

[276] Priya, Arya. (2021). "Case study methodology of qualitative research: Key attributes and navigating the conundrums in its application. " *Sociological Bulletin*, 70(1), 94−110.

[277] Qian, Jiwei. (2017). "Improving Policy Design and Building Capacity in Local Experiments: Equalization of Public Service in China's Urban-rural Integration Pilot. "*Public Administration and Development*, 37(1), 51−64.

[278] Ratigan, Kerry, and Jiwei Qian. (2021). "Attitudinal Feedback towards Sub-national Social Policy: A Comparison of Popular Support for Social Health Insurance in Urban China. "*Journal of Comparative Policy Analysis: Research and Practice*, 23(3), 350−371.

[279] Rawat, Pragati, and John Charles Morris. (2016). "Kingdon's"Streams" Model at Thirty: Still Relevant in the 21st Century? "*Politics and Policy*, 44(4), 608−638.

[280] Ripberger, Joseph T., et al. (2014), "Cultural theory and the measurement of deep core beliefs within the advocacy coalition framework. "*Policy Studies Journal*, 42(4), 509−527.

[281] Rogers E M. (2002). "Diffusion of preventive innovations. "*Addictive Behaviors*, 27(6), 989−993.

[282] Rogers E M. (2019). "How research can improve practice: A case study. "*Theory into Practice*, 1(2), 89−93.

[283] Rogers, Everett M., Arvind Singhal, and Margaret M. Quinlan. (2014). "Diffusion of innovations. "*An Integrated Approach to Communication Theory and*

*Research*. Routledge, 432-448.

[284] Rogers, Lindsay. (1937). "The Independent Regulatory Commissions. "*Political Science Quarterly*, 52(1), 1-17.

[285] Rose, Max, and Frank R. Baumgartner. (2013) "Framing the poor: Media coverage and US poverty policy, 1960-2008. "*Policy Studies Journal*, 41(1), 22-53.

[286] Rosenbloom, Daniel, James Meadowcroft, and Benjamin Cashore. (2019). "Stability and climate policy? Harnessing insights on path dependence, policy feedback, and transition pathways. " *Energy Research and Social Science*, 50, 168-178.

[287] Sabatier, Paul A. (1986). "Top-down and bottom-up approaches to implementation research: a critical analysis and suggested synthesis. "*Journal of Public Policy*, 6(1), 21-48.

[288] Sabatier, Paul A. (1987). "Knowledge, policy-oriented learning, and policy change: An advocacy coalition framework. "*Knowledge*, 8(4), 649-692.

[289] Sabatier, Paul A. (1988). "An advocacy coalition frameworkof policy change and the role of policy-oriented learning therein. " *Policy Sciences*, 21(2), 129-168.

[290] Sabatier, Paul A. (1991). "13 Two Decades of Implementation Research. From Control to Guidance and Learning. "*The Public Sector: Challenge for Coordination and Learning*, 31, 257.

[291] Sabatier, Paul A. (1998): "The advocacy coalition framework: revisions and relevance for Europe. "*Journal of European Public Policy*, 5(1), 98-130.

[292] Sabatier, Paul A., and Christopher M. Weible. (2007). "The Advocacy Coalition Framework: Innovations and Clarifications. " In *Theories of the Policy Process*, 2nd ed., ed. Paul A. Sabatier Boulder, CO: Westview Press, 189-222.

[293] Sabatier, Paul A., and Christopher M. Weible. (2019). "The advocacy coalition framework: Innovations and clarifications. " *Theories of the policy process*, second edition. Routledge, 189-220.

[294] Sabatier, Paul A., and Neil Pelkey. (1987). "Incorporating multiple actors and guidance instruments into models of regulatory policymaking: An

advocacy coalition framework. "*Administration and Society*, 19(2), 236-263.

[295] Salamon, Lester M. (1981). "Rethinking public management: Third-party government and the changing forms of government action. "*Public Policy*, 29 (3), 255-275.

[296] Sarti, Francesco. (2023). "The policy integration game? Congruence of outputs and implementation in policy integration. "*Policy Sciences*, 56(1), 141-160.

[297] Satoh, Keiichi, Antti Gronow, and TuomasYlä-Anttila. (2023). "The advocacy coalition index: A new approach for identifying advocacy coalitions. " *Policy Studies Journal*, 51(1), 187-207.

[298] Savage R L. (1985). "Diffusion research traditions and the spread of policy innovations in a federal system. "*Publius: The Journal of Federalism*, 15(4), 1-28.

[299] Schaffrin, André, Sebastian Sewerin, and Sibylle Seubert. (2014). "The innovativeness of national policy portfolios-climate policy change in Austria, Germany, and the UK. " *Environmental Politics*, 23(5), 860-883.

[300] Schaffrin, André, Sebastian Sewerin, and Sibylle Seubert. (2015). "Toward a comparative measure of climate policy output. "*Policy Studies Journal*, 43 (2), 257-282.

[301] Schlager, Edella. (1995). "Policy making and collective action: Defining coalitions within the advocacy coalition framework. " *Policy Sciences*, 28 (3), 243-270.

[302] Schmid, Nicolas, et al. (2021). "Governing complex societal problems: The impact of private on public regulation through technological change. " *Regulation and Governance*, 15(3), 840-855.

[303] Schmid, Nicolas, Sebastian Sewerin, and Tobias S. Schmidt. (2020). "Explaining advocacy coalition change with policy feedback. "*Policy Studies Journal*, 48(4), 1109-1134.

[304] Schmidt, Tobias S., and Sebastian Sewerin. (2019). "Measuring the temporal dynamics of policy mixes-An empirical analysis of renewable energy policy mixes' balance and design features in nine countries. " *Research Policy*, 48 (10), 103557.

[305] Schneider, Anne L., and Helen M. Ingram. (2005). "A response to Peter deLeon." *Public Administration Review*, 65(5), 638-640.

[306] Schneider, Anne, and Helen Ingram. (1988). "Systematically pinching ideas: A comparative approach to policy design." *Journal of Public Policy*, 8(1), 61-80.

[307] Schneider, Anne, and Helen Ingram. (1990). "Behavioral assumptions of policy tools." *The Journal of Politics*, 52(2), 510-529.

[308] Schneider, Anne, and Helen Ingram. (1993). "Social construction of target populations: Implications for politics and policy." *American Political Science Review*, 87(2), 334-347.

[309] Schneider, Anne, and Mara Sidney. (2009). "What is next for policy design and social construction theory? 1." *Policy Studies Journal*, 37(1), 103-119.

[310] Schneider, Mark, and Paul Teske. (1992). "Toward a theory of the political entrepreneur: Evidence from local government." *American Political Science Review*, 86(3), 737-747.

[311] Sewerin, Sebastian, Daniel Béland, and Benjamin Cashore. (2020). "Designing policy for the long term: Agency, policy feedback and policy change." *Policy Sciences*, 53(2), 243-252.

[312] Shanahan, Elizabeth A., Michael D. Jones, and Mark K. McBeth. (2011). "Policy narratives and policy processes." *Policy Studies Journal*, 39(3), 535-561.

[313] Shepsle, Kennet A. (2003). "Losers in politics(and how they sometimes become winners): William Riker's heresthetic." *Perspectives on Politics*, 1(2), 307-315.

[314] Shepsle, Kenneth A. (1979). "Institutional arrangements and equilibrium in multidimensional voting models." *American Journal of Political Science*, 27-59.

[315] Shin, Dong-Hee. (2010). "Convergence and divergence: Policy making about the convergence of technology in Korea." *Government Information Quarterly*, 27(2), 147-160.

[316] Shipan C R, Volden C. (2014). "When the smoke clears: expertise,

learning and policy diffusion. ”*Journal of Public Policy*, 34(3), 357-387.

[317] Shipan, Charles R., and Craig Volden. (2008). "The Mechanisms of Policy Diffusion. ”*American Journal of Political Science*, 52(4), 840-857.

[318] Shipan, Charles R., and Craig Volden. (2012). "Policy diffusion: Seven lessons for scholars and practitioners. ”*Public Administration Review*, 72(6), 788-796.

[319] Simmons, Beth A., Frank Dobbin, and Geoffrey Garrett. (2006). "Introduction: The international diffusion of liberalism. ”*International Organization*, 60(4), 781-810.

[320] Simon, Herbert A. (1985). "Human nature in politics: The dialogue of psychology with political science. ” *American Political Science Review*, 79 (2), 293-304.

[321] Skogstad, Grace. (2017). "Policy feedback and self-reinforcing and self-undermining processes in EU biofuels policy. ”*Journal of European Public Policy*, 24 (1), 21-41.

[322] Snow, Dave. (2019). "The social construction of naturopathic medicine in Canadian newspapers. ”*Policy Studies*, 43(2), 312-332.

[323] SoRelle, Mallory E. E., and Delphia Shanks. (2024). "The Policy Acknowledgement Gap: Explaining (Mis) Perceptions of Government Social Program Use. ”*Policy Studies Journal*, 52(1), 47-71.

[324] Sotirov, Metodi, and Georg Winkel. (2016). "Toward a cognitive theory of shifting coalitions and policy change: Linking the advocacy coalition framework and cultural theory. ”*Policy Sciences*, 49(2), 125-154.

[325] Steinberger, Peter J. (1980). "Typologies of public policy: Meaning construction and the policy process. ”*Social Science Quarterly*, 61(2), 185-197.

[326] Stewart, A. (2014). "Case study in Mills, J and Birks, M (eds.) Qualitative methodology: A practical guide. ”, 146-159.

[327] Stewart, Jenny. (2006). "Value conflict and policy change. ”*Review of Policy Research*, 23(1), 183-195.

[328] Strebel, Felix, and Thomas Widmer. (2012). "Visibility and facticity in policy diffusion: going beyond the prevailing binarity. ”*Policy Sciences*, 45, 385-398.

[329] Stritch, Andrew. (2015). "The Advocacy Coalition Framework and

Nascent Subsystems: Trade Union Disclosure Policy in Canada. " *Policy Studies Journal*, 43(4), 437-455.

[330] Strumpf, Koleman S. (2002). "Does government decentralization increase policy innovation?" *Journal of Public Economic Theory*, 4(2), 207-241.

[331] Stucki, Iris. (2016). "Arguing about smoking bans: The role of evidence in the social construction of conflicting policy ideas. " *Critical Policy Studies*, 11(4), 411-432.

[332] Sun, Xin. (2020). "Campaign-style implementation and affordable housing provision in China. " *The China Journal*, 84(1), 76-101.

[333] Sunstein, Cass R. (2014). "Nudging: a very short guide. " *Journal of Consumer Policy*, 37, 583-588.

[334] Sunstein, Cass R. (2017). "Nudges that fail. " *Behavioural Public Policy*, 1 (1), 4-25.

[335] Taeihagh, Araz, Moshe Givoni, and René Bañares-Alcántara. (2013). "Which policy first? A network-centric approach for the analysis and ranking of policy measures. " *Environment and Planning B: Planning and Design*, 40(4), 595-616.

[336] Taeihagh, Araz. (2017). "Crowdsourcing: a new tool for policy-making?" *Policy Sciences*, 50, 629-647.

[337] Tang, Xiao, Zhengwen Liu, and Hongtao Yi. (2018). "Performance ranking and environmental governance: An empirical study of the mandatory target system. " *Review of Policy Research*, 35(5), 750-772.

[338] Taylor, Jami K., et al. (2012). "Content and complexity in policy reinvention and diffusion: Gay and transgender-inclusive laws against discrimination. " *State Politics and Policy Quarterly*, 12(1), 75-98.

[339] Teodoro, Manuel P. (2009). "Bureaucratic job mobility and the diffusion of innovations. " *American Journal of Political Science*, 53(1), 175-189.

[340] Teodoro, Manuel P. (2010). "Contingent professionalism: Bureaucratic mobility and the adoption of water conservation rates. " *Journal of Public Administration Research and Theory*, 20(2), 437-459.

[341] Tian, Gang, and Wen-Hsuan Tsai. (2023). "'Beautiful countryside construction,' policy inspection teams, and grassroots political participation in

China. "*Journal of Contemporary China*, 32(144), 951-962.

[342] Tolbert P S, Zucker L G. (1983). "Institutional sources of change in the formal structure of organizations: The diffusion of civil service reform, 1880-1935. "*Administrative Science Quarterly*, 22-39.

[343] Torgerson, Douglas. (1985). "Contextual orientation in policy analysis: The contribution of Harold D. Lasswell. "*Policy Sciences*, 18(3), 241-261.

[344] Tosun, Jale, and Susumu Shikano. (2016). "GMO-free regions in Europe: An analysis of diffusion patterns. "*Journal of Risk Research*, 19(6), 743-759.

[345] Trebilcock, Michael J., and Douglas G. Hartle. (1982). "The choice of governing instrument. "*International Review of Law and Economics*, 2(1), 29-46.

[346] Tyran, Jean-Robert, and Rupert Sausgruber. (2005). "The diffusion of policy innovations-an experimental investigation. "*Journal of Evolutionary Economics*, 15, 423-442.

[347] Valente, Thomas W. (1996). "Social network thresholds in the diffusion of innovations. "*Social Networks*, 18(1), 69-89.

[348] Vallett J D. (2021). "The diffusion of Erin's law: Examining the role of the policy entrepreneur. "*Policy Studies Journal*, 49(2), 381-407.

[349] Van den Dool, Annemieke, and Caroline Schlaufer. (2024). "Policy process theories in autocracies: Key observations, explanatory power, and research priorities. "*Review of Policy Research*.

[350] Van den Dool, Annemieke. (2022). "The multiple streams framework in a nondemocracy: The infeasibility of a national ban on live poultry sales in China. "*Policy Studies Journal*, 51(2), 327-349.

[351] Van der Heiden, Nico, and Felix Strebel. (2012). "What about non-diffusion? The effect of competitiveness in policy-comparative diffusion research. "*Policy Sciences*, 45(4), 345-358.

[352] Van der Heijden, Jeroen. (2011). "Institutional layering: A review of the use of the concept. "*Politics*, 31(1), 9-18.

[353] Varone, Frédéric. (2000). "Le choix des instruments de l'action publique: analyse comparée des politiques énergétiques en Europe et en Amérique du Nord. "*Revue Internationale de Politique Comparée*, 7(1), 167-202.

[354] VEDUNG E. (2011). Policy Instruments: Typologies and Theories [C]//in Marie-Louise Bemelmans-Videc, Ray C. Rist (eds). *Carrots Sticks and Sermons: Policy Instruments and Their Evaluation. Piscataway*, NJ: Transaction Publishers, 21-55.

[355] Volden C. (2006). "States as policy laboratories: Emulating success in the children's health insurance program."*American Journal of Political Science*, 50(2), 294-312.

[356] Volden, Craig. (2017). "Policy diffusion in polarized times: The case of the affordable care act."*Journal of Health Politics, Policy and Law*, 42(2), 363-375.

[357] Voß, Jan-Peter, and Arno Simons. (2014). "Instrument constituencies and the supply side of policy innovation: The social life of emissions trading." *Environmental Politics*, 23(5), 735-754.

[358] Waardenburg, Maurits, Martijn Groenleer, and Jorrit De Jong. (2020). "Designing environments for experimentation, learning and innovation in public policy and governance."*Policy and Politics*, 48(1), 67-87.

[359] Walker, Jack L. (1969). "The diffusion of innovations among the American states."*American Political Science Review*, 63(3), 880-899.

[360] Walker, Richard M., Claudia N. Avellaneda, and Frances S. Berry. (2011). "Exploring the diffusion of innovationamong high and low innovative localities: A test of the Berry and Berry model."*Public Management Review*, 13(1), 95-125.

[361] Wang, Boyu, Ronggang Yang, and Qinhua Fang. (2023). "Marine plastic management policy agenda-setting in China(1985-2021): The Multi-stage Streams Framework."*Ocean and Coastal Management*, 243, 106761.

[362] Wang, Jie, Yati Wang, Weizhong Liu, Yunyu Fan and Yu Zhang. (2023). "What configuration cantrigger pro-environmental policy agenda setting in an uncertain social context: a qualitative comparative analysis based on the multiple streams framework."*Journal of Comparative Policy Analysis: Research and Practice*, 25 (2), 223-252.

[363] Weaver, Kent. (2010), "Paths and forks or chutes and ladders?: Negative feedbacks and policy regime change."*Journal of Public Policy*, 30 (2),

137-162.

[364] Weible, Christopher and Sabatier, Paul and Jenkins-Smith, Hank and Nohrstedt, Daniel and Douglas, Adam and Deleon, Peter. (2011). "A Quarter Century of the Advocacy Coalition Framework: An Introduction to the Special Issue." *Policy Studies Journal*, 39, 349-360.

[365] Weible, Christopher M., and Daniel Nohrstedt. (2012). "The advocacy coalition framework: Coalitions, learning and policy change." *Routledge Handbook of Public Policy*. Routledge, 125-137.

[366] Weible, Christopher M., and Hank C. Jenkins-Smith. (2016). "The advocacy coalition framework: An approach for the comparative analysis of contentious policy issues." *Contemporary Approaches to Public Policy: Theories, Controversies and Perspectives*. London: Palgrave Macmillan UK, 15-34.

[367] Weible, Christopher M., et al. (2011). "A quarter century of the advocacy coalition framework: An introduction to the special issue." *Policy Studies Journal*, 39(3).

[368] Weible, Christopher M., et al. (2020). "Sharpening advocacy coalitions." *Policy Studies Journal*, 48(4), 1054-1081.

[369] Weible, Christopher M., Paul A. Sabatier, and Kelly McQueen. (2009). "Themes and variations: Taking stock of the advocacy coalition framework." *Policy Studies Journal*, 37(1), 121-140.

[370] Wejnert, Barbara. (2002). "Integrating models of diffusion of innovations: A conceptual framework." *Annual Review of Sociology*, 28(1), 297-326.

[371] Welch, Susan, and Kay Thompson. (1980). "The impact of federal incentives on state policy innovation." *American Journal of Political Science*, 715-729.

[372] Weyland, Kurt. (2005). "Theories of policy diffusion lessons from Latin American pension reform." *World Politics*, 57(2), 262-295.

[373] White, Louise G. (1994): "Policy analysis as discourse." *Journal of Policy Analysis and Management*, 13(3), 506-525.

[374] Widner, Jennifer, Michael Woolcock, and Daniel Ortega Nieto. (2022). "Using Case Studies to Enhance the Quality of Explanation and Implementation: Integrating Scholarship and Development Practice." *The Case for*

*Case Studies: Methods and Applications in International Development.* Ed. Jennifer Widner, Michael Woolcock, and Daniel Ortega Nieto. Cambridge: Cambridge University Press, 1-26. Print. Strategies for Social Inquiry.

[375] Wildavsky, Aaron B. (1964). "The politics of the budgetary process." Boston: Little Brown.

[376] Wilkerson, John, and Andreu Casas. (2017). "Large-scale computerized text analysis in political science: Opportunities and challenges." *Annual Review of Political Science*, 20(1), 529-544.

[377] Williams, Oli, Sophie Sarre, Stan Constantina Papoulias, Sarah Knowles, Glenn Robert, Peter Beresford, Diana Rose, Sarah Carr, Meerat Kaur and Victoria J. Palmer. (2020). "Lost in the shadows: reflections on the dark side of co-production." *Health Research Policy and Systems*, 18, 1-10.

[378] Wong, N. W. (2015). "Advocacy Coalitions and Policy Change in China: A Case Study of Anti-incinerator Protest in Guangzhou." *VOLUNTAS: International Journal of Voluntary and Nonprofit Organizations*, 27, 2037-2054.

[379] Wong, Natalie WM. (2016). "Environmental protests and NIMBY activism: Local politics and waste management in Beijing and Guangzhou." *China Information*, 30(2), 143-164.

[380] Woodman, Richard W., John E. Sawyer, and Ricky W. Griffin. (1993). "Toward a theory of organizational creativity." *Academy of Management Review*, 18(2), 293-321.

[381] Workman, Samuel, Bryan D. Jones, and Ashley E. Jochim. (2009). "Information processing and policy dynamics." *Policy Studies Journal*, 37(1), 75-92.

[382] Worsham, Jeff, and Chaun Stores. (2012). "Pet sounds: Subsystems, regimes, policy punctuations, and the neglect of African American farmers, 1935~2006." *Policy Studies Journal*, 40(1), 169-190.

[383] Wu, Yipin. (2020). "Dynamics of policy change in authoritarian countries: a multiple-case study on China." *Journal of Public Policy*, 40(2), 236-258.

[384] Xufeng Z, Hui Z. (2018). "Social policy diffusion from the perspective of intergovernmental relations: an empirical study of the urban subsistence allowance

system in China(1993-1999)."*Social Sciences in China*, 39(1), 78-97.

[385] Yang, F., and Mueller, M. L. (2014). "Internet governance in China: a content analysis."*Chinese Journal of Communication*, 7(4), 446-465.

[386] Yi H, Chen W. (2019). "Portable innovation, policy wormholes, and innovation diffusion."*Public Administration Review*, 79(5), 737-748.

[387] Yu, Jinhai, Edward T. Jennings, and J. S. Butler. (2020). "Lobbying, learning and policy reinvention: An examination of the American states' drunk driving laws."*Journal of Public Policy*, 40(2), 259-279.

[388] Zahariadis, Nikolaos, and Christopher S. Allen. (1995). "Ideas, Networks, and Policy Streams: Privatization in Britain and Germany."*Policy Studies Review*, 14, 71-98.

[389] Zahariadis, Nikolaos. (1992). "To sell or not to sell? Telecommunications policy in Britain and France."*Journal of Public Policy*, 12(4), 355-376.

[390] Zahariadis, Nikolaos. (2016). "Delphic oracles: Ambiguity, institutions, and multiple streams."*Policy Sciences*, 49, 3-12.

[391] Zeng, Dong, et al. (2023). "Crisis-Assisted Policy Advocacy in Water Environment Governance: The Policy Game Mechanism of Grassroots Organizations."*Water*, 15(13), 2459.

[392] Zhang Y, Wang S. (2021). "How does policy innovation diffuse among Chinese local governments? A qualitative comparative analysis of River Chief Innovation."*Public Administration and Development*, 41(1), 34-47.

[393] Zhang Y, Zhu X. (2019). "Multiple mechanisms of policy diffusion in China."*Public Management Review*, 21(4), 495-514.

[394] Zhang Y, Zhu X. (2020). "Career cohorts and inter-jurisdictional innovation diffusion: an empirical exploration in China."*International Public Management Journal*, 23(3), 421-441.

[395] Zhang Y. (2012). "Institutional sources of reform: The diffusion of land banking systems in China."*Management and Organization Review*, 8(3), 507-533.

[396] Zhang, Jingjing, Guifang Luo, and Yan Yan. (2023). "Toward an

effective policy mix for domestic waste management in China: Interdepartmental cooperation as an enabler. *"Review of Policy Research.*

[397] Zhang, Yang. (2019). "The Internet in China: New methods and opportunities. *"The Palgrave Handbook of Local Governance in Contemporary China,* 465-480.

[398] Zhang, Youlang, and Xufeng Zhu. (2019). "Multiple mechanisms of policy diffusion in China. *"Public Management Review,* 21(4), 495-514.

[399] Zhang, Youlang, and Xufeng Zhu. (2020). "The moderating role of top-down supports in horizontal innovation diffusion. *"Public Administration Review,* 80(2), 209-221.

[400] Zheng, Jinming. (2017). "A policy analysis of the development of elite swimming in China between 2000 and 2012: A national team perspective. *"The International Journal of The History of Sport,* 34(12), 1247-1274.

[401] Zheng, Yunting, et al. (2023). "Multiplestreams approach to tobacco control policymaking in the capital city of the world's largest tobacco consuming country. *"Health Policy and Planning,* 38(3), 321-329.

[402] Zhu X, Zhang Y. (2016). "Political mobility and dynamic diffusion of innovation: The spread of municipal pro-business administrative reform in China. *"Journal of Public Administration Research and Theory,* 26(3), 535-551.

[403] Zhu X, Zhang Y. (2019). "Diffusion of marketization innovation with administrative centralization in a multilevel system: evidence from China. *"Journal of Public Administration Research and Theory,* 29(1), 133-150.

[404] Zhu X, Zhao H. (2017). "Recognition of innovation and diffusion of welfare policy: Alleviating urban poverty in Chinese cities during fiscal recentralization. *"Governance,* 31(4), 721-739.

[405] Zhu, Xufeng. (2008). "Strategy of Chinese policy entrepreneurs in the third sector: Challenges of 'technical infeasibility'. *"Policy Sciences,* 41(4), 315-334.

[406] Zito, Anthony R. (2018). "Instrument constituencies and epistemic community theory. *"Policy and Society,* 37(1), 36-58.

[407] Zou Y, Meng F, Zhong N, et al. (2022). "The diffusion of the housing

purchase restriction policy in China. " *Cities*, 120, 103401.

[408] Chu, Vivianand Law, Winnie and Williams, Jessica. (2022). "Advocacy coalitions in rural revitalisation: The roles of policy brokers and policy learning. " *Environmental Science and Policy*, 136, 9-18.

[409] Dai, Jingyun and Anthony J. Spires. (2018). "Advocacy in an Authoritarian State: How Grassroots Environmental NGOs Influence Local Governments in China. " *The China Journal*, 79, 62-83.

[410] Dool, A. (2022). "The multiple streams framework in a nondemocracy: The infeasibility of a national ban on live poultry sales in China. " *Policy Studies Journal*.

[411] Hu, Xiaoqian Richard. (2019). "Ideological Conflicts behind Mutual Belief: The Termination of the 'Dual-Registration Policy' and the Collapse of an Effective Elite Diving System in China. " *Sport in Society*, 22(8), 1362-81.

[412] Lu, Wilbur. (2015). "Why Do Policy Brokers Matter? A Lesson for Competing Advocacy Coalitions. " *Journal of Administrative Sciences and Policy Studies*, 3.

[413] Paul Pierson. (1993). "When Effect Becomes Cause: Policy Feedback and Political Change, " *World Politics*.

[414] Schmidt, T., and Sewerin, S. (2018). "Measuring the temporal dynamics of policy mixes: An empirical analysis of renewable energy policy mixes' balance and design features in nine countries. " *Research Policy*, 48(10).

[415] Stensdal, Iselin. (2014). "Chinese Climate - Change Policy, 1988 - 2013: Moving On Up. "*Asian Perspective*, 38. 111-135.

[416] Wong, Natalie W. M.. (2015). "Advocacy Coalitions and Policy Change in China: A Case Study of Anti - incinerator Protest in Guangzhou. " *VOLUNTAS: International Journal of Voluntary and Nonprofit Organizations*, 27, 2037-2054.

[417] Yan, Kunand Wu, Han and Bu, Kaiming and Wu, Lingli. (2023). "The College Admission Policy Evolution from 2003 to 2020 in China—A Social Network Analysis. " *Higher Education Policy*, 1-28.

[418] Yang, Zupeng and Su, Yuan. (2022). "Analysis on the Evolution of

China's Cultural Industry Policy from Perspective of Advocacy Coalition Framework. "

[419] Zhou, Xiaopingand Li, Xiaotian and Song, Wei and Kong, Xiangbin and Lu, Xiao. (2021) . "Farmland Transitions in China: An Advocacy Coalition Approach. " *Land*, 10, 122.